# Con el amor no basta

Aaron T. Beck

# Con el amor no basta

Cómo superar malentendidos,
resolver conflictos y enfrentarse
a los problemas de la pareja

PAIDÓS
México
Buenos Aires
Barcelona

Título original: *Love is never enough*

Publicado en inglés por Harper and Row Publishers, Inc., Nueva York

Traducción de Eugenia y Olga Fisher

Cubierta de Víctor Viano

1ª edición, 1990
Reimpresión, 2001

Quedan rigurosamente prohibidas, sin la autorización escrita de los titulares del «copyright», bajo las sanciones establecidas en las leyes, la reproducción total o parcial de esta obra por cualquier medio o procedimiento, comprendidos la reprografía y el tratamiento informático, y la distribución de ejemplares de ella mediante alquiler o préstamo públicos.

D. R. © 1988 by Aaron T. Beck, M. D., Nueva York
D. R. © de todas las ediciones en castellano,
       Ediciones Paidós Ibérica, S. A.,
       Mariano Cubí 92, 08021 Barcelona,
       y Editorial Paidós, SAICF,
       Defensa 599, Buenos Aires
D. R. © de esta edición,
       Editorial Paidós Mexicana, S. A.
       Rubén Darío 118
       Col. Moderna 03510
       México, D. F.
       Tels.: 5579-5922
       Fax: 5590-4361
       e-mail: epaidos@paidos.com.mx

ISBN: 968-853-170-7

Página web: www.paidos.com

Impreso en México • Printed in Mexico

# Indice

Introducción ......................................................................................... 11
        La revolución cognitiva en psicología (12); Disolución de los lazos matrimoniales (14); Lo que se necesita para sostener una relación (16); Desenredo de los nudos (17); El plan del libro (19).

1.  El poder del pensamiento negativo ....................................... 25
        El método cognitivo (27); Adivinación del pensamiento (29); El pensamiento invisible (30); Por qué interpretamos mal (34); Errores en la lectura de las señales (37); Los símbolos y el significado (39); Prejuicios (42).

2.  La luz y la oscuridad ............................................................ 47
        El "programa" del enamoramiento (54); Los "estímulos" (activadores) (56); Decepción (58); Promesas quebrantadas (60); El gran cambio (62); Formulación de juicios equilibrados (65).

3.  El conflicto de las perspectivas ............................................. 68
        Perspectivas abiertas y cerradas (72); El encuadre (75); Conflictos de personalidades (77).

4.  La violación de reglas ........................................................... 82
        Fijación de expectativas (84); Formulación de las reglas (86); Aplicación de las reglas (89); Reglas contraproducentes (91); Observación de las reglas (93); Tiranía de los *debe* (94); Violación de las reglas (97); Castigo (98); Surgimiento de las reglas (99); Adopción de reglas y actitudes (101).

5.  Perturbaciones en la comunicación ...................................... 104
        Indirectas y ambigüedad (104); A la defensiva (108); Mensajes incomprendidos (110); Monólogos, interrupciones y audición en silencio (111); Sordera y ceguera (113); Diferencias en la velocidad del habla (115); Costumbre de preguntar (115); Diferencias entre los sexos (118); Explicación de las diferencias de estilo (121); Origen de las diferencias entre sexos (121).

6.  Fracaso de la relación ........................................................... 130
        Amenazas al pacto matrimonial (130); Campos de conflicto (140).

7.  Pensamientos no expresados: el ojo de la tormenta .......... 159
        Dudas secretas (167); Origen de las dudas acerca de sí mismo y del cónyuge (170); Los *debería* secretos (172).

8.  Trampas de la mente ............................................................ 176
        Cómo los significados simbólicos tuercen nuestros pensamientos

(177); El factor de expansión (179); Ejemplos de deformaciones cognitivas características (181); Deformaciones mentales en acción ............(191).

9. En combate mortal .................................................................... 194
Mensajes incisivos (194); Ataques anticipados (196); Contragolpe (198); Qué esconden las discusiones: convicciones básicas (205); Control del enojo (207); Inhibición, enojo y autoafirmación (209); La anatomía del enojo (212).

10. ¿Puede mejorar su relación? ...................................................... 221
Resistencias a los cambios (222); Qué debería modificarse (234); Generación o solución de problemas (235); Nueva definición del problema (238); Cómo cambian las personas (238); Un programa para el cambio (242).

11. Reforzar los cimientos .............................................................. 244
Cooperación (246); Compromiso (247); Confianza básica (254); Hipótesis de la buena voluntad (257); El beneficio de la duda (258); Lealtad y fidelidad (259).

12. Afinar la relación ..................................................................... 263
Amar y ser amado (266); Seguimiento de la conducta positiva (274); Alzar las persianas (277).

13. Cambiar las propias deformaciones ........................................... 284
Pautas generales (284); Los nueve pasos (286).

14. El arte de conversar ................................................................. 307
Problemas concretos en la comunicación (308); Normas de etiqueta coloquial (323).

15. El arte de trabajar ................................................................... 328
Explicación de las diferencias (328); Empleo de las preguntas (334); Flexibilidad (337); Transacción (343); Adaptación (344); Establecer prioridades (345).

16. Conciliación ............................................................................. 349
Aclaración de los desacuerdos (349); Comprensión de la perspectiva de su cónyuge (352); Normas específicas para sesiones de conciliación (357).

17. Domar las furias ...................................................................... 370
Origen del problema ¿usted o su cónyuge? (372); Modificación del pensamiento (376); Pensamientos automáticos y reacciones racionales (reencuadre) (376); Beneficios y pérdidas por expresar enojo (381); Disipar la hostilidad en su cónyuge (385).

18. Problemas especiales ................................................................ 397
Reducción del deseo sexual (397); Autoterapia para problemas sexuales (402); Infidelidad (406); Estrés (411); Familias con dos trabajos (417); Problemas en segundas nupcias (426).

Bibliografía ........................................................................................ 431
Indice analítico .................................................................................. 435

*A Phyllis*

*Con el amor no basta* se basa en datos de casos reales, e incluye citas obtenidas por mí y mis colegas al asesorar a las parejas. Pero todos los nombres y detalles identificadores fueron cambiados sin afectar la integridad de las ilustraciones. En algunos ejemplos, he creado casos compuestos con el propósito de disimular más la identidad de los individuos.

# Agradecimientos

Estoy agradecido sobre todo a mi mujer, Phyllis, cuyo amor y abnegación confirmaron que el matrimonio puede ser más satisfactorio y significativo con cada día que pasa. Mi amigo y colega Norman Epstein, un pionero en la aplicación de la terapia cognitiva a los problemas de parejas, fue mi principal recurso en la redacción de este libro. Sus amables críticas y numerosas sugerencias me ayudaron a seguir escribiendo, y sus ideas iluminaron muchos problemas oscuros que experimentan las parejas. Mis ex estudiantes Susan Joseph, Craig Wiese, Janis Abrahms, Chris Padesky, Ruth Greenberg, David Clark, Kathy Mooney, Frank Dattilio y Judy Beck proporcionaron una gran cantidad de material para el libro. Otros leyeron el manuscrito y me dieron su valiosa apreciación, entre ellos Connie Sekaros, Vivian Greenberg, Carol Auerbach y Cal Laden.

Estoy agradecido en especial a Carol Stillman, quien revisó muchas veces el manuscrito y me dio muchas sugerencias para simplificar las complejidades del texto.

Fui particularmente afortunado en tener a Richard Pine como mi agente literario. Fue excepcional en su continuo entusiasmo y confianza en el libro. Mi redactor en Harper & Row, Hugh Van Dusen, fue responsable de transformar el manuscrito en un volumen impreso.

Barbara Marinelli, Directora Ejecutiva en el Center for Cognitive Therapy ayudó a gestionar la producción del manuscrito y Tina Inforzato, Gail Furman y Suzanne DePietro lo mecanografiaron.

A todos los mencionados anteriormente y a las numerosas parejas en el Center for Cognitive Therapy y en otras partes, que se mostraron abiertos a la terapia cognitiva, GRACIAS.

# Introducción

He consagrado gran parte de mi vida profesional al estudio de los problemas del pensamiento en las personas afectadas de ansiedad y depresión y, en época más reciente, a los trastornos del pánico. Durante varias décadas he tenido ocasión de atender a muchos matrimonios desavenidos y a algunas parejas que convivían, aun sin estar casadas. En muchos casos, esas relaciones accidentadas originaron depresión y ansiedad en uno de los integrantes de la pareja. En otros, esos estados agravaron las dificultades ya existentes en la relación.

Al prestar atención a los problemas de las parejas, me encontré con que éstas manifestaban la misma clase de aberraciones del pensamiento —distorsiones cognitivas— que mis deprimidos y ansiosos pacientes. Aunque las parejas no estaban tan deprimidas y ansiosas como para necesitar una

---

N.B.: Varios estudios han demostrado la eficacia del enfoque cognitivo en los problemas matrimoniales. Esos programas ponen el acento en el arte de resolver problemas; en mejorar la comunicación, y clarificar las expectativas no realistas, las atribuciones imperfectas y las malas interpretaciones. Algunos programas han logrado *prevenir* desgracias matrimoniales.

D. DUFFY y T. DOWD, "The Effect of Cognitive-Behavioral Assertion Training on Aggressive Individuals and Their Partners", *Southern Psychologist* 3 (1987); 45-50.

H. J. MARKMAN y otros, "Prevention of Marital Distress: A Longitudinal Investigation", *Journal of Consulting and Clinical Psychology* 56 (1988); 210-217.

terapia específica, eran desdichadas, estaban tensas y enojadas. Y, al igual que mis pacientes, las parejas tendían a fijarse en lo que estaba mal en sus matrimonios y a descuidar o no querer ver lo que estaba bien.

LA REVOLUCION COGNITIVA EN PSICOLOGIA

Por suerte, las últimas dos décadas han presenciado un rápido acopio de conocimientos sobre los problemas de la mente, que tienen aplicación directa en las dificultades que experimentan los cónyuges. Esta nueva interpretación de los problemas psíquicos se aplicó también en un amplio campo de perturbaciones, que incluye la depresión, la ansiedad, los trastornos del pánico, los obsesivo-compulsivos y aun los de la alimentación, tales como la anorexia y la bulimia. Este enfoque, llamado terapia cognitiva, forma parte de un movimiento más amplio en psicología y psicoterapia denominado "la revolución cognitiva".

La palabra *cognitivo,* derivada del término latino que implica el "pensamiento", se refiere a la manera en que los hombres elaboran juicios y toman decisiones y cómo unos interpretan o malinterpretan las acciones de otros. Esa revolución suministró un nuevo enfoque sobre la manera en que los hombres usan la mente para resolver los problemas, para crearlos o agravarlos. Nuestro modo de pensar determina en gran medida si alcanzaremos nuestros objetivos y disfrutaremos de la vida o incluso si sobreviviremos. Si nuestro pensamiento es sencillo y claro, estamos mejor equipados para alcanzar esas metas. Si queda empantanado por significados simbólicos distorsionados, razonamientos ilógicos e interpretaciones erróneas, nos volvemos, en verdad, ciegos y sordos. Si avanzamos tropezando sin tener un claro sentido de hacia dónde nos dirigimos o de qué hacemos, estamos condenados a lastimarnos a nosotros y a los demás. Si erramos nuestros juicios y nuestra comunicación, hacemos sufrir tanto a nuestra pareja como a nosotros mismos, y soportamos, a la vez, el embate de dolorosas revanchas.

Esa clase de pensamientos retorcidos pueden ser desenredados, si empleamos un orden más elevado de razonamiento. Muchas veces usamos ese pensamiento de orden superior cuando sorprendemos en nosotros un error y lo corregimos. Es lamentable que en relaciones estrechas, en las que el pensamiento claro y la corrección de nuestros errores son de particular importancia, fallamos sobre todo en reconocer y rectificar los juicios erróneos que nos formamos acerca de nuestra pareja. Además, aunque las parejas piensen que hablan el mismo lenguaje, lo que *dicen* y lo que sus compañeros *oyen* suelen ser cosas muy diferentes. De modo que los problemas que se originan en la comunicación conducen —para agravarlas después— a frustraciones y decepciones que aquejan a muchas parejas.

Tomemos el caso siguiente: Ken y Marjorie, ambos ocupados en sus trabajos (él vendía seguros y ella era secretaria de una empresa de relaciones públicas) decidieron pasar más tiempo juntos. Un sábado, Marjorie le comunicó a Ken su plan de pasar la tarde haciendo compras. Ken, deseando estar cerca de Marjorie, decidió enseguida acompañarla. Marjorie, quien había pasado un día frustrante revisando los libros de una compañía grande y compleja, interpretó el hecho como una intrusión (pensó: *El nunca me deja hacer mis cosas*). Sin embargo, no le dijo nada a Ken y se mantuvo silenciosa durante todo el trayecto de compras. Ken interpretó su silencio en el sentido de que no le importaba su compañía y se enojó con ella. Marjorie reaccionó ante su enojo y se retrajo aun más.

Los hechos de la situación eran los siguientes: 1) Marjorie *quería* pasar más tiempo con Ken, pero deseaba hacer las compras sola; 2) no se lo comunicó a Ken; 3) interpretó mal la actitud de él como un atentado a su libertad; 4) Ken entendió mal el retraimiento de Marjorie como una señal de que ella no disfrutaba de su compañía.

Los malentendidos múltiples y reiterados, como los que ocurrieron entre Marjorie y Ken, y el enojo mutuo resultante desgastan los cimientos de una relación. He observado varias veces que semejantes malentendidos se intensifican hasta llegar a un punto en que no hay retorno. Cabe señalar, sin embargo, que si los integrantes de la pareja se dan cuenta del malentendido antes de que éste avance, pueden atajar la tormenta. La terapia cognitiva está destinada a ayudar a las parejas a hacer precisamente eso: clarificar el pensamiento y la comunicación a fin de evitar desde el principio los malentendidos.

DISOLUCION DE LOS LAZOS MATRIMONIALES

La mayoría de las parejas saben que hay una continua crisis en el matrimonio; que entre el 40 y el 55% de los matrimonios tiene probabilidades de terminar en un divorcio.[1] A medida que se ven cada vez más matrimonios desdichados y más rupturas, las parejas se preguntan si eso podría ocurrirles también a ellas.

Los recién casados, en la cúspide del amor y el romance, no desean otra cosa, sino un matrimonio feliz. Creen a menudo —por lo menos en los inicios— que *su* relación es "diferente" y que su profundo amor y optimismo la sostendrá. Tarde o temprano, empero, los problemas y conflictos que se acumulan en forma paulatina toman desprevenidas a muchas parejas. Estas se vuelven conscientes de los malestares, frustraciones y daños que se producen, sin saber a menudo dónde radica el problema.

A medida que la relación zozobra en una corriente reactiva de desilusiones, comunicación pobre y malentendidos, es posible que la pareja llegue a pensar que su matrimonio ha sido un error. La "demanda de auxilio" que suele oír un terapeuta en ninguna parte es más punzante que entre aquellos clientes que ven cómo empieza a disolverse su otrora

---

1. *Newsweek* (julio 15, 1987): 15.

feliz matrimonio. Incluso hay parejas, casadas durante 30 ó 40 años, que se ven impulsadas a terminar con el vínculo, pues lo consideran ahora como una serie interminable de errores y desgracias.

Sorprende en cierta manera que tantos matrimonios fracasen. Consideremos las fuerzas que deberían mantener unida a una pareja. Amar y ser amado están, por cierto, entre las experiencias más ricas que pueden tener las personas. Agreguemos a éstas los otros productos colaterales de la relación: intimidad, compañerismo, aceptación, apoyo, por mencionar sólo unos pocos. Tenemos a alguien que nos consuela cuando estamos afligidos, que nos alienta cuando estamos desanimados y que comparte nuestras emociones cuando ocurren cosas buenas. Y está por añadidura la gratificación sexual que proporciona la naturaleza como aliciente especial para la pareja. Tampoco se puede subestimar la satisfacción de tener hijos y construir juntos una familia.

Las esperanzas y el aliento de parte de los padres y otros parientes, así como las expectativas de la comunidad en cuanto a la estabilidad de la pareja generan presiones desde afuera. Con todas esas fuerzas unidas actuando para reforzar la relación, ¿qué puede andar mal? Dejemos de lado los otros incentivos, ¿por qué no es bastante fuerte el amor para mantener unidas a las parejas?

Es lamentable que actúen fuerzas centrífugas que tienden a hendir la relación: desilusiones desmoralizadoras, malentendidos laberínticos y torturantes comunicaciones malogradas. Pocas veces es bastante tenaz el amor para resistir a esas fuerzas divisorias y sus derivados: el resentimiento y la rabia. Se necesitan otros ingredientes en una buena relación para que el amor se fortifique en lugar de disolverse.

La representación idealizada del matrimonio que ofrecen los medios de comunicación no prepara a las parejas para hacer frente a las decepciones, frustraciones y fricciones. A medida que los malentendidos y conflictos se combinan para encender el enojo y el resentimiento, la persona que antes había sido amante, aliado y compañero es visto ahora como antagonista.

LO QUE SE NECESITA PARA SOSTENER UNA RELACION

Aunque el amor es un incentivo poderoso para que esposos y esposas se ayuden y apoyen, se hagan felices el uno al otro y creen una familia, no constituye en sí mismo la esencia de la relación, pues no provee las cualidades y aptitudes personales que son decisivas para sustentarla y hacerla crecer. Hay cualidades especiales como compromiso, sensibilidad, generosidad, consideración, lealtad, responsabilidad, confiabilidad, que son determinantes para una relación feliz. Los cónyuges deben cooperar, transigir y proceder con decisiones solidarias. Deben saber adaptarse, reconocer errores y perdonar. Tienen que ser tolerantes con los defectos, errores y rasgos particulares del otro. Si se cultivan esas "virtudes" durante cierto período, el matrimonio se desarrolla y madura.

Las parejas suelen tener capacidad para tratar con gente que está fuera de su relación, pero pocas personas contraen una relación íntima con la comprensión básica, o la técnica necesaria, que la haga florecer. A menudo carecen de la habilidad que les permita tomar decisiones conjuntas o descifrar los mensajes del cónyuge. Cuando un grifo en la casa empieza a gotear, tienen las herramientas para detener la pérdida, pero cuando el amor empieza a drenar, no se les ocurre cómo restañar su flujo.

Un matrimonio o una pareja que convive difiere de otras relaciones. Cuando una pareja, sea del mismo sexo o de sexos opuestos, está comprometida en una relación duradera, cada uno de sus integrantes desarrolla ciertas expectativas con respecto al otro. La intensidad de la relación alimenta ciertos anhelos, largo tiempo latentes, de amor, lealtad y apoyo incondicionales. Y las parejas se comprometen, ya sea en forma expresa, como en los votos del matrimonio, ya sea en forma indirecta, mediante sus actos, a satisfacer esas necesidades profundamente arraigadas. Todo lo que haga el cónyuge, está dotado de significados que derivan de esos deseos y expectativas.

Debido a la fuerza de los sentimientos y las esperanzas, la profunda dependencia y los significados simbólicos decisivos, a veces arbitrarios, que atribuyen a los actos mutuos, los cónyuges son propensos a interpretarlos mal. Cuando ocurren los conflictos, a menudo por una mala comunicación, los cónyuges parecen estar más dispuestos a acusarse mutuamente que a pensar en el conflicto como en un *problema* que puede solucionarse. A medida que surgen las dificultades y proliferan las hostilidades y los malentendidos, los cónyuges pierden de vista aquellos aspectos positivos que su pareja les aporta y representa, es decir, alguien que los apoya, que realza sus experiencias, que comparte la construcción de una familia. En última instancia, llegan a dudar de la propia relación y pierden así la oportunidad de desenredar los nudos que deforman el mutuo entendimiento.

DESENREDO DE LOS NUDOS

Cuando trabajé con mis estudiantes —psiquiatras, psicólogos y asistentes sociales— en el Center for Cognitive Therapy de la Universidad de Pennsylvania, descubrí que podríamos ayudar a esas parejas desavenidas, si corregíamos sus interpretaciones erróneas, desatábamos los nudos que embrollaban su comunicación y afinábamos su capacidad de ver y oír con acierto las señales de sus compañeros. Además, descubrimos que podía serles de gran utilidad aprender cosas sobre la dinámica del matrimonio, cómo comprender la sensibilidad y las necesidades de los cónyuges, cómo hacer planes conjuntos y tomar decisiones compartidas, cómo disfrutar más el uno del otro.

El mismo programa puede favorecer a matrimonios que no estén en dificultades. Resultó tan eficaz en el caso de parejas constituidas, como en el de las que proyectaban casarse. En realidad, algunos de los éxitos más sorprendentes se lograron con parejas totalmente comprometidas, pero que deseaban obtener aun más de su relación.

Como los enfoques cognitivos cundieron en la década pasada, una cantidad cada vez mayor de profesionales en todo el mundo empezó a usarlos. De la cuidadosa recopilación de los registros y de las investigaciones realizadas en nuestro centro y en los centros de otras partes del mundo se desprende que ese enfoque ha ayudado a una gran cantidad de parejas desavenidas.

Entre los graduados de nuestro programa de instrucción, los doctores Norman Epstein, Jim Pretzer y Barbara Fleming fueron los más activos en la conducción de las investigaciones, en su publicación sobre los aspectos cognitivos de los problemas matrimoniales, y en la aplicación de sus ideas al tratamiento. Los doctores Janis Abrahms, David Burns, Frank Dattilio, Stowe Hausner, Susan Joseph, Chris Padesky y Craig Wiese son otros terapeutas cognitivos que han promovido los métodos del tratamiento clínico en la terapia matrimonial.

En vista del éxito de la terapia cognitiva tal como la emplean los psicoterapeutas y consejeros matrimoniales, llegó la hora de compartir nuestras apreciaciones con el público. El presente libro debe ser útil a las parejas de toda clase, sean compañeros de casa, de habitación o de cama, tanto del mismo sexo, como de sexos opuestos. Las personas que tienen roces en sus relaciones pueden usar este libro para comprenderlas mejor y elaborar soluciones propias. Las parejas cuyos problemas requieren la asistencia de un profesional hallarán el libro útil como una preparación para esas consultas y —es de esperar— como un incentivo para obtener una ayuda ulterior. El material contenido aquí demostró ser de utilidad para las parejas que ya reciben asesoramiento.

El objetivo de este volumen no es describir una "patología del matrimonio", sino definir la índole de las dificultades matrimoniales comunes de una manera precisa, para aclarar sus causas primarias. Una vez expuestos los diferentes componentes de los problemas, podemos empezar a hablar acerca de cómo pueden solucionarse. Destaco los problemas al

principio del libro porque es así como se present~~
dificultades. Más tarde, a medida que nos formemos una i~~
de los problemas, podremos empezar a resolverlos.

EL PLAN DEL LIBRO

He ordenado los capítulos de la misma manera en que conduzco una serie de sesiones clínicas: concreto primero los problemas y luego los resuelvo.

Los primeros nueve capítulos tratan de los distintos tipos de problemas. Casi cada cónyuge de un matrimonio perturbado reconocerá en esos capítulos dificultades semejantes a las que se originaron en su propia relación. A veces el problema es evidente: hay más bajo la superficie de lo que se ve a simple vista, respecto de lo que piensan y sienten las personas y la manera en que actúan entre sí. En mi trabajo con los pacientes, tuve que quitar a veces varias capas para llegar al meollo del asunto. Y suele ocurrir que un problema envía raíces a otros campos, algunos ocultos a la vista.

El método cognitivo llega a las raíces de los problemas matrimoniales y procede a enfocar tanto los ocultos, como los evidentes, antes que a resucitar traumas de la primera infancia.

A fin de ayudar a los lectores a determinar la índole de sus problemas matrimoniales, he incluido cuestionarios al final de varios capítulos o en el texto de los mismos. Los lectores pueden usar esos inventarios para concretar los problemas específicos con su pareja, tales como expectativas ilusorias, comunicación inadecuada e interpretaciones prejuiciosas. Cuando pasemos a los remedios, podrán revisar sus respuestas a los cuestionarios para ayudarse a identificar los problemas, con lo cual darán un paso necesario para resolverlos.

En mi práctica clínica, primero trato de comprender el problema de la pareja y analizo sus descripciones y las respuestas a esos cuestionarios. Puedo, entonces, preparar para cada pareja un "perfil cognitivo" que destaca el campo particular de la perturbación. Así como hace un médico que intenta diagnosticar una enfermedad mediante un examen físico, análisis de laboratorio, radiografías, uso toda la información a mi alcance para hacer un "diagnóstico matrimonial".

Los lectores pueden seguir la misma secuencia: comprender e identificar primero la naturaleza específica de sus problemas matrimoniales y luego seleccionar la estrategia apropiada para tratarlos. Una vez obtenido un cuadro claro de las actitudes específicas contraproducentes de una pareja desavenida y las deformaciones en el pensamiento y la comunicación, les explico la índole de sus problemas. Hice lo mismo en este libro y dediqué los primeros nueve capítulos a cada uno de los problemas más comunes en un matrimonio: 1) el poder del pensamiento negativo: cómo las percepciones negativas pueden vencer los aspectos positivos de un matrimonio; 2) el viraje que se produce de la idealización a la desilusión: por qué la imagen de un cónyuge pasa de ser «todo bueno», a «todo malo»; 3) el conflicto de perspectivas que discrepan: cómo los cónyuges pueden ver el mismo suceso, y el uno al otro, de maneras muy distintas; 4) la imposición de expectativas y reglas rígidas: cómo al establecer normas fijas se llega a la frustración y al enojo; 5) la perturbación en la comunicación: cómo las parejas dejan de oír lo que se dice y a menudo oyen cosas que no se han dicho; 6) los conflictos en la toma de decisiones importantes y el fracaso de la vida conyugal: cómo la predisposición personal y la incapacidad desbaratan su funcionamiento; 7) el papel de los "pensamientos automáticos" que preceden al enojo y al comportamiento contraproducente: cómo el pensamiento negativo conduce a la provocación y a la rabia; 8) trastornos del pensamiento y prejuicios que están en el corazón del problema: cómo operan las distorsiones cognitivas, y 9) la hostilidad que separa a las parejas.

En los capítulos 10 a 18 presento una variedad de enfoques de la terapia cognitiva que los cónyuges pueden amoldar a sus propias necesidades específicas para alcanzar las metas que se proponen en su relación. Los capítulos de la "ayuda" comienzan con la cuestión de cómo pueden las parejas superar las resistencias y el desaliento que les impiden mejorar la relación. Es importante que las personas reconozcan que *tienen* opciones, que *no* son meras víctimas de una mala relación, por más desesperante que ésta parezca. Pueden y deben hacerse responsables de ella; de qué manera, se verá en esos capítulos.

Después encaro los valores fundamentales del matrimonio, como el compromiso, la lealtad y la confianza, y describo los métodos para neutralizar las fuerzas que minan esos cimientos. Es esencial reconstruir o reforzar los bloques del edificio que hacen sólida la relación (capítulo 11). Luego prosigo y muestro cómo se pueden intensificar los aspectos amables y afectuosos de la relación, y reducir los amargos y molestos. ¿Cuáles son las cosas que puede hacer para demostrar a su pareja que siente interés por ella? Incluyo un cuestionario, como guía, para evaluar lo bien que usted y su cónyuge proceden al demostrar consideración, empatía y comprensión (capítulo 12). En el capítulo 13 presento ejemplos concretos de la manera en que se pueden corregir distorsiones del pensamiento y ajustarlo a la realidad. Después, enfoco el modo de conversar de las parejas entre sí y pruebo que la conversación puede ser más una fuente de placer que de sufrimiento (capítulo 14). En el capítulo 15 se expone cómo se pueden aclarar los desacuerdos en la preparación para las sesiones conjuntas de análisis, que se explican en el capítulo 16.

Después de haber eliminado las trabas que se producen en la conversación y haber atacado los problemas prácticos de la convivencia, usted está preparado (a) para enfrentarse con las características y los hábitos de su pareja que lo (la) enfurecen (capítulo 17). Finalmente, en el capítulo 18 podrá aplicar las ideas expuestas en los capítulos anteriores para resolver los problemas especiales como el estrés, las inhibiciones sexuales, la infidelidad y los conflictos que se originan cuando ambos cónyuges trabajan.

Supongo que, por lo menos en un comienzo, un solo miembro de la pareja leerá este libro. Por consiguiente, me concentro en lo que él o ella puede hacer en forma individual para ser ayudado (a) y, así, a su vez, ayudar al matrimonio. A menudo, los cambios en uno de los integrantes pueden producir cambios notables en el otro. A medida que se adquieren más conocimientos sobre las fuentes y las soluciones de los problemas conyugales, los cambios de uno pueden influir de un modo favorable en el comportamiento del otro.

En resumen, en este libro se discute la forma en que los cónyuges pueden corregir sus esquemas autodestructivos y hábitos contraproducentes, mejorar la comunicación y ayudar a aclarar y modificar los problemas del compañero. Por fin, se discute la manera en que ambos pueden trabajar en conjunto para eliminar las fallas de comunicación y hacer que la relación sea más satisfactoria y agradable.

Para evaluar su relación, le será útil tener presentes las metas que desea alcanzar en el matrimonio y la mejor manera de lograrlo. A modo de guía, he confeccionado una lista de lo que considero como objetivos de un matrimonio ideal:

*Primero:* luche por lograr sólidos cimientos de confianza, lealtad, respeto y seguridad. Su cónyuge es su pariente más próximo y tiene derecho a contar con usted como aliado, sostén y paladín declarado.

*Segundo:* cultive el aspecto afectuoso, tierno de la relación: sensibilidad, consideración, comprensión y demostraciones de cariño y solicitud. Considérense mutuamente confidentes, compañeros y amigos.

*Tercero:* afiance el compañerismo. Desarrolle el sentido de colaboración, consideración y compromiso. Agudice sus aptitudes para la comunicación a fin de tomar con mayor facilidad decisiones en asuntos prácticos, como la división del trabajo, la preparación y realización del presupuesto familiar y la planificación de las actividades en los momentos de ocio.

Es esencial para los cónyuges fijar el régimen referente al

cuidado, la educación y la vida social de los hijos, y alentar el espíritu de colaboración. El matrimonio es, al mismo tiempo, una empresa, una institución educacional y de crianza de niños, y una unidad social. Es importante que esas funciones "institucionales" del matrimonio se cumplan con reciprocidad, justicia y sensatez.

Como la mayor parte de los libros orientados a prestar ayuda a las personas en la solución de problemas, el presente volumen tiene una filosofía rectora:

• Las parejas pueden superar sus dificultades si reconocen, en primer lugar, que una gran parte de sus decepciones, frustraciones y enojos no arranca de una incompatibilidad básica, sino de malentendidos desdichados que provienen de comunicaciones equivocadas e interpretaciones prejuiciosas del comportamiento mutuo.

• El malentendido es a menudo un *proceso activo* que se origina cuando un cónyuge desarrolla una imagen distorsionada del otro. Esa distorsión hace, a su vez, que el cónyuge malinterprete lo que el otro hace o dice y le atribuya motivos indeseables. Los esposos simplemente no tienen el hábito de "controlar" sus interpretaciones o buscar la claridad en las comunicaciones.

• Cada cónyuge debe asumir la plena responsabilidad de mejorar la relación. Debe comprender que tiene opciones y que puede (y debe) recurrir a todos los conocimientos e intuiciones a su alcance para hacer que él y su pareja sean más felices.

• Los cónyuges pueden ayudarse a sí mismos, ayudar a cada uno de ellos y a la relación, si adoptan una actitud de "sin culpa ni reproche". Ese modo de abordar las cosas permitirá enfocar los problemas reales y resolverlos con más facilidad.

• Los actos de su pareja, que usted atribuye a algún rasgo malévolo como, por ejemplo, el egoísmo, el odio o la necesidad de controlarlo, se explican a menudo con más exactitud en función de motivos bien intencionados (aunque equivocados) como son la autoprotección o los intentos de prevenir el abandono.

Aunque este libro está destinado a educar y dar pautas de conducta, su efecto en un matrimonio perturbado no será igual al que lograría un consejero que usara los mismos principios y métodos. Sin embargo, estoy convencido de que puede ayudar a muchas parejas que, por lo común, no necesitarían ni buscarían consejos. Después de leerlo, algunas parejas quedarán motivadas para obtener una ayuda profesional o para combinar la lectura con el asesoramiento.

Quienes lean esta obra, quizá no consideren su matrimonio perturbado, pero sospechen que de algún modo podría ser más gratificante. Tal vez una pareja quiera recuperar el antiguo placer de sintonizar los pensamientos del otro, de hacer sugerencias espontáneas, de tomar decisiones sin reñir. Este libro ofrece indicaciones para atravesar la maleza que impide resolver los problemas conjuntos y para desatar los nudos que frustran la comprensión mutua. Si comprenden mejor las causas de los enfrentamientos entre usted y su cónyuge, podrán enriquecer su relación.

# 1
# El poder del pensamiento negativo

Karen, una diseñadora de interiores, contó cómo había llegado un día a su casa emocionada e impaciente por comentar con su marido, Ted, algunas buenas noticias. Le acababan de adjudicar un contrato lucrativo para decorar las oficinas de un importante estudio de abogados. Pero cuando empezó a contarle el éxito inesperado en su carrera, él pareció distante y desintersado. Ella pensó: *"Yo en verdad no le importo. Sólo está interesado en sí mismo"*. Su exaltación se evaporó y, en lugar de celebrar con él, Karen se fue a otra habitación y se sirvió una copa de champán. Mientras tanto, Ted, que se sentía algo abatido ese día por un contratiempo en su trabajo, pensó: *"Yo en verdad no le importo. Ella sólo está interesada en su profesión"*.

Ese episodio destaca un modelo común que hemos observado en quienes tienen problemas matrimoniales. Cuando se frustran las grandes expectativas de los cónyuges, éstos son propensos a llegar a conclusiones negativas del estado de ánimo de su pareja y el estado del matrimonio. Al confiar en lo que equivale a una adivinación del pensamiento, el cónyuge desilusionado deriva en conclusiones condenatorias sobre la causa del disgusto: *"Ella actúa así porque es malintencionada"* o *"El se comporta de ese modo porque está lleno de odio"*.

Como consecuencia de esas explicaciones puede ocurrir que el cónyuge ofendido ataque a su pareja o se aleje de ella. Es muy probable que ésta a su vez se sienta injustamente castigada y se desquite contraatacando o retrayéndose, y así empieza el círculo vicioso de ataque y revancha, que puede invadir otros campos de la relación. Reviste serio peligro interpretar los motivos de la pareja de ese modo, pues no podemos leer los pensamientos de las otras personas. Por ejemplo, lo que Karen no sabía era que Ted se sentía deprimido por un contratiempo en sus asuntos contables y estaba ansioso por discutirlo con ella. Karen no tenía forma de averiguarlo porque abandonó furiosa la habitación; supuso que él estaba demasiado preocupado consigo mismo para reparar en ella.

Pero la retirada enfadada de Karen tenía de por sí muchos significados para Ted: *"Ella se escapa de mí sin razón alguna"* y *"Otra vez esto prueba que no le importa cómo me siento"*. Esas explicaciones se agregaron a la sensación de soledad y agravio de Ted. Por otra parte, Ted contribuyó a aumentar la desconexión de la relación al preocuparse por sus propios problemas. Además, en oportunidades anteriores, cuando Karen se emocionaba con una experiencia o una idea nueva, él se ponía a analizarla en lugar de sintonizar con su entusiasmo.

Esa clase de malentendidos y lectura mutua del pensamiento es mucho más frecuente en las relaciones humanas de lo que pueden suponer las parejas. Antes de percatarse de que hay un malentendido, las parejas en conflicto atribuyen erróneamente el problema a la "maldad" o el "egoísmo" del compañero. Inconscientes de que interpretan mal a sus parejas, los cónyuges les atribuyen en forma equivocada motivaciones viles.

Aunque muchas obras de divulgación han tratado la expresión de la cólera en las relaciones íntimas y la manera de hacerle frente, se prestó escasa atención a las ideas y comunicaciones desacertadas, que son tan a menudo responsables de la ira y del conflicto. La manera en que un cónyuge *percibe e interpreta* lo que el otro hace puede ser mucho más importante para determinar el bienestar matrimonial que los actos mismos.

Para evitar esas ideas falsas, conviene entender cómo funciona la mente —y cómo lo hace en forma defectuosa— cuando nos frustramos o decepcionamos. Nuestro sistema mental falible nos predispone a malinterpretar o exagerar el significado del comportamiento de la otra persona, a dar explicaciones negativas cuando estamos decepcionados y a proyectar una imagen negativa sobre los demás. Entonces actuamos de acuerdo con esas interpretaciones erradas y atacamos la imagen muy negativa que hemos proyectado.

Rara vez se nos ocurre en ese momento que nuestro juicio negativo podría estar equivocado, y que atacamos una imagen distorsionada. Por ejemplo, cuando, frustrada por el humor de Ted, Karen proyecta la imagen de una especie de hombre mecánico, incapaz de expresar sentimientos hacia la otra persona. Al mismo tiempo, Ted ve a Karen como una de las Furias, llena de odio y venganza. Cuando cualquiera de ellos decepciona al otro, esas imágenes extremas acaparan sus mentes y avivan su ira.

EL METODO COGNITIVO

Si usan algunos principios simples que forman parte de nuestra terapia cognitiva, las parejas pueden contrarrestar la tendencia a formarse juicios injustificados y proyectar imágenes distorsionadas el uno del otro. Esos principios pueden ayudar a cada cónyuge a llegar a conclusiones más precisas y razonables y prevenir así el ciclo de malentendidos, que conduce a los conflictos y hostilidades matrimoniales. La terapia cognitiva demostró que los cónyuges pueden aprender a ser más razonables el uno con respecto al otro: si adoptan una actitud más humilde, menos segura en cuanto a la exactitud de la lectura de los pensamientos y a las conclusiones negativas resultantes; si controlan la precisión de dicha lectura, y si consideran algunas explicaciones posibles de lo que hace su pareja.

Si Karen hubiera luchado contra la tendencia a representar a Ted como desinteresado y frío y lo hubiera interrogado sobre las causas de su preocupación, lo habría animado hasta un punto en que ambos estuvieran en condiciones de celebrar su éxito. Y si Ted se hubiera molestado en averiguar qué deseaba Karen, habría evitado formarse una imagen fría y antipática de su mujer. Pero, para hacerlo, ambos deberían primero darse cuenta de que sus conclusiones podían ser incorrectas y su cólera, injustificada o, cuando menos, exagerada.

Los principios cognitivos que ayudaron a Karen y a Ted a alcanzar con el tiempo ese estado de autocomprensión son los siguientes:

- Nunca podemos en realidad conocer el estado de ánimo, las actitudes, los pensamientos y sentimientos de los otros.

- Confiamos en señales, a menudo ambiguas, para que nos informen acerca de las actitudes y deseos de los demás.

- Usamos nuestro propio sistema de códigos, que puede ser defectuoso, para descifrar dichas señales.

- Al confiar en nuestro propio estado de ánimo en un momento particular, podemos equivocarnos en nuestro método de interpretar la conducta de los demás, es decir, en nuestra forma de descifrar.

- El grado en que creemos en nuestra exactitud para adivinar los motivos y actitudes de otras personas no está en relación con la verdadera precisión de nuestra opinión.

La terapia cognitiva, que incorpora esos principios, se concentra en el modo en que los integrantes de la pareja se comprenden el uno al otro, lo hacen mal o dejan de hacerlo, así como en el modo en que se comunican. El método cognitivo está previsto para remediar esas distorsiones y el déficit en el pensamiento y en la comunicación. Sus estrategias y técnicas fundamentales se describen en detalle en el capítulo 13.

La esencia de la terapia cognitiva matrimonial consiste en investigar, con las parejas en conflicto, las expectativas irreales, las actitudes contraproducentes, las explicaciones negativas injustificadas y las conclusiones ilógicas. Mediante un acuerdo en el modo de extraer conclusiones con respecto al otro y de conversar, la terapia cognitiva ayudó a las parejas a tratarse en una forma más razonable y menos hostil.

ADIVINACION DEL PENSAMIENTO

Lois, una mujer joven, atractiva, que dirigía un elegante negocio de ropa, trató de explicarse a sí misma por qué Peter, su novio, estuvo silencioso al volver de una fiesta. Bastante conversador por lo general, Peter vendía publicidad para un periódico local, y es así como se conocieron. Cuando él se quedó callado, Lois pensó: *"Peter no dice nada..., debe de estar enojado conmigo"*. Al tratar de leer los pensamientos de Peter, Lois atribuyó su silencio a su enojo con ella. Su razonamiento sobre lo que ella creía que pensaba y sentía Peter —su adivinación del pensamiento— no acabó allí. Lois pensó entonces: *"Debo de haber hecho algo que lo habrá ofendido"*. Al comprobar en su propia mente que Peter estaba enojado por algo que ella había hecho, se formuló la predicción: *"Peter seguirá enojado conmigo y a la larga romperá nuestra relación"*. Entonces, se sintió triste por anticipado por quedarse sola para el resto de su vida.

Pero Lois erraba la puntería. Quedó atrapada en una red de inferencias sobre causas invisibles y consecuencias insondables. Una mujer diferente, en la situación de Lois, podría haber pensado simplemente: *"Es probable que a Peter se le pase esto en unos minutos"*. El mero hecho del silencio de Peter podría corresponder a cualquier aseveración.

La adivinación del pensamiento puede generar predicciones inexactas que produzcan un trastorno innecesario o algo que revelaría un falso sentido de seguridad. Y esas conclusiones erróneas pueden conducir a inconvenientes aun mayores. Si Lois obrara de acuerdo con su imaginación, se sabotearía a sí misma al retraerse e increpar a Peter, y con esa reacción lo dejaría perplejo, lo alejaría o provocaría su ira.

En esa oportunidad, Lois interpretó mal la conducta de Peter, quien se hallaba ensimismado. Ella se puso de mal humor y no quiso responder cuando él por fin habló. Cuando ella dejó de contestar, él se enojó y empezó a criticarla. A su vez, Lois interpretó la crítica como una confirmación de lo imaginado por ella, y se sintió aun peor; pensó que lo temido había sucedido y que Peter estaba harto de ella.

Esta clase de profecía, que por su propia índole tiende a cumplirse, es típica de las relaciones problemáticas. Al interpretar mal la conducta de su pareja, las personas contribuyen a atraer aquello que más desean evitar.

Lo que se dice o se hace puede ser ambiguo o erróneo, por lo tanto no siempre es fácil juzgar cuál es el sentir para con nosotros o cuáles son las motivaciones. Así fue que Lois, por miedo al rechazo, estaba propensa a interpretar el silencio de Peter como una señal de enojo. Aunque resulte natural leer señales y buscar modelos para darse cuenta de lo que ocurre en la mente de otra persona, corremos el riesgo de elaborar explicaciones erróneas y extraer conclusiones equivocadas.

EL PENSAMIENTO INVISIBLE

Tomaré un episodio de mi propia vida. Mientras trato de explicar con la mayor seriedad mi teoría favorita a mi mujer, ella sonríe de pronto. Me pregunto: *"¿Sonreirá porque le gusta lo que dije?"* o *"¿se burla de mí?"* o *"¿está divertida porque piensa que mi teoría es ingenua?"* Aun cuando tengo otros datos disponibles, como son los de nuestro pasado común, me quedo sin saber cómo interpretar lo que se oculta detrás de esa sonrisa.

Lo decisivo para mí no es lo que veo y oigo —la expresión de la cara y el tono de la voz—, sino algo que será inaccesible para siempre a mis sentidos, es decir, el estado de su mente. Las actitudes de las otras personas hacia nosotros, los sentimientos y los móviles que los animan con respecto a nosotros no son tan reales como las palabras, gestos y expresiones. Cuando discuto sobre un trabajo con mi mujer, la realidad esencial, es decir, lo que realmente me importa, no es su conducta visible, no es lo que dice, sino su *verdadera actitud* referente a mis ideas y a mí.

Cuando entramos en interacción con los demás, rara vez tenemos tiempo para meditar sobre los hechos, para deducir los pensamientos y sentimientos reales del otro. Puesto que los indicios son a menudo ambiguos, confiamos en observaciones fugaces de mensajes confusos, algunos de los cuales pueden haber sido ideados a propósito para engañarnos. No es sorprendente que nos equivoquemos a veces.

Consideremos nuestro dilema: nuestro juicio sobre uno de los aspectos más importantes de la realidad, es decir, lo que siente la gente respecto a nosotros, debe basarse por lo común en hechos que no son observables en forma directa. Dado que esos estados "internos" están fuera del alcance de nuestros sentidos, confiamos en nuestras suposiciones sobre lo que podemos observar. Los problemas se originan porque tendemos a creer, como lo hace Lois, tanto en nuestras inferencias —nuestra lectura del pensamiento ajeno— como en lo que observamos directamente.

Desde luego, resulta decisivo distinguir las verdaderas causas de lo que hacen los demás, si debemos saber cuándo hemos de avanzar o retroceder. Puesto que esa comprensión es tan importante para nuestro sentido de seguridad y nuestras relaciones íntimas, leemos constantemente el pensamiento, como lo hicieron Karen y Ted, y automáticamente consideramos las conjeturas como hechos. Si tenemos una relación de confianza con la otra persona, por ejemplo nuestra esposa, podemos verificar las suposiciones preguntándole qué siente ella en realidad.

En el episodio que acabo de describir, las diversas conjeturas que pasaron por mi mente ¡estaban todas equivocadas! Cuando las verifiqué con mi mujer, ella me informó acerca de la verdadera razón de la sonrisa; la explicación de mi teoría le recordó una experiencia divertida que tuvo hace poco tiempo, y fue ese recuerdo, y no mi teoría, lo que la hizo sonreír.

Cuando se apodera de nosotros un estado emocional, la

vaguedad de lo que observamos nos puede desconcertar. Cuando estamos trastornados o emocionados, es probable que las interpretaciones de los pensamientos y sentimientos de otras personas, de la "realidad invisible", se basen más en nuestros estados internos, nuestros miedos y expectativas, que en una evaluación razonable del otro ser. Es poco probable que busquemos razones posibles de lo que vemos y oímos, de ahí que nuestras conclusiones sean más inflexibles.

En los problemas clínicos, tales como la depresión y la ansiedad, se destaca el modelo de juzgar al azar. En estos trastornos hay un cambio en la manera en que la gente elabora la información, un cambio que conduce a una predisposición negativa para hacer observaciones. Además, hay tendencia a sacar conclusiones rápidas, a base de jirones y fragmentos de pruebas. Por ejemplo, una esposa deprimida podría reaccionar a la mirada fatigada del marido con un pensamiento inmediato de: *"Está harto y cansado de mí"*. Un marido ansioso reacciona a la constante tardanza de su mujer a una cita con la reflexión: *"Podría haberse matado en un accidente"*. En ningún caso se detienen a considerar las alternativas: la fatiga de él, la falta de puntualidad crónica de ella.

Muy a menudo, nuestro modo de pensar en la vida diaria es similar al que se descubre en trastornos emocionales como la depresión y la ansiedad: llegamos a un juicio repentino basado en el leve hilo de una prueba o de ninguna.

El modo de pensar de la gente se embrolla a menudo, cuando ésta pasa de la interpretación específica a las generalizaciones. Por ejemplo, Lois pasó de la idea de que Peter estaba enojado con ella, a la idea más amplia: *"Peter está siempre furioso conmigo"*. Luego cayó en una generalización aun más grave —*"Siempre ofendo a la gente"*— y se puso triste. Al llegar a ese momento, Lois se sintió tan paralizada por las ideas negativas, que no estaba en condiciones de ver si podía haber otra explicación para el silencio de Peter.

La generalización de Lois acerca de sí misma no sólo le hizo sentirse peor, sino que le impidió averiguar si Peter estaba en realidad enojado con ella. Una persona menos sensible, más segura de sí misma, se preguntaría en su situación: *"¿Está Peter realmente furioso conmigo justo ahora? Si está furioso, ¿qué debo hacer yo?"* Pero para Lois ese razonamiento lógico se desvió por la apresurada generalización de que Peter estaba siempre enojado con ella, y que ella siempre ofendía a la gente. Como esas ideas negativas desviaron su atención de la pregunta original *"¿Por qué está callado?"*, ella saboteó la armonía de la relación.

Otras generalizaciones pueden introducirse agravando el problema. Lois llegó a una conclusión ulterior: *"La razón por la cual ofendo siempre a la gente es porque no tengo personalidad"*. Esa clase de explicación suele adquirir el estado de "hecho" en el pensamiento de uno y convertirse en una base para llegar a deducciones y predicciones aun más desagradables. Por ejemplo, Lois pensó entonces: *"Puesto que no tengo personalidad, nunca me querrá nadie y siempre estaré sola"*. En ese momento no sólo corría el riesgo de alejar a su amigo, sino de deprimirse.

Lois avanzó desde una observación objetiva del silencio de Peter hasta una visión negativa de sí misma —*"no tengo personalidad"*—, y luego una visión sombría de su porvenir: *"Siempre estaré sola"*. Aunque esas conclusiones erróneas se basan en señales borrosas, llegan a adquirir el pleno valor de una verdad, en particular cuando se trata de cuestiones decisivas para una relación, como lo son la aceptación o el rechazo. Lo que comienza como una inferencia se transforma en un "hecho" tan "real", como la observación original.

En este momento será útil revisar el flujo de los pensamientos de Lois, en el que vemos el aumento progresivo de las ideas negativas, que la lleva a sentirse sola y abandonada.

*¿Por qué está callado?*
∇
*Debe estar enojado conmigo.*
∇
*Habré hecho algo para ofenderlo.*
∇

*Seguirá enojado conmigo.*
▽
*Siempre está enojado conmigo.*
▽
*Siempre ofendo a la gente.*
▽
*Nunca nadie me querrá.*
▽
*Siempre estaré sola.*

POR QUE INTERPRETAMOS MAL

Si pudiéramos evaluar todos los hechos en una situación dada antes de llegar a una conclusión, sería menos probable que cometiéramos esos errores. Sin embargo, rara vez tenemos el tiempo necesario para efectuar deducciones lógicas. Tenemos que confiar en una rápida interpretación, "leer las señales", como en el misterio de la sonrisa de mi mujer y el rompecabezas del silencio de Peter.

Las señales son en realidad porciones de datos —una cadena de palabras, un gesto— que traducimos en una información utilizable. Un periódico en lengua extranjera, por ejemplo, consta de líneas de símbolos impresos, pero esos símbolos carecen de significado, a menos que sepamos leer en ese idioma. A fin de transformar lo que vemos en algo comprensible, debemos aplicar nuestro sistema de códigos. Si la impresión es incorrecta o nuestro sistema de códigos contiene errores, o si no lo usamos bien por inexperiencia o cansancio, entonces tendremos como resultado una mala información y, por supuesto, una conclusión errónea.

Desarrollamos nuestro sistema de códigos interpersonal al principio de nuestra vida. Este nos brinda los significados de las observaciones, como el tono de la voz de una persona, su expresión facial o sus gestos. Por el contexto y otras observaciones, entretejemos los significados para llegar a una conclusión. Ya que nos sentimos más seguros cuando creemos conocer los móviles y los sentimientos de las otras personas respecto a nosotros, confiamos en las conclusiones a las que podemos llegar más de lo que los hechos justifican.

La mayor ventaja de ese sistema de códigos es que proporciona explicaciones inmediatas. Su desventaja consiste en que pueda estar equivocado: podemos leer incorrectamente rechazo, cuando nuestro compañero está distraído; podemos suponer por error que hay enojo, cuando nuestro cónyuge está tenso o ansioso; y lo más importante es que podemos atribuir, por error; mala voluntad a nuestra pareja si ésta olvidó simplemente cumplir una promesa.

Hasta parejas amantes, bien intencionadas, pueden llegar a pelear y herirse mutuamente a causa de esas malas interpretaciones. A veces, el malentendido se basa sólo en una comunicación imperfecta, como en el caso de Marjorie, quien no le informó a Ken que prefería ir de compras sola. En otras oportunidades, el malentendido surge, y quizás en forma más grave, porque las palabras o actos de un cónyuge contienen inconscientemente, una amenaza para el otro. La causa de la riña no está por lo tanto en las palabras o actos *per se,* sino en el *significado* que la pareja les asigna. Ese significado no está claro, desde luego, para la parte ofensora, quien cree a menudo que el cónyuge "debería haber entendido mejor".

Las señales constituyen una clase de signos que se emplean en la comunicación. Las emociones y los sentimientos, por ejemplo, nunca se comunican en forma directa, sino a través de medios como la palabra, el tono de voz, la expresión del rostro y las acciones. El contexto es, por cierto, decisivo para interpretar las señales. Una camarera que sirve café con tostadas señala una transacción de servicio; un marido que le sirve café con tostadas a su mujer en la cama es señal de atención y afecto.

Esas señales forman la estructura de una relación estrecha, pero su importancia se suele pasar por alto en el matrimonio. Llevan una carga mucho mayor de significados de lo que podría desprenderse de la lectura literal de una conducta específica. En el tema principal de la película *Casablanca,* el texto *"A kiss is still a kiss, a sigh is just a sigh..."* (Un beso sigue siendo un beso, un suspiro es sólo un suspiro) sirve para destacar el hecho de que un beso no es sólo un beso. Las señales como éstas son símbolos de amor y afecto, y cuando se esfuman en una relación íntima o funcionan en longitudes de ondas diferentes, como en el caso de Karen y Ted, su ausencia adquiere un significado simbólico, como un rechazo o una falta de interés.

Los significados simbólicos pueden unir a las personas o separarlas. Una esposa me contó cuán hondamente emocionada se sentía, durante el noviazgo, cuando su novio la llevaba a restaurantes costosos y le enviaba flores. Aunque ella se daba cuenta en su fuero interno de que esa atención no significaba, por fuerza, que él se preocupara por ella, el significado "más profundo" era tan fuerte, que ese gesto la emocionaba mucho.

Pero después que estuvieron casados, ella empezó a reaccionar a los "símbolos negativos". Siempre que él volvía tarde a casa, sin llamarla antes, ella suponía que era por desinterés. Aun cuando mencionara la legítima falta de un teléfono, el significado simbólico de no llamar era tan fuerte, que ella no podía modificarlo en su ánimo. Más aun, el hecho de que él prestara menos atención en agasajarla y enviarle flores, también significaba que no se interesaba más por ella.

Puesto que las señales y símbolos no son cosas reales, tienen que ser traducidos. A veces, el sistema de códigos es deficiente y el cónyuge no lee la señal: el marido no reconoce quizá que el retraimiento de su mujer es un pedido de ayuda; la mujer quizá no identifique el entusiasmo simulado de su marido como la máscara de una profunda decepción.

Algunas personas están más predispuestas que otras a asignar significados simbólicos a ciertas situaciones específicas. Es más probable que los hombres, por ejemplo, consideren una conversación sólo como un medio para transmitir hechos, mientras que las mujeres la encaren como un fin en sí mismo, como un símbolo de interés y amistad. A causa de esas diferencias en el significado simbólico de una comunicación, debidas al sexo, pueden surgir malentendidos entre los integrantes de una pareja.

En las relaciones estrechas somos menos flexibles en el uso

de nuestro sistema de códigos que en situaciones impersonales. En realidad, cuanto más intensa sea la relación, tanto mayor es el malentendido. El matrimonio. más que cualquier otro vínculo íntimo, presenta oportunidades constantes para que se produzca una mala lectura de las señales.

ERRORES EN LA LECTURA DE LAS SEÑALES

Marjorie y Ken se conocieron cuando ambos eran estudiantes. Vivieron el romance proverbial de un libro de cuentos. El era un atleta destacado y ella, la reina de un baile de gala. Se casaron después de un noviazgo galopante. El se hizo vendedor de seguros y ella, secretaria de una gran empresa.

Desde el comienzo del matrimonio hubo problemas. Elocuente, competente, supercalificada para su trabajo de secretaria, aunque carente de la confianza en sí misma que le permitiera buscar algo mejor, Marjorie deseaba más apoyo y amor nutriente de los que Ken estaba dispuesto (o era capaz) a darle. Por su parte, Ken, quien no tenía tanto éxito en su carrera, como el que había tenido en el atletismo en el colegio, dependía de los ingresos de ella para poder mantener el nivel de vida que disfrutaban sus compañeros del colegio, más afortunados.

Después de cinco años de matrimonio se produjo entre ellos un enfrentamiento típico. Al cabo de un día difícil en la oficina, Marjorie se quejó de sus condiciones laborales a Ken.

MARJORIE: Estoy harta del trabajo. Realmente debería renunciar. Harry [el jefe] me trata mal. Siempre me critica.

KEN: [*Planea abandonar el trabajo. Si ella renuncia, no nos podremos arreglar. Se siente ansioso. ¿Cómo puede hacerlo? No se preocupa por mí y los chicos. Se siente atropellado.*] Siempre haces las cosas en forma impulsiva.

MARJORIE: [*No confía en mí. Debería saber que yo no abandonaría el trabajo. Se siente herida.*] Sólo trato de explicarte...

KEN: [*Es horrible. Debo detenerla para que no piense así.*]
(*En voz alta.*) No quiero nunca más oír hablar de esto.
MARJORIE: [*Yo no le importo. Por eso no me quiere escuchar y me grita. Se siente más herida y enojada. Se echa a llorar y corre al dormitorio.*]
KEN: [*Siempre procede así para hacerme sentir culpable.*]
¡No te me escapes!

Consideremos la importancia decisiva del significado que los cónyuges asignan a las palabras y a los actos del otro. Marjorie desea y espera empatía de Ken. Ella dice en realidad: *"Sufro y deseo que me consueles"*. Pero Ken traduce la queja (la señal) de ella en una amenaza. De acuerdo con el sistema de códigos, cuando la gente se queja de algo, significa que adoptaría una acción, por lo general, precipitada. De modo que en el pensamiento automático de Ken, una queja acerca del trabajo significa "renunciaré".

Esos miedos ocultos desencadenan a menudo reacciones hostiles. Ken lee los pensamientos de Marjorie en forma incorrecta, de ahí que no sólo no responda al requerimiento de compasión, sino que incluso la condene. Marjorie percibe en esa actitud injusticia y aislamiento y, al sentirse herida, llora y se retrae. Su reacción, que proviene de sentirse abandonada, es interpretada por Ken con un criterio más negativo aún, como señal de manejo, como si ella tratara de hacerle sentirse culpable. Por consiguiente, el intercambio colérico (la crítica y la retirada) adquieren una realidad propia.

Esa ilustración muestra varios aspectos del sistema de códigos. El significado de la comunicación, si bien de una claridad cristalina para el emisor, es a menudo confuso para el receptor. Decodificar el mensaje es, en el fondo, leer el pensamiento del emisor. Sin embargo, tenemos a menudo maneras peculiares de decodificar un mensaje; por lo tanto nos equivocamos con frecuencia. Además, las señales pueden ser ambiguas, sujetas a interpretaciones diversas. Asimismo, leemos a veces significados ocultos, donde no los hay.

Una vez que se asigna un significado a un suceso, es probable que se acepte como válido sin confirmar su exactitud. Si Ken hubiera verificado su interpretación inicial y le hubiera formulado a Marjorie una pregunta (por ejemplo "¿piensas renunciar?") habría corregido su idea falsa al principio. Si Marjorie no se hubiera despistado por el significado que le asignó a su crítica *(El no confía en mí)*, podría haber hecho un intento más sólido para corregir su error. Además, después de producirse la secuencia ataque-y-retirada, el significado que cada cónyuge atribuye a las acciones hostiles del otro frustran la aclaración del malentendido inicial.

Las parejas deberían verificar su lectura del pensamiento y formular preguntas directas o efectuar más observaciones de los actos del compañero. Se darían cuenta, entonces, de que su adivinación es incorrecta. Si pueden refutar las interpretaciones basadas en dicha adivinación, tendrán una nueva oportunidad, es decir, podrán corregir el sistema de códigos para comprender al cónyuge, volver a programar su computadora, por así decirlo. Esa técnica les ayudará a ser más exactos para saber lo que en realidad piensa y siente su pareja, de modo que la relación sea más armoniosa.

La terapia cognitiva enriquece el conocimiento que tienen las personas sobre la manera en que llegan a esas conclusiones y eso las anima a pensar en otras explicaciones posibles. Esta clase de terapia investiga los signos y símbolos que son objetos típicos de una mala interpretación y ayuda a extraer conclusiones más precisas, con un gran beneficio para parejas como Lois y Peter. Veremos en capítulos posteriores cuáles fueron los principios específicos que se usaron para ayudar a Karen y Ted, así como a Ken y Marjorie.

LOS SIMBOLOS Y EL SIGNIFICADO

En las relaciones íntimas, cierta clase de situaciones tienen un significado de una fuerza particular. Esos significados no se basan en un suceso real, sino que derivan de importantes conjeturas que un cónyuge puede hacer acerca de los actos del otro.

Cuando se vierte el sistema de códigos de una persona, en palabras, se descubre que consiste en una mezcolanza de creencias, suposiciones, reglas, preconceptos y fórmulas. Como lo dejó ver en la terapia, las conjeturas subyacentes de Ken eran: *"Si Marjorie se queja, cometerá alguna acción compulsiva"* y *"Le gusta manejarme con el llanto"*. Las suposiciones de Marjorie eran: *"Si Ken está enojado, quiere decir que no me ama"* y *"Si comprende mal mis motivaciones, no podemos comunicarnos"*.

Las verdaderas interpretaciones de los sucesos están modeladas por esas creencias. Si Marjorie cree que una voz fuerte significa rechazo, entonces sólo puede experimentar rechazo cuando Ken alza la voz. Si piensa que la ira y el rechazo conducen al abandono, entonces se siente desolada —completamente sola— cuando Ken le grita o la entiende mal.

Cuando un suceso evoca en forma constante significados muy personalizados, se convierte en un símbolo. Cuando una persona asigna un significado simbólico (amor, rechazo, libertad) a un suceso, su reacción puede ser *exagerada*, distorsionar una situación y llevar a *significados múltiples*. Lois, por ejemplo, percibió el silencio de Peter como símbolo de rechazo. Su interpretación simbólica tuvo un efecto ondulante, pues se acusó a sí misma por el supuesto rechazo y proyectó una cadena poco grata de sucesos en el futuro.

Si bien hay miríadas de símbolos que se pueden aplicar a la vida conyugal, hay dos clases principales de sucesos simbólicos que desencadenan reacciones exageradas. El primer grupo gira alrededor del tema del interés o desinterés por el otro. En el polo positivo están los símbolos de afecto, amor y consideración. En el negativo, los de rechazo, desconsideración y falta de comprensión. Los malentendidos específicos de Karen y Ted, Marjorie y Ken, Lois y Peter giraban alrededor de esos símbolos negativos.

El segundo grupo de sucesos simbólicos en un matrimonio atañe al tema del orgullo. Los símbolos positivos se concentran en el tema del respeto mientras que los negativos implican falta de respeto y aun desprecio. Los cónyuges que se sienten amados y aceptados pueden ser, con todo, sensibles en extremo a cualquier mensaje que sugiera que se los minimiza o menosprecia. Veremos más adelante cómo la igualdad se transformó en un asunto importante en la relación entre Ken y Marjorie.

En el diálogo siguiente, el significado simbólico es *"Tú me subestimas"*.

    Ken: He decidido que necesitamos comprar una caldera nueva.
    Marjorie: [Perpleja. *¿Por qué no me consultó primero antes de decidir?*] ¿Por qué necesitamos una caldera nueva?
    Ken: [*Ella no respeta mucho mi juicio.*] La adquirimos porque la necesitamos.
    Marjorie: [*Está fastidiado conmigo por preguntarle. No piensa que yo pueda tener una opinión. Se siente herida.*] Sigo sin comprender por qué necesitamos una caldera nueva.
    Ken: ¡Nunca confías en mi juicio para nada!

A causa de los significados simbólicos que captan en las observaciones del otro, Marjorie y Ken se sienten mutuamente agraviados. Si sus palabras no hubieran desencadenado esos significados simbólicos, se podría haber interpretado los enunciados iniciales en su valor literal o se podría haber corregido enseguida cualquier interpretación negativa. Sin embargo, como atribuyeron a la situación más importancia de lo deseado, ambos reaccionaron en demasía y ninguno trató de verificar las interpretaciones. Cada uno estaba demasiado atrapado por la ofensa y el enojo.

A fin de comprender sus hipersensibilidades y reacciones excesivas, las parejas deben darse cuenta de los significados simbólicos de los sucesos específicos que producen las reacciones negativas exageradas. Marjorie y Ken podían haber prevenido esas reacciones, pero tendrían que haberlas detenido en el momento *en que ocurrían,* y haber corregido luego sus interpretaciones y conclusiones erróneas (como se explica en los capítulos 8 y 13). Pero Ken estaba demasiado disgustado para admitir que la pregunta de Marjorie ("¿Por qué necesitamos una caldera nueva?") era razonable y responder a ella como tal. La reacción en cadena de la lectura del pensamiento, que asigna significados simbólicos, y de los malentendidos había empezado.

PREJUICIOS

Algunos de los malentendidos que acosan a los matrimonios tienen sus raíces en el modo rígido de pensar que sirve de base a toda clase de prejuicios. Las expectativas, observaciones y conclusiones preconcebidas que forman un prejuicio reflejan una estructura mental conocida técnicamente como "tendencia cognitiva negativa". Cuando, por ejemplo, un marido enmarca a su mujer dentro de esa tendencia, interpretará casi todo lo que ella dice de un modo negativo.

El prejuicio puede torcer no sólo nuestras interpretaciones de los demás, sino también de nosotros. Existe una forma de prejuicio en aquellos cuya autoestima es pobre: en ese caso, el objeto del prejuicio son ellos mismos más que los otros. Esas personas están muy preocupadas por lo que significan sus interacciones con los demás, en especial por lo que éstos puedan pensar de ellas. Pero como su autoestima es baja, tienden a aplicar sus preconceptos y formarse interpretaciones negativas injustificadas de las opiniones que los demás tienen de ellas.

Un caso típico es Lois. Antes de que se alterara tanto por el silencio de su novio, había tenido con él muchas discusiones animadas. Pero la única vez que Peter se quedó callado borró para ella todas esas experiencias claramente positivas. Ella se decía: *"Cuando alguien se queda callado es señal de que no me quiere"*. Una vez activada esa conjetura, llegó a dominar la visión que tenía Lois de sí misma y de Peter. Nunca se le ocurrió que su conjetura pudiera no aplicarse a Peter. Lois provenía de una familia en la que el "tratamiento del silencio" se empleaba con frecuencia para castigar a un ofensor.

El prejuicio que las personas que se estiman poco dirigen contra sí mismas incluye una trama de actitudes negativas. Los pensamientos de Lois acerca de Peter caracterizan las reacciones de ella a una variedad de escaramuzas. Las conjeturas básicas de Lois podrían articularse de la siguiente manera: *"Si alguien no me quiere ahora, nunca me querrá"; "Si esa persona no me quiere, luego no soy digna de ser querida";* y *"Si no soy digna de ser querida, siempre estaré sola y seré desdichada".* Sus suposiciones la predisponían a interpretar el silencio de Peter como señal de rechazo que terminaría con la relación.

Aunque se podría probar que cada una de las conjeturas de Lois era infundada, éstas ejercían en su pensamiento una fuerza poderosa. Después de que ocurriera el episodio con Peter, las conjeturas moldearon las interpretaciones de Lois acerca de su relación. Uno de los aciertos de la terapia cognitiva consiste en exponer esas conjeturas, determinar si tienen una base real y modificarlas de acuerdo con esto (capítulo 13).

Podemos ver con más claridad lo que sirve de base a los problemas que afectan a las relaciones comprometidas, si observamos las versiones exageradas de esas maneras de pensar en las personas que sufren de trastornos psíquicos tales como la depresión, la ansiedad y la hipocondría. Su sistema de codificar sucesos particulares está predispuesto de un modo uniforme. Las personas pesimistas, por ejemplo, tienden a interpretar los sucesos ambiguos de un modo que los muestra *bajo una luz poco favorable*. Un ama de casa, al ver que sus chicos se están peleando, llega a la conclusión: *"Soy un fracaso como madre".* Por otra parte, una persona ansiosa, ve *peligro* en situaciones inocuas. Un marido ansioso cuya mujer se demora en llegar a una cita piensa: *"La asaltaron".* El hipocondríaco interpreta las sensaciones normales del cuerpo como señales de una *grave enfermedad:* unos leves mareos significan para él un tumor cerebral; una indisposición estomacal, un inminente ataque al corazón; y un dolor de espalda, una enfermedad de los riñones.

Esas personas difieren de las "normales" en que atribuyen mucha mayor importancia a sus conclusiones y se aferran a ellas tenazmente. Están mucho más predispuestas a reconocer esquemas que concuerden con sus propios preconceptos y a ignorar la información que no satisfaga esos esquemas. Aunque parezca paradójico, permanecen empantanados en su modo de pensar aun cuando éste les produzca un gran dolor. Esa "rigidez cognitiva" se acentúa en muchas personas cuando se encuentran bajo estrés.

Podemos aprender muchísimo de esos trastornos psíquicos porque vemos la misma clase de pensamientos en las relaciones desavenidas, cuando el prejuicio está orientado hacia el compañero. Las investigaciones han demostrado que las parejas de matrimonios desavenidos pueden ser razonablemente objetivas con respecto a las motivaciones que atribuyen a otras parejas; pero, en las mismas situaciones, atribuyen erróneamente móviles negativos a sus propios cónyuges.[1]

Las parejas desavenidas reaccionan *entre sí* como si tuvieran ellas mismas un trastorno psíquico. En sus pensamientos acerca del cónyuge aparece la suspicacia, como la que se observa en la gente afectada de ansiedad o depresión.

---

1. P. NOLLER, "Misunderstandings in Marital Communication: Study of Nonverbal Communication", *Journal of Personality and Social Psychology* 39 (1980); 1135-1148.

P. NOLLER, "Gender and Marital Adjustment Level Differences in Decoding Messages from Spouses and Strangers", *Journal of Personality and Social Psychology* 41 (1981); 272-278.

P. NOLLER, *Nonverbal Communication and Marital Interaction* (Nueva York; Pergamon Press, 1984).

J. M. GOTTMAN, *Marital Interaction: Experimental Investigations* (Nueva York, Academic Press, 1979).

Según ellos, sus creencias son reales, sus mentes están abiertas. En realidad, tienen la mente cerrada y una visión cerrada en lo que al compañero se refiere.

Los cónyuges hostiles, por ejemplo, no se dan cuenta de que su visión del compañero puede estar distorsionada por el estado de ánimo y las ideas que los dominan. Cuando alguien trata de corregir esas distorsiones —en particular el cónyuge— puede chocar con un muro de hostilidad. A una persona enojada no le gusta que la contradigan en su visión de la realidad y considerará que el otro no sólo está equivocado, sino que intenta manejarla y aun engañarla.

Cuando los cónyuges hostiles intentan adivinar un estado invisible, como por ejemplo las emociones, los pensamientos y las motivaciones del compañero, están tan convencidos de sus conclusiones como si pudieran ver directamente en la mente de su pareja. Las creencias, para ellos, no son una mera conclusión, sino la *realidad*. Para corregir esas conclusiones hace falta aplicar una serie de estrategias que se explican en el capítulo 17.

Por otra parte, durante el apasionamiento del noviazgo y de los primeros años de la vida conyugal, las parejas muestran una predisposición positiva. Casi todo lo que dice o hace el cónyuge se interpreta bajo una luz positiva. Ni él ni ella pueden hacer algo mal. Pero si ocurren dificultades en el matrimonio, los reiterados desengaños, discusiones y frustraciones llevan a un cambio en la actitud mental. Alterados, los cónyuges pasan de una predisposición positiva a una negativa. Entonces lo que hace cualquiera de los dos se interpreta en un aspecto negativo. Ni él ni ella hacen nada bien.

El poder del pensamiento negativo se demuestra en nuestras observaciones ocasionales. Cuántas veces hemos oído a un cónyuge quejarse: "Pasamos un día maravilloso juntos y luego sucede una pequeña estupidez y ¡estropea todo!" En una serie de estudios de investigación se muestra el poder de lo negativo. Lo que más distingue a los matrimonios desavenidos de los satisfactorios no es tanto la ausencia de experiencias agradables, sino la gran cantidad de experiencias desagradables o las que se interpretan como tales.[2] Las mejoras que experimentan las parejas al ser asesoradas vienen acompañadas más por una reducción de encuentros desagradables que por un aumento de los sucesos agradables. La felicidad parece venir en forma más natural cuando las experiencias e interpretaciones negativas disminuyen.

Del mismo modo que una terapia cognitiva puede ayudar a los pacientes que sufren de ansiedad clínica o depresión a comprender su forma errónea de pensar, los mismos principios pueden contrarrestar los malentendidos y prejuicios en matrimonios desavenidos, como los que se han descrito en este capítulo. Pero primero importa comprender la base de esos problemas del pensamiento y aprender a identificarlos. Luego, las parejas pueden examinar sus interpretaciones y sus mutuas opiniones, y corregirlas conforme a eso, antes de permitir que los pensamientos negativos estropeen su felicidad.

---

2. C. Schaap, "A Comparison of the Interaction of Distressed and Nondistressed Married Couples in a Laboratory Situation", en K. Halweg y N. S. Jacobson, eds., *Marital Interaction: Analysis and Modification* (Nueva York: Guilford), págs. 133-158.

# 2
# La luz y la oscuridad

Uno de los misterios en nuestra sociedad es por qué el amor, que puede remontarse a las alturas, puede también arrastrarse dejando atrás una estela de decepción, frustración y resentimiento. Una pareja, que se prometió de antemano, una convivencia plena de entusiasmo, se hunde en la indiferencia y el hastío. Otra, que compartió antes todas sus alegrías, sólo comparte descontento y malestar. Otra más, que estaba antes de acuerdo casi en todo, ahora no lo está en nada.

¿Cómo pasa una pareja de la ilusión a la desilusión, del encantamiento al desencanto, de la satisfacción suprema a la insatisfacción?

Consideremos a Karen y Ted, una pareja que me consultó porque "no podían seguir" juntos. Karen era la brillante diseñadora de interiores, y Ted, el contador mencionado en el capítulo 1. Ambos deseaban comprender por qué peleaban constantemente y recuperar los sentimientos que habían tenido uno por el otro durante el noviazgo y los primeros tiempos del matrimonio. Estaban consternados por sus constantes altercados; después de todo Karen tenía varios buenos amigos, y Ted se había llevado bien con otra gente en la escuela y en el trabajo.

Karen y Ted se habían casado cuando ella tenía veintiséis, y él, veintiocho años. Más bien siempre solitario y serio, Ted se sintió atraído por el humor ágil y el espíritu libre de Karen. Su espontaneidad lo divertía y su actitud despreocupada ofrecía un antídoto a su seriedad. Cuando Ted estaba con Karen, las bromas, la impulsividad y animación de ella ayudaban a aligerar la pesada carga que él creía llevar; la alegría de ella mitigaba la melancolía de él. Juntos reían, disfrutaban de la conversación y de la mutua compañía.

A medida que el afecto de Ted crecía, todo era elogios a Karen: "Es maravillosa. Todo lo que dice y hace es encantador. Realmente da sentido a mi vida". Pensaba en ella sin cesar cuando estaban separados y todo recuerdo de ella evocaba en él un sentimiento de nostalgia acompañado de euforia. Le escribía cartas largas y apasionadas jurándole total dedicación.

En pocos años, sin embargo, todo había cambiado. Ted se volvió hipercrítico con respecto a Karen. Sentía un continuo fastidio contra ella. "Es una caradura. Es una cabeza hueca. Es irresponsable. Nunca toma las cosas en serio. Es superficial. Anda dando vueltas con una sonrisa vacía. No puedo confiar en ella."

Aunque Ted había pasado de su actitud de admiración a la de una crítica exacerbada, la personalidad de Karen no había cambiado en forma sustancial. Ambos estaban de acuerdo en ese aspecto. Lo que había cambiado era la visión que Ted tenía de Karen, su "perspectiva" de ella. Era como si él se hubiera puesto otros lentes y la viera en forma diferente. Ahora asignaba rótulos negativos a las mismas cualidades que antes había tildado de brillantes. Sus maneras sueltas, que antes había atribuido a su espíritu libre, las imputaba ahora a su "carácter débil", y lo que antes le parecía juguetón, ahora lo veía como infantil.

Las reacciones de Ted contra Karen ilustran un principio importante de las relaciones. Un cambio de perspectiva trae consigo un cambio en los sentimientos. Ted idealizó a Karen hasta que surgieron los inevitables problemas de convivencia. Entonces empezó a echar la culpa de esas dificultades a las mismas cualidades que antes había admirado: la espontaneidad ("frivolidad"), falta de seriedad ("superficialidad") y volubilidad ("irresponsabilidad"). Al cambiar la perspectiva, empezó a ver las cualidades de Karen y a la propia Karen de un modo muy diferente. Llegó a considerarla más como una rutina que como un deleite.

Ted se había criado en una familia de clase media en la cual se valoraba especialmente el comportamiento correcto. Cada noche los padres mantenían con él discusiones intelectuales que dejaban poco lugar a las distracciones y juegos en familia. Al madurar, se convirtió en un adulto serio e interesante. Sólo después de conocer a Karen, Ted pudo disfrutar de los aspectos más ligeros de su vida. La atracción de Karen residía en su aptitud para aliviar las cargas que él había adquirido durante una infancia constreñida por el decoro y la atmósfera intelectual. Posteriormente, durante el matrimonio, empezó a juzgar a Karen de acuerdo con esos mismos valores y descubrió que ella carecía de ellos.

Karen también sufrió un giro en su visión de Ted. En un comienzo lo vio brillante, ingenioso, estable, digno de confianza y consciente. Poseía un conocimiento enciclopédico de los asuntos públicos, de historia y literatura. Ella había disfrutado mucho escuchando sus largos análisis de la escena política. Después de haber leído *Zen and the Art of Motorcycle Maintenance,* de Robert Pirsig, ella tildó a Ted de clasicista que se propone hacer las cosas en forma debida, y a sí misma de romántica, más preocupada por gozar de cada instante. Ella se deleitaba haciéndole bromas sobre su estrechez de miras. Cuando lograba animar a Ted y hacer que fuera más suelto, se sentía feliz y útil.

Pero cuando esas cualidades de Ted, que Karen consideraba más atractivas y estimulantes, amenazaron con ahogar su espontaneidad, ella empezó a verlas de un modo muy distinto. En lugar de estar fascinada por su enfoque lógico e intelectual de los problemas, se sintió oprimida y llegó a conclusiones tales como: "No puedo ser yo misma cuando Ted está cerca; él diseca todo, en lugar de disfrutarlo", y se volvió cada vez más intranquila e irritable en su presencia.

Karen se había criado en una familia en la que se daban disputas tanto entre sus padres como entre los hermanos. El padre, que tenía continuos problemas financieros, era estricto y distante en sus reacciones con los hijos. Aunque Karen trataba de contentarlo haciendo progresos en la escuela y ayudando en la casa, recibía el mensaje de que lo óptimo de ella nunca era bastante bueno. Aunque alentadora, la madre parecía sobrecargada por las exigencias de la vida familiar. En Karen se desarrolló una fuerte necesidad de tener una pareja que, a diferencia de su padre, pudiera proporcionarle una base sólida de seguridad y la aceptara en forma total, sin que ella tuviera que actuar bien para merecer esa aceptación. Encontró esas condiciones en Ted, pero más tarde, cuando él empezó a juzgarla, se vio en la misma posición que había ocupado con respecto a su padre.

Karen y Ted ofrecen un buen ejemplo del modo en que los pensamientos de una pareja estructuran los sentimientos de uno con respecto al otro. Mientras se percibían mutuamente en términos positivos, sentían amor; cuando se desvalorizaron, experimentaron resentimiento. Ese principio fue expresado casi dos mil años atrás por el filósofo estoico Epícteto en *El Enquiridión:* "A los hombres no los perturban las cosas, sino la visión que tienen de ellas".

El caso de Ted y Karen no es poco común. Muchas parejas sufren una desilusión similar, pero parecen encontrar un nuevo equilibrio. Otras parejas consideran única su decepción sin darse cuenta de que es una experiencia común. Así como las mismas fuerzas que separan a otras parejas se aplican del mismo modo a ellos, así ocurre con los principios que pueden volver a reunir a una pareja. Por supuesto, hay parejas que mantienen un alto nivel de respeto y admiración mutuos y por lo tanto no tienen un matrimonio desavenido.

Para comprender cómo se puede cicatrizar una grieta que se produce en una pareja, debemos entender mejor de qué modo pueden disolverse relaciones como la de Ted y Karen. Aunque parezca paradójico, las raíces del mal se remontan a menudo al comienzo mismo, a la arrolladora atracción que reunió a los integrantes de la pareja.

*La luz: el enamoramiento*

Te necesito para sobrevivir
sin eso vivo a medias...
Estoy perdiendo todo mi orgullo
no podría dejarte, muchacha, aunque quisiera.

AL HAMILTON, HERMAN WEEMS, WILLIAM
GARRETT, *I've got to have you* (Necesito tenerte)

Los dulces misterios del amor han inspirado canciones y poesías románticas que captan la calidad imperativa de todo-o-nada, así como los maravillosos transportes de admiración acerca de ese estado misterioso. Aun las parejas desilusionadas del todo siguen apegadas a los conceptos románticos y sentimentales del amor, expresados en canciones, películas y novelas.

Puede parecer casi sacrílego analizar en detalle el amor, reducirlo a sus elementos psíquicos fundamentales, despojados de su poesía y resplandor. Sin embargo, a fin de entender por qué las personas como Ted y Karen riñen con el amor, tenemos que comprender mejor, en primer lugar, cómo se enamoraron.

El amor es, desde luego, uno de los sentimientos más conmovedores y apreciados por nosotros. Pocas personas renunciarían a ese placer, a esa alegría y exaltación intensas, a pesar del lado oscuro que representan las ansias insatisfechas, la decepción y la desesperación. El amor en su forma más intensa —enamoramiento (que algunos consideran como una especie de seudoamor)— va más allá de los sentimientos y anhelos intensos; implica también una alteración de la conciencia. Las expresiones como "flotar en el aire", "sentirse transportado", "con la cabeza en las nubes" indican que alguien está fuera de lugar, desviado de una evaluación y reacción realistas, viviendo un sueño eufórico.

Algunas veces el encantamiento adopta la fuerza de un trastorno psíquico. La preocupación irremisible por los pensamientos e imágenes de la persona amada muestra señales de una neurosis obsesiva en el amante embelesado. Cuando Karen, por ejemplo, estaba impresionada por Ted, solía escribir en forma reiterada el nombre de él y tenía una urgencia irresistible de contemplar su retrato.

Esa compulsión conduce también a un deseo irresistible de estar en forma constante con el amado. Un estudiante de un colegio del sur se sintió obligado a dejar el colegio en la mitad del período lectivo a fin de estar cerca de su amada que estudiaba en una escuela del norte. Sólo estaba feliz cuando podía encontrarse cerca de ella para contemplarla, para beberla con los ojos, por así decirlo, aunque ella estuviera ocupada con sus estudios o asistiera a clases, tratando de ignorarlo.

Otro joven, cuyo amor tampoco era correspondido, permanecía horas de pie fuera de la casa del objeto de sus amores, con la esperanza de poder echarle una mirada ocasional a través de la ventana. Más aun, escudriñaba en el cubo de basura para ver si encontraba algún objeto relacionado con ella: un trozo de papel con su escritura o una servilleta de papel desechada.

Algunos consideran que el apasionamiento debilita. Una mujer joven lo describió así: "Llegué a depender completamente de él. Tenía mucha dificultad para concentrarme en mi trabajo. No podía dormir. Perdí el apetito. Me sentí muy vulnerable, como si la menor desaprobación suya pudiera quebrarme". Esa pérdida de control muestra la fuerza del enamoramiento.

Algunos aspectos del enamoramiento se asemejan a los pensamientos y sentimientos de las personas maniáticas. El resplandor ilusorio del amor, que consiste en magnificar e idealizar las cualidades positivas del amado, y la visión en túnel, que permite ver sólo los atributos positivos y oculta los negativos, se descubren en el pensamiento típico de las manías. La imagen brillante del amado durante el período de enamoramiento forma un fuerte contraste con la negativa y opaca que emerge con la desilusión. En la cúspide de su enamoramiento de Ted, Karen sólo podía ver en él aquello que buscaba, a pesar de las sugerencias de sus amigos respecto a que algunas cualidades de él eran inquietantes. Después que empezaron los problemas, ella pudo ver sólo pedantería y restricciones.

El psicólogo social Stanton Peele comparó el enamoramiento con una adicción.[1] Las similitudes arrojan una luz adicional sobre la naturaleza del amor. Los sentimientos "elevados" —de exaltación, embriaguez, de placer intenso— muestran un parecido asombroso tanto en el amor como en la adicción. Y son similares los sentimientos tristes, vacíos, que se originan cuando se retira el "embriagante" (droga u objeto amado). Además, en ambas situaciones se observa la necesidad compulsiva de conseguir una "dosis" para mantener el estado "alto". Al principio de su relación, Ted se sentía como si estuviera "despegando" cuando estaba con Karen, pero quedaba "aplastado" cuando estaban separados, y no podía soportar la idea de esperar hasta que estuvieran juntos otra vez.

Muchas personas enamoradas, como lo veremos, están tan absortas en sus placeres que se olvidan de la posibilidad de que las cualidades que provocan esa elevación sean ilusorias. Aun cuando admiten que podrían no ser realistas en la apreciación de la otra persona, encubriendo, por ejemplo, diferencias de personalidad, de intelecto o de intereses, son incapaces de concentrarse en esos factores potencialmente destructivos u otorgarles cierto peso. Cuando Karen estaba enamorada, nunca se le ocurrió que el acento que Ted ponía en el éxito intelectual y en las conveniencias pudiera algún día llevarla a sentirse juzgada y controlada. La fantasía de navegar con la persona amada en un mar de permanente felicidad se apodera de los enamorados sin que éstos sean capaces de ver que todo eso podría ser un espejismo.

Con todo, el enamoramiento desempeña un papel decisivo: forja un vínculo poderoso que incita a una pareja a comprometerse en una relación. Aunque las declaraciones de amor

---

1. S. PEELE, *Love and Addiction* (Nueva York: New American Library, 1976).

eterno, inmortal, suelen apagarse después de los primeros años de matrimonio, expresan empero las expectativas de una unión permanente. La gratificación que experimenta una pareja al convivir, compartir placeres y problemas, ofrece un fuerte incentivo para formar esa vida en común y perpetuar esos placeres.

Además, la expectativa de una gratificación sexual regular sirve como estímulo principal para la convivencia de una pareja y, con toda probabilidad, para tener descendencia. La atracción sexual es a veces la primera fuerza de unión de una relación y sólo más tarde se desarrolla en un enamoramiento cabal. La fuerza de esa atracción sexual disminuye a menudo después del matrimonio. A Marjorie, por ejemplo, la estimulaba de un modo constante la masculinidad de Ken —su físico desarrollado, la habilidad atlética y el aura de autoridad— durante el noviazgo. Le costaba esperar para hacer el amor con él. Años más tarde, esas mismas cualidades masculinas dejaron de ser "estímulos". En el ánimo de Marjorie representaban la dominación e insensibilidad de Ken, que ella rechazaba.

EL "PROGRAMA" DEL ENAMORAMIENTO

Lo que desencadena el enamoramiento es específico de cada individuo y depende de sus necesidades psíquicas, preferencias y gustos particulares. Así, por ejemplo, una persona puede responder a los criterios convencionales de atracción y belleza, mientras que a otra la subyuga cierto tipo de talle o color particular.

Aunque la atracción física constituye un excitante poderoso, no es de ningún modo el único. A algunos les encantan los rasgos personales o sociales como la gracia, el arte de conversar y el humor. A otros los atraen virtudes tales como la seriedad, la sinceridad y la empatía. Hay otros a quienes los subyugan la bondad, la fuerza y el carácter decidido.

A pesar de los gustos individuales, hay una generalidad notable en cuanto a la naturaleza del enamoramiento. Los pensamientos acerca de la persona amada y su imagen son las fuerzas directrices. Aunque las emociones del amor son más espectaculares, la verdadera orientación de los sentimientos proviene de la visión que se tiene de la persona amada.

La perspectiva de los enamorados es una idealización o encuadre positivo, análogo al encuadre negativo que se produce cuando el amor se convierte en aversión. El marco positivo produce una imagen idealizada del amado, que destaca los rasgos deseables y esfuma los indeseables. A veces, los rasgos seductores se expanden hasta llenar el marco. En cierto sentido, esa perspectiva se vuelve "cerrada", de modo que ningún elemento ingrato pueda entrar en el cuadro.

Durante el noviazgo se puede esquivar cualquier conducta desagradable y hacerla positiva. Después de una pelea con Ken, Marjorie pensó: *"Su enojo conmigo demuestra que me ama"*. Le pareció imposible incluir observaciones negativas en la imagen que tenía de él. Más tarde, después del casamiento, cuando sus sentimientos habían cambiado, ella consideró que los mismos estallidos de enojo eran intolerables.

La incapacidad para modificar la perspectiva idealizada, aun cuando los rasgos desagradables del amado se volvieran evidentes, es una característica del "programa" del enamoramiento. Así, por ejemplo, un joven que había estado enamorado de diversas mujeres durante un largo período, descubrió que en cada uno de sus enamoramientos era casi imposible corregir su imagen no realista. Una vez activada, la imagen positiva controlaba su actitud y sus sentimientos, aunque él reconociera en su fuero interno que su pareja tenía muchos rasgos indeseables y que la relación no podía durar.

En efecto, el programa del enamoramiento parece destinado a prevenir o por lo menos a reducir las evaluaciones negativas. Su objetivo consiste en promover una relación íntima, fijando toda la atención en las imágenes, recuerdos y esperanzas del ser amado. El programa se opone activamente a un desplazamiento del punto de mira hacia las cualidades indeseables de la persona o hacia posibles efectos perjudiciales, a largo plazo, de la relación. Presa de la angustia del enamoramiento, la gente se da cuenta a veces que ha idealizado en forma excesiva el objeto de su afecto, que no es conveniente el apego apasionado y que a la larga las consecuencias podrían ser desastrosas. Sin embargo, les resulta difícil atribuir mucha significación a ese conocimiento. Las consideraciones realistas no pueden atravesar la cápsula de su amor.

Cuando en las personas casadas se desarrolla una fijación tan intensa, pero inadecuada, sobre alguien distinto de su cónyuge, aquéllas pueden sentirse impulsadas a poner en peligro o incluso a destruir una relación matrimonial razonable. En el ardor de la pasión parecen incapaces de asignar un peso real a las consecuencias potencialmente desastrosas de su enamoramiento, es decir, a la posible ruptura de su matrimonio. ¡No pueden "desconectar" su enamoramiento aunque lo deseen! Ahora bien, cuando pasa bastante tiempo sin que vean a "la otra mujer (u hombre)", descubren por lo general que su enamoramiento se apacigua.

LOS "ESTIMULOS" (ACTIVADORES)

Para comprender mejor qué impulsa a las parejas a desenamorarse, conviene examinar qué une a las personas en un principio.

Las características que despiertan sensaciones de exaltación y un deseo de intimidad están sujetas a la influencia de símbolos. Los símbolos tienen un significado que va más allá de la definición literal o de diccionario del objeto o de la propia situación. En el sentido en que usamos ese término, se refiere a un significado muy personal que produce un efecto *automático* sin que medie reflexión o discusión alguna.

La estabilidad de Ted era para Karen no sólo un símbolo de seguridad, sino también el de ser protegida por una fuerte "figura paterna". La viveza de ingenio de Karen simbolizaba para Ted la alegría y el placer, que estuvieron ausentes en su niñez.

Son las modas culturales las que dictan a menudo los símbolos que activan el programa del enamoramiento. Los anhelos particulares de un grupo de determinada edad se reflejan también en los símbolos correspondientes. Vemos así por qué los adolescentes —un grupo muy preocupado por la aceptación de sus compañeros, pero turbado también por las dudas de la conveniencia social— se afanan tanto en adquirir popularidad, sea por su encanto personal, su habilidad atlética o carisma. La idea de ganar el afecto de una persona socialmente atractiva es muy estimulante para un adolescente y puede durar toda la vida.

Otras cualidades pueden, por supuesto, adquirir la categoría de símbolos y, dadas las circunstancias adecuadas, inducir el enamoramiento. Algunas cualidades son narcisistas, en el sentido de que una persona se emociona ante la posibilidad de juntarse con alguien que eleve su posición mediante el poder, el prestigio o la riqueza. Esa atracción no es por fuerza calculada ni producida a sangre fría, como se supone a veces. La perspectiva de expansión del propio dominio a través de semejante relación es por sí misma emocionante y hace que el compañero parezca deseable en extremo.

Una mujer, por ejemplo, describió a su novio de la siguiente manera: "Tiene un enorme talento y llegará a ser una marca mundial. Con mi ayuda tendrá un éxito inmenso. Es más grande que la vida". Varios años más tarde, cuando sus sueños pasados no se realizaron, ella reconoció cuánto se había equivocado, cómo había tomado su ambición, por capacidad y la fácil labia, por ingenio. En este caso, su propio deseo de ser admirada y elogiada por los demás estaba envuelto en la evaluación exagerada de su novio.

El alto grado de emoción y gratificación mutua, durante la primera etapa del enamoramiento, sirve a menudo como una especie de patrón por el cual las parejas juzgan las etapas posteriores de su matrimonio. Las ofensas, las peleas y las pequeñas frustraciones marcan un fuerte contraste con el período del noviazgo. Muchas personas no desean, o son incapaces de renunciar a la imagen primera de lo que el matrimonio debería ser, y eso promueve la posterior desilusión tanto con el cónyuge como con la propia relación.

Conocemos, por supuesto, parejas que siguen sintiendo la magia de la relación durante años, después del casamiento. Sus fantasías parecen realizarse, pero constituyen una minoría.

*La oscuridad: desilusión*

Tú y yo, lo deseamos todo
lo deseamos todo
pasión sin dolor
luz de sol sin días de lluvia
lo deseamos siempre.

Tú y yo, aspiramos al cielo
el límite estaba alto
sin rendirnos nunca
seguro podíamos ganar ese premio
debería haberlo visto en tus ojos.

Peter Allen, *You and Me*

DECEPCION

¿Cómo empiezan a amortiguarse los resplandores del noviazgo y a desaparecer uno por uno? ¿Qué justifica el estribillo *"Estoy tan decepcionado(a) de mi matrimonio"*? Ese es el caso de Ted y Karen. Para comprender su desilusión, debemos mirar el "equipaje" psíquico que cada uno aportó al matrimonio.

Una vez casados, ciertas expectativas latentes comenzaron a subir a la superficie. Ted esperaba en silencio que Karen le diera siempre el apoyo cuando se sentía decaído, que siempre fuera puntual, que siguiera su ejemplo e hiciera las cosas de un modo ordenado y lógico y, sobre todo, que siempre estuviera a su alcance cuando él necesitara ponerse en contacto con ella. El nunca expresó esas esperanzas a Karen, porque las consideraba tan normales como para no tener que decirlas.

Aunque Karen era a menudo puntual, ordenada, lógica y

disponible, en ocasiones llegaba tarde, era desorganizada y caprichosa, e inasequible cuando él trataba de llamarla. Ted se sentía herido cada vez que Karen dejaba de satisfacer sus expectativas, y veía en ello "defectos del carácter" de ella. Al buscar explicaciones, Ted se conducía como un cónyuge herido, atribuyendo el mal a algún rasgo negativo, global e inmutable de la otra persona.

Como Karen no correspondía en forma constante a las expectativas de Ted, éste empezó a creer que su atracción inicial hacia ella había sido una ilusión. Los rasgos simpáticos de Karen perdieron su encanto para él y, de hecho, adoptaron un tono negativo. Después que Ted se desilusionara, dejó de ver a Karen como despreocupada y divertida, y la vio sólo como "débil de carácter".

La reacción de Ted refleja el hecho de "desembriagarse". Lo que atrae a dos personas rara vez es suficiente para mantener una relación.

Las expectativas inflexibles de Ted con respecto a Karen ilustran una característica decisiva de todas las relaciones íntimas. Cuando en una relación no íntima alguien falla en corresponder a nuestras expectativas, nos sentimos decepcionados y tendemos a esperar menos de esa persona o la excluimos, por no considerar que valga la pena conservar esa relación. En esos casos, nuestras expectativas se ajustan a las experiencias nuevas y las decepciones hacen que aquéllas disminuyan.

En un matrimonio o en una relación comprometida, la reacción es a menudo diferente y la decepción no conduce por fuerza a una reducción de las expectativas. En muchos casos, el marido o la mujer no pueden renunciar a sus esperanzas originales o no desean hacerlo. Ted dijo, por ejemplo: "*Tengo derecho* a que Karen esté lista cuando yo estoy listo. Ella no tiene derecho a hacerme esperar... Tengo toda la razón para esperar que mi mujer haga lo que le pido. Yo siempre hago lo que *ella* quiere".

Las expectativas en un matrimonio son por lo general menos flexibles que en una relación sin compromiso. Parte de la inflexibilidad puede explicarse por el hecho de que cuando las parejas toman un compromiso de por vida, los riesgos son mayores que en una relación más ocasional. El matrimonio implica confiar la felicidad de uno, si no la vida, a otra persona. Como consecuencia, los cónyuges incorporan reglas estrictas en su relación para proporcionar garantías contra abusos y traiciones. Además, es mucho más probable que las relaciones comprometidas giren alrededor de *símbolos* —de amor o rechazo, seguridad o inseguridad— que por su misma índole son inflexibles.

Un aspecto distintivo particular de esas expectativas en el matrimonio consiste en interpretar los "errores" como una falla *general* de la relación. El cónyuge ofendido considera esos errores como una prueba de que su pareja no tiene interés en él. Karen, por ejemplo, esperaba que Ted la aceptara en forma incondicional, como lo había hecho durante el noviazgo. Cuando empezó a criticarla, creyó que ya no le importaba.

PROMESAS QUEBRANTADAS

A veces, las promesas explícitas que se hacen en el período del noviazgo no se cumplen después del casamiento y contribuyen al "período de desilusión". Esas promesas quebrantadas se citan como ejemplos de desinterés del cónyuge. Un joven médico inglés, sabiendo que su novia tenía gran afición por el teatro, la llevó al barrio de los teatros en Londres. Le señaló una fila de marquesinas teatrales y le dijo: "¿Ves esos carteles? Algún día te llevaré a ver todas esas obras". Después de casados, sin embargo, nunca le mencionó el teatro. Su indiferencia representó para ella una traición, un símbolo de que ella ya no le importaba.

Otra mujer solía ir con su novio a una serie de agencias de viaje en las que planificaban salidas de aventuras en el extranjero. Después del casamiento, sin embargo, él perdió interés en los viajes. Su mujer creyó que la había engañado y se sintió amargada por su "falta de honestidad".

Aunque algunas promesas no son explícitas, parecen implícitas en el noviazgo, cuya naturaleza puede ser engañosa desde el comienzo. Cada uno de los integrantes de la pareja se conduce bien y trata de ser agradable, solícito y simpático para alentar la relación. Se convierten en vendedores eficaces que tratan de decir y hacer cosas que realcen su atractivo, para crear expectativas no realistas sobre su forma de obrar después del casamiento.

El enamoramiento acrecienta la decepción, si bien en forma no intencionada. Proporciona a la pareja una fusión de intereses, incluso de identidad, de manera que lo que gusta a uno, gusta en forma automática al otro. Parece haber una gran comunidad de intereses y de participación, que al final puede reducirse. Una esposa comentaba: "Antes de que nos casáramos, yo estaba dispuesta a arrastrarme de rodillas a la Meca para satisfacerlo. Ahora no me siento dispuesta a caminar siquiera hasta la habitación de al lado por él".

Otra fuente de decepción en muchos matrimonios la constituyen las atribuciones que se asigna un cónyuge con respecto al otro. Ted reclamaba para sí el *derecho* de esperar algunas cosas de Karen, porque ella era su mujer; se quejaba de que Karen violara en forma constante los derechos que le correspondían como marido. El sentido que le daba a sus atribuciones le hacía sentirse frustrado y traicionado.

La imagen que Ted tenía de Karen cambió porque creía que ella violaba sus derechos. Al parecer ignorar los derechos que Ted se atribuía, Karen aparecía como insensible, despreocupada y egoísta. Ted olvidaba que los así llamados derechos eran exigencias y pretensiones que él imponía a Karen, y que ella las experimentaría como tales.

Maridos y mujeres, o parejas no casadas que conviven, tienen ciertas expectativas en cuanto a las ganancias que les rinden las inversiones que hacen en la relación. Un cónyuge, por ejemplo, puede desear sentirse plenamente aceptado, comprendido, querer compartir experiencias agradables, recibir apoyo cuando se siente mal y obtener consuelo cuando tiene un disgusto. En compensación, él o ella está dispuesto a hacer sacrificios para el compañero y ofrecer un apoyo similar. El otro cónyuge puede esperar beneficios más prácticos: alguien que proporcione un ingreso suficiente para tener un estándar de vida razonable, para compartir la educación de los niños, para tener una participación sexual activa y disponer de actividades sociales y recreativas.

Esas expectativas forman un contrato implícito, "el pacto matrimonial" que rara vez se hace explícito. Cuando un cónyuge, a sabiendas o no, viola el pacto, el compañero que mantiene esas expectativas se sentirá abandonado y traicionado. El cumplimiento del pacto se considera como un símbolo de interés y confianza, pero el respeto del mismo depende en gran medida de que un cónyuge perciba lo que el otro espera y tenga la necesaria motivación y capacidad para satisfacer esas expectativas. Para demostrar consideración y empatía, por ejemplo, se requiere poseer el arte de escuchar, hacer preguntas y brindar explicaciones.

EL GRAN CAMBIO

Cuando la gente está enamorada, tiende a ver en su pareja toda clase de cualidades positivas, que no están presentes o lo están en un grado menor de lo que ellos se imaginan. La novia optimista imagina a su esposo considerado y sensible, mientras que el marido espera que ella sea responsable y razonable. En los matrimonios afortunados, los cónyuges desarrollan en forma creciente esas cualidades a medida que madura el matrimonio y maduran ellos como individuos. Pero en los primeros años del matrimonio esos patrones no están formados todavía o están en la primera etapa de su desarrollo.

Como expresiones de las esperanzas y sueños más profundos de amor y abnegación se consideran las siguientes cualidades:

Sensibilidad
Equidad
Amabilidad
Consideración
Generosidad
Respeto

Receptividad
Sensatez
Responsabilidad

Si, después de reiteradas decepciones, las personas reconocen que sus parejas no satisfacen los niveles que implican esas virtudes; si, por ejemplo, no brindan ayuda, comprensión, simpatía..., la imagen del compañero y del matrimonio empieza en general a cambiar de positiva a negativa. Por ejemplo, al "darse cuenta" Ted de que Karen era desconsiderada, pensó: *"Ella me defraudó. No puedo contar con ella para nada. No tengo confianza en ella. Es informal".* Del mismo modo, Karen llegó a ver a Ted como a "un tirano" y sus sentimientos fluctuaron entre la desesperanza y la rabia ciega.

A medida que la desilusión avanza, los episodios aislados de decepción parecen suficientes para justificar la colocación de un rótulo negativo a la pareja. Si un marido no demuestra sensibilidad en un momento determinado, entonces es "insensible"; si la mujer no demuestra amabilidad cuando el marido lo espera, entonces ella es "poco amable". Una mujer que durante toda la vida manejó sus asuntos personales y su carrera, se sintió paralizada cuando su flamante marido quiso irse todos los domingos —el único día que no trabajaba— para jugar al golf. Llegó a la conclusión de que era en el fondo egoísta, desconsiderado e injusto.

De un modo similar, un hombre se enfureció con su mujer cuando ésta le informó que no mecanografiaría más sus informes de negocios. La consideró intolerante y poco amable. Para él, esa negativa era una especie de abandono y traición a su confianza en que ella compartiría con él las responsabilidades para generar los ingresos familiares.

En cada uno de esos casos, el *significado simbólico* del suceso iba mucho más allá de su significación práctica y despertaba sentimientos de deserción y rechazo. La ausencia de un patrón particular de conducta atentaba contra el anhelo de amor y dedicación. El cónyuge atribuía el comportamiento de su pareja a algún "rasgo malo". Además, el compañero decepcionado consideraba que ese rasgo era permanente.

De esta manera, la *ausencia* de una virtud se traducía en su *opuesto* polar, o sea un vicio:

>Insensibilidad
>Parcialidad
>Severidad
>Desconsideración
>Egoísmo
>Descortesía
>Indiferencia
>Insensatez
>Irresponsabilidad

En realidad, la gente no se divide en opuestos absolutos. Si no son responsables del todo, no se deduce de ahí que sean irresponsables; pueden ser despreocupados, algo desorganizados, distraídos y así sucesivamente. Las personas no son en general ni del todo blancas ni del todo negras, sino que tienen variadas tonalidades de gris.

Ese modo de rotular en función de los contrarios se asemeja a la forma de pensar en términos de "lo-uno-o-lo-otro" o "todo-o-nada" que discutiremos en capítulos posteriores. Esa clase de rótulos es por lo general tan poco realista como las idealizaciones que se hacen en el primer período del enamoramiento.

A menudo, una razón benévola y no un vicio puede justificar una frustración particular. Por ejemplo, los amigos y el marido de Marjorie la acusaban a menudo de ser irresponsable y egoísta porque tardaba en ocuparse de cosas que había prometido hacer. El problema estaba en que ella era *demasiado consciente* y no irresponsable. No le gustaba negarse a cumplir con lo que le solicitaban y se comprometía a hacer más de lo que el tiempo le permitía.

Ya que Marjorie tomaba muy a conciencia las cosas para hacerlas lo mejor posible, rara vez las terminaba a tiempo para atender su próximo compromiso, incluso los de su marido. Su deseo de complacer a Ken y a otras personas le impedía ver la imposibilidad de cumplir todas las promesas que había hecho. Según Ken y los demás, sin embargo, la tardanza de ella eclipsaba su empeño. Y si, en la opinión de ellos, Marjorie no era "responsable", entonces era lo opuesto, o sea "irresponsable". Su posición se debía en parte a la tendencia universal que tiene la gente de aferrarse a la primera explicación que se les ocurre y no buscar otras razones más favorables.

FORMULACION DE JUICIOS EQUILIBRADOS

Pensar en oposiciones, lo que es común en las parejas, difiere de nuestra forma de pensar al tratar con otras personas. Nuestros juicios, fuera de nuestras relaciones íntimas, son en su mayor parte más moderados y más sensatamente equilibrados. Pero cuando estamos muy comprometidos en una relación, parece que nos deslizáramos hacia una manera más primitiva de pensar, la del todo-o-nada. Ted ilustra ese proceso, pues percibe a Karen en extremos, interpreta sus acciones de acuerdo con su propio marco de referencia y emite juicios negativos sobre ella.

Pero el futuro de una relación perturbada no es tan terrible como podría deducirse de esta discusión. Los así llamados vicios no están empotrados en la roca; no son rasgos fijos que no puedan modificarse. Mediante asesoramiento, Ted y Karen, y Ken y Marjorie pudieron verse mutuamente en una forma más sensata y aprendieron a satisfacer mejor las expectativas del otro.

*Pueden* ocurrir cambios importantes si las parejas mejoran su capacidad para comunicarse; escuchar con más atención, expresar sus deseos de un modo más eficaz y definir y encarar los problemas con un espíritu de colaboración. La adquisición de esas aptitudes básicas puede cambiar a los cónyuges y hacerlos más delicados, considerados, responsables, razonables, etc., en resumen, más "virtuosos". Desde luego que, para alcanzar esas metas, hace falta práctica y un empeño considerable.

Pero éste es sólo el primer paso para hacer que un matrimonio funcione mejor y sea más agradable. No siempre suele ser suficiente el simple aprendizaje de nuevos modos de comunicación. Los cónyuges tienen que reconsiderar muchas ideas negativas muy arraigadas. Observaciones tales como: "Está tan absorta en sí misma que nunca se preocupa de mis necesidades" o "El siempre hace lo que quiere y nunca lo que yo quiero hacer" representan a menudo, en parte, la propia orientación del hablante egocéntrico.

Esas actitudes egocéntricas son perceptibles en las fórmulas encastradas en el concepto de Ted de que *"Si Karen llega a la hora, entonces es responsable. Si llega tarde, entonces es irresponsable"*. Esas ideas se vuelven absolutas y rígidas porque se conciben en función de términos opuestos: virtud y vicio, bondad y maldad. La consecuencia lógica de la opinión de Ted era que si Karen era puntual, no significaba mucho; si se atrasaba, la conclusión era: *"Ella nunca es puntual"*. Cualquier error por parte de ella era una violación a la regla de Ted y conducía a la generalización absoluta "nunca".

A fin de lograr un cambio efectivo, los cónyuges deben ser capaces de especificar *qué clases* de acciones representan consideración, amabilidad y responsabilidad para ellos. Ken debe hacerle entender a Marjorie que si ella llama para decir que volverá tarde del trabajo, *eso* implica consideración para con él. Marjorie tiene que convencer a Ken de que si él se ofrece a ayudarle con la limpieza de la casa, *eso* representa un espíritu de cooperación. Aunque lograr que el cónyuge actúe de esa manera no garantiza que él o ella haya incorporado una actitud de consideración y cooperación, los actos mismos pueden llegar a ser precursores de esas actitudes.

Lo que ayuda es el estímulo y las señales de aprecio. Si el marido demuestra a su mujer cómo aprecia esas acciones, ella estará más dispuesta a repetirlas por su propia cuenta. Si, toda vez que el cónyuge se comporta de la manera deseada, es gratificado, sus motivaciones para repetir ese acto aumentan. Esa repetición echa raíces para formar un nuevo concepto en el ánimo del compañero: *"Es deseable y gratificante hacer esas cosas por mi pareja".*

El ciclo reiterado de la acción constructiva, más el *refuerzo*, también pueden neutralizar el egocentrismo que se opone a la consideración de las necesidades del otro.

Esas actitudes egocéntricas se desarrollan en épocas tempranas de la vida, para que las personas puedan lograr independencia y alcanzar sus metas sin tomar en consideración las necesidades de los demás. En el matrimonio, esa autonomía desenfrenada engendra sentimientos de agravio y resentimiento. Pero con estímulo y una comunicación clara, los cónyuges pueden ayudarse mutuamente a cambiar de marcha y unir sus propios intereses con los de su pareja. Si las nuevas pautas de conducta tienen éxito, empiezan a reemplazar a las egocéntricas.

Las clases de acciones que indican interés y afecto son innumerables, pero pertenecen a ciertas categorías más amplias que figuran en las páginas 280-283 del capítulo 12. Entre ellas están el interés, la aceptación, la comprensión, el apoyo y la sensibilidad. Puede remitirse a esa lista ahora, para conectarse con los campos en los que usted o su pareja tiene carencias y comenzar a tratar esos defectos.

# 3
# El conflicto de las perspectivas

Los desacuerdos que dividen a una pareja pueden provenir de las diferencias fundamentales en la visión que tienen de sí mismos y el uno del otro. Las hemos visto en Ted y Karen. Ted, el clasicista, valora lo que es ordenado y predecible en la vida, mientras que Karen, la romántica, busca la novedad y la emoción.

Esas diferencias pueden hacer que, en el futuro, los incidentes al parecer triviales impulsen a los cónyuges a romper la relación. Una pareja que proyectaba casarse me consultó después del episodio siguiente, uno de los tantos de una serie de disputas. Sintonicemos su conversación como la representaron con posterioridad en mi consultorio:

LAURA: ¿Te quedarás en casa esta noche? Creo que tengo gripe.

FRED: Me he comprometido a visitar a Joe [un colega profesional].

LAURA: [*Si no me hace ese pequeño favor, ¿cómo podré contar con él cuando tenga un problema más serio?*] Nunca quieres quedarte en casa. Rara vez te pido que hagas algo.

FRED: [*Si ella insiste en tenerme en casa por algo tan pequeño ¿qué ocurrirá cuando suceda algo importante, como cuando tengamos hijos? No es razonable en absoluto. Si tengo que someterme a cualquier deseo de ella, no podré respirar.*] Lo lamento, pero en verdad tengo que ir.

LAURA: [*No puedo confiar en él. Debería liberarme de esta relación mientras puedo y encontrar a alguien en quien *confiar.*] Anda, si quieres ir. Encontraré a alguien que se quede conmigo.

Laura y Fred eran personas muy diferentes. Laura era profesora adjunta de arte en una escuela diurna privada, mientras que Fred trabajaba como programador en computación, y sus perspectivas individuales estaban cerradas para el punto de vista del otro. Cada uno ignoraba el significado que el otro asignaba a la situación, de manera que daban más explicaciones negativas a las acciones del otro de las que hubieran dado si armonizaran más entre sí. Como Fred no estaba enterado del miedo al abandono que sentía Laura, la veía testaruda y dominadora. Como Laura no se daba cuenta de que Fred se sentía amenazado por el "atentado" a su libertad, lo consideraba egoísta e insensible.

Además, ambos creían que la sensatez de las propias interpretaciones era evidente para cualquiera, y que la actitud del otro demostraba ser *poco razonable*. Laura no veía defectos en su lógica de que si Fred no podía satisfacer una mínima petición que ella le hiciera, entonces ella no podía confiar en él y pedirle ayuda cuando ocurriese algo serio. Fred creía que cualquiera podía ver que si él debía acceder a pedidos tan triviales, se vería atrapado en una camisa de fuerza para el resto de su matrimonio.

Por otra parte, sus mentes estaban cerradas a cualquier realimentación que pudieran recibir, si escucharan y comprendieran las opiniones del otro. Se debatían en un vano intento de obligarse mutuamente a aceptar sus propios marcos de referencia. Cada cónyuge argüía que el otro estaba equivocado y, por lo tanto, era mezquino, egoísta y malo y que, por consiguiente, la relación era insostenible.

Cuando los cónyuges se machacan así uno al otro, intensifican la resistencia del otro y refuerzan las opiniones negativas, llevándolas hasta el extremo. Al fin, las posiciones de los esposos se polarizan en forma total y se congelan en su propia perspectiva egocéntrica. Cada uno llega a la conclusión de que el otro es "imposible" e "intolerable", y ambos prevén que ocurrirá una catástrofe, si permanecen casados.

Se puede ver que la intensidad de las reacciones de Laura y Fred tenían raíces más profundas: su conflicto asestaba un golpe a la vulnerabilidad del otro. Laura estaba orientada a la persona y recibía satisfacción y seguridad mediante las interacciones sociales, de modo que se sintió amenazada por el abandono de Fred. El quedó desconcertado por el carácter pegajoso de Laura. En tanto para Laura la demostración de independencia de Fred simbolizaba deserción, para Fred, la dependencia de ella representaba encarcelamiento.

Por la diferente estructura de su personalidad (Laura, sociable y dependiente, Fred, autónomo) no podían considerar el problema de la misma manera, de modo que esa clase de choque era inevitable. Además, y debido a sus perspectivas rígidas, cada uno era incapaz de comprender la idea que el otro se formaba acerca de la situación.

Los casados dicen a menudo: "Simplemente no entiendo a mi marido /o mujer/". En general, cada perspectiva propia, a los ojos del marido o de la mujer, parece correcta. Al no comprender las diferencias de perspectiva, los cónyuges tienden a atribuirse mutuamente mala voluntad durante un conflicto. No se dan cuenta de que sólo perciben los conjuntos idénticos de circunstancias en forma diferente y que a ninguno se le puede culpar de mala intención.

Las investigaciones indican que el conflicto experimentado por Laura y Fred no es poco común. Por ejemplo, Carol Gilligan, una psicóloga de la Universidad de Harvard, demostró que las esposas tienden a estar más interesadas en relaciones personales (sociotrópicas), mientras que los maridos se inclinan más por la independencia.[1] No obstante, las opiniones asociadas con esas diferencias pueden modificarse para minimizar la fricción matrimonial. O, por lo menos, los

---

1. C. GILLIGAN, *In a Different Voice: Psychological Theory and Women's Development* (Cambridge, MA: Harvard University Press, 1982).

esposos pueden tomar en cuenta la personalidad del otro, para no ser una amenaza en vano.

Los choques entre Marjorie y Ken ilustran el problema de personalidades en conflicto. Marjorie, una reina de belleza del colegio, no tenía confianza para hacer las cosas por sí misma, pero luchaba por demostrar que era una "verdadera persona" y que podía ser independiente. Tenía la tendencia de ver a las otras personas más seguras y se sentía inferior a ellas. Ken, una ex estrella de básquetbol era lo contrario: muy seguro de sí mismo e independiente. Consideraba que los demás, Marjorie inclusive, eran más débiles y necesitaban protección.

Una vez, cuando Marjorie quería colgar un cuadro y tenía dificultad para hincar un clavo en la pared, se produjo el siguiente diálogo:

KEN: [*Tiene dificultades. Mejor la ayudo.*] Déjame hacerlo por ti.

MARJORIE: [*No tiene confianza en mi capacidad.*] Está bien. Puedo hacerlo sola (enojada).

KEN: ¿Qué te pasa? Sólo trataba de ayudarte.

MARJORIE: Es lo que haces siempre. No crees que yo pueda hacer nada.

KEN: Bueno, ni siquiera puedes hincar un clavo derecho [ríe].

MARJORIE: Sigues otra vez; siempre me rebajas.

KEN: Sólo trataba de ayudar.

Los esposos tenían versiones muy distintas de la intervención de Ken. Al colgar el cuadro, Marjorie se proponía demostrarse a sí misma que era capaz de realizar tareas manuales; en realidad, esperaba con ilusión que Ken la elogiara por su demostración de competencia e independencia. Empero, la intervención de él hizo aflorar el sentido de incompetencia de ella. Si bien cada uno estaba en lo cierto, al creer que Ken no tenía confianza en la capacidad manual de Marjorie, Ken se veía amable y considerado, mientras que Marjorie lo veía entrometido y protector. Lo que empezó como un gesto inocente de amabilidad condujo a sentimientos de agravio y antagonismo.

Para aumentar el disgusto, cada uno atribuyó mala voluntad al otro. Marjorie consideró a Ken como entrometido y dominante. Ken, a Marjorie como desagradecida y provocadora. (En épocas pasadas, ella siempre dependía de él, y él disfrutaba al ayudarla y demostrarle su superioridad.)

Esos rótulos negativos del cónyuge son comunes en un matrimonio. Las investigaciones realizadas en la Universidad de Maryland, por el psicólogo Norman Epstein y sus colegas, indican que, durante los malentendidos, es más probable que los cónyuges desavenidos se atribuyan mutuamente móviles negativos, que las parejas no desavenidas.[2]

PERSPECTIVAS ABIERTAS Y CERRADAS

Nuestra perspectiva es un cuadro complejo que incluye no sólo los detalles de una situación, sino también los *significados* que asignamos a ésta. En ese sentido más amplio, nuestras perspectivas están conformadas por creencias y experiencias. De modo que la visión que Ken tenía de Marjorie nacía de su opinión, basada en experiencias pasadas, de que ella carecía de aptitudes para las tareas manuales. La visión que ella tenía de él, por otra parte, estaba moldeada por la idea de que él era un déspota, entrometido, despreciativo y crítico. Aunque parezca paradójico, él la atrajo, en parte, por la soberbia confianza en sí mismo y el carácter protector que

---

2. R Berley y N. Jacobson, "Causal Attributions in Intimate Relationships", en P. Kendall, ed., *Advances in Cognitive-Behavioral Research and Therapy,* vol. 3 (Nueva York, Academic Press, 1984).

N. Epstein, "Depression and Marital Dysfunction: Cognitive and Behavioral Vantages", *International Journal of Mental Health* 13 (1984); 86-104.

N. Epstein, J. L. Pretzer y B. Fleming, "The Role of Cognitive Appraisal in Self-Reports of Marital Communication", *Behavior Therapy* 18 (1987); 51-69.

la hacía sentir más segura. Sin embargo, su sensación de incapacidad siempre estaba a punto de aflorar y se convertía en un asunto espinoso cuando ella trataba de hacerse valer. Aunque ambos eran bien intencionados, sus puntos de vista en conflicto se trababan en lucha.

En las interacciones normales, las perspectivas individuales son "abiertas". La gente se forma una imagen de la otra persona y la modifica a medida que obtiene más información. La imagen del compañero se compone de los rasgos deseables e indeseables de él o de ella. Si el compañero cambia, también se modifica la perspectiva abierta del cónyuge, pero esos cambios de perspectiva se basan en una apreciación razonable de los móviles de aquél, no en los propios preconceptos.

La perspectiva *cerrada* que Marjorie tenía de Ken se basaba únicamente en su creciente impulso hacia la independencia, y no en los móviles reales de él. La perspectiva actual que Ken tenía de Marjorie se basaba en su visión anterior de ella, como la de una muñeca subordinada, y no en la de su independencia en desarrollo. Con una perspectiva abierta, Marjorie habría reconocido que Ken sólo trataba de ser útil, y Ken habría captado el anhelo de ella de ser más independiente.

Las perspectivas cerradas o egocéntricas están determinadas por los marcos individuales de referencia; las personas ven los sucesos sólo de acuerdo con la forma en que están relacionados con ellas. Las imágenes que tienen de un suceso se basan en forma exclusiva en sus significados personales, de los que descartan por completo lo que el suceso podría significar para otros. Aun cuando tratan de considerar el suceso desde la perspectiva de la otra persona, se encuentran atascados en su propio marco de referencia.

En el incidente del cuadro, por ejemplo, Ken creyó que había sido considerado y atento. Sin embargo, en realidad, procedió según su propio concepto —no el de ella— de lo que era bueno para su mujer. De un modo similar, Marjorie interpretó el ofrecimiento de ayuda sólo de acuerdo con su propia perspectiva. Consideró que la intervención de él era un estorbo y no una muestra de amabilidad. Ambos tenían perspectivas cerradas. El paso siguiente fue el de poner rótulos de "maldad"; Ken era malo por ser entrometido, y ella, por ser ingrata.

Cuando los cónyuges actúan desde una perspectiva cerrada, egocéntrica, los choques son inevitables. Aun cuando Ken no deseara lastimar a su mujer —y en verdad quería ayudarla— su perspectiva egocéntrica le ocultaba los verdaderos deseos de Marjorie. Su perspectiva estaba centrada en su propio deseo (el de ayudar) y no en el deseo *de ella* (ser independiente). De un modo similar, la perspectiva de Marjorie se centraba en los propios deseos *de ella* y, por consiguiente, en su opinión, Ken sólo interfería en ellos y no expresaba *su* propio deseo de ser atento.

Los conflictos matrimoniales fomentan y exageran las perspectivas egocéntricas. Cuando los cónyuges se sienten amenazados, se encapsulan en una perspectiva cerrada a modo de reacción defensiva. Cuando se ven mutuamente a través de las lentes de sus perspectivas egocéntricas, están condenados a perder la sincronía. Las interpretaciones de lo que ocurre entre ellos darán origen a conflictos de intereses, malas interpretaciones de los móviles del otro y hostilidad. Cuando de las perspectivas cerradas surge un conflicto matrimonial, los cónyuges sólo ven las cualidades negativas en el otro y juzgan al azar el "desastre" que esos rasgos negativos van a causar. Como veremos en el capítulo 9, la hostilidad resultante se convierte en un problema que trasciende el choque original.

Las explicaciones desagradables que se dan acerca de las acciones del cónyuge hacen que las diferencias se intensifiquen hasta llegar a un conflicto grave. Esas explicaciones negativas suelen conducir a la hostilidad que, a su vez, genera una nueva serie de significados aun *más* negativos, hasta que al final a la otra persona se la ve bajo una luz del todo negativa, como una "perra" o un "matón". Puesto que las perspectivas son cerradas, los cónyuges tienen dificultad en dar crédito a la visión que el otro tiene de la situación o en reconocerla siquiera. Téngase en cuenta que la gente no asume en forma espontánea una perspectiva cerrada. Pero una vez adoptada, es ésta la que dicta los pensamientos y acciones.

Alguien con una perspectiva abierta, por otra parte, es capaz de adoptar el marco de referencia de otra persona, ver el mundo con los ojos de ésta y relacionarse de un modo más flexible. Por ejemplo, muchos padres están abiertos de esa manera a las percepciones, deseos y sentimientos de sus hijos. Pero aun los "buenos padres" pasan a veces a perspectivas cerradas y ven a los hijos como una "carga" o como "un asco de chicos".

Los padres pueden sentir menos empatía entre sí que por sus hijos, porque cada uno espera del otro que sea un "adulto" (es decir, no tenga respuestas infantiles). Por más que parezca paradójico, muchos de los deseos, sentimientos y expectativas del cónyuge vienen desde la niñez y requieren la misma comprensión que hubieran merecido en la infancia.

EL ENCUADRE

- "A él le gusta hacerme sufrir".
- "Es manipuladora".
- "Es un dictador".
- "Es falsa".

Las acusaciones como ésas no significan por fuerza que un cónyuge *sea* en realidad muy mezquino, explotador, dominante o deshonesto, aunque en algunos casos, desde luego, esos reproches pueden tener algo de verdad. En la experiencia que tuve con parejas desavenidas, las acusaciones se basaban en general en conclusiones globales, sobregeneralizadas a las que llegan los cónyuges cuando se sienten heridos.

Los que se sintieron lastimados tienden a culpar al otro o a proyectar cualidades negativas sobre éste. Después de reiteradas oportunidades —que son tan dolorosas para la pareja— las acusaciones suelen cristalizar en pensamientos de "nunca" y "siempre". En lugar de ver lo desagradable como pasajero, el cónyuge lo mira como permanente, como un rasgo de la personalidad. Esas ideas, ya expresadas en forma manifiesta, ya ocultas, evolucionan hasta llegar a crear una perspectiva bien formada de la otra persona.

Si esas sobregeneralizaciones se repiten bastante, la perspectiva negativa del "ofensor" se vuelve fija. Al llegar a ese punto, los esposos que esperaron alguna vez con ansia el momento de encontrarse al final del día, encaran ahora esa perspectiva con miedo o aversión. Esa perspectiva fija incluye a menudo una imagen visual del marido, en la cual, por ejemplo, la maldad y el desprecio están grabados en la expresión del rostro. Aquel a quien se vio antaño afectuoso y atractivo, se lo percibe ahora odioso y feo. El rostro que otras veces provocaba emoción y placer, produce disgusto y dolor.

Esa imagen mental negativa, deformada y rígida determina entonces lo que un cónyuge observa —y deja de observar— en el otro. En esencia, el cónyuge ofensor queda enmarcado con una imagen deformada que acentúa los rasgos negativos e ignora los positivos. Una vez que el compañero ha sido enmarcado, cualquier acción que emprenda él o ella se verá a través de ese marco. Los actos neutros se verán como negativos, y los negativos lo parecerán más aun. Los actos positivos se interpretarán como negativos o serán descalificados. Si el marido, por ejemplo, es considerado, la mujer piensa: *"¿Qué le ocurre ahora, al hipócrita?"*; si la mujer lo trata con amabilidad, el marido piensa: *"Ella obra con falsedad, en realidad no quiere decir eso"*.

Nuevos indicios recogidos refuerzan constantemente la imagen enmarcada que las personas imponen a su pareja, mientras que se olvida pronto los sucesos que no se adecuan a aquélla. Puesto que el marco sólo admite una información acorde con él, éste se vuelve cada vez más convincente a través del tiempo hasta que queda firmemente afianzado como realidad en la mente del cónyuge. Al final, cuando los esposos ofendidos relatan a sus amigos las pruebas acumuladas para la perspectiva construida, los datos seleccionados parecen tan convincentes que incluso terceros imparciales resultan persuadidos de la validez de la imagen.

En Laura, la imagen de Fred se cristalizó como la de un ser insensible, cuando él se negó a quedarse en la casa. Ella llegó a la conclusión de que él no tenía conciencia de las necesidades de ella y de que algún día sería insensible a las de sus hijos, y que era incapaz de ser un sostén como marido y padre solícito. Laura lo estructuró en su mente como egoísta e irresponsable, no sólo por una vez, sino para siempre.

Después de eso, Laura vio a Fred bajo la misma luz negativa, hiciera él lo que hiciese. De hecho, cuando surgía un incidente semejante, aun en forma remota, al caso traumático original, ella percibía un torrente de imágenes y escenas retrospectivas de aquél. Y cada vez que veía en su imaginación la imagen traumática, sentía más enojo contra Fred. El asesoramiento de esa pareja adoptó la forma de una "reestructuración", en la cual Laura y Fred cuestionaron la base de sus perspectivas negativas y seleccionaron una explicación más positiva para dar razón de las acciones mutuas.

CONFLICTOS DE PERSONALIDADES

A veces la fricción que se produce en una pareja en conflicto constante no puede explicarse sólo por las diferencias de perspectiva o encuadre. En esos casos es preciso buscar una cualidad más permanente, a saber, los rasgos de personalidad de la pareja. Esos choques provienen de las distintas maneras en que el carácter de su personalidad les dicta el modo de percibir los acontecimientos. El romántico ve la vida a través de cristales de color rosa; el pesimista, a través de lentes oscuros. Una persona independiente puede percibir un ofrecimiento de ayuda como una intención de rebajarla o como una falta de confianza, mientras que una dependiente lo ve como una señal de atención. Para la persona independiente, separación equivale a libertad. Para la dependiente, separación equivale a abandono.

Ted y Karen ilustran dos personalidades predispuestas al choque. Karen, la romántica independiente, es autosuficiente y le gusta hacer las cosas sola. Ted, el clásico solitario, es menos independiente y reclama compañía. Por ser dependiente, Ted desea que Karen esté siempre disponible. En un nivel menos consciente, Ted teme que ella lo abandone.

Durante el período del conflicto, Ted no comprendía que la personalidad de Karen —de hecho, su identidad— se concentraría en su libertad de pasar de una actividad a otra, de obrar por impulsos y de estar libre de restricciones. Ted, quien siempre se sintió algo solo, asignaba un valor enorme al hecho de tener una compañera en quien confiar en todo momento. Por otra parte, a Karen no le gustaba que la pusieran en un compromiso. Ella tenía sus propias normas de conducta basadas en su deseo de libertad, movilidad e independencia. No le importaba ser eficiente, puntual o prevenida.

Una vez, cuando Karen lo hizo esperar una media hora, Ted estuvo atormentado por el miedo de que algo terrible le hubiera pasado. Cuando ella por fin llegó —y aun cuando estuviera complacido de verla—, Ted se enfureció con ella por haberlo hecho esperar. Su rabia estaba avivada por el miedo oculto de que le hubiera ocurrido un accidente. La idea de que ella podría haberse muerto lo asustó y activó su miedo de toda la vida de quedarse solo. En lugar de sentirse aliviado al verla, estaba enojado porque ella "hizo" que él se pusiera ansioso.

Ted interpretó que la infracción de Karen a su regla de puntualidad significaba: *"A ella no le importa. No le interesan para nada mis deseos"*. El se puso de mal humor, esperando que así llegaría el mensaje a Karen. El mal humor y la retirada tuvieron poco efecto sobre Karen, porque ella tenía una relativa autonomía y podía manejar con facilidad la distancia emocional y el aislamiento. En efecto, ella simplemente se apartó de Ted dándole menos apoyo que antes, con lo cual él se sintió aun más amenazado y se volvió más hostil, pues consideró que ella lo "despojaba". Lo expresó en términos de "ser irresponsable" y se dijo a sí mismo: *"No puedo contar con ella"*.

Para asegurarse una constante satisfacción a su necesidad de dependencia, Ted recurrió a la estrategia de tratar de controlar a Karen. Ella, por otra parte, deseaba estar libre de las restricciones y el control impuestos por él. Para garantizarse la libertad, trató de desanimar sus intentos de controlarla. Al sentirse ahogada por las exigencias de Ted se retiró más, para ganar distancia, y dejó que Ted se sintiera abandonado. Cada vez más desesperado, Ted ensayó la represión y los ataques verbales, con lo cual a cada paso alejaba más aun a Karen.

Karen y Ted ilustran el modo en que dos personalidades, que parecen complementarse al principio, chocan en realidad a causa de sus diferentes normas y actitudes. Por ejemplo, una de las fórmulas de Karen era: *"Si Ted se preocupara realmente por mí, me alentaría para ser independiente"*. La fórmula correspondiente de Ted era: *"Si Karen realmente se interesara, desearía estar más próxima"*. Aun esa desemejanza no excluye necesariamente una relación equilibrada. Todos conocemos personas con personalidad diferente que se llevan bien entre sí. Pero cuando los cónyuges se aferran en forma tenaz a sus propias perspectivas o se olvidan de la perspectiva de su pareja o se niegan a aceptarla, entonces se produce el conflicto real.

¿Qué fue lo que ocurrió entre Ted y Karen? Como se señaló en el capítulo 2, a Ted le atrajo la actitud despreocupada de Karen y su *joie de vivre,* que lo alejaron en forma grata de la atmósfera controlada y sobreintelectualizada de la casa paterna. Karen, a su vez, estaba fascinada por el ingenio de Ted, su talento de narrador, su enfoque metódico de la resolución de los problemas y la amplitud de sus conocimientos políticos e históricos. Sobre todo, se sentía tranquila por su seguridad y su sentido de responsabilidad, que contrastaba fuertemente con su propio padre.

Los rasgos atrayentes de una pareja que una vez fue armoniosa, son reales y bastante importantes como para volver a unirla —aun si se trata de una pareja desavenida como la de Ted y Karen— si ellos pueden superar sus malentendidos. Pero esos rasgos atrayentes no tienen bastante fuerza por sí mismos para mantener unido un matrimonio cuando las personalidades de ambas partes no armonizan con facilidad. Aquí reside la respuesta al enigma de por qué dos personas que parecen atraerse tanto y "para quienes todo marcha bien", pueden fracasar al querer mantener una pareja estable. La personalidad individual de cada uno moldea sus expectativas, su visión de la vida y el modo en que reacciona con respecto al otro. A medida que la gratificación inicial, originada por los rasgos "atrayentes", empieza a desvanecerse, las diferencias de personalidad adquieren más prominencia. Las perspectivas de ambos empiezan a chocar, y las que uno tiene del otro quedan alteradas por la explicación negativa proporcionada para las acciones del compañero.

Como Ted y Karen se sentían frustrados, adujeron razones en las que atribuían la culpa de los conflictos al otro. Sus mutuas visiones se oscurecían tanto que ellos no podían apreciar los atributos positivos. Ted seguía siendo un narrador espléndido, pero Karen ya no podía disfrutar de sus relatos. Karen seguía siendo vivaz y alegre, pero ya no divertía a Ted. Sólo podían verse mutuamente a través de la deformación de los marcos negativos: Karen aparecía frívola y en actitud de rechazo; Ted, severo y pesado.

Una vez encuadrados en esos marcos, se requería un trabajo considerable para sacarlos de allí. Algunos de esos rasgos y actitudes conflictivas del uno con respecto al otro tenían que ser modificados. En capítulos posteriores se tratará de cómo hemos podido efectuar esos cambios. Ahora podemos hacer una lista de los diversos pasos que debe dar una pareja, si tiene una relación conflictiva como la de Ted y Karen.

1) Los cónyuges deben ante todo darse cuenta de que buena parte de la fricción que se produce entre ellos se debe a malentendidos que surgen de las diferencias en sus perspectivas, y que no es el resultado de la maldad o el egoísmo.

2) Tienen que reconocer que algunos rasgos del compañero no son "malos", sino que molestan, sólo porque no concuerdan con los rasgos propios.

3) Es importante que reconozcan que, si sus perspectivas

difieren, ninguno de los dos, por fuerza, tiene razón o está equivocado.

4) Deben reestructurar sus mutuas perspectivas, borrar los rasgos negativos que han introducido en forma artificial y verse uno al otro de un modo más benévolo y realista.

Con el correr del tiempo, las dos personalidades pueden cambiar en forma paulatina. A medida que un cónyuge se vuelve más tolerante respecto de los rasgos del otro, ambos descubren a menudo con sorpresa que sus diferencias comienzan a esfumarse. En efecto, sus personalidades se van amoldando una a la otra, y se reduce así la fricción y los malentendidos.

# 4
# La violación de reglas

Sybil y Max tuvieron un matrimonio feliz por espacio de varios años, durante los cuales ella trabajaba y él estudiaba medicina. Después de nacer los hijos, Sybil renunció a su puesto de maestra y se dedicó a los niños y a su marido. Max, prometedor investigador médico, pasaba mucho tiempo fuera del hogar, si bien se consideraba un abnegado esposo y padre. Se produjo una situación crítica entre ellos cuando Max telefoneó a Sybil desde una ciudad distante en la que asistía a una convención médica.

>MAX: [*Sybil se alegrará mucho de que yo lo pase tan bien, conozca tanta gente y aprenda mucho.*] Estoy pasando unos días agradables. ¿Y tú cómo estás?
>SYBIL: [*El está disfrutando mientras yo tengo que hacerme cargo de dos chicos enfermos.*] Joan y Freddie están enfermos.
>MAX: [*Oh no, ya va a endilgarme algo.*] ¿Qué les pasa?
>SYBIL: [*¿Reaccionará? ¿Demostrará sentido de responsabilidad?*] Tienen varicela y están con fiebre.
>MAX: [*La varicela por lo general no es grave. Está exagerando el problema.*] No te preocupes. Se pondrán bien.
>SYBIL: [*¿Por qué no propone volver a casa?*] Está bien.
>MAX: [*Espero que se haya tranquilizado.*] Llamaré mañana.
>SYBIL: [*Nunca está cuando lo necesito.*] ¡Hazlo! (sarcástica)

Ambos tienen puntos de vista por completo diferentes sobre la misma situación, evalúan las acciones del otro de un modo distinto, y uno al otro también. Esta disputa en ciernes es típica de matrimonios desavenidos, y a menudo conduce a problemas más serios.

Max no considera la enfermedad de los hijos tan grave como para brindarle su atención inmediata. Sabe que si Sybil en realidad lo *necesitara,* él hubiese "regresado corriendo", pero en su interior está ocultándose el hecho de que ella parece profundamente preocupada. Cree que reacciona en forma exagerada y trata de tranquilizarla diciéndole que todo irá bien. De cualquier modo, no quiere ser controlado por la "preocupación e inquietud" de ella.

Sybil, por su lado, considera a Max remiso en sus obligaciones. El "se libera", en tanto ella queda con todas las responsabilidades familiares. La siguiente lista resume las diferencias en sus actitudes.

| *Actitudes de Sybil* | *Actitudes de Max* |
|---|---|
| 1) Max debió haber ofrecido volver a casa. | 1) Ya que Sybil en realidad no me necesita, no hay razón alguna para hacer el ofrecimiento. |
| 2) No debería tener que pedírselo. | 2) No leo el pensamiento. Si ella me necesita en casa, debería decirlo. |
| 3) El debería saber que lo necesito. Puede hacer este sacrificio por mí. | 3) Actúa en forma exagerada. Puede manejar la situación sin que yo tenga que hacer sacrificios. |
| 4) Es egoísta e irresponsable. Antepone sus intereses a cualquier otra cosa. | 4) Es exigente y controladora. Está celosa de mi carrera. No puede soportar que yo disfrute. |

En su trato con los demás se los considera muy agradables. Socialmente aparentan ser una pareja feliz, pero como lo demuestra la conversación entre ellos, han desembocado en una grave situación sin salida, en su matrimonio. La mayor parte del diálogo —la más importante— no está verbalizada: Sybil quiere que Max *ofrezca* volver a casa, y él evita hacerlo. A raíz de estos pensamientos no expresados, ambos se atribuyen mutuamente cualidades negativas. A los ojos de Sybil, Max se convierte en egoísta e irresponsable; para Max, Sybil resulta exigente y celosa de sus progresos.

En un análisis más amplio de la interacción, hallamos aspectos más profundos. Aunque Sybil en verdad está preocupada por sus hijos, no se siente completamente desvalida. Lo que en realidad desea es un indicio de que Max en verdad se preocupa por lo que a ella le ocurre y que es tan responsable como para comprometerse en la situación. Ella reconoce que para Max sería un sacrificio regresar a casa y que ella no consideraría esa posibilidad, de no importarle. Pero quiere —y espera— que él haga ese ofrecimiento. La buena voluntad para hacer ese sacrificio demostraría su preocupación, su responsabilidad, y que su familia es lo más importante. Si él hubiera hecho ese ofrecimiento, entonces ella lo habría liberado del compromiso diciéndole que se quedara. En este contexto, no hacer la oferta de regresar a casa, es un *símbolo negativo* de que no le importa y es irresponsable.

Max, por otro lado, ve el problema de la famila en términos puramente prácticos y soslaya el significado simbólico de tal ofrecimiento. Su único pensamiento es que un regreso inmediato no es necesario, ya que Sybil es capaz de arreglarse sin su ayuda. Como sólo piensa en las consideraciones prácticas y no en los significados simbólicos que tienen para Sybil (la preocupación por los hijos y el deseo de que él esté presente), Max la enfurece.

FIJACION DE EXPECTATIVAS

Este conflicto entre Max y Sybil se originó hace mucho tiempo. Durante la época del noviazgo, él estudiaba medicina y ella trabajaba como maestra. Fue un romance fogoso, alentado por sueños de una convivencia gloriosa y sin perturbaciones.

Sybil se identificó con Max y con su carrera y se mostraba eufórica cuando sus compañeros se referían a él como el "joven genio". Max se alegraba de que ella lo idealizara y previó un futuro feliz, él como investigador de éxito y Sybil aportando el respaldo y el apoyo que él necesitaba.

Sybil tenía muchas expectativas que sólo se manifestaron más tarde. Por ejemplo, previó que abandonaría su profesión para que juntos pudieran crear una familia. Cuando estaba embarazada de su primer hijo, ansió que se materializara la fantasía de una "familia feliz" en la cual Max participara de lleno.

Cuando, con el correr del tiempo, se dio cuenta de que Max no se ajustaba al rol que ella se había imaginado, se sintió dolida y frustrada. En ese momento, por primera vez, se percató de lo que habían sido sus otras silenciosas esperanzas:

- Para Max siempre estaremos en primer lugar yo y los chicos.
- No tendré que pedirle directamente que me ayude.
- Mis necesidades serán evidentes para él.
- Estará dispuesto a hacer sacrificios.

Max, a su vez, tenía sus propias expectativas:

- Sybil respetará mi profesión, se identificará con ella y la compartirá conmigo.
- Hará su trabajo, cuidará a los niños y se ocupará de la casa.

En otras palabras, Max esperaba que ambos fueran compañeros y aportaran juntos al mantenimiento del hogar. Ella, a cargo de los asuntos "internos" y él, de los "externos". Cada uno apoyaría al otro, pero sus roles serían distintos: ella se haría cargo del hogar y él traería el dinero a la casa. Por otra parte, como Sybil había renunciado a su profesión, ella esperaba que Max fuera un compañero cabal en el hogar y no un marido y padre ocasional.

Como ocurrió con las otras parejas en conflicto, los determinantes para Max y Sybil se centraban en sus diferentes expectativas y perspectivas. Cada uno tenía que respetar los legítimos intereses del otro, pero ambos debían encontrar una fórmula aceptable para cumplir con estas responsabilidades en conjunto, en especial el cuidado de los hijos. Sybil debía ser más "realista" con respecto a lo que se podía esperar de Max, en tanto era necesario que él fuese más sensible a los temores y deseos de ella.

FORMULACION DE LAS REGLAS

Una esposa que quiere emplear el tiempo hablándole al marido, se resigna a que él vea fútbol por TV la mayor parte del fin de semana o tome unos tragos con sus compañeros después del trabajo, o pase las tardes absorto en papeles que trae de la oficina. Un marido suele amoldarse a que su mujer tenga menos interés que él en el sexo, o que no comparta su trabajo, deportes, o intereses políticos. Estas decepciones, por lo común, hacen que los cónyuges disminuyan las expectativas que tienen el uno del otro. A medida que adaptan sus sueños y fantasías a las realidades del matrimonio suelen aprender a convivir con la situación, aunque a veces se sientan tristes.

En ocasiones, empero, las expectativas —esperanzas y sueños— no merman sino que crecen. El deseo de que un cónyuge coloque a su familia en primer lugar, se reemplaza por una *exigencia*. La palabra *desearía* se reemplaza por *debe:* "El [o ella] *debe* poner a la familia en primer lugar". Lo que fue un deseo se convierte en una regla absoluta. Si bien la gente se entristece cuando sus deseos no se cumplen, es más probable que se enfade cuando se infringen las reglas.

Si tratamos de juzgar con imparcialidad el conflicto entre Max y Sybil, sería difícil adoptar una decisión categórica.

¿Debió Max haber regresado a su casa, o al menos haberlo ofrecido? ¿Tenía Sybil razón en esperar ese hecho? Un veredicto simple sería que ninguno está totalmente acertado ni totalmente equivocado, pero semejante veredicto pasaría por alto el verdadero conflicto, que es más amplio y complejo de lo que significa el simple hecho de que Max regrese a la casa. Las verdaderas preguntas que se plantean en sus mentes son: *"¿Me apoyará Sybil en mi trabajo?"* y *"¿Me apoyará Max en el hogar?"*.

Cuando en el conflicto matrimonial pasamos por alto asuntos más abstractos, podemos llegar a conclusiones erróneas si pensamos en soluciones demasiado simples para los problemas. La cuestión concreta del regreso de Max al hogar adquiere importancia, en gran medida, porque ello representa un principio más amplio: cuando Sybil requiere el apoyo de Max, lo que él hace o deja de hacer tiene un *significado simbólico*.

Los principios más amplios a los que se suscribe la pareja matrimonial, pero de los que a menudo no tienen conciencia, fueron descritos en el capítulo 2 como "virtudes". Estas virtudes están relacionadas con la honradez, la solicitud, consideración, responsabilidad, respeto, y similares. Así, una sola acción concreta representa un principio amplio y abstracto. Si Max ofrece regresar, para Sybil significa que él se *preocupa,* es considerado, responsable y justo; si no lo hace, significa que no se preocupa, es desconsiderado, irresponsable e injusto. Para ella la opción ya estaba adoptada.

En general, la necesidad de una regla no se hace evidente hasta que se viola un principio importante. Las leyes relacionadas con los alquileres o el derecho al voto, por ejemplo, sólo se aprobaron *después* de haberse violado el principio de no discriminación. De igual modo, sólo después de que ocurre una serie de incidentes —en los cuales los cónyuges chocan sobre importantes principios— es probable que mentalmente se formulen reglas. Cuando en varias ocasiones Karen decepcionó a Ted por sus llegadas tarde, él estableció una norma al respecto. Siempre que ella era impuntual, él aplicaba su regla, justificaba ante sí mismo el enojo y el deseo de castigarla por su "mal comportamiento".

El problema, con esas reglas, es que no toman en cuenta las necesidades y deseos de la otra persona. Por cierto, si se las expresara en forma franca (lo que sucede raras veces) parecerían arbitrarias e incluso irracionales al otro cónyuge. En los matrimonios desavenidos la mayor parte de los enfados surge de la ruptura de esas reglas y no por malas acciones realizadas por parte de uno de los cónyuges.

Las reglas derivan de ciertas "fórmulas" que operan como sistemas de codificación para definir el significado personal de una conducta en particular y para determinar si es "lícita" o "ilícita". Algunas de estas fórmulas son:

- Si mi cónyuge se preocupara, él (o ella) me ofrecería consuelo cuando estoy contrariada (o).
- Si mi cónyuge me respetara, yo no tendría que hacer todo el trabajo desagradable.
- Si mi cónyuge fuera considerado, haría lo que yo quiero sin que yo se lo pidiera.

Cuando un cónyuge hace —o deja de hacer— algo que concuerda con una fórmula, entonces el otro se siente herido. Por ejemplo, tanto Laura como Sybil estaban decepcionadas debido a que sus maridos no respondieron a los pedidos de ellas y aplicaron inconscientemente la tercera fórmula: "Si a mi cónyuge en verdad le importara, hubiese hecho lo que yo deseo". Como no hubo respuesta al deseo, ello denotó falta de interés de la otra parte. Este significado resultó desolador para ambas mujeres que juraron implantar para el futuro la norma "mi marido *debe* responder a mi necesidad, de lo contrario, lo dejaré".

Son reglas características que emanan de estas fórmulas:

— Mi cónyuge debe brindarme consuelo cuando tengo un contratiempo.
— Mi cónyuge debe ayudar en los quehaceres domésticos.
— Mi cónyuge debe hacer lo que deseo sin que se lo pida.

Esas reglas protegen a los esposos de ser heridos o decepcionados. Con posterioridad, cuando Max violó las reglas de Sybil y no satisfizo la necesidad de ella, en lugar de sentirse angustiada y contrariada, ella se enojó y quiso castigar a Max o dejarlo.

APLICACION DE LAS REGLAS

En cierto modo, las reglas son tan obligatorias para el cónyuge como lo es el pago de un impuesto. Cuando esa obligación no se cumple, se considera al cónyuge como un transgresor y de esa manera parece justificado el castigo, por lo general, en forma de regaño. Los problemas surgen porque esta línea de pensamiento en raras oportunidades se hace explícita. Estas reglas matrimoniales son obligaciones no negociables e irrevocables que a menudo se imponen sin que el cónyuge conozca su existencia y, por cierto, sin que nunca él/ella las hubiera acordado.

Esas reglas pasan a ser consideradas como derechos, y luego se convierten con facilidad en exigencias. Un cónyuge puede exigir —a menudo de modo tácito— que la otra parte sea servicial, comprometida y considerada, sin percatarse de que varía enormemente de persona a persona *la definición* de las acciones que constituyen el ser servicial, comprometido y considerado. El cónyuge autor de la regla da por sentado que su propia fórmula es universal.

Sybil sostenía: "Todo el mundo sabe que un marido debería estar disponible cuando la esposa desea discutir un problema con él". En el hogar paterno de Sybil, la madre siempre llamaba al padre a su lugar de trabajo cuando quería hablar sobre cuestiones domésticas; de modo que Sybil supuso que ésta era una actitud totalmente razonable en el matrimonio. Max, en cambio, provenía de una familia en la cual rara vez se hablaba sobre cualquier tipo de dificultades. Por lo tanto, Sybil pensaba que Max era desatento cuando durante el día no se interesaba en sus problemas. Además, como su padre había sido muy condescendiente con todos los deseos de su mujer, Sybil esperó lo mismo de Max. Con frecuencia, en los matrimonios se produce un desajuste cuando el rol de uno de los cónyuges no conforma las expectativas del otro.

La suposición de que las esperanzas de uno son comunes a todos conduce a otro problema. Uno de los integrantes de la pareja creerá que el otro debería conocer lo que él/ella desea *sin que se lo pida*. Esta expectativa de que el cónyuge deba ser adivino se encuentra a menudo en matrimonios desavenidos. Karen, por ejemplo, se sentía ofendida cuando Ted no la ayudaba en el trabajo del hogar. Solía quedarse mirando, sin hacer nada mientras ella tendía la mesa, lavaba los platos, guardaba la ropa, sin ofrecerle ayuda. Aunque ella pensara: *"El debería saber que esto es una carga para mí"* nunca le pediría ayuda. Ella daba por sentado que como su "necesidad" era evidente y general, él se negaba deliberadamente a la natural tendencia a ayudar.

Las reglas que parecen muy razonables y claras para el que las estableció, a menudo aparentan ser lo contrario para la otra persona. Por ejemplo, cuando Karen le dijo a Ted que él debería haber "sabido" que hay que ayudarla en los quehaceres domésticos, él se quejó: "Tú siempre esperas que yo lea tu pensamiento. Si deseas algo, ¿por qué no vienes y lo pides directamente?" Karen respondió: "Era tan evidente. ¿Por qué siempre tengo que pedir todo? ¿No puedes hacer alguna vez algo sólo porque eso tiene que hacerse?"

Un aspecto crucial del "código matrimonial de lo correcto y de lo incorrecto" es que un cónyuge *nunca* debería —voluntaria o involuntariamente— violar una regla. Un joven, por ejemplo, se encolerizó porque su novia, sin querer, le echó humo a la cara. Pensó: *"Ella sabe que no puedo soportar el humo y por lo tanto debería tener más cuidado. Es desconsiderada y no le importan mis sentimientos".* No estaba tan ofendido por el humo en sí, como por el hecho de que su novia había violado su regla. Si alguna otra persona hubiese hecho lo mismo sin querer, se habría disgustado levemente, pero no enfurecido, ya que no se quebraba regla alguna.

La ofensa o daño real que experimenta un cónyuge cuando se infringe una regla a menudo es trivial, en particular si se la compara con la intensidad de una reacción airada. Una razón por la cual la reacción es tan intensa es porque la regla es sagrada para quien la sustenta. Si se rompe, el cónyuge supone que será más vulnerable, como si una pequeña infracción ahora, condujese a mayores infracciones futuras. El hombre que tenía aversión al humo, por ejemplo, dijo de su novia: "Si ella no puede cumplir con una simple regla, como es no echar humo a mi cara, puede descuidar todo lo que me incomoda e ignorar todo lo que me importa".

REGLAS CONTRAPRODUCENTES

Es característico de un matrimonio desavenido que cada cónyuge crea que ha hecho el mayor esfuerzo de adaptación o que ambos crean que han dado más de lo que han recibido para satisfacer las necesidades de su pareja. La sensación de engaño se acentúa cuando el cónyuge se convierte en criticón y ofensivo. Por ejemplo, una esposa se quejó: "Mi marido nunca menciona las cosas buenas que hago por él. Lo único que nota son mis errores".

A menudo, las ideas de ser amado y de ser feliz se fusionan en la opinión de las personas y por lo tanto creen que una merma del amor significa que serán infelices. Muchos actúan de acuerdo con la siguiente fórmula: *"Si me aman en forma total e incondicional, entonces puedo ser feliz. Si no me aman en forma total, entonces tengo que ser infeliz"*. Al igualar amor y felicidad, esas personas se sienten impulsadas a meditar sobre sentimientos dolorosos que se originan cuando su pareja parece menos amorosa o atenta. Prevén que una frialdad transitoria en el otro significa que se avecina una prolongada infelicidad. Algunas personas, de hecho, caen en un estado depresivo cuando creen que una relación amorosa declina. Deducen que se enfrentan a una vida desdichada porque ahora no tienen oportunidad de que se los ame de nuevo.

Para protegerse de esos sufrimientos, los integrantes de un matrimonio tienden a construir un sistema de controles con el objeto de evitar el espectro de la muerte de la relación. Estas medidas protectoras toman forma de mandatos perentorios impuestos a la pareja —los *debe* y los *no debe*— que son tranquilizadores a modo de muro para prevenir el extremo sufrimiento de una ruptura, a menudo sirven para cercar al otro cónyuge y restringir su espontaneidad. Aunque parezca paradójico, estas reglas pueden dar lugar precisamente a lo que se está intentando evitar: la disolución de la relación.

Cuando uno de los cónyuges viola una de estas leyes, el otro —el legislador— se siente amenazado, se enfada y desea castigar al transgresor. No sólo se ha infringido la regla, sino que tampoco se ha respetado a su autor. En relaciones muy estrechas, la cólera obstruye la solución constructiva del problema. En la vehemencia de la ira, los problemas parecen estar fuera de las posibilidades de una negociación.

Las reglas, que parecerían arbitrarias, irrazonables o triviales al cónyuge a quien se le imponen, por lo general, tratan de reasegurar rituales simbólicos como la puntualidad, la cortesía y la entrega de regalos. A menudo también comprenden procesos más sutiles como anticiparse al deseo de su pareja y sintonizar con sus sentimientos: *"El debería saber que voy a necesitar su ayuda"* o *"Ella debería saber que me siento decaído".*

Las personas se inclinan a castigar a su pareja por cualquier violación de las reglas incluso cuando esa infracción, en sí misma, no produce una verdadera pérdida o dolor. El "transgresor" se enfada porque la infracción le parece trivial y porque la reacción del cónyuge no tiene relación con ninguna ofensa verdadera. Además, el "transgresor" se siente acorralado por la regla implícita y, de este modo, se convierte a su vez en el ofendido y puede contraatacar. De modo, que el cónyuge *sí* experimenta el dolor que, según se suponía, la regla debía evitar. Vemos así una de las paradojas de las relaciones perturbadas: las reglas que han sido establecidas con cuidado para prevenir la desventura, en realidad la producen.

Muchas parejas creen que en el matrimonio no debieran existir problemas. Las personas a menudo se quejan, al menos sólo a sí mismas: *"Si en verdad ella (o él) me quisiera, no reñiríamos"*. Cuando ocurren dificultades, parecen infringir la regla implícita de que las parejas no deben discutir; los cónyuges se enojan por lo tanto por la existencia misma del conflicto. Han ideado una fórmula que dice: desacuerdo = falta de aceptación, respeto y amor. Puesto que la combinación de enfado y recriminación impide a la pareja solucionar el problema, el resultado suele ser un ciclo creciente de hostilidad.

OBSERVACION DE LAS REGLAS

Saber qué puede esperarse de un cónyuge proporciona un sentido de estabilidad para hacer planes, manejar las crisis y tomar decisiones. Estas expectativas compartidas, por otra parte, sirven a la función vital de proveer pautas a la pareja matrimonial acerca de lo que se espera que cada uno aporte a la relación.

Hay esperanzas ocultas, sin embargo, que destruyen una relación en lugar de estabilizarla. Estas reglas no verbalizadas a menudo giran alrededor de un acto simbólico, como el ofrecimiento de un marido para cuidar a los hijos mientras la esposa se toma un descanso o prepara la comida. Algunas reglas simbólicas se extienden a otros miembros de la familia, como por ejemplo: "Si te interesas por mí, debes ser considerado con mis padres y hermanos".

De todos modos, estas reglas simbólicas no causan serios problemas, pero cuando están envueltas por los lazos de imperativos *absolutos* —imposiciones y prohibiciones— los *debe* y *no debe* resultan especialmente molestos.

Existen diversas clases de los *debe* y *no debe,* muchos de ellos útiles. Los *debe* más evidentes tienen que ver con la ejecución correcta de un trabajo en particular, por ejemplo, el arreglo de la lavadora. Otra clase de mandato protege contra el peligro. Las "principales reglas" de seguridad tienen especial importancia en las familias: sus miembros deben cerrar puertas, apagar la estufa, conducir con cuidado y así sucesivamente. Otras se refieren a situaciones sociales. Se supone que un cónyuge no debe hacer nada que disminuya la imagen social del otro; por lo tanto, en público, debe ser atento, solícito, respetuoso y debe evitar ser maleducado, poco colaborador y despreciativo. Por último, las reglas relacionadas con la seguridad financiera de la familia, como el exceso de gastos, son vitales para su existencia.

Estas reglas son bastante razonables, pero suelen causar problemas si no se las aplica con propiedad. Si se las trata como absolutas e inviolables, y si las infracciones se consideran sujetas a castigo seguro, entonces el conflicto es inevitable.

Ted, por ejemplo, creía que Karen *debía saber* que la falta de puntualidad lo molestaba y que por lo tanto ella debía ser siempre puntual. En lugar de hablarle sobre este problema, se limitaba a criticarla por su impuntualidad como si este hecho fuese en sí un pecado mortal. Ella, en cambio, no veía nada de malo en ser algo impuntual. Confiaba en que Ted sabía que los reproches la molestaban y que debía valorar todas las cosas que hacía para contentarlo, y no atormentarla por las pocas cosas que ella pasaba por alto.

Los *debe* suelen ir más allá de forzar simplemente a que otra persona satisfaga nuestros deseos. Dominar y controlar a otro ser mediante los *debe* puede ser una fuente de satisfacción en sí misma. Lo que las personas olvidan es que avenirse a los deseos del compañero es también una fuente de satisfacción.

TIRANIA DE LOS *DEBE*

Cuando en nuestras relaciones con los demás nos despojamos del disfraz de la aceptación, exponemos amenazas que estaban ocultas. Podemos hablar con dulzura para conseguir nuestro propósito, pero mantener en reserva el puño de hierro. Si encontramos resistencia, podemos insistir en que los demás cumplan..., "o bien". Las obligaciones que imponemos provocan una fuerte sugerencia de castigo en forma de crítica, amenazas, enojo o mal humor.

La naturaleza absoluta de los *debe* plantea problemas en el matrimonio porque, en realidad, satisfacer en su totalidad los mandatos de otra persona significa anular la personalidad, metas y necesidades propias. Un conjunto exagerado o rígido de los *debe* tiranizaría a los demás como a nosotros mismos.

La psicoanalista Karen Horney, en una serie de libros sobre la "personalidad neurótica", introdujo el concepto de "la tiranía de los *debe*".[1] Concibió a la persona neurótica como alguien que hace reclamos y exigencias irrazonables basándose en un pretendido derecho. Estos reclamos conformaron una insistencia para que los demás siguieran los dictados de uno sin tener en cuenta su propio bienestar o necesidades. Cuando estas exigencias se frustraban, la persona se enfurecía. Otros reclamos estaban dirigidos contra el mundo, el destino o Dios: "Merezco ser feliz"; "No es justo que la vida sea tan difícil"; "La gente debería tratarme mejor". Estas personas estaban tan atrapadas en lo desaforado de su propia —en apariencia— desproporcionada participación en las dificultades, que no podían disfrutar —e incluso arruinaban— los placeres disponibles en la vida.

Estas exigencias y reclamos causan problemas en el matrimonio. Como observó el psicólogo Albert Ellis, las personas no sólo quieren que sus respectivos cónyuges los traten con amabilidad todo el tiempo, sino que así lo *exigen*. Cuando el cónyuge no actúa de conformidad con las expectativas, entonces se enfurecen. Piensan: *"El no tiene derecho*

---

1. K. HORNEY, *Neurosis and Human Growth* (Nueva York: W. W. Norton, 1950).

*para tratarme de esta manera"; "Merezco algo mejor que esto"; "Ella me decepciona".*[2] Cuando estas personas se ven frustradas o decepcionadas, se disgustan mucho, reacción expresada mentalmente o con palabras tales como: "No puedo soportar que me traten de ese modo". Relacionado con este mecanismo está lo que Ellis denomina "tremendismo": "Es terrible estar casado con una persona insensible". A continuación le sigue "satanismo": "Es una persona terrible, un vago" o "Ella es odiosa, es verdaderamente insoportable". En "satanismo" se le atribuyen características diabólicas al cónyuge a quien suele considerarse maléfico, manipulador o engañoso. Un inevitable resultado de estos pasos es "catastrofismo": "Nunca podré tener un respiro mientras siga atascada en este matrimonio" o "Siempre seré infeliz". En el capítulo 8 se encuentran otros ejemplos y definiciones de estos mecanismos mentales.

Consideremos cuán absolutas son estas aseveraciones. El cónyuge es una "persona terrible" sin ninguna cualidad positiva, el comportamiento de él/ella es inexcusable, imperdonable e incorregible. El dolor de la frustración y desilusión es total e intolerable: el futuro de la relación es desolador, sin un rayo de esperanza.

Las exigencias y reclamos descritos por Horney y Ellis se transforman en tergiversaciones mentales (cognitivas) contraproducentes. Las exigencias de las personas de que sus parejas *siempre* las traten con amabilidad, por ejemplo, conducen inevitablemente a una decepción. Aun el cónyuge más amoroso es incapaz de una amabilidad constante. De ahí que una mera falta puede deformarse en la convicción: *"Ella siempre ignora mis deseos".*

---

2. A. ELLIS, *Reason and Emotion in Psychoterapy* (Nueva York: Lyle Stuart, 1962).

## VIOLACION DE LAS REGLAS

Los *debe* y *no debe* constituyen un muro que protege al cónyuge de sentirse vulnerable. Si se atraviesa el muro en cualquier punto, es decir, si se infringe una regla, entonces el otro reacciona como si hubiese sido atacado: "Un ataque a la regla es un ataque a mi persona".

Algunas veces un *debe* que se ha violado representa un verdadero daño a un miembro de la pareja. Muy a menudo, sin embargo, un cónyuge percibe la ofensa cuando el daño es sólo potencial o hipotético. Considere los siguientes casos:

— Un niño no demostró buenos modales en la mesa cuando había visitas en la casa; su madre se enojó tanto que "sintió deseos de sacudirlo".
— Un esposo no echó al correo una carta cuando dijo que lo haría. Aunque lo hizo posteriormente, la mujer se enfadó y pensó: ¿*Y si hubiera sido importante enviar la carta en su momento?"*
— Una esposa cruzó cuando el semáforo pasaba a rojo; su marido se enfureció y pensó: "*Supongamos que un auto estuviera cruzando en la otra direccion. ¡Podríamos habernos matado!"*

Esta clase de reacciones cae en el dominio de las reglas *"y si..."*. Las personas particularmente alertas, pendientes de la posibilidad de ataque o de ofensa están dominadas sobre todo por esas reglas. Su modo de operar está gobernado por una variedad de *deberías* y *no deberías* destinados a minimizar el peligro. Cuando se viola uno de estos principios reaccionan como si estuvieran en peligro. Su sentido de vulnerabilidad, acrecentado por la violación de una regla, los conduce a fustigar a los transgresores y luego, después de haber hecho lo que creen necesario para impedir la repetición de la infracción, se conforman, porque su vulnerabilidad ha sido protegida.

Otra clase de mandato es lo que suele denominarse los "dobles *debería*". La mayoría de las personas, por lo general, ni siquiera tienen conciencia de los *debería* como tampoco de otros pensamientos automáticos, pero pueden captar los *debería* y los dobles *debería* en acción, si enfocan sus pensamientos tan pronto como comienzan a sentirse enfadados. Los dobles *debería* consisten en una idea inicial, una evaluación negativa como *"Mi cónyuge no debería haberse negado a escucharme"* o *"Ella no debería haberse enojado conmigo"*. Esto da lugar a un segundo *debería*, una orden de represalia: *"Si no hago algo, ella se saldrá con la suya. Debería gritarle"*.

Max demostró con claridad los dobles *debería*. Siempre que Sybil cometía un error, él solía pensar: *"Ella debería tener más cuidado"* (primer *debería*). Su siguiente pensamiento era una orden a sí mismo para criticarla: *"Debería decirle que es descuidada y negligente"* (segundo *debería*). Cuando Sybil, por ejemplo, giraba mal o pasaba sobre un bache, entonces Max pensaba: *"Es horrible como se atolondra"*. Tenía un pensamiento fijo: *"Debo decirle que no conduce correctamente"*.

Lo curioso acerca de estas reprimendas es que persisten a pesar de la repetida certeza de su inutilidad y aun de su carácter destructivo. Tienen el poder de los pensamientos de las personas obsesivo-compulsivas que practican rituales como lavarse las manos de continuo para prevenir una infección imaginaria.

Si las personas pueden reprimir las órdenes internas de castigar, pueden romper con la costumbre de la crítica y del reproche para controlar las acciones del compañero. Pero una ocasión mucho más apropiada para frenar esta reacción en cadena podría ser al principio, en el momento en que se sienten ofendidos *("Ella no debería haber hecho eso")*. Si deciden que el enfado es justificado, entonces la reacción en cadena prosigue; sin embargo, si determinan que el enojo no se justifica pueden frenarla en esa oportunidad. No obstante, una rápida revaluación de la situación demuestra que la represalia no es merecida. Una vez que se suscita la hostilidad, es difícil frenar una crítica emergente (capítulo 17).

SURGIMIENTO DE LAS REGLAS

¿De dónde provienen las reglas en un matrimonio? ¿Por qué parecen adquirir plena vigencia sólo después de un compromiso total? Hay varias clases de expectativas que obran en diferentes etapas del matrimonio. Las primeras esperanzas románticas conciernen al hecho de amar y ser amados sin cesar. Una de las crueles decepciones de la vida es el mito de que la intensa idealización y apasionamiento que unieron a una pareja garantizará una relación a través de los años. Algunas veces, esta romántica idea se ve fortalecida por la creencia de que *"Si soy un buen cónyuge, con seguridad me amarán y seré feliz"*.

Aunque la idea de que las parejas deben elaborar su relación se ha convertido en algo sabido, es sorprendente cuán poca gente en realidad observa este precepto o sabe qué hacer. En la primera fase del matrimonio, la idealización y el apasionado cariño tienden a suavizar las diferencias. A medida que transcurre el tiempo, muchas parejas evitan enfrentar las discrepancias que surgen, con la fútil esperanza de que las cosas se resolverán por sí mismas. Por otra parte, uno de los esposos suele soslayar el hecho de que existan verdaderas dificultades y pensar que la otra parte sólo crea problemas o es un quejoso crónico. Cuando la pareja intenta por fin resolver sus desacuerdos habrán acumulado tantos recuerdos de desaires, desprecios e injusticias que ya no pueden encarar sus problemas de un modo desapasionado.

En los primeros años del matrimonio las expectativas se plasman, en parte, por el concepto que se tiene acerca de los roles de marido y mujer. Los esposos aportan al matrimonio sus propias ideas, que a menudo se originan en sus experiencias familiares.

No es menester que las personas copien a sus padres al decidir cómo deberá comportarse un marido o una mujer. Un hombre, por ejemplo, puede considerar a su padre como un ejemplo apropiado de "condición de marido" o puede reaccionar contra aquello que considera "debilidad" o "tiranía" de su progenitor adoptando características opuestas. Estas suposiciones rara vez se expresan de un modo franco, se discuten o acuerdan entre los cónyuges. Además, pocas veces coinciden los conceptos no expresados de cada integrante de la pareja acerca de los roles de marido y mujer.

El contrato básico de un matrimonio es: *"Cuidaré a mi esposa [o a mi esposo] y, a cambio, él [o ella] proveerá a mis necesidades básicas"*. Pero la pareja puede tener definiciones muy diferentes para estos dos componentes del contrato. Además, a los cónyuges suele faltarles uno de los ingredientes que podría hacer efectiva la relación: flexibilidad.

Un período importante en la aparición de las reglas comienza después que la familia ha tenido un hijo. Algunos estudios demuestran que en esa época, tanto los maridos como las mujeres, están propensos a experimentar síntomas de depresión y creciente irritabilidad.[3] Las diferentes experiencias de la infancia de los cónyuges modelan distintas estrategias para la crianza del hijo, con expectativas dispares acerca del papel que debe desempeñar cada padre. Estos desacuerdos suelen conducir a conflictos.

El primer hijo, por lo general, causa un fuerte impacto sobre la madre joven, quien por lo común asume una pesada carga a raíz de sus obligaciones maternales. Pero, además de la responsabilidad que hace suya, también acrecienta sus expectativas acerca del marido en lo que atañe a la atención que él debe brindar tanto al hijo como a ella. Si el esposo no responde a los *debería* no verbalizados, es probable que ella se ofenda e incluso se deprima.

El esposo, por otro lado, puede suponer, con despreocupación, que continuará recibiendo la misma atención y apoyo

---

3. J. Fawcett y R. York, "Spouses, Strength of Identification and Reports of Symptons during Pregnancy and the Postpartum Period", *Florida Nursing Review* 2 (1987); 1-10.

de su mujer que recibía antes del nacimiento del hijo. Si su esposa es menos "desprendida" que antes, él puede considerar que ella retiene *deliberadamente* el afecto o atención a la que él tiene "derecho".

Cada cónyuge parece obrar de acuerdo con un conjunto similar de derechos: *"Estoy dedicándome más a la familia. Tengo derecho a tanto afecto, atención y apoyo como los que recibía antes"*. Pero dadas las exigencias físicas y psicológicas del embarazo y del período postparto, los nuevos padres por lo común tienen menos recursos para aportar y ofrecer como apoyo, y, por lo tanto, es probable que cada uno se sienta despojado. Una relación que había sido relativamente tranquila suele, con facilidad, alterarse después del nacimiento de un hijo.

ADOPCION DE REGLAS Y ACTITUDES

Esta sección contiene un cuestionario que registra varias fórmulas para determinar las reacciones de los cónyuges frente a situaciones específicas. También se incluyen algunas actitudes que pueden afectar las relaciones de modo adverso. Cuando las personas tienen estas actitudes o creen con firmeza en estas fórmulas, pueden perder la flexibilidad esencial para conseguir una relación armoniosa. La adhesión rígida a estas actitudes conduce a choques, haciendo más difícil la observancia de los compromisos y el otorgamiento de concesiones mutuas. Los psicólogos Norman Epstein, James Pretzer y Barbara Fleming descubrieron que los individuos, en los matrimonios desavenidos, tienden a obtener altas puntuaciones en cuestionarios como éste.[4]

Complete el cuestionario. Si tiene problemas en particular en su matrimonio fíjese en las preguntas en las cuales tiene una puntuación alta. Estas le darán algunas pistas sobre los puntos tensos en su matrimonio. Es beneficioso, en particular,

---

4. Epstein, Pretzer y Fleming, "The Role of Cognitive Appraisal".

cuando participan ambos miembros de la pareja, porque pueden ilustrarse mutuamente, tanto como a sí mismos, acerca de los puntos sensibles específicos. Observe que este formulario no está concebido para brindarle una puntuación absoluta mediante la cual pueda determinar si su relación está en dificultades. Las puntuaciones para cada aseveración deben usarse sólo para ayudar a identificar los problemas potenciales. Recuérdese: una puntuación alta sugiere una posible creencia o actitud contraproducente.

### *Ideas acerca de la relación con su pareja*

INSTRUCCIONES: En cada una de las quince aseveraciones siguientes, coloque el número (1 a 7) que representa la categoría que más se ajusta a su grado de acuerdo o desacuerdo. Escriba el número en la línea correspondiente a cada aseveración.

DE ACUERDO: *Por completo* (7) *En buena parte* (6) *Un poco* (5)
NI DE ACUERDO NI EN DESACUERDO (4)
EN DESACUERDO: *Un poco* (3) *En buena parte* (2) *Por completo* (1)

\_\_\_\_ 1) Si una persona tiene algunas dudas acerca de la relación, eso significa que algo no anda bien en ella.

\_\_\_\_ 2) Si mi pareja en verdad me quisiera, no tendríamos ninguna riña.

\_\_\_\_ 3) Si a mi pareja le importara de veras, siempre sentiría amor por mí.

\_\_\_\_ 4) Si mi pareja se enoja conmigo o me critica en público, eso indica que en verdad no me ama.

\_\_\_\_ 5) Mi pareja debería saber o conocer qué es importante para mí sin tener que decírselo.

\_\_\_\_ 6) Si tengo que pedir lo que realmente quiero, eso ya lo echa a perder.

\_\_\_\_ 7) Si a mi pareja en realidad le importara, haría lo que le pido.

\_\_\_\_ 8) Una buena relación no debería tener problema alguno.

____ 9) Si dos personas se aman de verdad, no hay necesidad de construir su relación.
____ 10) Si mi pareja hace algo que me perturba, pienso que es porque desea herirme a propósito.
____ 11) Cuando mi pareja no está de acuerdo conmigo ante otras personas pienso que es una señal de que no le importo demasiado.
____ 12) Si mi pareja me contradice pienso que no me respeta demasiado.
____ 13) Si mi pareja hiere mis sentimientos, pienso que él/ella es mala.
____ 14) Mi pareja siempre trata de hacer las cosas a su manera.
____ 15) Mi pareja no escucha lo que yo tengo que decir.

NOTA: Este cuestionario fue adaptado en parte del "Relationship Belief Inventory" de Epstein, Pretzer y Fleming.

# 5
# Perturbaciones en la comunicación

— "Mi marido es sordo. Nunca oye lo que digo".
— "Ella habla de cada tema a muerte".
— "El siempre se pone a la defensiva cuando le pregunto algo".
— "Ella convierte todo en una disputa".
— "El es un testarudo... ni siquiera considera lo que yo tengo que decir".
— "El nunca dice lo que piensa".
— "Eso no es lo que quise decir".

Estas explicaciones son características de parejas con relaciones conflictivas. Así como suelen reflejar simplemente una comunicación inapropiada, también pueden señalar profundos problemas. Incluso parejas sólo con leves problemas en la comunicación pueden tener importantes malentendidos. Estos a menudo conducen a la frustración y a la hostilidad y, en consecuencia, a un posterior deterioro de la comunicación. En los casos peores, incluso simples conversaciones se convierten en una reunión de debates competitivos, luchas de poder y mutuos menosprecios. Lejos de promover la clarificación y comprensión, las palabras se convierten en armas; las discusiones, en batallas.

INDIRECTAS Y AMBIGÜEDAD

Toda pareja se enfrenta con la necesidad de tomar docenas de grandes y pequeñas decisiones: reparto de las tareas domésticas, asuntos de presupuesto, actividades sociales y recreativas, dónde vivir, si tener hijos, cómo criarlos, etcétera. Una comunicación clara y precisa facilita la toma de decisiones, en tanto que la ambigüedad las confunde.

Es penoso observar qué mal lo pasan algunas personas, que en otras ocasiones hablan con claridad, cuando llega el momento de comunicar sus pensamientos, deseos y sentimientos a sus propias parejas. Algunos manifiestan sus anhelos de una manera que desafía al entendimiento. Expresan sus opiniones de un modo vago, dan vueltas alrededor del asunto, se pierden en detalles triviales; todo bajo la sutil suposición de que sus compañeros captan lo que ellos intentan decir. Una de las partes puede arruinar la conversación con una excesiva verbosidad, en tanto el otro la empobrece con su parquedad, ambos en la creencia equivocada de que contribuyen al mutuo entendimiento.

Algunas veces, aparentan hablar idiomas diferentes; usan las mismas palabras, pero el mensaje emitido es por completo distinto del mensaje recibido.

No sorprende, pues, que dados estos deficientes estilos de comunicación, ambos cónyuges se sientan frustrados. Puesto que cada uno se olvida de su propia contribución a la lóbrega conversación, uno culpa al otro de ser obtuso y terco.

Marjorie, por ejemplo, quería que Ken la invitara a celebrar su aniversario de bodas en una confitería favorita con vistas a una bahía. Le preguntó sutilmente: "Ken, ¿te gustaría salir esta noche para tomar un trago?". El, que se sentía cansado, no comprendió el mensaje oculto en la pregunta y respondió: "No, estoy demasiado cansado". Marjorie se sintió totalmente decepcionada. Sólo después de sentirse ofendida y apesadumbrada, se percató de que no le había comunicado a Ken su verdadero anhelo: celebrar su aniversario. Cuando más tarde le aclaró su verdadero deseo, él de inmediato estuvo de acuerdo en celebrarlo.

Consideremos el siguiente diálogo entre Tom, un arquitecto, y Sally, una pediatra, una pareja no casada que estaba ocupada en restaurar su primera casa, una hermosa residencia victoriana en el centro de la ciudad. Observemos cómo los temores y dudas personales pueden conducir a uno o al otro a soslayar un mensaje, haciéndolo así vago y equivocado. Sin poder evitarlo, surgen los malentendidos. En este caso, la primera manifestación ambigua desencadenó una pelea sobre una simple decisión social:

SALLY: Los Scotts dijeron algo así como ir a visitarlos el jueves.
TOM: [*ofendido*] ¿Ellos te invitaron a *ti*? [significado: *¿Sólo a ti y no a mí?*]
SALLY: [*con displicencia*] Acabo de decírtelo. [*El está poniendo en tela de juicio mi veracidad.*]
TOM: [*ofendido*] ¿Cómo es que te invitaron a *ti*? [significado: *A ti y no a mí también.*]
SALLY: [*ofendida*] Es evidente que ellos me quieren. [*El no cree que yo sea suficientemente digna de ser querida como para que me inviten por mí misma.*]
TOM: Bueno, ve, estoy seguro de que lo pasarás muy bien. [*Espero que lo pases muy mal.*]
SALLY: [*con amargura*] Sí, estoy segura. [*El no quiere ir porque ellos me hicieron la invitación a mí.*]

Es evidente que algo se ha soslayado en la conversación entre ellos. El problema, sin embargo, está más allá de las palabras, no en lo que se dijo. Tom y Sally están en desacuerdo porque, en un intento de protegerse a sí mismos, retienen una información importante, lo que conduce a que cada uno malinterprete lo que dice el otro.

Para comenzar, Sally está complacida de que los Scotts la invitaran porque piensa que ha estado a la sombra de Tom; teme que la gente lo encuentre más atractivo a él y que ella sólo le pisa los talones. Sabe que cuando los Scotts le hicieron la invitación, eso significaba *ustedes,* incluyendo a Tom, pero al comunicárselo, ella es ambigüa *ex profeso* porque teme que él pueda rehusar.

Los Scotts, en esencia, son amigos de Tom, pero Sally desea ser querida por ellos. Está preocupada porque teme que él pueda ofenderse por el hecho de que le hicieran la invitación a ella y no a él. Para protegerse del desaire de Tom, Sally retransmite el mensaje de una manera tan vaga que él interpreta mal su contenido. El piensa que ella hace alarde de que sólo la invitaran a ella y se siente ofendido. Por consiguiente, Tom insiste; "¿Te invitaron *a ti?*", en lugar de preguntar si la invitación fue cursada a "nosotros". Su acento sobre *ti* conduce a Sally a creer que él desconfía de que los Scotts la consideren bastante digna de ser querida como para invitarla por sí misma. Al no comprender el verdadero sentido de la pregunta de Tom, Sally responde al presunto desafío con petulancia: "Acabo de decírtelo".

Tom, obrando todavía con la premisa de que él fue específicamente excluido, interpreta esa respuesta como una burla y se desquita deseándole, con sarcasmo, "que lo pases muy bien". Sally contraataca con un pinchazo más, sin aclarar siquiera si Tom aceptará la invitación.

La evidente desventaja del rodeo es que conduce hacia los malentendidos. Por ejemplo, a Sally por lo general le preocupa mucho que Tom se enfade. Por lo tanto, cuando ella saca sus "antenas", dice las cosas de tal manera que espera obtener una señal positiva de Tom; entonces, de acuerdo con ello, proseguirá con la idea o la desechará.

En una oportunidad, por ejemplo, quiso invitar a otra pareja a la casa. Comenzó, por decirlo así, a tantear el ambiente: "Me gustaría saber qué estarán haciendo los Richards estos días". Tom, sin captar la insinuación, contestó: "No tengo la menor idea", y cambió de tema. Sally interpretó la respuesta como una señal de que él no quería ver a los Richards. (Más tarde se supo que en realidad él hubiera estado encantado de recibirlos.)

Después de frustrarse varias veces cuando hacía sugerencias de un modo indirecto, Sally comenzó a pensar: *"El es antisocial"* y *"El nunca desea hacer lo que yo quiero hacer, sólo tiene interés en sí mismo".*

Más tarde, cuando su enojo llegó al candelero, Sally acusó a Tom de ser antisocial y de no importarle nunca lo que ella quería. Tom estaba desconcertado. Cuando ella alegó que se lo dijo siempre, él disintió muy enojado y a su vez la acusó:

"Nunca sabes lo que quieres y nunca dices lo que deseas". Sally consideró injustas las acusaciones porque, a su criterio, ella había sido directa en sus sugerencias. A Tom, por otra parte, le parecía que ella era incapaz de tomar decisiones y era injusta al acusarlo por incapacidades propias de ella.

Cuando las relaciones andan bien, a menudo los cónyuges están en condiciones de comunicarse con insinuaciones y alusiones como las que usaba Sally. Su propio lenguaje personal y modismos especiales pueden transmitir el mensaje. Pero cuando la relación es tirante, el lenguaje privado ya no es adecuado y puede provocar malentendidos.

A LA DEFENSIVA

Las personas como Sally y Tom son imprecisas para protegerse contra la humillación o el desaire. La probabilidad del malentendido aumenta aun más cuando permiten que su programación personal —como el anhelo de demostrar algo respecto a sí mismos o el deseo de impedir el rechazo o el ridículo— turbe lo que intentan transmitir. Esa actitud defensiva confunde sus mensajes y de este modo están sujetos a que se los entienda mal.

El temor de ser rechazado por emitir una cierta opinión o hacer una petición, aumenta la postura defensiva. Esta actitud no sólo produjo confusión entre Sally y Tom sino que también dificultó a cada uno el poder descifrar los significados ocultos de las declaraciones del otro.

En la siguiente conversación, sus posiciones se invierten, con Tom en la situación vulnerable.

Tom: ¿Visitaremos a mi madre este fin de semana?
Sally: No lo creo; tengo muchas cosas que hacer.
Tom: [enojado] Nunca quieres visitar a mi madre.

En este diálogo, Sally prefirió tomar la pregunta de Tom por su significado literal, como una simple demanda de información en vez de una solicitud, y desatendió el verdadero significado del mensaje de Tom: *"Me gustaría visitar a mi madre este fin de semana"*. Tom, seguro de haber expresado su deseo de un modo directo, se molestó cuando Sally se negó, y la increpó.

Por supuesto, en lo íntimo, su relación tiene problemas más complejos que las ambiguas y defensivas maneras de comunicarse. La conversación de Sally acerca de la invitación de los Scotts contiene un problema oculto: la sensación de ser socialmente inferior a Tom y su consiguiente impulso para demostrar que a ella también pueden quererla los amigos de Tom. Al mismo tiempo, ella se mantiene a la defensiva por temor a que Tom critique sus esfuerzos para modelar su propia imagen. Tom, a su vez, interpreta lo que dijo Sally como una demostración de que compite con él (demostrando que ella es más digna de ser querida que él), y se siente impelido a "ponerla en su lugar". En el diálogo acerca de la madre de Tom, Sally hace valer su poder en la relación, desconociendo el pedido implícito de Tom y, en realidad, lo induce a desquitarse.

Aunque esos esquemas pueden abrumar una relación, a menudo el lazo es lo bastante fuerte como para absorber la tirantez. Por cierto, Tom y Sally habían disfrutado mucho de la mutua compañía; uno de los pilares de la relación en sus primeros años era el placer que tenían en conversar entre ellos. Sin embargo, como las torpes comunicaciones condujeron a crecientes malentendidos, los diálogos comenzaron a atascarse en encubiertas acusaciones y recriminaciones. Incluso los placeres compartidos de la conversación se corrompieron y perdieron su poder de vinculación, y los pequeños problemas que podían solucionarse con relativa facilidad se convirtieron en una fuente de conflictos a causa de los rodeos y la defensiva de uno de ellos "al enviar el mensaje" y de la "sordera" del otro al recibirlo.

Los problemas planteados por Sally y Tom no eran muy difíciles de resolver: necesitaban practicar mediante discusiones claras y sinceras. Aunque en un principio ellos realizaban estas prácticas en presencia de un consejero, hubieran podido iniciar este programa por su cuenta. En los capítulos 14, 15 y 16 se describen las guías que las parejas pueden utilizar para mejorar sus modos de comunicación.

MENSAJES INCOMPRENDIDOS

La buena comunicación implica algo más que hacer entender las ideas de uno; también significa captar lo que dice la otra persona. Aquellos que siempre son vagos o indirectos en su lenguaje conducen a que sus cónyuges lleguen a conclusiones incorrectas o ignoren lo que se les dice. Otros tienen dificultad en comprender el mensaje de su pareja y, por lo tanto, interpretan mal lo que oyen.

Un estudio efectuado por la psicóloga Patricia Noller señaló importantes diferencias en la comprensión de las comunicaciones entre parejas con una buena adaptación matrimonial y parejas con una adaptación pobre. Las parejas con matrimonios desgraciados eran menos precisas que los matrimonios felices en descifrar lo que querían decir sus cónyuges.[1] Es revelador, en especial, que tanto las parejas desventuradas como los cónyuges dichosos descifraron sin inconvenientes los mensajes de *extraños*.

Esta conclusión sugiere que todo el proceso de comunicación, que puede funcionar bien fuera del matrimonio, está algo mal encarrilado en las parejas desavenidas. Sus malentendidos, por lo común, no están arraigados en alguna deficiencia crónica de comunicación con todo el mundo; son específicos de la perturbación en la relación matrimonial.

MONOLOGOS, INTERRUPCIONES Y AUDICION EN SILENCIO

Algunos problemas en la comunicación de las parejas surgen a raíz de las diferencias en los estilos de la conversación de cada uno, como puede ser el ritmo, la pausa, la

---

1. NOLLER, "Gender and Marital Adjustment Level Differences".

rapidez, etcétera. En un caso típico descrito por Deborah Tannen, profesora de lingüística, una mujer estaba disgustada con un colega porque él respondía a todas las preguntas del público en una reunión de trabajo que conducían. Ella lo acusó de dominarla, centralizar la atención y no tener respeto alguno por sus opiniones.

En realidad, la "dominación" era resultante de las diferencias en el *ritmo* de las respuestas. Por costumbre, ella tardaba mucho más que él en responder a una pregunta, él se impacientaba y se ponía ansioso. Para evitar lo que temía pudiera ser un incómodo silencio y se tuviese la impresión de que ninguno de ellos podía contestar la pregunta, él tomaba la iniciativa. Su colega interpretó este comportamiento como una forma de dominación "sexista".

Esas diferencias en el ritmo y las pausas suelen causar dificultades en un matrimonio. Un marido, por ejemplo, que entre oraciones se detiene por largo tiempo puede ser interrumpido por su mujer que hace intervalos más cortos. Eso lo enoja porque no ha terminado con el curso de sus ideas y, de hecho, puede perder el hilo debido a la interrupción de su mujer. Él acusa: "Siempre me interrumpes... nunca quieres escuchar mi opinión", sin darse cuenta de que hay una explicación más benévola para las acciones de ella.

Un problema similar surge cuando habla la pareja que usa pausas breves. Ella puede expresar un punto de vista entremezclado con lo que le parecen ser pausas razonables, para las respuestas de su marido. Este, sin embargo, de pausas largas, puede no admitir estas interrupciones, e inferir en cambio que la discusión es un monólogo de su mujer.

Por su temperamento, algunas personas son "muy conversadoras" y parecen impulsadas a hablar mucho más allá del punto en que la correspondencia del oyente comienza a decrecer. Hablan en torno de un tema o abruman al oyente con un exceso de detalles innecesarios. A menudo parece casi imposible que vayan al grano y completen un tema. Cuando les hice notar este estilo de conversación, por lo común se asombraron porque habían pensado que en verdad se comunicaban de manera concreta y concisa.

El mismo tipo de quejas hecho contra los "demasiado conversadores" también se hace contra los "oyentes impasibles". No es poco frecuente que una esposa me diga: "Mi marido nunca presta atención a lo que digo". El marido, no obstante, es capaz de repetir palabra por palabra lo que ella acaba de decir. En verdad, la observación surge del hecho de que su marido escucha demasiado tranquilo, no es un oyente participativo. Presta atención con impasibilidad sin hacerle ningún tipo de manifestación como podría ser, señales afirmativas con la cabeza, gestos, cambios de su expresión facial, o emisión de importantes sonidos de oyente como "mm, hum", "oh, oh" o "sí, sí".

Una serie de estudios indica que hombres y mujeres tienden a escuchar de diferentes maneras. Es poco frecuente, en comparación, que los hombres reaccionen con manifestaciones orales, pero cuando lo hacen, por lo general quieren significar *"Estoy de acuerdo contigo"*. Pero, como señalan los antropólogos Daniel Maltz y Ruth Borker, las mujeres emiten esas expresiones de realimentación para significar *"Estoy escuchando"*.[2] Así, las mujeres son más propensas que los hombres a enviar estas señales no verbales y también esperan recibirlas: una esposa creerá que su marido no presta atención en absoluto, aunque —si bien con impasibilidad— puede estar escuchando con sumo cuidado.

Muchas personas atribuyen significado simbólico a estas señales, que no sólo indican *"Estoy escuchando"*, sino también *"Disfruto de lo que dices"* o *"Me interesa lo que dices"*. En su esencia, quiere decir *"Me importas"*. En contraste, la ausencia de estas señales puede tener un significado simbólico negativo: *"No te respeto"* o *"No me importas"*.

Las parejas, por lo común, no tienen conciencia del poder de este sutil aspecto de la conversación matrimonial. Pero este ingrediente entrelaza el intercambio de palabras, incluso

---

2. D. MALTZ y R. BORKER, "A Cultural Approach to Male-Female Miscommunications", en J. J. Gumperz, ed., *Language and Social Identity* (Cambridge, Gran Bretaña: Cambridge University Press, 1982), págs. 196-216.

algunas aparentemente inocuas, con significados implícitos de aceptación, respeto y cariño o rechazo, falta de respeto y hostilidad.

Si los cónyuges pudieran percibir estos significados ocultos se reduciría mucha frustración. El desajuste de los estilos de conversación, por ejemplo, podría mitigarse si se acordara un conjunto de "normas de cortesía coloquial". Una vez identificado el problema, las personas de pausas prolongadas pueden aprender a no ofenderse cuando se las interrumpe y practicar a retomar los hilos del relato después de ese paréntesis obligado. Los que interrumpen, asimismo, pueden aprender a juzgar si una observación importuna o advertencia justifican una exclamación o sólo es una señal de impaciencia. Los muy conversadores practicarán para ser más concisos y los parcos, más expansivos. Los cónyuges impasibles pueden dar más señales de que prestan atención, en tanto sus parejas deberían reconocer que el silencio no es necesariamente una demostración de indiferencia.

SORDERA Y CEGUERA

La sordera y la ceguera se ponen de manifiesto cuando uno de los cónyuges no registra mentalmente lo que en verdad el otro le está comunicando mediante palabras, gestos y similares. Este error produce quejas como: "No sabes lo que quiero o lo que pido" y "No me conoces en absoluto". Las parejas con "sordera" a menudo tienen dificultad incluso con simples decisiones. Aunque ambos miembros del matrimonio quieran cooperar, la falta de un significativo intercambio de información impide que se pongan de acuerdo sobre temas importantes, como la división de quehaceres y la crianza de los hijos.

Si bien tanto las sorderas como las cegueras pueden originarse por insensibilidad, con frecuencia suelen provenir de hipersensibilidad y sentido de defensiva. Las personas no sintonizan lo que no quieren oír porque el mensaje puede estar dirigido hacia un campo vulnerable. Discusiones en apariencia benévolas suelen significar una amenaza a la auto-estima de los cónyuges. Con el objeto de que su orgullo no sea dañado y para protegerse contra el rechazo, establecen defensas que bloquean la visión del verdadero problema. El antiguo sentido de inferioridad de Sally y el susceptible orgullo de Tom, por ejemplo, constituyen una barrera a la comunicación y al entendimiento.

Algunas veces, un cónyuge no se percata en absoluto del impacto que causa su personalidad sobre el otro. Tómese en cuenta, por ejemplo, la siguiente pareja. Harvey, un abogado agudo y agresivo que no sabía cómo limitar sus tácticas de adversario en la sala del tribunal, se complacía en "rebajar" a Stacey, su esposa, una ama de casa con un hogar abandonado que había retornado a sus estudios para obtener su licenciatura. En situaciones sociales, ponía en ridículo lo que ella decía; en privado, rechazaba sus quejas. A Stacey le resultaba imposible decirle a Harvey cuánto la afligía esto. En las pocas oportunidades en que pudo manifestárselo, Harvey desoyó sus quejas calificándola de "hipersensible". En otras ocasiones, la llamó "neurótica" y le aconsejó buscar ayuda profesional. Se desentendía del dolor que le causaba a su mujer.

Después de veinticinco años de matrimonio Stacey le anunció a Harvey que no podía continuar conviviendo con él y que se iba, actitud que lo dejó totalmente abrumado. Harvey no se había percatado de lo muy desdichada que se había sentido ella durante todos esos años a causa de las humillaciones. Stacey explicó que permaneció con él sólo el tiempo suficiente para que los hijos llegaran a una edad en la que pudieran superar con menos trauma la ruptura matrimonial de los padres. Como los hijos ya estaban crecidos, no viviría más con él.

Es una lástima que no procurasen consejo en los comienzos de la relación o que no tuvieran acceso a un buen libro-guía sobre malentendidos e incomunicación en el matrimonio. En el segundo matrimonio de ambos —afortunados los dos— Harvey fue muy circunspecto con su mujer y Stacey mucho más concreta en informar a su marido acerca de lo que no le gustaba. Ambos habían aprendido bien la lección.

## DIFERENCIAS EN LA VELOCIDAD DEL HABLA

Deborah Tannen describe el siguiente caso: Sandy se queja de que Matt en verdad no la escucha. El le formula una pregunta, pero antes de que ella pueda contestar, pregunta otra vez o comienza a responder él mismo. Cuando están juntos, con los amigos de Matt, los demás hablan tan de prisa que Sandy no puede siquiera meter baza. Después, Matt se queja de que Sandy permanece demasiado silenciosa, pero ella sabe que no es así con sus propias amistades. Pero la razón por la cual está incómoda con ellos es porque no encuentra el modo de participar en las conversaciones y cree que la ignoran. Este es un primer ejemplo de cómo una diferencia en el estilo de conversación conduce al malentendido, al enfado y a la crítica.[3]

¿Cómo surge este malentendido? Los amigos de Matt tienen un código de cortesía coloquial distinto al que usan Sandy y sus amistades. Los amigos de él hablan mucho, algunas veces en conversaciones paralelas, otras en un monólogo, y se interrumpen unos a otros con frecuencia. En cambio, ella y sus amistades consideran grosero hacerlo de ese modo. Su código de cortesía exige intercambios discretos, sin que la conversación de una persona se superponga a la de otra. El resultado de esta diferencia en el estilo de hablar es que Matt se equivoca considerando el silencio de Sandy como una muestra de que a ella le disgustan sus amigos. Para Sandy, el "excluirme de la conversación" significa que los demás no piensan que ella pueda contribuir con algo útil.

COSTUMBRE DE PREGUNTAR

Hacer preguntas podría parecer una manera muy normal de conducir una conversación. Formulamos preguntas no sólo

---

3. D. TANNEN, *That's Not What I Meant* (Nueva York: Ballantine Books, 1986).

para obtener información, sino también para obtener apoyo, para enterarnos de lo que la otra persona desea, para negociar y para tomar decisiones. No obstante, preguntar suele conducir al malentendido y a la angustia. Es evidente que las preguntas valen la pena, pero la persona interrogada podría considerarlas como un desafío a su capacidad, conocimiento u honestidad. Ya que esperamos que la conversación prosiga por su propio peso, hacer demasiadas preguntas, muchas veces inadecuadas, de por sí enviaría un mensaje de desconfianza, o por lo menos indicaría una falta de simpatía. Por ejemplo, cuando Sally interroga a Tom, él se pone en guardia, piensa que ella desafía su veracidad, pone en tela de juicio su capacidad, o duda de sus intenciones. Algunas personas consideran a las preguntas como una especie de indagación, un tanteo de sus defensas para descubrir puntos débiles (algo así como cuando un dentista hace una exploración bucal en busca de caries). Por cierto, algunos cónyuges *sí* indagan mucho más profundo de lo que es necesario porque ello satisface sus propias necesidades emocionales.

Una mujer, por ejemplo, me dijo: "Me gusta penetrar en la mente de las personas y ver cómo funciona. Quiero comprender todo sobre ellas". Pero cuando utilizaba este método con su marido, él se irritaba por lo que consideraba un implacable interrogatorio.

Una persona recurre a las preguntas cuando el interlocutor anda con rodeos. Por ejemplo, cuando Ted, el intelectualizador, no tiene en claro lo que dice Karen, a menudo trata de acosarla. Karen reacciona diciendo: "¿Por qué siempre me repreguntas? Me pones siempre a la defensiva". Ted por supuesto se siente herido por esta queja, porque él sólo intenta averiguar lo que Karen quiere decir o desea. Ella, sin embargo, se siente acorralada por el modo de interrogarla. Ted tiene un problema especial: sufre la necesidad de estar absolutamente seguro de sus actos. El problema de Karen está relacionado con su preocupación de ser presionada y controlada.

Cuando se emplean los *por qué*, es posible que surja un problema en particular: que este tipo de pregunta ponga a la defensiva a la otra persona. Si bien el interlocutor puede ser más bien inocente al efectuar las preguntas y procura con sinceridad obtener información, el uso del *por qué* al comienzo de una pregunta le recuerda al cónyuge la increpante pregunta de un padre: "¿Por qué viniste a casa tan tarde?" o "¿Por qué aún estás mirando televisión?" Además, los *por qué* algunas veces entrañan desconfianza o incluso sospecha. Por ejemplo, cuando Marjorie le preguntó a Ken por qué reemplazaba la caldera, él interpretó esto como una muestra de desconfianza hacia su capacidad de tomar decisiones, aunque ella sólo deseaba conocer la razón de la decisión.

Hay maneras de hacer preguntas que evitan el uso de la forma *por qué*.

He aquí dos ejemplos:

—"¿Podrías explicarme tu decisión de comprar una caldera nueva?"

—"¿Hay algún problema para que llegues a casa a su debido tiempo?"

Las diferencias entre marido y mujer en la manera de interrogar pueden remontarse a la época de su infancia. En algunas familias, los padres piden explicaciones continuamente, sin que tenga mayor importancia tanto pedirlas como darlas. En otras familias, raras veces ocurre tanto una cosa como la otra. Un cónyuge perteneciente al primer tipo de familia efectúa preguntas muy a menudo, mientras que alguien criado en una familia más taciturna no está acostumbrado a que se le hagan preguntas o a contestarlas; esta persona, por lo tanto, considerará las preguntas de su pareja como un desafío o invasión de la privacidad.

También entraña peligros hacer demasiado pocas preguntas. Es probable que miembros de un matrimonio que nunca efectúan preguntas procedan de acuerdo a sus propias corazonadas, que no siempre suelen ser acertadas. Además, un cónyuge podría interpretar esta reticencia de la otra parte, como una falta de interés.

La cuestión importante respecto a los estilos de conversación es que éstos *se aprenden*, y si interfieren con una comunicación eficaz, pueden ser 'desaprendidos'. Muchas personas creen que su estilo es el natural, pero descubren que pueden "desaprenderlo" y adoptar un estilo más adaptable.

DIFERENCIAS ENTRE LOS SEXOS

Daniel Maltz y Ruth Borker resumen una serie de conclusiones que arrojan luz sobre por qué las parejas matrimoniales tienen problemas al comunicarse. Una razón es que mujeres y hombres tienden a diferentes estilos de conversación. Aunque una persona posea en esencia el mismo estilo que su cónyuge, en la mayoría de los casos en los que hay diferencias en este aspecto, la esposa adopta un estilo "femenino" de conversación —culturalmente definido— y el marido, un estilo "masculino".[4]

Es característico que las mujeres muestren una mayor tendencia a hacer preguntas y así lo atestigua una encuesta de preguntas-respuestas en un estudio hecho sobre conversaciones femenino-masculinas. Algunos investigadores opinan que la predisposición femenina a interrogar denota su interés en mantener las interacciones de rutina entre las personas. El interrogatorio es una señal de que ellas asumen la responsabilidad de allanar la conversación y mantener su fluidez. Este recurso coloquial también puede representar su mayor compromiso en las relaciones personales.[5]

Los hombres, probablemente, son menos propensos a efectuar preguntas personales. Lo son a pensar: *"Si ella quiere decirme algo, me lo dirá sin que se lo pregunte".*

Una mujer reflexionará: *"Si no pregunto, él pensará que a mí no me interesa".*

---

4. Maltz y Borker, "A Cultural Approach to Male-Female Miscommunications".
5. Tannen, *That's Not What I Meant.*

Para los hombres, es posible que preguntar represente un entrometimiento y una invasión de la privacidad; para las mujeres, no obstante, es una muestra de confianza y una manifestación de interés.

Las mujeres usan más emisiones sonoras para alentar respuestas de la otra persona. Como ya se mencionó con anterioridad, son más propensas que los hombres a usar señales de recepción como "mm-hum" para demostrar que prestan atención. Un hombre, por lo regular, usará esta respuesta sólo cuando está de acuerdo con lo que dice su mujer, en tanto ella lo hará simplemente para indicar que escucha. Así, un marido interpretará las señales receptivas de su mujer como manifestación de que ella está de acuerdo con él. Más tarde, podrá sentirse traicionado cuando descubra que ella no estaba de acuerdo con él en absoluto. No se da cuenta de que ella sólo demostraba su interés en lo que él decía y "mantenía viva la conversación". La mujer, por otro lado, se siente desairada y disminuida porque su marido no emite sonido receptivo alguno, lo que ella interpreta como falta de interés.

Los hombres son más propensos que las mujeres a hacer comentarios en el transcurso de la conversación en vez de esperar que la otra persona termine de hablar. Las mujeres, después que se las ha interrumpido o han fracasado en lograr una respuesta receptiva, aparentan estar más afligidas y dispuestas a hacer una "protesta silenciosa". Esta diferencia está a la zaga de la queja de muchas esposas: "Mi esposo siempre me interrumpe" o "El nunca escucha". Las mujeres también muestran un mayor uso de los pronombres *tú, usted* y *nosotros,* lo que implica, en la cuestión, al interlocutor. Este estilo de conversación promueve un sentido de unión.

Como consecuencia de estas investigaciones, una pareja podría tener en cuenta las siguientes observaciones acerca de las costumbres del marido en la conversación. Primero, como se indicó anteriormente, los hombres son más propensos a interrumpir a sus interlocutores, hombre o mujer. Segundo, es menos probable que contesten los comentarios de la otra parte; con frecuencia, no responden o no se dan por aludidos, responden tardíamente al final de la exposición del otro o demuestran un mínimo grado de interés. Tercero, están más dispuestos a desafiar o a discutir las manifestaciones de su pareja, lo que explica por qué un marido siempre parece polémico. Por último, los hombres hacen más declaraciones de opinión o de hecho que las mujeres. Algunas esposas se sienten agraviadas por la "voz de la autoridad" y no se dan cuenta de que las aseveraciones de sus maridos representan más un estilo masculino que un sentido de superioridad.

En vista del contraste de los estilos de conversación entre hombres y mujeres, las condiciones están dadas para que surjan los conflictos. Una esposa, por ejemplo, podría percibir a su marido como desinteresado, controlador y no receptivo cuando, en realidad, su modo de hablar refleja simplemente el estilo que aprendió a usar con todos, no sólo con ella. Juicios tales como "Mi esposo nunca escucha" o "Mi esposo está en desacuerdo con todo lo que digo" muy a menudo reflejan la manera de hablar del marido en vez de alguna insensibilidad o mala voluntad hacia su mujer. Saber que estas diferencias entre los sexos existen y que no son causadas por mala fe, falta de respeto o de interés, puede ayudar a que las parejas conozcan el estilo de su cónyuge sin que se sientan agraviados y les proporcione protección contra el malentendido.

A pesar de estas diferencias en los estilos de comunicación, es indiscutible que maridos y esposas pueden mejorar sus relaciones si aprenden a sincronizarlos. En vista del importante significado simbólico en el estilo del habla, un marido podría allanar la comunicación si él, por ejemplo, fuese un oyente más participativo e interrumpiera o polemizara menos con su mujer. También ayudaría si él prestase más atención al espíritu de la conversación y reconociera que las muestras de su atención (señales activas de recepción o gestos) a menudo son tan poderosas como las mismas palabras, si no más. Por último, debe reconocer que sus declaraciones dogmáticas son un "freno a la conversación".

EXPLICACION DE LAS DIFERENCIAS DE ESTILO

Aunque resulta tentador atribuir la diferencia de estilo coloquial al poder asimétrico de las relaciones entre hombres y mujeres, o a la existencia de diferencias de personalidad entre ellos, hay también otras explicaciones. Muchas pruebas apoyan la idea de que, con respecto al estilo de conversación, hombres y mujeres se comportan como si pertenecieran a dos subculturas diferentes. Maltz y Borker señalan que existen marcadas diferencias específicas entre ambos sexos acerca del concepto de pláticas amistosas, las normas para iniciar una conversación y las reglas para interpretar lo que dice el otro miembro de la pareja. Este enfoque sociológico considera que los problemas en la conversación provienen de las diferencias en la forma en que las personas hablan y escuchan o de cómo oyen lo que dice el cónyuge.

ORIGEN DE LAS DIFERENCIAS ENTRE SEXOS

## El mundo de las jóvenes

Maltz y Borker señalan que, en gran parte, la amistad entre las jóvenes, en contraste con la de los muchachos, se basa en las charlas que mantienen entre sí. Observaciones sistemáticas demuestran que las jóvenes aprenden a brindar apoyo, a permitir que los demás hablen y a admitir lo que dicen otras jóvenes como un modo de mantener relaciones de igualdad y de unión. Así, entre las jóvenes, la conversación representa un puente, un poder aglutinante.

Las jóvenes tanto inician como terminan una amistad por medio de la conversación. Las mejores amigas comparten secretos que las unen y son más francas que los chicos para comentar sus sentimientos: amor, odio, ansiedad, tristeza.

También aprenden a criticar y a discutir con otras chicas sin que se las catalogue como "mandonas" o "desconsideradas". Son menos propensas que los varones a dar órdenes a los que las rodean, porque esa conducta contraría su concepto de igualdad. Cambiantes alianzas entre pequeños grupos de jóvenes de similar condición las llevan a prestar mucha más atención para descifrar los propósitos de otras chicas. De este modo, se perfeccionan cada vez más en adivinar los móviles de unas y de otras, detectar matices e interpretar lo que la gente quiere decir.

## *El mundo de los chicos*

Los chicos tienden a jugar en grupos más grandes y organizados, que dan más preeminencia a la posición social y a la autoridad. Los menos dominantes tienen un rango relativamente bajo dentro de su grupo y están formados para sentir la inferioridad de su posición. En contraste con el de las jóvenes, el mundo social de los varones consiste en adoptar posturas, afirmar su dominación y tratar de atraer la atención de un auditorio. Su conversación está repleta de órdenes como "Levántate", "Dámelo" y ridiculizaciones: "Eres un tonto". También sienten inclinación por las amenazas o bravatas como éstas: "Si no te callas, te voy a reventar la boca". Además, tienden a ser mucho más discutidores que las jóvenes.

En tanto las jóvenes utilizan las palabras a modo de puente, los varones, más a menudo que aquéllas, las usan como armas o instrumentos de dominación. El chico más poderoso de un grupo no es precisamente el de físico más agresivo, sino, por el contrario, el varón más hábil y eficaz con su discurso. Quienes revelan secretos, con frecuencia se enfrentan con la burla, los desafíos y comentarios de tipo sarcástico; son aficionados a humillar y a las triquiñuelas verbales para "pescar" a otro muchacho.

Dadas estas amplias diferencias en los estilos de lenguaje entre unos y otras, no es sorprendente que surjan fricciones cuando un muchacho hace pareja con una chica, lo que no ocurre cuando se reúne con otro varón o grupo de ellos.

La conversación de un varón gira alrededor de la dominación y competencia, en tanto que una joven procura intimidad e igualdad.

Una encuesta realizada por la revista *Family Circle* obtuvo resultados reveladores: los encuestados indicaron que las mujeres están mucho más dispuestas a hablar sobre detalles íntimos de sus vidas con sus congéneres que a hacerlo con los hombres.[6] De hecho, el 69% manifestó que si son infelices prefieren revelar este sentimiento a sus mejores amigas y no a sus cónyuges o amigos.

## Resumen de las diferencias

Las diferencias fundamentales en las conversaciones entre hombres y mujeres, que aparentan provenir de las diferentes subculturas de varones y muchachas, se resumen de la siguiente forma:

— Las mujeres parecen considerar las preguntas como medio para mantener una conversación, en tanto que los hombres las consideran como peticiones de información.
— Las mujeres tienden a conectar "puentes" entre lo que su interlocutor acaba de decir y lo que ellas tienen que decir.
— Los hombres por lo común no siguen esta regla y a menudo parecen ignorar el comentario precedente de su interlocutor.
— Las mujeres parecen interpretar la agresividad de su interlocutor como un ataque que rompe la relación. Los hombres, en cambio, toman la agresividad como una simple forma de conversación.
— Las mujeres están más dispuestas a compartir sentimientos y secretos. A los hombres les gusta hablar sobre temas menos íntimos, como deportes y política.
— Las mujeres tienden a discutir sus problemas, compartir sus experiencias y brindar seguridad. Los hombres, por otro lado, tienden a oír a las mujeres (así como también a otros hombres), quienes discuten problemas con ellos, como

---

6. C. RUBENSTEIN y M. JAWORSKI, "When Husbands Rate Second", *Family Circle* (mayo, 1987).

si hicieran explícitas demandas de soluciones en vez de buscar un oyente solidario.

## *Diferentes significados de la conversación*

Estas variaciones en el significado de la conversación conducen a maridos y esposas a tener expectativas muy diferentes. Con frecuencia, las mujeres quieren que sus cónyuges sean una versión nueva, mejorada de la mejor amiga. Se entusiasman cuando sus esposos las hacen partícipes de secretos, disfrutan siendo su confidente y se perturban cuando sus maridos ocultan los sentimientos.

Aun cuando muchos maridos no llenan los requisitos de intimidad de sus mujeres, el hecho es que ellos prefieren confiar en sus esposas antes que en otras personas. Cuando he preguntado a las parejas: "¿A quién se confía con más frecuencia?", el marido por lo general responde: "A mi mujer", y la esposa dice: "A mi mejor amiga".

Cuando se trata de hablar a fondo sobre conflictos, otra vez surge la diferencia de sexos. Muchas mujeres, por ejemplo, adoptan la actitud: "El matrimonio funciona en tanto podamos hablar sobre él". En cambio, muchos maridos opinan: "La relación no funciona en tanto sigamos hablando sobre ella".

Conversar sobre problemas hace que algunas personas (en especial los maridos) se sientan cada vez más trastornados; ellos preferirían llegar a una solución rápida y práctica. Pero muchas otras personas (en especial las esposas) quieren hablar a fondo sobre el problema, porque de ese modo logran un sentido de empatía, intimidad y comprensión.

Hombres y mujeres también difieren en el modo de responder a los problemas de uno y otro. Una esposa, por ejemplo, puede compartir un problema con su marido con la esperanza de que él le brinde comprensión y benevolencia. Con no poca frecuencia, sin embargo, el marido deja de ofrecer consuelo. En cambio, todo solícito, trata de brindarle a su mujer una solución práctica, señalándole campos en los que ha tergiversado o malinterpretado la situación, indicándole que tal vez reacciona en forma exagerada y le aconseja cómo evitar esos problemas en el futuro.

En estas circunstancias, la esposa puede sentirse ofendida o menospreciada. Se irrita porque su marido no se percata de que ella sabe perfectamente qué hacer en tal situación y que sólo quiere su comprensión; tal vez, que él le cuente experiencias similares que haya tenido. Si el marido critica su interpretación de la problemática situación, ella podrá considerar esta reacción como una censura de su manera de ver las cosas. En cambio, ella desea que de alguna forma él le dé a entender que no es rara, ni está equivocada por reaccionar del modo en que lo hace.

Maridos y mujeres con frecuencia discrepan sobre lo que consideran importante en lo que les dicen sus cónyuges. Por ejemplo, un abogado amigo mío, cuya mujer trabaja en una galería de arte, se queja de que ella siempre quiere contarle "los detalles triviales sobre quién dijo qué cosa a quién", en tanto que a él le hubiera gustado enterarse más sobre la clase de cuadros con los que ella trabaja, cómo ella los evalúa y detalles específicos del negocio, así como las estrategias del comprador. El quiere los hechos y no repara en la importancia de las conversaciones de su mujer con sus colegas. Para su esposa, sin embargo, lo que sucede en la galería entre ella y sus asociados constituye la trama de su vida laboral; sólo una pequeña porción de la atención en su puesto está enfocada sobre detalles de los cuadros en sí mismos. Puesto que ella se concentra sobre sus experiencias interpersonales —que a él le parecen triviales— el marido tiende a aislarla. Entonces ella se siente herida, porque parece que él estuviera diciéndole que no sólo lo que ella cuenta y su trabajo son insignificantes, sino que *ella* también lo es.

Por otro lado, las satisfacciones máximas de su marido resultan de hablar sobre su profesión de abogado, de política y de deportes. Cuando comienza a hablar sobre cualquiera de estos temas, su mujer piensa que, condescendiente, él le da una conferencia. En verdad, cuando escucho su tono de voz es evidente que *hay* una nota de arrogante condescendencia, de la cual él no tiene conciencia. (Estas actitudes propias del sexo masculino tienen relevancia entre los maridos y se hacen más patentes cuando sus mujeres se dedican a sus propias profesiones.) En semejante situación, el marido requiere una cierta toma de conciencia a fin de apreciar la importancia que su esposa otorga a contar sus experiencias laborales interpersonales. Al mismo tiempo, debe modificar su condescendiente manera de "instruirla" y corregir su valoración con respecto a ella como intelectualmente inferior a él.

Como primer paso para determinar si existen impedimentos para sus conversaciones matrimoniales, las parejas encontrarán de utilidad examinar las siguientes listas de confrontaciones. Sería ideal que cada cónyuge completara las listas de confrontaciones y luego compararan sus puntuaciones. La primera lista se refiere a los estilos de hablar y de escuchar que pueden obstaculizar el intercambio de ideas y de información. La segunda lista está relacionada con las dificultades psíquicas que impiden la fluidez de la conversación. Si, después de completar las listas, desea guías concretas para mejorar la comunicación, puede recurrir a los capítulos 14, 15 y 16 que contienen una cantidad de propuestas para la solución de problemas.

## *Problemas en el estilo de la comunicación*

A continuación hay una lista de conductas que pueden causar problemas. En la columna de la izquierda califique las conductas que su cónyuge tiene con usted. Use los siguientes números para indicar la frecuencia:

(0) *no ocurre*      (1) *raramente*      (2) *algunas veces*
(3) *con frecuencia*      (4) *siempre*

En la columna del medio indique cuánto le molesta el problema:

(0) *en absoluto*      (1) *escasamente*      (3) *moderadamente*
(4) *bastante*

En la columna de la derecha califique las conductas que usa con su cónyuge. Su pareja también debería completar este cuestionario.

### *Estilo de comunicación*

| | Su pareja con usted | Esto me molesta | Usted con su pareja |
|---|---|---|---|
| 1) No escucha. | | | |
| 2) Habla demasiado. | | | |
| 3) No habla suficientemente. | | | |
| 4) Interrumpe. | | | |
| 5) Muy vago. | | | |
| 6) Nunca va al grano. | | | |
| 7) Nunca asiente con la cabeza ni indica acuerdo. | | | |
| 8) Nunca emite señales receptivas (por ejemplo, "mm-hum"). | | | |
| 9) No le da una oportunidad de hablar al cónyuge. | | | |
| 10) No discutirá temas espinosos. | | | |
| 11) Habla demasiado sobre temas espinosos. | | | |
| 12) Pregunta demasiado. | | | |

13) No hace suficientes preguntas. _____ _____ _____
14) Hace callar al cónyuge mediante reproches. _____ _____ _____
15) Se retira cuando se altera. _____ _____ _____

NOTA. No hay una puntuación absoluta que indique cuándo debe preocuparse por la comunicación. No obstante, si tiene conciencia de dificultades en este aspecto, esta lista de confrontación le permitirá a su cónyuge y a usted señalarlas con precisión y comenzar a mejorarlas. Tenga en cuenta que su percepción acerca de la conducta de su cónyuge puede ser incorrecta o exagerada.

### *Problemas psíquicos en la comunicación*

Lea los siguientes asertos. Al lado de cada uno coloque el número (0 al 4) que mejor indique la frecuencia con que experimenta estos sentimientos. Su cónyuge debería completar este cuestionario.

_____ 1) Me siento inhibido de discutir mi problema con mi cónyuge.
_____ 2) Me resulta difícil expresarle mis sentimientos a mi cónyuge.
_____ 3) Temo pedir lo que deseo.
_____ 4) No creo lo que dice mi cónyuge.
_____ 5) Temo que lo que tengo para decir enfadará a mi cónyuge.
_____ 6) Mi cónyuge no considerará seriamente mis preocupaciones.
_____ 7) Mi cónyuge me hace callar elevando su voz.
_____ 8) Mi cónyuge no quiere oír hablar sobre mis necesidades y sentimientos.
_____ 9) Temo que, si comienzo a manifestarle mis sentimientos a mi cónyuge, perderé el control sobre mis emociones.
_____ 10) Me preocupa que, si me sincero con mi cónyuge, en el futuro usará esta información en mi contra.

_____ 11) Si expongo mis verdaderos sentimientos, posteriormente podré arrepentirme de lo que dije.

NOTA: Esta lista le ayudará a enfocar los problemas psíquicos o interpersonales específicos que bloquean una comunicación eficaz. Como en capítulos posteriores describimos las influencias negativas de los pensamientos automáticos y sugerimos técnicas específicas en la comunicación, tendrán algunas guías para ayudarlos a superar estos obstáculos.

# Fracaso de la relación

AMENAZAS AL PACTO MATRIMONIAL

¿Por qué estallan amargas disputas entre personas que con toda probabilidad se quieren y tienen mutuo interés? Durante el noviazgo, un natural egocentrismo de los integrantes de la pareja se desvanece en la unión de sus intereses y aun de sus identidades. Los rayos penetrantes del amor que funden las diferencias de temperamento, intereses y metas ayudan a generar el altruismo y la empatía.

La pareja *quiere* complacer el uno al otro. Se sienten gratificados cuando se hacen mutuamente felices y se sienten tristes cuando su pareja también lo está. En su esfuerzo por complacer, tratan de considerar todo desde el punto de vista del compañero.

Para muchos, sin duda, parte del pago por esta abnegación y subordinación del propio interés es un alivio a la soledad. Para otros, los placeres consumados de la intimidad compartida son importantísimos. Es como si ningún precio pudiera ser demasiado para pagar por el sentido de pertinencia e intimidad.

Puesto que los propios intereses de la pareja están estrechamente ligados durante el período del noviazgo, experimentan poco sentido de sacrificio o egoísmo y las recompensas por satisfacer los deseos de la otra parte son múltiples. No sólo hay un apoyo directo proveniente de la satisfacción de complacer a la pareja, sino indirecto también, al imaginar su placer. Con este esfuerzo incesante, la motivación para dejar de lado el egocentrismo de uno es fuerte. Una mujer enamorada es altruista porque quiere serlo, no porque ella "deba" serlo. Un hombre enamorado hace sacrificios por su amada porque le place hacerlo.

## *De la fusión a la desintegración*

¿Qué pasa entonces con el altruismo amoroso? Después del matrimonio, una diversidad de motivos puede causar su erosión. Fortalecidos por la seguridad del matrimonio, aquellos que se sentían solos mientras eran solteros, ya no viven más la relación como un antídoto para la soledad. La pareja puede descubrir que sus necesidades no están bien satisfechas; pueden decidir que están mejor servidos al satisfacer sus propios deseos, aun cuando estén en oposición a los de su pareja. Como la gratificación resultante del altruismo decae, la pareja comienza a conducirse más por los *debería* que por auténticos deseos de complacerse mutuamente. Una vez que la pareja se siente constreñida a dar prioridad a los deseos del uno y del otro, los compromisos o concesiones necesarios en toda relación estrecha les parecen pesados.

Es inevitable que surjan desacuerdos tan pronto como la pareja comienza a hacer valer sus propios deseos e intereses antagónicos. Cada cónyuge puede considerar los deseos del otro como señales de que resurge el egocentrismo. Los cónyuges podrán entonces considerar uno al otro (pero no a sí mismos) como egoísta, terco o mezquino.

Por supuesto, esta sucesión de hechos no ocurre en todos los matrimonios. En realidad, muchas parejas descubren que con el transcurso del tiempo su egocentrismo se reduce y en cambio se desarrolla la reciprocidad, la participación y el interés por la otra persona. Pero las parejas desavenidas que traté demostraron, en forma persistente, un cambio progresivo del altruismo al egocentrismo.

Un aspecto crucial de este tema en los matrimonios es una genuina diferencia en el modo en que los cónyuges perciben las mismas circunstancias. Cualquiera que sea el tema, la perspectiva se filtra a través de sus propios lentes conduciendo, con frecuencia, a puntos de vista dramáticamente opuestos. Ya que las personas tienden a considerar sus propias opiniones como expresión de la realidad, les parecerá irreal una interpretación diferente. Una esposa con una perspectiva divergente, puede parecerle al marido "terca" o "arbitraria". Cuando las que difieren son las opiniones del marido, su esposa lo percibirá como "estúpido" o "pueril".

En cuanto una esposa insiste en una opinión "equivocada" acerca de un tema importante, como la crianza de los hijos o las finanzas, esta acción constituye un desafío que puede suscitar conflictos sobre quién tiene razón y quién está equivocado, cuál será el concepto sobre la realidad que ha de prevalecer, quién es el que lleva la voz cantante en la pareja. Algunos responden a tal desafío haciendo callar al otro con un automático: "No sabes lo que estás diciendo" o "Estás lleno de manías". Otros, sencillamente, se afirman en su posición y rehúsan escuchar. Como se demostrará en los capítulos 14 y 15, se pueden usar técnicas especiales para resolver estas diferencias en la percepción y restablecer de tal modo una vida en común activa.

## Parcialidad egoísta

Un problema más insidioso es la "parcialidad egoísta". Sin darse cuenta de ello, las personas tienen tendencia a interpretar los acontecimientos de un modo que las sitúa del lado más favorable o que sirva a su propio interés.[1] Esta "parcialidad egoísta" ejerce una fuerte influencia sobre sus percepciones, haciéndoles creer que mejoran su apariencia a los ojos de los demás, así como ante su propia visión. De este modo, cuando la pareja discute sobre quién es el mejor

1. T. R. TYLER y V. DEVINITZ, "Self-Serving Bias in the Attribution of Responsibility: Cognitive vs. Motivacional Explanations", *Journal of Experimental Social Psychology* 17 (1981): 408-416.

cónyuge o padre, quién ha contribuido más al matrimonio, quién ha hecho mayores sacrificios, retratarán sus propios roles de tal modo como para acrecentar su autoestima y demostrar su superioridad moral.

La parcialidad egoísta ensancha la brecha en la comprensión entre los cónyuges. Es evidente que en este proceso puede haber una substancial decepción de sí mismo y nos exige un esfuerzo extraordinario para vernos a nosotros mismos —despojados de fingimiento— como nos ven los demás. Otro esfuerzo se requiere para reconocer cómo, en una situación dada, sin darnos cuenta seleccionamos y montamos los "hechos" para servir a nuestros propios intereses.

A medida que las diferencias de opiniones se profundizan, la imagen del cónyuge comienza a cambiar; él o ella puede tomar el aspecto de antagonista, lo que representa una seria amenaza. Luego, incluso un pequeño desacuerdo suele conducir con facilidad a una pelea. Los miembros de la pareja pueden menospreciarse mutuamente con pensamientos o aseveraciones como: "Me contradices sólo para humillarme", "Qué sabes sobre eso" o "Eres sólo un estúpido rematado". Fracasan en darse cuenta de que su propio punto de vista puede ser tan parcial como el de su cónyuge, y que aparentan ser igualmente torpes o egoístas. Esta combinación de egocentrismo e intolerancia conduce con facilidad a disputas que hieren y parecen no tener solución.

Dado que el vínculo matrimonial es un lazo tan emocional, es mucho más arduo para los cónyuges instrumentar las metas de su pacto, que hacerlo en otras relaciones de trabajo, como una sociedad comercial o una estrecha amistad. Al principio, los miembros de la pareja matrimonial se atraen mutuamente por cualidades como aspecto, personalidad, encanto, humor y empatía; no por su capacidad para funcionar bien en equipo. En tanto estas cualidades personales suelen cimentar un sólido vínculo emocional, poco tienen que ver con el modo en que una pareja toma decisiones y cuida de los detalles esenciales de la vida de casados. Aun el cónyuge más agradable puede resultar deficiente en las aptitudes necesarias para enfrentar las obligaciones del matrimonio. Aquellas aptitudes que resultan ser cruciales para mantener una sociedad eficaz —definir problemas, negociar, asignar responsabilidades— a menudo tienen poca importancia en la atracción inicial de la pareja.

Una falta de las aptitudes necesarias y adecuadas actitudes debilita el funcionamiento de la relación, que debe ser fuerte si los cónyuges van a llevar a cabo los objetivos prácticos del matrimonio (cumplir con las necesidades diarias de subsistencia, mantenimiento de la casa, manejo de las finanzas, crianza de los hijos), tanto como los objetivos emocionales (disfrutar del tiempo libre, sexo, compartir experiencias). Todos estos propósitos requieren espíritu de cooperación, una planificación y toma de decisiones conjuntas, una división racional de labores y una eficiente continuidad.

Cuando las parejas son inexpertas y tienen pocos antecedentes en técnicas sociales, es probable que surjan desacuerdos respecto a políticas a seguir y a su ejecución. Estos desacuerdos conducen a choques y a la hostilidad, cuando ocurren en un ambiente de egocentrismo, parcialidad egoísta y competencia.

*Establecimiento de normas
y juicio sobre el cónyuge*

Incluso cuando los integrantes de la pareja quieren trabajar juntos, son capaces de juzgar uno al otro con más dureza que a cualquier otra persona en otras relaciones laborales. La tendencia a imponer normas más estrictas al cónyuge parece irónica cuando consideramos que el matrimonio concede a las personas la libertad de soltarse y exponer sus puntos vulnerables. Estas expectativas estrictas están disimuladas en frases características como: "Deberías saber" o "Debería ser evidente". Además, estas normas ocultas son particularmente importantes, como puede apreciarse en el siguiente diálogo entre Robert, que acaba de pintar algunas sillas, y Shelly, su esposa, quien le ha pedido que complete la tarea. En lugar de limpiar los pinceles enseguida, él los dejó en remojo en aguarrás, lo que molestó a Shelly. Ella había pasado un largo día atendiendo a niños pequeños en un centro asistencial diurno y tendía a ser muy sensible a cualquier señal de Robert, quien ganaba mucho más dinero que ella como funcionario de un banco, a cargo de préstamos, y que en verdad no respetaba lo que ella hacía, sintiéndose demasiado superior como para ayudar en la casa.

SHELLY: No terminaste el trabajo.
ROBERT: Hice para ti un trabajo tan bueno como lo hubiera hecho para cualquier otro.
SHELLY: [enojada] Pero yo no soy "cualquier otro".

Si bien Shelly tal vez no se hubiera enojado con un pintor que dejase los pinceles en remojo, interpretó la falta de Robert de no limpiarlo todo, como prueba de que no colaboraba en la debida medida. No era la acción específica, sino su *significado simbólico,* lo que molestó a Shelly. A raíz de los significados simbólicos que se atribuyen a faltas comunes como ser impuntual, un cónyuge puede darle gran significación a la falta de puntualidad de los demás: *"Puede haberle ocurrido algo a ella"* o *"Si a él en verdad le importaran mis sentimientos, hubiera sido puntual".* Temores o dudas como éstas, por lo común, se ocultan tras reacciones exageradas ante acontecimientos menores.

El impacto de los significados simbólicos podría ser sobreentendido si examinamos las disposiciones no verbalizadas del pacto matrimonial no escrito. En él, como en muchos otros pactos implícitos, en el trabajo o en organizaciones, existe un acuerdo tácito acerca de la índole de los objetivos y de los métodos para lograrlos (por ejemplo, formulación de políticas y asignación de tareas). Fuera de tener reglas vagamente definidas y disposiciones para llevar a cabo mandatos prácticos, el pacto matrimonial también contiene un conjunto de promesas y expectativas acerca del carácter de la relación (amor, atención, dedicación, lealtad, etcétera). Lo que complica el componente práctico del pacto es que el desempeño diario puede ser juzgado por su capacidad de satisfacer los valores y expectativas de las previsiones emocionales del pacto ("Tus intereses siempre estarán primero"), antes que por su capacidad para lograr resultados prácticos. Así, lo que puede ser considerado como un "descuido" de un pintor poco meticuloso, se convierte en una acusación de "deslealtad" o, posiblemente, "seria negligencia" del cónyuge.

Reitero, muchas parejas juzgan las acciones mutuas de acuerdo con los significados simbólicos y personales antes que por su importancia práctica. Así, oímos: "Todo el mundo tiene un trabajo que hacer, si mi marido no hace su trabajo en debida forma, es porque está tratando de salirse con la suya" o "Si mi esposa no hace su trabajo, eso demuestra que no se interesa en mí".

A causa de los *significados personales* que les asignan a las acciones mutuas, muy a menudo los cónyuges son menos tolerantes con los errores del compañero, de lo que lo son con las equivocaciones de otras personas. En tanto aceptan faltas del personal de servicio o colaboradores, consideran lo que hace su cónyuge como un reflejo de la relación matrimonial.

Estos defectos en las normas matrimoniales causan una serie de evaluaciones: ¿Es ella abnegada en verdad? ¿Tiene él derecho de conducirse de ese modo? Si él se equivoca en su trabajo, es malo. Si ella no colabora en la debida medida, es mala. Por ejemplo, si un marido sorprende a su mujer pasando por alto detalles importantes, siente indignación moral. Si una esposa sospecha que su marido elude sus deberes, siente una justa cólera.

La mayoría de las parejas no tienen conciencia de que se están justipreciando uno al otro de acuerdo con normas morales.

Es curioso que en sus propias reacciones se filtren juicios como los que tuvieron sus padres; consideran "malo" a un cónyuge errado, lo mismo que les decían sus padres, y responden de igual modo que lo hicieron sus progenitores: con castigo.

## *La intrusión de significados simbólicos*

Los significados simbólicos, el perfeccionismo y las evaluaciones morales componen en su mayoría las dificultades creadas por las comunicaciones pobres y las expectativas ocultas. El verdadero resultado es que los inconvenientes que la pareja podría resolver con facilidad en otro tipo de relaciones, en el matrimonio, están tan sobrecargados emocionalmente que el problema práctico no consigue solucionarse. Este terreno generador de conflictos conduce al enojo y a recriminaciones mutuas: "Ella no quiere escuchar mi opinión, sólo insiste en que lo haga a su manera. Si no lo hago, rezonga, rezonga, rezonga".

Los mecanismos diarios de vivir juntos asumen significados que van mucho más allá de las realidades superficiales. Una esposa evalúa las tareas domésticas que su marido hace en el hogar, por ejemplo, no sólo en términos de calidad, sino también en función de lo que eso revela, en su opinión, acerca de las actitudes y sentimientos hacia ella. Por ejemplo, en una consulta, Shelly dijo que estaba furiosa con Robert.

SHELLY: [sarcástica] Robert nunca atiende las cosas en debida forma. Algunos hombres estaban trabajando en el techo. Le pedí que viniera a casa para inspeccionarlo antes de que se fueran. No lo hizo. Siempre tiene tanta confianza en la gente.

ATB: ¿Qué pensó usted acerca de que no viniera a la casa a pesar de que se lo había pedido?

SHELLY: En verdad a él no le importa. Si yo le interesara, hubiera atendido estas cosas porque yo se lo pido.

ROBERT: Siempre me enloquece pidiéndome que haga cosas. Tengo que hacerlas a mi manera. Si ella tuviera confianza en mí, no me daría la lata todo el tiempo.

SHELLY: Si yo realmente te interesara, las harías porque yo las pido.

En realidad, Robert tenía confianza en los obreros pero, debido a una experiencia anterior, Shelly tenía sus razones para creer que éstos podían hacer un trabajo descuidado, a menos que se los controlara.

Es probable que ocurra un "choque de símbolos" cuando el mismo acontecimiento tiene significados diferentes y muy personales para cada uno de los integrantes de la pareja. Para Shelly, el hecho de que Robert acceda a sus deseos simboliza que él en verdad se interesa. Para Robert, que se lo reprenda acerca de los obreros simboliza que Shelly no le tiene confianza, por lo que debe intervenir en sus asuntos. Si Robert hubiera aceptado controlar el techo como ella le pidió, Shelly hubiera considerado esa aceptación como un símbolo positivo. Pero su respuesta le hizo sentirse desamparada y abandonada, y la posterior acusación: "rezonga, rezonga, rezonga" sólo exacerbó esos sentimientos. Para Robert, hacer cosas a su manera, sin interferencias, era un símbolo positivo; en cambio, verse obligado a obrar contra su buen juicio era negativo. Cuando Shelly "interfería", él sentía no sólo la falta de confianza de ella sino el deseo de controlarlo.

Personas como Shelly y Robert ingresan en el matrimonio con creencias arraigadas acerca del significado de ciertas actitudes que puedan o no asumir los cónyuges. Esas creencias los conducen a atribuirles a dichas actitudes un significado exagerado. Cuando las actitudes o acciones de un cónyuge adquieren una importancia que hace reaccionar al otro de modo exagerado, ese acto es símbolo de algunos valores guardados en lo más profundo del cónyuge que reacciona. Cuando, como en el caso de Robert y Shelly, una acción tiene significados simbólicos opuestos para cada uno de ellos, entonces es probable que se produzca un choque. Cuando estas discordias ocurren con frecuencia, tanto el trabajo común, como la relación en general se debilitan.

En este tipo de conflicto, es posible alguna solución si los miembros de la pareja pueden explicar objetivamente, en un momento en que ninguno esté enojado, cómo se sintió cada uno y cómo interpretó las acciones del otro. A medida que consideran la perspectiva de cada uno —a veces con considerable sorpresa—, el agravio simbólico y el rechazo se disipan y los dejan mejor preparados para acordar líneas de acción sobre cómo conducirse en ulteriores desacuerdos.

Después de haber podido percibir la controversia a través de los ojos de cada uno, Shelly y Robert pudieron llegar a un conjunto de principios operativos: Robert convino en explicar, antes de comenzar un proyecto, en qué consistía éste y a contestar cualquier pregunta que Shelly le formulara en su desarrollo; Shelly convino en preguntar e informar a Robert sobre cómo avanzaba el proyecto y en no indicarle lo que tenía que hacer. (Véanse capítulos 15 y 16 para mayor información acerca de cómo los miembros de la pareja pueden ocuparse juntos de solucionar conflictos.)

*Diferentes expectativas
acerca de los roles en la familia*

El ojo de la tormenta en muchas disputas matrimoniales se centraliza sobre las expectativas que los miembros de la pareja tienen acerca de los respectivos roles en la familia: qué significa ser una esposa o madre, marido o padre. A menudo la pareja tiene conceptos diferentes respecto del salario o gastos del ingreso familiar, función de los padres, actividades sociales y de esparcimiento y la distribución de las tareas en el hogar.

Las parejas inician el matrimonio con muchos proyectos preconcebidos sobre asuntos tanto prácticos como sentimentales. Esas expectativas tienen su origen en los comienzos de la vida, y están basadas en experiencias de la niñez. Un marido, por ejemplo, podrá formarse a semejanza de su propio padre y contar con que su esposa asuma el papel que tenía su madre. Por el contrario, si a él no le gustaba el comportamiento de sus padres, es posible que trate de actuar

modo diferente al de su padre o esperará que su mujer sea
diferente de su madre.

A menudo, al principio de la relación, las expectativas acerca de los aspectos prácticos están encubiertos por el aura del amor, sueños de felicidad permanente, emoción y romance. Como resultado, la pareja nunca se detiene a tratar asuntos prácticos hasta que éstos se convierten en problemas frustrantes. Con frecuencia, en este trance, afloran las verdaderas diferencias en sus expectativas.

CAMPOS DE CONFLICTO

Existen muchos aspectos en los cuales una pareja, no importa lo abnegada y amante que sea, puede tener desacuerdos que amenacen la relación. En las páginas que siguen, he seleccionado algunos de los aspectos más comunes que requieren colaboración para planificar, fijar políticas, tomar decisiones y llevarlas a cabo. Quedará claro cómo la comunicación deficiente, las rígidas esperanzas y la intrusión de significados simbólicos, todo conspira para romper la alianza matrimonial.

Con el objeto de precisar los problemas específicos que puede usted sufrir en su relación, le resultará útil examinar la lista de confrontaciones "Problemas en la relación" en las páginas 155-158. Contiene varios ítems que le permitirán enfocar las dificultades concretas que pueden remediarse, antes de atascarse en vagas generalidades como "Simplemente no podemos congeniar", "Nunca tomamos decisiones juntos" o "Tenemos diferencias irreconciliables".

## Calidad del tiempo en común

Aunque las parejas a menudo se quejan de que no pasan suficiente tiempo juntos, muchas veces comprobé que los problemas residen más en *cómo* pasan ese tiempo. Si bien las discusiones acaloradas pueden ser perjudiciales a la relación, lo que es aun más destructivo es que no pongan atención en complacerse el uno al otro en las comidas, fiestas o en el lecho.

Harriet y Len forman una pareja que nunca tuvo una discusión franca con respecto a qué esperaba cada uno del matrimonio; de esta manera, no podían ponerse de acuerdo sobre asuntos importantes como el tiempo que pasan juntos, el sexo o los acontecimientos sociales. Cuando se suscitaban conflictos, ambos reaccionaban poniendo todas sus energías al servicio de sus ocupaciones profesionales. Len era un cirujano ortopedista y Harriet, una diseñadora gráfica que también daba clases en una escuela superior de arte. En los primeros años del matrimonio, cuando estaban criando a su hija, parecían tener más cosas en común, pero después que ella inició sus estudios universitarios la relación comenzó a ir a la deriva. La consulta inicial conmigo se centró en este problema.

>LEN: Harriet nunca toma en cuenta mis sentimientos. Da sus clases sobre arte por la tarde y nunca tiene la cena lista a la hora debida. Cuando hace planes sociales, nunca invita a mis amigos. Sólo invita a sus amistades, quienes, dicho sea de paso, son muy aburridas. Además, nunca quiere sexo.

Len tenía un cierto molde en el cual quería encuadrar a Harriet. Específicamente, él había prefijado que ella debería:

— servirle la cena a la hora debida;
— proporcionarle una vida social entretenida;
— estar dispuesta para el sexo todas las veces que él lo quisiera.

Ahora escuchemos la otra parte:

HARRIET: Len siempre quiere que las cosas se hagan a su manera. El sabe que la clase es muy importante para mí, de modo que podría esperar hasta que yo regrese a casa o invitarme a comer afuera los días que doy clases... Es muy rutinario respecto a la relación sexual... Piensa que con sólo chasquear los dedos yo debería estar dispuesta. Durante la cena anuncia: "Esta noche tendremos sexo" y se enfrasca nuevamente en el periódico. A mí me gustaría un poco de romance, velas, música, ese tipo de cosas... Yo *he invitado* gente a casa pero él es muy criticón. Está molesto porque son mis amigos. Pero *él* no tiene amigos. De modo que dejé de invitar gente.

Harriet creía que un marido debía:

— comunicarse con ella en vez de enterrar su cabeza en el *Wall Street Journal* todo el tiempo;
— alentarla e interesarse en sus clases;
— pensar en sus necesidades sociales, por ejemplo, llevarla a cenar la noche en que tenía clase.

Aunque Harriet y Len estaban considerando una separación, no habían pensado con exactitud cuáles eran sus disgustos; nunca expresaban con claridad sus esperanzas. Su presunta incompatibilidad matrimonial era en realidad una combinación de deseos mal expresados y una falta de continuidad en los que éstos se manifestaban mediante quejas.

Sus dificultades podrían haberse mitigado, por ejemplo, si Harriet hubiera podido controlar a Len en su costumbre de leer el periódico durante el desayuno en lugar de dialogar con ella. Además, si ella le hubiera hecho saber que prefiere un enfoque más romántico para hacer el amor, es posible que él la hubiera complacido. Y Len podría haber ayudado, si fuera más explícito con respecto a sus deseos acerca de la vida social, en lugar de limitarse a criticar.

Sus problemas eran tan antiguos, que requerían consejo profesional para solucionarlos. Con un poco de mi ayuda, todavía era posible que ellos pudieran considerar los problemas de cada uno desde la perspectiva del otro. Len convino en leer el periódico en el trabajo, en lugar de hacerlo durante las comidas, y ser más romántico. También se pusieron de acuerdo para cenar juntos en casa o en un restaurante. Colaboraron en preparar una lista de personas a quienes ambos querían agasajar. Aun cuando estos cambios no lograron una relación perfecta, la hicieron más satisfactoria.

*División del trabajo*

Muchos matrimonios se ven atascados en conflictos acerca de quién debe atender cuáles obligaciones en la familia. Como los roles tradicionales se han vuelto confusos, hay menos precedentes para llegar a determinar los aspectos específicos de responsabilidad para cada cónyuge. Por tradición, el rol definido del marido era proveer el sustento de la familia, en tanto que la mujer atendía los quehaceres domésticos y el cuidado de los hijos. Cuando tanto el marido como la esposa trabajaban, ésta por lo general tenía doble trabajo, su empleo, más las tareas del hogar. La actual tendencia a compartir tanto los quehaceres domésticos como el sustento aportó mucho para forjar lazos más estrechos, pero también abrió nuevas posibilidades para los conflictos en campos en los cuales los roles son confusos.

A lo sumo, la división del trabajo es una fácil operación coordinada con el propósito de tener la tarea hecha. Pero las parejas que pierden de vista la perspectiva de los objetivos pueden malograrse al evaluar las contribuciones de cada uno. Lograr que el trabajo quede hecho se subordina a conceptos abstractos: equidad, igualdad, reciprocidad. Incluso cuando se logra el objetivo, los integrantes de la pareja pueden atascarse en mutuas recriminaciones en relación con sus contribuciones, cada uno en la creencia de que el otro violó el pacto matrimonial.

Una de las principales fuentes de esa fricción es el concepto de la equidad. Los cónyuges en un matrimonio en conflicto suelen, por ejemplo, declarar que hacen más de lo que les corresponde: discuten sobre quién debería hacer las compras o lavar los platos o acostar a los niños. Debajo de esta especie de disputa se oculta una mezcla de actitudes, intereses y temores que se filtran en el conflicto.

Marion, por ejemplo, había sufrido en silencio durante muchos años lo que ella percibía como dominación de David. En los primeros años, había tomado bajo su responsabilidad la crianza de los hijos y el gobierno de la casa, mientras que él había progresado en el ejercicio de su profesión como abogado hasta ascender al nivel de socio más antiguo en la empresa. El éxito de su marido intimidaba a Marion más de lo que la enorgullecía. Se sentía ineficaz, y pensaba que así también la consideraba David, en parte, tal vez, porque así era como se había sentido su madre en el matrimonio. Ella creía que en el rol que él mismo se había asignado, como "Señor feudal", tenía derecho a manejarla de un lado para otro y ella no tenía otra alternativa que someterse a sus deseos por temor a provocar su ira. Esto significaba tener siempre preparado para la cena lo que él quería comer, mantener en silencio a los niños cuando él estaba en la casa y planificar acontecimientos sociales con personas que eran del agrado de él. En el trasfondo existía un gran miedo: si ella disgustase a David, él la dejaría y ella tendría que trabajar para mantener a los hijos y a sí misma. Si bien este temor era descabellado, nunca pensó ponerlo en tela de juicio.

En la época en que el hijo menor ingresó en la escuela, Marion concretó una antigua ambición, volver a la facultad para obtener un título y después, un trabajo remunerado. Cuando empezó a ganar un salario, comenzó a considerar su relación con David desde una perspectiva diferente. Decidió que no le permitiría más que la tiranizara. El tendría que avenirse a cambiar su rol en la familia y compartir las tareas domésticas.

Como resultado, David aceptó el nuevo rol con algo de disensión. Marion sin embargo, no confiaba en su aparente complacencia y constantemente estaba esperando pillarle en señales de desatención o engaño. Su anterior susceptibilidad a ser dominada por él, fue reemplazada por la susceptibilidad a ser "usada"; un miedo a que, de alguna manera, una vez más se aprovechara de ella en forma injusta.

Su extremada vigilancia previniendo el "engaño" de David, desembocó en un acceso de ira. Al día siguiente de haber dado una gran fiesta, Marion pidió a David que, mientras ella estaba fuera, sacara los muebles y limpiara la sala y el comedor; David estuvo de acuerdo. Cuando Marion regresó, descubrió que David había reclutado a dos de sus hijos para que lo ayudaran a hacer el trabajo y eso la enfureció. El convenio, como lo había interpretado ella, era que *él* hiciera el trabajo y no que lo compartiera. Después, ella descubrió que si bien habían limpiado —superficialmente— estas habitaciones y puesto en orden los muebles, no habían pasado la aspiradora al piso ni sacudido el polvo de los muebles. Marion se enojó; para ella esta "negligencia" simbolizaba que David "trataba de salirse con la suya". Luego se enzarzaron en una acalorada discusión sobre si su criterio de limpiar la casa daba lugar al reclutamiento de los niños y si incluía pasarle la aspiradora al piso y sacudir el polvo de los muebles.

Aunque frases tales como *limpiar completamente* están a menudo poco definidas, el verdadero problema en este caso era el viejo resentimiento de Marion por la falta de equidad durante sus primeros años de matrimonio y su resolución de que "nunca más se aprovecharan de ella". La intrusión de estos pasados males y presentes sensibilidades —y no la cuestión de asignar quehaceres— socavó la colaboración en el trabajo. Ella la percibía no como un esfuerzo conjunto, sino como una lucha para impedir que David tuviese mano izquierda y eludiera sus responsabilidades.

En casos como éste, para manejar el problema de la distribución de los quehaceres domésticos se pueden aplicar una serie de soluciones prácticas. El asesoramiento capacitó a Marion para disminuir su insistencia obsesiva en el sólo propósito de la equidad e igualdad y adoptar una actitud más flexible hacia la sociedad, apartarse de pensar en términos de "me" para pensar en términos de "nos". Marion tuvo que reconsiderar su perspectiva sobre David, para concebirlo como era *ahora,* no como había sido durante los primeros años. Al mismo tiempo, David tenía que demostrar su esfuerzo de buena fe para realizar sus quehaceres y eludir una salida fácil.

## *Crianza de los hijos*

Muchas de las actitudes que orientan a las personas en la crianza de los hijos fueron adquiridas mucho tiempo antes por el modo en que ellas mismas fueron tratadas como hijos. Algunas personas siguen los ejemplos de sus padres, mientras otras repudian las prácticas de los suyos. En cualquiera de las dos maneras, están bajo la influencia positiva o negativa de su propia crianza.

Aun cuando Mary y Frank trabajaban muy bien juntos atendiendo la farmacia del vecindario que él había heredado de sus padres, tenían un serio conflicto en cuanto a la disciplina de su hijo adolescente Stan. Mary consideraba a Stan perezoso, inmoderado e irresponsable. Pensaba que los amigos de su hijo ejercían una mala influencia sobre él y no aprobaba su manera de vestir y la indiferente actitud que adoptaban hacia el colegio. Creía que Stan debía esforzarse más en la escuela, ya que tenía una "capacidad tan grande". Stan no hacía caso a las lisonjas y exigencias de su madre de que trabajara más y buscara otras amistades. Tenían frecuentes disputas.

Frank percibía a Stan de un modo distinto. Admiraba el modo despreocupado e indolente de Stan, su actitud alegre y su simpatía. Frank consideraba a los amigos de Stan como amantes de la diversión, que adoptaban la actitud de "ya que eres joven sólo una vez, debes disfrutarlo".

En contraste con Mary, que insistía en más disciplina, Frank abogaba por una política de no intervención. Su mayor preocupación consistía en que Stan era tímido en situaciones sociales e inhibido en presencia de adultos, en especial profesores.

Los padres de Stan no sólo no estaban de acuerdo en los métodos de imponerle disciplina, sino que percibían de modo diferente lo que él hacía. Estos puntos de vista divergentes acerca de la conducta de los hijos a menudo les crean conflictos a ellos mismos. Mary culpaba a Frank de ignorar las dificultades del hijo y lo acusaba de ser un padre despreocupado. Frank pensaba que Mary pasaba por alto muchas buenas cualidades de Stan y que era demasiado autoritaria. Los padres habían llegado a un callejón sin salida y, en consecuencia, las percepciones de cada uno de ellos se hicieron cada vez más negativas. Mary consideraba a Frank negligente e irresponsable; Frank veía a Mary como una "mujer ogro".

Para comprender el conflicto entre Mary y Frank, tenemos que examinar con más detalle sus preocupaciones. Para Mary, lo esencial del problema era un *miedo encubierto,* es decir, que su hijo pudiera enredarse en serios problemas. Aunque no tenía plena conciencia del miedo, se sentía impulsada a tratarlo de tal modo, para evitar el peligro que ella temía. Cuando Stan no respondía a ese trato, su madre comenzaba a considerarlo de un modo aún más negativo, no sólo como débil y pasota, sino también como terco y rebelde. A consecuencia de su frustración, Mary se encolerizó y se hizo aun más estricta con Stan. Sus esfuerzos para obtener cooperación fueron contraproducentes, y condujeron a una obstinada oposición de Stan.

Los padres mejor intencionados pueden sabotear sus propios esfuerzos al tratar de corregir ciertos problemas de sus hijos con demasiada severidad. Podemos apreciar esa cadena con Mary y Stan: desde el miedo encubierto a una excesiva disciplina, de la frustración a la cólera. Pero, ante todo, ¿cómo podemos explicar el miedo?

Para entender las reacciones de Mary necesitamos escudriñar en su propia historia. Los padres de Mary eran flemáticos y le permitieron desatender sus estudios. No le fue demasiado bien en el nivel secundario como para seguir estudios universitarios. Mary a menudo pensaba que, si sus padres la hubiesen presionado algo más, le habría ido mejor en el colegio. Sin embargo, el hecho más significativo era que su hermano menor había tenido una serie de contratiempos con la ley durante su adolescencia, primero al ser multado por infracciones de tránsito y luego al ser arrestado por la posesión de una gran cantidad de marihuana. Ella culpaba a sus padres por los inconvenientes de su hermano y los atribuía a la indiferencia en su educación. Aunque finalmente el hermano de Mary se rehabilitó, cada vez que lo visitaba resurgía el recuerdo de este secreto de familia. En esas ocasiones, temía que Stan pudiera caer en el mismo esquema y renovaba su resolución de apretarle los tornillos.

Frank provenía de una familia con una formación diferente. Sus padres ejercieron sobre él una disciplina rigurosa y él creía que su severa educación había fomentado sus inhibiciones y ansiedad en presencia de la autoridad. Frank resolvió a temprana edad que si tenía un hijo, lo trataría de modo diferente; deseaba que fuera libre y desinhibido y decidió que esto se lograría mejor "dándole tanta libertad como fuera posible". La mayor preocupación de Frank era que la opresión ejercida por Mary podría formar al hijo en el mismo molde que lo había formado a él.

Podemos apreciar en ambos padres una progresión que va desde el miedo (que se origina en las experiencias de niñez) hasta las medidas adoptadas para reducirlo y, por último, a la ira producida por la frustración. Los puntos de vista sobre Stan, por parte de los padres, estaban influidos por temores personales: los de Mary, de que el hijo fuera débil y rebelde; los de Frank, de que fuera débil e inhibido. Las teorías sobre la crianza de los hijos, autoritarias *versus* «laissez-faire», se originaron en esos temores. Sus conflictivas opiniones sobre el hijo enfadaron a cada uno y los condujeron a considerarse mutuamente de un modo negativo, lo que además intensificó el conflicto respecto de Stan.

Un factor común en la angustia de los padres es la duda encubierta. Una madre, por ejemplo, duda de que sea una buena madre. Su duda acerca de sí misma la conduce a la idea de que es un fracaso como madre. En tal caso, cuando su hijo/a se porta mal, la madre reacciona de modo exagerado, con excesiva ira.

Oculto entre el mal comportamiento de la criatura y la exagerada reacción de la madre, hay otro "hecho", o sea, el pensamiento automático *"Su mal comportamiento es mi culpa. Le he fallado"*. Estas dudas sobre sí misma la impulsan a *demostrarse* que es una buena madre. Impone normas a la criatura para promover la "buena" imagen y evitar la mala.

Cuando su hijo/a no vive de conformidad con las reglas, de nuevo se ve amenazada por dudas sobre sí misma y se desquita con el hijo como medio para forzarlo a que sea bueno. Si, en ese momento, su esposo la increpa por ser demasiado dura, de nuevo aflora el temor de ser una mala madre, que puede intentar disipar atacando a su marido.

Puesto que el mutuo antagonismo con frecuencia surge por temor a malcriar o descuidar al hijo/a, hacerle un daño irreparable, o por tener dudas sobre la capacidad de uno mismo como progenitor, es importante para los padres afligidos buscar, tras la ira, la presencia de esos temores o dudas. La simple exposición de los miedos, puede aflojar la tensión; además, una discusión sobre el tema con el cónyuge puede ayudar a evaluar si existe alguna base para ello. Si la hay, la ayuda del cónyuge puede conducir a una acción constructiva conjunta.

## *Relación sexual*

Aunque algunas veces se hace alarde de la unión sexual como la cima de la sociedad conyugal, a menudo se deshace en un mar de lágrimas o se quiebra en un acceso de ira. En ningún otro aspecto de una relación íntima son más activos los significados simbólicos y contribuyen a la ansiedad, la desilusión y el enojo. Una esposa, por ejemplo, puede sentirse contrariada por no satisfacer a su marido. Puede preocuparse por no complacerlo al no querer tener relaciones con tanta frecuencia como él desea, y puede tener la creencia (algunas veces reforzada por el marido) de que es sexualmente inadecuada. Un marido, a su vez, puede preocuparse porque su capacidad sexual está disminuida y porque su mujer menoscaba su virilidad. Esta preocupación sobre su habilidad en este terreno puede conducir a una disfunción sexual.

Los problemas característicos se centran sobre la frecuencia, oportunidad y calidad sexual. Cada uno de éstos contiene —y a su vez está afectado por— significados simbólicos. Maridos y esposas a menudo difieren respecto de la frecuencia y del momento en que se han de tener relaciones sexuales. La frecuencia y el momento adecuado pueden tener fuerte significado simbólico. "Tener relación sexual cuando lo quiero" puede significar, para el marido, ser amado, mientras que para la esposa, "brindarle sexo cuando él lo quiere" puede significar estar dominada o ser usada por él. Insistir en la relación sexual con más frecuencia de lo que el otro cónyuge desea puede sugerir las mismas expectativas exigentes y la expresión de derecho que ya discutimos con anterioridad acerca de las interacciones diarias. Un cónyuge (Len, por ejemplo) creerá que tiene derecho a tener relación sexual cuando lo pida, en tanto su mujer (Harriet) quizás espere manifestaciones preliminares de afecto y ternura.

A menudo, el sexo implica orgullo. El concepto de una esposa sobre su femineidad y la opinión de un marido sobre su masculinidad muchas veces dependen de lo receptivo que sea el cónyuge. Una esposa, casi siempre, se sentía abrumada cada vez que su marido rechazaba sus insinuaciones. Siempre se había enorgullecido de ser sexualmente atractiva para los hombres, y la aparente indiferencia de su marido era considerada como un agravio. Un marido se sentía exasperado por la falta de entusiasmo de su mujer por el sexo y la insensibilidad demostrada por ella durante el acto sexual. Para él, ese comportamiento le sugería que "no era un hombre".

El exceso de significados perjudica la situación de ambos. La sensación de intimidad, una aceptación total y el placer recíproco pueden servir para conectar a una pareja; la disminución del sentimiento amoroso, de la intimidad y de la aceptación pueden debilitar la pasión. Si el deseo sexual —

y, por consiguiente, la actividad sexual— decae, el mensaje simbólico se interpretará como una pérdida de intimidad y amor. Esto establece un círculo vicioso: una pérdida de sentimientos recíprocos conduce a una disminución de la atracción sexual y de la satisfacción, lo que además socava la reciprocidad.

El capítulo 18 trata el problema sobre qué hacer respecto a las desavenencias sexuales. Por ahora, sin embargo, los cónyuges pueden comenzar a pensar acerca de los exagerados epítetos que aplican —tales como "obsesivo sexual", "frígida", "desconsiderado", "indiferente"— cuando la frecuencia, el tiempo o la calidad del sexo resulta decepcionante. Cuando las cosas se calmen, pueden evaluar la validez de esos epítetos y de pensamientos como "Ella usa el sexo como un arma" o "Eso es lo único que le interesa".

## Problemas de presupuesto

El presupuesto de la familia es un aspecto en el cual, a raíz del interés común que representa la estabilidad financiera, se esperaría la cooperación de la pareja. Uno puede imaginar que confeccionar el presupuesto podría ayudar a unir a la pareja, dada la necesidad de trabajar juntos, mancomunar los recursos para las necesidades básicas de la vida y gozar de los frutos de sus trabajos. Pero aquí, también, lo que puede unir a una pareja en una tarea conjunta a menudo sirve para separarla.

Cuando observamos la forma en que las parejas gastan su dinero, demasiado a menudo percibimos cómo ponen de manifiesto su derecho, la preocupación por la equidad, el control y la competencia y otros tipos de significados simbólicos que subvierten las actividades conjuntas. ¡Cuántas parejas han pasado tediosas horas preparando un presupuesto detallado sólo para descubrir que uno de los cónyuges gastó todo en una parranda! Se comprende que el otro cónyuge reaccione consternado e indignado. Este hecho común desintegrador sucede cuando un cónyuge, por lo general el principal productor de ingresos, trata de controlar al otro por medio del racionamiento de la asignación; el otro cónyuge se rebela contra el control, gastando en exceso.

Otro tipo de problema surge cuando ninguno de los cónyuges tiene capacidad para los negocios. Administrar las finanzas de la familia es como manejar un pequeño negocio, y los socios necesitan trabajar juntos para hacer proyectos con su ingreso disponible. Necesitan clasificar los gastos para los artículos de primera necesidad y convenir qué extras se pueden dedicar a agasajos, recreación, vacaciones, así como para ahorros.

Por desgracia, el gasto extra entra en un juego de toma y daca que socava el presupuesto. Harriet se anota en una serie de clases carísimas sobre arte, entonces Ken se desquita encargando un cajón de Scotch añejo de diez años.

Los cónyuges deben admitir cómo utilizan los presupuestos y el dinero para limitarse mutuamente, desafiarse y castigarse uno al otro. Resolver los significados tras estas luchas de poder económico —crimen y castigo— entraña la aplicación de una serie de técnicas, que se considerarán en capítulos posteriores.

## Problemas con parientes políticos

El total interés emocional de un cónyuge en su familia de origen puede causar tirantez en la relación matrimonial, y el otro cónyuge puede ofenderse por la atención que se presta a los padres o hermanos del otro miembro de la pareja. Este problema era motivo de exacerbación para una pareja que me consultó, porque la familia del esposo vivía a sólo unos pocos kilómetros, en tanto que los padres de la mujer pasaban casi todo el año en su propiedad de Florida. Helene describió la situación del siguiente modo:

> El parecía creer que el mundo giraba alrededor de su familia. Insistía en ir a la casa de sus padres todos los

domingos. Nunca me preguntaba si yo quería ir. *Daba por sentado* que yo iría. Una vez allí, me ignoraba por completo, como si yo fuera una pieza del mobiliario. Si yo decía algo, me atravesaba con una mirada fija y penetrante como si no estuviera allí. Si decía que no quería ir, se ponía furioso.

Al escuchar los relatos de Helene y de su marido Herbert, me pregunté si estaban refiriéndose a las mismas circunstancias. Herbert dio una versión totalmente diferente de la controversia.

> Helene nunca quería visitar a mis padres. Ella se sentía agraviada por mi madre y yo siempre tenía que persuadirla para visitarlos. Cuando iba, solía hacer observaciones mordaces. Así es que aprendí a ignorarlas. Siempre puse a Helene en primer término. Sólo quería ver a mis padres de cuando en cuando.

Cada cónyuge adolecía de una visión unidireccional. Ninguno de los dos consideraba la situación desde la perspectiva del otro. En función de la toma de decisiones, Herbert se equivocaba al tomar la resolución unilateral de visitar a sus padres. Pero Helene no tenía razón en suponer que la insistencia de él en ver a sus padres significaba que ella era menos importante que los progenitores de Herbert. Cuando él se dio cuenta de que el fundamento de la resistencia de Helene no era "emperramiento", se sintió complacido.

Por supuesto, los mismos padres pueden causar y causan problemas a sus hijos casados. A ellos también puede tocarles ser víctimas del mismo sentimiento de injusticia, de generalización y de pensamiento simbólico, tal como les ocurre a sus hijos casados. Por ejemplo, a la madre de Cal le gustaba visitar a Gail y a él periódicamente, pero por lo común solía llegar cuando ambos estaban en el trabajo. Para la madre de Cal era de gran importancia simbólica que uno de ellos estuviera en la casa para abrirle la puerta y acogerla. Desde un punto de vista práctico, sin embargo, hubiera sido fácil para ella entrar sola en la casa. Pero dado el significado simbólico, interpretaba que eso era señal de que "nadie se preocupa por mí", queja que hacía sentir a Cal y a Gail una mezcla de culpa y enojo.

Así, vemos el poder oculto de los símbolos: cuando alguien saca precipitadamente una conclusión personalizada, generalizada en exceso, es una señal de que se violó una expectativa simbólica de profundo valor.

El problema con la madre de Cal, por supuesto, producía un choque entre éste y Gail: ¿Quién debería ir a casa para dejar entrar a la madre de Cal? El insistía en que debía ser Gail, ya que su horario era más flexible que el suyo. Gail opinaba que debía ser Cal porque se trataba de su madre.

Desde sus personales puntos de referencia, ambos tenían razón; sin embargo, como pareja, no hubiera sido constructivo tomar posiciones basándose sólo en sus propios puntos de vista. Para actuar como equipo, ambos tenían que incorporar la opinión del otro dentro de su propia perspectiva. Por consiguiente, la decisión final puede resultar de una perspectiva conjunta, en la cual ellos consideren las ventajas de una acción en particular, ya que afecta más al *equipo* que a lo individual. Como verdadera agente de bienes raíces que era, Gail podía encontrar fácilmente tiempo para llegarse a la casa por unos minutos, en tanto que el trabajo de Cal, como químico en un gran laboratorio de productos medicinales, le dejaba muy poco tiempo libre. Ya era más fácil para Gail ausentarse del trabajo, una solución en este caso, sería que ella fuera a la casa. A veces le hubiera venido bien a Cal ser el incomodado.

El sacrificio y la inconveniencia resultantes son con mucho preferibles al trastorno y daño que se causa a la relación cuando la pareja deja que problemas como éstos se conviertan en fuente de fricción.

La siguiente lista de confrontaciones detalla algunos de los aspectos en los cuales es importante la coordinación entre los cónyuges. Si tiene problemas en algunas de ellas, la lista le ayudará a ser más específico para determinar puntos de fricción y debilidades. De esta manera, *podrá transformar las quejas generales en problemas específicos, solubles*. También puede usar la lista de confrontaciones como una tarjeta de puntuación para documentar las mejoras en su relación.

*Problemas en la relación*

En la columna de la izquierda, califique los siguientes puntos de acuerdo con su frecuencia:

(0) *no ocurre*  (1) *raramente*  (2) *algunas veces*
(3) *con frecuencia*  (4) *siempre*

En la columna de la derecha, controle si considera ese punto un problema.

*Toma de decisiones*

Cuando tenemos que discutir un problema o tomar una decisión:

*Esto es un problema*

_____ 1) No estamos de acuerdo.  _____

_____ 2) Mi pareja se enoja.  _____

_____ 3) Yo me enojo.  _____

_____ 4) Yo cedo.  _____

_____ 5) Mi cónyuge cede.  _____

_____ 6) No transigimos.  _____

_____ 7) Yo tomo las decisiones.  _____

_____ 8) Mi cónyuge toma las decisiones.  _____

_____ 9) Evitamos tomar decisiones.  _____

_____ 10) Me siento ofendido.  _____

_____ 11) Mi cónyuge se siente ofendido.  _____

_____ 12) Discutimos sobre cosas triviales.  _____

*Finanzas*  *Esto es un problema*

_____ 1) Mi cónyuge gasta en exceso.  _____

_____ 2) Mi cónyuge no quiere gastar.  _____

_____ 3) Mi cónyuge regatea mis gastos.  _____

_____ 4) No tenemos plan alguno acerca de los gastos mensuales.  _____

_____ 5) No tenemos acuerdo acerca de ahorros.  _____

_____ 6) No entendemos en qué se va el dinero.  _____

_____ 7) Mi cónyuge encubre las deudas o en qué se gasta el dinero.  _____

_____ 8) No tenemos acuerdo acerca de fijar prioridades.  _____

_____ 9) No tenemos responsabilidad para los gastos.  _____

*Relaciones sexuales*  *Esto es un problema*

_____ 1) Mi cónyuge tiene más interés en el sexo que yo.  _____

_____  2) Mi cónyuge tiene menos interés en el sexo que yo.  _____

_____  3) Me resulta difícil hablar con mi cónyuge sobre sexo.  _____

_____  4) Nuestra relación sexual no es satisfactoria.  _____

_____  5) Soy renuente a portarme afectuosamente porque mi cónyuge se pone demasiado
_____     amoroso.  _____

_____  6) Diferimos acerca de la clase de sexo que cada uno prefiere.  _____

_____  7) Mi cónyuge hace uso del sexo para controlarme o castigarme.  _____

_____  8) Mi cónyuge se interesa demasiado en el sexo.  _____

_____  9) Mi cónyuge no es sensible a mis deseos sexuales.  _____

_____ 10) No estamos de acuerdo sobre el control de natalidad.  _____

*Recreación y actividades en horas libres*   *Esto es un problema*

_____  1) No pasamos tanto tiempo libre juntos como quisiéramos.  _____

_____  2) Mi pareja emplea demasiado tiempo en su propia actividad de horas libres.  _____

_____  3) Mi pareja no tiene tiempo o energía para actividades en horas libres.  _____

_____  4) Mi pareja no puede disfrutar conmigo de la diversión.  _____

_____ 5) Me siento forzado a hacer cosas que preferiría no hacer. _____

_____ 6) No nos gustan las mismas actividades. _____

_____ 7) Mi pareja no tiene suficientes 'hobbies' o intereses recreativos. _____

_____ 8) No hay equilibrio entre el tiempo recreativo que pasamos juntos o separados. _____

_____ 9) Mi pareja no tiene equilibrio entre trabajo y recreación. _____

_____ 10) Tenemos diferentes ideas acerca de lo que constituye diversión. _____

# 7
# Pensamientos no expresados: el ojo de la tormenta

- Una esposa se enojó con su marido cuando éste llegó más pronto que de costumbre a casa. Al saludarla con entusiasmo, ella lo miró fija y penetrantemente.

- Un esposo se disgustó con su mujer cuando ésta le dijo que había devuelto a la biblioteca los libros que él había retirado y que tenían fecha vencida.

- Una mujer se enfureció con su marido cuando éste se jactó ante sus amigos de lo buena cocinera que era ella.

En cada caso, una acción positiva de un cónyuge provocó enojo en el otro. ¿Por qué? Las personas disgustadas se sorprendieron de sus propias reacciones. Sus parejas, confundidas, habían esperado una muestra de aprecio, no un ataque. Puesto que los cónyuges enojados recibían terapia cognitiva, sabían cómo conducirse para interpretar los significados simbólicos de los hechos. Con un cuidadoso examen, cada uno pudo recordar ciertos pensamientos provocados por la buena intención de los demás. Estos pensamientos eran tan fugaces que, sin práctica, los cónyuges enfadados no los hubieran podido captar.

- La mujer cuyo esposo regresó temprano a la casa pensó: *"¿Por qué ha venido a casa tan temprano? ¿Trata de controlarme?"*

- El marido cuya esposa devolvió los libros a la biblioteca, pensó: *"Ella trata de ponerme en evidencia. Quiere demostrarme que se ocupa de las cosas mejor que yo".*

- La mujer cuyo marido le elogió sus conocimientos culinarios pensó: *"¿Por qué tiene que jactarse de cómo cocino? Nuestros amigos han de pensar que busca cumplidos para mí".*

Semejantes reacciones confusas se aclaran en cuanto comenzamos a detectar estos pensamientos fugaces. Una vez que podemos sintonizar nuestros pensamientos automáticos —nuestro monólogo interno— entendemos mejor *cómo reaccionamos* y *por qué reaccionamos de modo exagerado.*

A primera vista, parece que *lo que hacen los otros* nos conduce a tener reacciones de enojo, ansiedad, tristeza y similares. Decimos (o al menos pensamos) cosas como "Me enojas" o "Me pones nervioso". Pero estas declaraciones no son estrictamente exactas. Son verdaderas sólo en el sentido de que no experimentaríamos la emoción específica (enojo, ansiedad, tristeza) si la otra persona no hubiera obrado de esa manera. Pero las acciones de las personas sólo representan hechos que interpretamos. *Nuestra reacción es la consecuencia de nuestra interpretación, más que del acto en sí mismo.*

Si no interpretáramos primero lo que sucede, nuestras reacciones serían caóticas. Según las circunstancias, por ejemplo, un puño levantado puede representar una amenaza, un llamado a la solidaridad, o un ademán de éxito. La manera en que desciframos este acto le otorga el significado apropiado —o impropio—. Sin embargo, a causa de las imperfecciones que surgen de los prejuicios, la inadecuada atención, la fatiga, y similares, con demasiada facilidad interpretamos mal los móviles de otras personas y reaccionamos así de manera impropia o incluso de modo destructivo. Esas malas interpretaciones son en particular comunes en relaciones estrechas.

Pero quizá comprendamos nuestras malas interpretaciones a medida que ocurren, al enfocar nuestros pensamientos automáticos. Una vez preparados para identificar estos pensamientos, podemos estudiarlos y corregirlos si no son realistas.

Dado que la clasificación automática se verifica demasiado rápido, una esposa, por ejemplo, puede tener conciencia sólo de un sentimiento de ofensa infligido por el marido y quizá de una imagen fugaz y vaga de él. La crítica subsiguiente tal vez refleje menos la "ofensa" real tanto como su reacción frente a ella —su deseo de atacar—, que su razón para atacar. Para descubrir el verdadero significado de la "ofensa", ella deberá señalar con precisión su interpretación automática.

Para comprender por qué se está enojado, por lo común es sólo necesario captar el pensamiento automático, que con frecuencia lo dice todo y revela qué significación en verdad tiene para uno el suceso. Por ejemplo, el denominador común en los pensamientos automáticos mencionados en la página 159 es la sensación del cónyuge de estar equivocado de alguna manera.

- El ama de casa se sintió acosada por el aparente control de su marido.

- En el incidente de la biblioteca, el marido se sintió agraviado porque su mujer quiso "ponerlo en evidencia".

- La esposa enojada pensó que los elogios de su marido implicaban una desvalorización de todas sus otras aptitudes, excepto su habilidad culinaria.

A lo largo de la terapia, descubrimos en ocasiones que el pensamiento automático más evidente no lo dice todo: todavía hay otro significado oculto que incita el pensamiento indignado más evidente, y este significado sutil, por lo común, implica una amenaza que suscita un sentimiento doloroso como ansiedad u ofensa. Esos significados ocultos son los descritos con anterioridad como miedos ocultos.

El pensamiento encubierto y el sentimiento asociado, la

ofensa o ansiedad, son rápidamente alcanzados por pensamientos hostiles más evidentes que enmascaran la ofensa original. En los ejemplos que anteceden, el pensamiento indignado de un cónyuge —*"¿Trata de controlarme?"*— desplazó un pensamiento anterior que producía ansiedad *"Me criticará porque la casa está en desorden"*. Rotulé este pensamiento no expresado como "pensamiento amenaza" y hay uno oculto detrás de cada pensamiento fugaz indignado, generador de enojo. A menos que las personas se preparen, es probable que no comprendan este pensamiento que provee la verdadera clave del enojo.

- El primer pensamiento amenaza de la esposa fue: *"Comprobará que todavía no hice las tareas domésticas y me criticará"*.

- El pensamiento amenaza del marido fue *"No confía en mí, por eso devolvió los libros"*.

- La segunda esposa tuvo un pensamiento amenaza en primer término: *"Ellos creerán que él piensa que no sirvo para nada más que para cocinar"*.

La relación entre la situación y los pensamientos secundario (enojo) y primario (temeroso) se resume del siguiente modo:

| *Situación que conduce al enojo* | *Pensamiento automático secundario obvio (enojo)* | *Pensamiento automático primario sutil (temeroso)* |
|---|---|---|
| El marido regresa temprano a la casa. | ¿Trata él de controlarme? | El se pondrá a criticar porque la casa está en desorden. |

162

| | | |
|---|---|---|
| La esposa devuelve los libros a la biblioteca. | Ella trata de ponerme en evidencia. | No confía en mí. |
| El esposo se jacta de cómo cocina su mujer. | El busca cumplidos. | Ellos pensarán que es para lo único que sirvo. |

El denominador común en estas situaciones es el siguiente: los cónyuges creyeron que su imagen pública podría verse amenazada al quedar al descubierto alguna debilidad, verdadera o imaginaria; esas presuntas amenazas los afligieron y los condujeron a la idea de ser agraviados y al deseo de castigar a su pareja.

Por lo general, se puede determinar un pensamiento automático mediante la técnica de "llenar el espacio en blanco": observe su enojo y luego reflexione sobre lo que pasó por su mente durante el intervalo comprendido entre lo que causó el suceso y el enojo en sí, como si fuera la repetición inmediata de una jugada del partido de fútbol por televisión.

Los pensamientos automáticos pueden concebirse con palabras, con imágenes, o con ambas.

Mientras esperaba a Karen, Ted tuvo el pensamiento automático *"Pudo haberle pasado algo a ella"* y mentalmente se la imaginó muerta en un accidente automovilístico. Karen, consciente de su tardanza, se imaginó a Ted con la cara colorada y con ojos desorbitados, vociferándole.

Los pensamientos automáticos son similares a lo que Freud denominó "pensamiento preconsciente". Albert Ellis se refiere a ellos como "autodeclaraciones". Los pensamientos automáticos son breves estallidos al borde de la conciencia. Aunque su rapidez nos ayuda a sacudirnos para la acción, su brevedad hace difícil identificarlos. Una vez que nuestro enojo explota, comenzamos a atacar y ya no recordamos el pensamiento automático que nos encolerizó. En cambio, enfocamos nuestra atención en el ataque.

El contenido del pensamiento automático por lo general

está condensado, así que una idea tal como *"El se esfuerza en ponerme en evidencia ante toda esa gente"* puede abreviarse en una especie de taquigrafía: *"Esfuerza... ponerme en evidencia... gente".* No obstante, cuando las personas captan sus pensamientos automáticos pueden reconstruir la frase completa. Una sucesión de pensamientos automáticos constituye un monólogo íntimo.

Martin, un hombre grande, fornido, con aspecto de confianza en sí mismo (astro de fútbol en la universidad), era en extremo sensible a cualquier aparente desaire de parte de su mujer o colaboradores, y le resultaba difícil entender y controlar sus repentinos estallidos de enojo. En una ocasión tuvo, según parece, un repentino estallido de enojo y con posterioridad, en diversas oportunidades, pudo captar el pensamiento automático que vinculaba el suceso al enojo: había aprendido a llenar el espacio en blanco. En cada caso, Martin se sintió ofendido, pero no conocía la razón hasta que recordó la acción y captó el pensamiento automático.

En una oportunidad, se enfureció cuando su esposa —Melanie— no respondió a sus proposiciones de conciliación después de una disputa sobre el dinero que debía dedicarse para gastos de sus dos hijos en la universidad. Su pensamiento automático (primario) fue *"Me trata con frialdad".* Ese pensamiento produjo en él una ofensa transitoria seguida de una explicación sobre el motivo de su mujer: *"Trata de castigarme"* (pensamiento secundario). Al atribuirle a ella un móvil hostil, causó su propia ira.

En otra oportunidad, Melanie salió sin dejarle una nota. Martin se ofendió y después se enfadó y quiso reprochárselo a ella. Su penoso pensamiento automático había sido *"No tiene interés en mí",* que de inmediato fue reemplazado por *"Es desconsiderada",* lo que condujo al enojo.

En otra ocasión más, Melanie interrumpió a Martin mientras conversaba con un grupo de amigos y él sintió una ola de cólera. Su doloroso pensamiento automático primario fue *"Ella no cree que yo tenga nada que aportar".* Su pensamiento automático secundario fue *"Ella siempre trata de hacerme callar. Tiene necesidad de humillarme".*

En cada caso, una secuencia de pensamientos intervino entre las acciones de su mujer y su arrebato emocional de cólera. Pero una vez que Martin identificó los pensamientos automáticos primario y secundario, comprendió la verdadera fuente de su enojo. Eso es especialmente importante en los malentendidos conyugales, porque un pensamiento automático puede corregirse si es inapropiado o erróneo y, una vez corregido, el enojo que causó, por lo general desaparece.

Por supuesto, dado que esos pensamientos ocurren con tanta rapidez, es posible que uno no sepa captarlos, a menos que estemos preparados, y una vez que se sabe identificar los pensamientos automáticos, éstos al principio, pueden parecer muy plausibles. Sólo después que uno comienza a considerar la prueba puede decirse si son exagerados, prejuiciosos y equivocados, o razonables y realistas. Con frecuencia, las personas suponen al comienzo que sus pensamientos fugaces son válidos y, por lo tanto, no se inclinan a criticarlos. Pero con posterioridad, después de que su enojo decae y tienen una pequeña perspectiva, al reflexionar, reconocen que sus pensamientos automáticos eran erróneos.

Por fortuna, Martin decidió confrontar sus pensamientos automáticos con Melanie. Lo que dedujo fue sensato.

- Descubrió que la razón que ella tuvo para no responder a su sugerencia de reconciliación ("el trato con frialdad") fue porque estaba demasiado alterada para hablar sin echarse a llorar.

- Averiguó que su segunda "ofensa" —olvidarse de dejar una nota— era inevitable: llegaba con retraso a una entrevista y tuvo que salir de prisa.

- Supo que Melanie lo interrumpió para cambiar el tema, no para incomunicarlo: él, sin saberlo, tocaba un tema delicado que trastornaba a uno de los amigos del grupo.

Cada vez, ayudado por esa información adicional, Martin podía comprender que su enojo no era justificado, sino que se basaba en un malentendido. Sin embargo, no se habría dado cuenta de ello si primero no hubiera reconocido sus pensamientos automáticos. Incluso, si Martin hubiera entendido que su enfado era inadecuado a la situación, simplemente se habría disculpado sin conocer la *verdadera* causa, sus propios sentimientos y pensamientos fugaces. A no ser que pudiera precisar sus pensamientos automáticos, aún sería susceptible de sentimientos de enojo inadecuados cuando en el futuro se suscitaran situaciones similares.

En cualquier interacción entre cónyuges, cada uno tendrá pensamientos automáticos que influyan sobre lo que dicen y sobre cómo lo dicen. Aunque no se expresen abiertamente, los pensamientos automáticos afectan el tono de voz, la expresión facial y los gestos. Consideren el siguiente diálogo y el monólogo interno que lo acompaña:

| Pensamiento automático | Dice | No verbal |
|---|---|---|
| MARTIN: Ella es demasiado complaciente con los niños. Me ponen nervioso. | Querida, ¿no te parece que los niños podrían calmarse? | Tono de voz tajante. |
| MELANIE: Ahí está otra vez; todo el tiempo quejándose [encolerizada]. | Los niños se divierten. De cualquier modo, pronto se acostarán. | Músculos faciales tensos. |
| MARTIN: Me lleva la contraria en todo. Mejor me ocupo yo [colérico]. | ¿Los acuesto ahora? | En voz alta, puños apretados. |

| | | |
|---|---|---|
| MELANIE: Está descontrolándose. Podría hacerles daño a los niños. Mejor cedo [se siente derrotada]. | No, yo los acostaré ahora mismo. | Distensión total. |

En este caso, ambos padres mantuvieron una conversación cortés, pero sus pensamientos indicaban la verdadera desavenencia. Melanie descifró correctamente las señales de que Martin estaba furioso y decidió apaciguarlo al final. Las señales no verbales —postura, expresiones faciales, tono de voz— reflejaban sus pensamientos automáticos con más exactitud que sus palabras. Los pensamientos automáticos reflejan el "contenido latente" de un mensaje —lo que está oculto— en contraste con el "contenido manifiesto", las palabras reales. Aunque Melanie, por ejemplo, era diplomática en la elección de las palabras, sus pensamientos automáticos se centraban en la crítica a Martin, luego en el miedo y por último en la sumisión. Esos pensamientos se reflejaban en sus sentimientos y tono muscular (de la tensión a la distensión).

DUDAS SECRETAS

En otra oportunidad, Martin se ofendió cuando Melanie cambió el tema mientras conversaban. Sin embargo, se sorprendió a sí mismo en medio de una serie de pensamientos automáticos, tales como *"Ella siempre me hace esto. No puedo permitir que se salga con la suya. No tiene derecho de tratarme de este modo".*
Su enojo no tenía relación con la "ofensa" real de Melanie. Al retomar el curso de sus pensamientos, Martin pudo reconocer los automáticos (primarios) que *precedieron* a sus pensamientos críticos: *"Ella no se interesa en lo que yo tenga que decir. Me considera aburrido".* Martin también pudo

precisar la emoción que experimentó inmediatamente después de ese pensamiento: *tristeza,* no enojo. Sus pensamientos críticos (secundarios) vinieron después y borraron su tristeza; llegó a culpar a Melanie por lo que —en su mente— era una "ofensa".

Martin dudaba de su capacidad para expresarse bien; la aparente indiferencia o impaciencia de Melanie cuando él quería hablar impulsaba esa duda. No obstante, el curso de su pensamiento pronto se apartó de las dolorosas suposiciones de ser aburrido y socialmente indeseable, y pasó a concentrarse en la "maldad" de su mujer.

Muchas de las reacciones exageradas podrían mitigarse si los esposos transfirieran su atención desde la preocupación por la "injusticia" o "incorrección" del cónyuge, a la ofensa oculta anterior.

Otro guión común que ejemplifica cómo el dolor conduce al enojo se inicia con la duda de uno de los cónyuges acerca de su suficiencia. Por ejemplo, Mike y Sue, una joven pareja bien intencionada cuyas diferencias en la formación —los hombres de la familia irlandesa de Mike de clase obrera eran todos policías y bomberos con educación secundaria, en tanto la familia de Sue eran graduados universitarios de Waspish— contribuían a sus frecuentes disputas.

Mike tiene una discusión con Sue, que en verdad lo manda e "intimida". Los pensamientos de él se centran en su acusación de inferioridad y vulnerabilidad. Como le echa la culpa a Sue, su tristeza es reemplazada por enojo.

| *Pensamiento automático* | *Sentimiento* |
|---|---|
| 1) ¿Por qué soy semejante tonto inhibido? Ella siempre logra tomar la delantera. Habla más que yo y me amenaza con irse si abro la boca. | Tristeza |
| 2) Ella es insoportable. | Enojo |

Algunas veces, el sentimiento oculto es *culpabilidad,* a menudo instigado por la autocrítica. Repare en los sentimientos de Mike después de que Sue lo acusó de ser demasiado estricto con los hijos:

*Pensamiento automático*           *Sentimiento*

1) Tal vez ella tenga razón. Es posible que yo sea demasiado duro con ellos.    Culpabilidad

2) ¿Por qué trata siempre de hacerme sentir mal? Disfruta molestándome.    Tristeza

3) Ella socava mi relación con los niños.    Enojo

Otro frecuente pensamiento oculto que provoca enojo se expresa de modo manifiesto como una *acusación* contra el otro miembro de la pareja: *"Eres irresponsable. No tienes interés en mí".* Aunque esos pensamientos se destinan al cónyuge, los preceden otros que a menudo están dirigidos contra uno mismo. Esos son pensamientos típicamente "autocríticos" o "alarmistas".

Por ejemplo, Cindy fue a una reunión social con su amante, Jeff. Durante la fiesta fue enojándose con él cada vez más, aunque no sabía por qué. Después lo criticó abiertamente. La siguiente secuencia muestra cómo la autocrítica inicial de Cindy *("¿Qué me pasa?")* le produce dolor, que luego ella aparta culpando a Jeff y sintiéndose enojada.

*Pensamiento automático*           *Sentimiento*

1) Nadie me presta atención. ¿Qué me pasa? ¿Por qué no puedo ser tan popular como Jeff? El se divierte con todos.    Ofendida

2) Nadie se interesa en mí.            Más ofendida

3) El debería prestarme atención.      Enojada

4) El nunca me presta atención.        Más enojada

Cindy apenas advirtió los pensamientos automáticos iniciales. Se sintió ofendida por unos momentos y luego enojada por largo tiempo. Sus pensamientos coléricos y hostiles hacia Jeff eran tan pronunciados que perdió de vista su "ofensa" inicial. Una posterior disputa con Jeff no logró apaciguar su enojo o terminar con las acusaciones dirigidas a él porque no se tocó la *fuente* de su dolor oculto primario: *"Nadie se interesa en mí".*

Con práctica, encontrará que se hace más fácil llenar el espacio en blanco e identificar esos pensamientos ocultos. Si está alerta, también podrá precisar los pensamientos perjudiciales que preceden a los críticos. En el capítulo 13 se tratan de un modo más completo técnicas para descubrir pensamientos automáticos. Además, le indicaré cómo puede corregir esos pensamientos y, de ese modo, reducir —o eliminar— los sentimientos perjudiciales y de enojo.

ORIGEN DE LAS DUDAS
ACERCA DE SI MISMO Y DEL CONYUGE

Algunas de las dudas que experimentan las personas provienen de reglas *(los debería* y *no debería)* que oyeron formular a sus padres y de recuerdos de cómo sus propios padres se comportaron en su relación. Toman estos recuerdos como modelos y esperan que tanto ellos mismos como sus cónyuges hagan lo mismo.

Si los cónyuges carecen de modelos paternos, entonces se sienten abandonados, tristes y enojados. Si ellos mismos dejan de vivir en conformidad con pautas paternas, es posible que se llenen de dudas sobre sí mismos y de culpa. Ese era el caso de una pareja que se había casado siendo ambos muy jóvenes y tenía problemas para desprenderse de los modelos dados a conocer por sus propios padres. Por ejemplo, Wendy incorporó la pauta materna *"El papel de una esposa es cuidar de su marido"*. Este molde tradicional determinó sus reacciones hacia su esposo Hal. Cuando ella dejó de vivir en conformidad con la regla, se sintió ineficiente y comenzó a criticarse mucho a sí misma.

Pero los padres de Hal tenían actitudes diferentes. El padre había acentuado tanto el perfeccionamiento, que en Hal se había desarrollado la creencia *"Nunca puedo hacer nada bien"*. Y la madre de Hal tenía una actitud despectiva hacia los hombres que sólo reforzaba la inseguridad de él: *"Los hombres no pueden hacer nada, son débiles e inútiles"*. Para Hal, cuando las cosas iban mal, esas reglas generaban serias dudas sobre sí mismo.

En un encuentro funesto, Wendy observó que Hal tenía aspecto agotado y cansado después de un día de oficina.

WENDY: [*Soy un fracaso si no lo cuido.*] Trabajas demasiado, querido.

HAL: [*Soy ineficiente. No le he prestado suficiente atención. Por eso se queja.*] No puedo hacer nada bien. Nunca hice nada bien. Nunca estás satisfecha. [*Se lo ve y oye deprimido.*]

WENDY: [*Tal vez hice algo malo. Probablamente no debería haberle dicho nada. Debería tranquilizarlo.*] Mira todas las cosas buenas que has hecho. Nos has mantenido. Siempre haces algo para la casa. Tienes éxito. Has sido un buen marido.

HAL: [*Es sarcástica.*] ¡Por qué no dejas de perseguirme!

WENDY: [*Está furioso conmigo. No hay razón para que él se comporte de ese modo. Tal vez esté loco. Se aparta y se echa a llorar.*]

HAL: [*Se siente culpable. He fracasado.*] ¡Maldita sea, otra vez!

WENDY: [*Se siente culpable. Estuve muy mal. Se supone que no debería disgustarlo y trataba de no hacerlo. Creo que soy un fracaso.*]

Wendy, en la creencia de haber "infringido" la regla de su madre acerca de no perturbar al marido, sintió remordimiento y miedo. Hal, entretanto, se vio atrapado en internalizar las pautas perfeccionistas de su padre y se declaró a sí mismo un fracaso porque su mujer estaba trastornada.

LOS *DEBERIA* SECRETOS

Rara vez las personas expresan sus *debería,* que muy a menudo ocurren como pensamientos automáticos. Lo que manifiestan, en cambio, es el *resultado* de los *debería:* quejas, regaños, reproches. Considere el manejo de esos mecanismos mentales en un encuentro entre Mark y Sarah.

Cuando Mark regresó del trabajo, Sarah lo saludó quejándose del difícil día que había tenido en el trabajo. Mark se sentía bien porque había conseguido un nuevo anunciante para la radio donde trabajaba y deseaba hablarle a Sarah sobre la buena jornada. Su expectativa silenciosa era *"Sarah se pondrá contenta cuando le participe la noticia"*. Sarah, no obstante, estaba preocupada con sus propios problemas, porque su jefe la había culpado de un error que *él* había cometido al atender a un cliente.

| *Piensa* | *Dice* |
|---|---|
| SARAH: [*Yo no debería* tener todas esas dificultades en el trabajo. Mark *debería* escucharme y solidarizarse conmigo.] | Tuve un día terrible en el trabajo. |
| MARK: [*Yo no debería* cargar con las aflicciones de Sarah. No es justo que las descargue sobre mí. Tengo derecho a una mujer que esté alegre cuando regreso a casa. Siempre me estropea el día.] | ¿No podemos hablar de alguna otra cosa? |

SARAH: [*Debería* poder hablar con mi marido cuando estoy abatida. El *debería* brindarme su apoyo.]

Nunca quieres que te hable sobre mis problemas. Sólo te gusta contarme tus problemas.

MARK: [*No debería* tolerar sus críticas.]

Todo lo que haces siempre es rezongar y llorar. Si no puedes manejar el trabajo, ¿por qué no renuncias?

SARAH: [No tiene derecho de enojarse conmigo y criticarme.]

Siempre me deprimes cuando tengo un problema. Eres tan egocéntrico que no puedes soportar escuchar a otra persona.

MARK: [No tiene derecho de atacarme. No puedo soportarlo.]

Si vas a empezar a quejarte me voy de aquí. [Se va de la casa.]

Los *debería,* tener derechos y otorgar derechos, en la columna de la izquierda no se expresaron en voz alta. Pero como pensamientos automáticos, *eran señales mentales para atacar.* El ataque comenzó con la instantánea aparición de una imagen negativa del cónyuge, la que entonces impulsó a Sarah y Mark a decir lo que cada uno percibía como la causa del problema, es decir, las acciones de los demás. Los cónyuges ofendidos están enojados con la imagen mental del otro, pero atacan a la persona real.

El ataque de Sarah es su manera de castigar a Mark por la supuesta mala conducta de él —no brindarle apoyo escuchándola—, pero en realidad ataca la imagen negativa de Mark. Sin embargo, es el Mark "real", quien sencillamente desea cambiar de tema, quien siente el dolor. En verdad Mark no sabe por qué Sarah lo ataca, como tampoco sabe Sarah qué es lo que molesta a Mark en realidad; pero, al contraatacar, Mark le da verosimilitud a la imagen que Sarah se ha formado de él como antipático y egocéntrico.

Tanto Sarah como Mark creían firmemente que sus peticiones implícitas (Mark: *"Escucha mis buenas noticias";* Sarah: *"Escucha mis malas noticias"*) eran evidentes y razonables. Por eso opinaban que no era razonable echar al olvido las demandas de su cónyuge, que de alguna manera encerraban la recíproca hostilidad evocada por el intercambio. Lo que no advierten es que los pedidos implícitos eran en verdad reclamos invisibles que ellos insistían en que fueran aceptados, pero que ninguno había expresado en forma manifiesta. Tan pronto como sus reclamos se frustraron "injustificadamente", cada uno evocó una imagen mental negativa del otro, optando por una prueba negativa aparente para justificar la imagen. Los diversos procesos, tergiversados aquí para nuestro trabajo, como sobregeneralización, atribución negativa y "catastrofismo", se describirán en el próximo capítulo.

Incluso cuando los cónyuges pretenden ser amables entre sí, esos pensamientos no expresados oralmente pueden socavar sus intenciones y producir enojosos malentendidos. Muchas disputas entre cónyuges se inician al frustrarse las expectativas tácitas. Puesto que no se dan cuenta del verdadero origen del problema, atribuyen el malestar a algunas características negativas de su pareja antes que a un *desajuste en las expectativas de ambos*. A causa de la decepción, tienen pensamientos negativos del otro (*"Ella me va a echar una zancadilla"; "El debería brindarme su apoyo"*) que los impulsa a increpar a su pareja. El ataque genera un contraataque y así se confirma la imagen negativa que uno tiene del otro.

Si Mark y Sarah sólo hubieran retrocedido para reconocer que estaban "faltos de sincronización", por lo menos habrían evitado otra confrontación destructiva y se hubieran ofrecido la clase de apoyo que solían brindarse en el pasado. Al aceptar sus desilusiones, ellos podrían, por ejemplo, haberse turnado para contar sus buenas y malas noticias. Mark hubiera escuchado a Sarah, en lugar de intentar cambiar de tema. Sarah hubiera refrenado su deseo de reprenderlo y Mark habría controlado su deseo de contraatacar. Una intervención constructiva *en cualquiera de esos puntos* hubiera frenado la reacción en cadena. En cambio, se permitieron a sí mismos ser irritados por sus *debería* y por el sentimiento de derechos violados.

Entre sus amigos, Mark y Sarah eran considerados amables y simpáticos. Cuando esos amigos querían compartir sus éxitos o problemas, Mark y Sarah demostraban un alto grado de tolerancia, flexibilidad y paciencia Pero esas cualidades se habían atrofiado en sus interacciones mutuas. La creencia de ambos en su derecho divino a ser escuchados cuando así lo quisieran —a pesar de las momentáneas preocupaciones del otro— los hizo rígidos, intolerantes e impacientes cuando se sentían frustrados.

# 8
# Trampas de la mente

FRANCES: No puedo soportar a mi marido. Sólo me queda divorciarme... Tengo que hacer todo lo que él quiere. Ahora mismo, su hermano con la esposa están de visita. Tengo que servirlos y atenderlos con esmero.
AMIGA: Puedes decirle una palabra de dos letras: ¡NO!
FRANCES: No puedo hacer eso... él me amargaría la vida.
AMIGA: Creí que habías dicho que de cualquier modo te divorciarías de él, por lo tanto ¿qué pierdes? Dices que tienes que ceder por completo o de lo contrario lo dejarás. ¿No hay una solución intermedia?
FRANCES: No.

Las respuestas de Frances demuestran el pensamiento polarizado todo-o-nada que se ha observado en muchos matrimonios conflictivos. Los cónyuges, un vendedor y una maestra, quienes comenzaron a experimentar problemas en su matrimonio después que el jefe trasladara al marido dos veces en seis años, veían su situación de una de las dos maneras: o está todo bien o todo mal; no hay nada en el medio.

Tienen la misma respuesta a cualquier problema que surja entre ellos: o el problema puede resolverse con facilidad o no puede resolverse en absoluto. Frances, por ejemplo, era incapaz de considerar una solución razonable, aun cuando se lo sugiriera una amiga.

Esa forma de pensar en extremos deja a las parejas con una visión exagerada, desagradable de cada uno y del matrimonio. Puesto que no pueden definir sus problemas con exactitud, sus dificultades adquieren proporciones importantes. Y como es poco lo que hacen para solucionar esos, en apariencia, graves problemas, se acrecienta la sensación de impotencia y cólera, frustrando además sus esfuerzos para abordar los problemas.

A primera vista, puede parecer que Frances exagera a propósito su situación, de modo tal que tal vez ella obtiene algún perverso placer en encerrarse en sí misma. Eso no es así. Las trampas del pensamiento en las cuales caen las parejas reflejan deformaciones involuntarias de los modos en que procesan la información, no en sus intenciones conscientes o inconscientes.

Los problemas del pensamiento nada tienen que ver con la inteligencia. Las parejas que demuestran altos niveles de inteligencia en el trato con personas fuera de su familia, en resolver urgentes problemas en su trabajo, pueden, en su vida matrimonial, bajo la presión de exigencias, amenazas o frustraciones, retroceder al pensamiento más primitivo y equivocado. Por supuesto, un pensamiento retorcido predispone de por sí a las personas a ulteriores frustraciones.

Cuando las personas experimentan sentimientos extremos, tales como ira, susto o desesperación, en sus relaciones familiares es muy probable que estén pensando en extremos. Es indudable que algunas veces la situación es en verdad extrema, en cuyo caso la reacción emocional bien puede ser pertinente. Pero en su mayor parte, estas reacciones intensas se basan en distorsiones del proceso normal del pensamiento: todo-o-nada, adivinación del pensamiento ajeno, sobregeneralización.

## COMO LOS SIGNIFICADOS SIMBOLICOS TUERCEN NUESTROS PENSAMIENTOS

Puesto que muchos de nuestros problemas del pensamiento ocurren en situaciones que tienen significados simbólicos específicos, será de ayuda examinar las diversas situaciones que nos conducen a interpretaciones simbólicas y equivocadas. Algunas personas cometen errores característicos al pensar, cuando perciben amenazas *a aspectos vitales de sus vidas:* tranquilidad, seguridad y relaciones íntimas. Es posible que exageren las consecuencias de una enfermedad menor de un miembro de la familia; él o ella pueden empeorar y morir, se dicen a sí mismos. Otros pueden aumentar las consecuencias de cuentas que no fueron pagadas a su debido tiempo; temen una bancarrota. Otros más se alarman cuando sus cónyuges se enojan con ellos y mentalmente se imaginan el final de la relación.

A causa de la enorme importancia simbólica que las personas atribuyen a este tipo de situaciones, ellas mismas se ven en una posición de todo-o-nada. Esa percepción facilita el tipo de pensamiento absoluto que demostró Frances.

Recuerde la insistencia de Ted para que Karen fuera siempre puntual. Para Ted, la puntualidad era semejante a la fidelidad o al interés por él. Cuando Karen lo hacía esperar, aunque sólo fuera por pocos minutos, él solía inquietarse mucho. Tenía un profundo miedo oculto de ser abandonado. La tardanza de Karen agravaba el temor de que algo pudiera haberle pasado, *y de quedarse totalmente solo.* Otro significado simbólico para Ted era que a Karen no le importaban demasiado sus sentimientos como para llegar con puntualidad. Entonces, cuando ella aparecía, se enojaba por haberle causado una preocupación innecesaria.

Karen no podía desentrañar la insistencia de Ted sobre la puntualidad. Para ella significaba que él le restringía su libertad de acción; en resumen, los requerimientos de Ted, para ella, tenían un significado simbólico. Incluso cuando decidió complacerlo, guardó resentimiento. No podía despojar de significados la insistencia de Ted sobre la puntualidad: una esposa controlada injustamente por su esposo. De este modo, lo que para la mayoría de las parejas podía parecer un hecho sin importancia, para Ted y Karen había adquirido —a causa de los significados simbólicos— proporciones enormes, deformadas y molestas.

A menudo, para un cónyuge es más fácil reconocer las señales delatoras de una reacción simbólica en su pareja: su respuesta exagerada y explosiva a una situación específica y la tenacidad con la cual el cónyuge persiste en sus interpretaciones, contrarias a toda lógica. Una vez que los miembros de la pareja lo saben, es posible que tengan en cuenta la sensibilidad del compañero. Por ejemplo, al conocer las preocupaciones de Ted, Karen podría esforzarse algo más para ser puntual, sin necesidad de sentir que sacrificaba algo de su autonomía.

Con algún esfuerzo, es posible que las personas se percaten cuando reaccionan a un símbolo encubierto con un significado exagerado; de ese modo, tomarían medidas para disminuir la reacción extremada. Pero ocupa considerable tiempo y persistencia alterar las costumbres psicológicas, despojar a las situaciones simbólicas de su poder de desencadenar reacciones extremas.

Ted, por ejemplo, tuvo que reconocer lo inapropiado que era su miedo a que sucediera de forma inminente un desastre siempre que Karen era impuntual. Al aplicar el razonamiento y la lógica a su miedo, consiguió mitigarlo y comprender que la falta de puntualidad de Karen era una manifestación de su personalidad y no una señal de indiferencia. Karen, por su parte, comprendió que esforzarse para ser puntual no significaba una restricción a su libertad ni ser dominada por Ted. Como ambos podían entender los significados simbólicos, sus pensamientos se hicieron más razonables y experimentaron menos reacciones exageradas. No lograron totalmente este objetivo por su propia cuenta: fueron necesarias varias sesiones de asesoramiento para ponerlos en la senda correcta.

EL FACTOR DE EXPANSION

A medida que en un matrimonio crece la desdicha, comienzan a propagarse en el pensamiento de los cónyuges las "revueltas" y los cambios. Si con anterioridad un marido podía haberse enojado por las interrupciones o reproches de su esposa, ahora reacciona con irritación o aun con furia a casi todo lo que hace ella. Demuestra el mismo pensamiento negativo negro-y-blanco en respuesta a la manera cómo ella lo saluda, al tipo de comida que prepara y a los compromisos sociales. Los problemas familiares, como los quehaceres domésticos, finanzas, sexo, y tiempo de ocio, se convierten en fuente de conflicto. En tanto que los problemas en esos campos alguna vez se solucionaron mediante discusiones, ahora se exageran, incitan a enardecidos debates sin solución alguna, o al distanciamiento de los dos o a ambas cosas a la vez.

A medida que lo negativo se profundiza, la perspectiva mutua de los cónyuges comienza a cambiar. Mientras que Karen en un principio consideraba a Ted amable y simpático, más tarde lo vio mezquino y desconsiderado. Ted, que con anterioridad juzgaba a Karen vivaz, afectuosa y comprensiva, comenzó a considerarla indiferente e insensible.

Una vez que las parejas quedan atrapadas en los significados simbólicos, es posible que aún surjan otros problemas. Los cónyuges comienzan a generalizar o sobregeneralizar acerca de los significados que le asignan a situaciones matrimoniales desagradables; "catastrofizan" haciendo predicciones exageradas; "tremendizan" desorbitando su desdicha o incapacidad de tolerar la frustración. El resultado final es que cuando una esposa se enfurruña, es posible que el marido piense: *"No me respeta, nunca lo hizo y nunca lo hará. Es más de lo que puedo soportar"*.

En épocas de amenaza real, la puesta en marcha de todos esos ejercicios mentales puede ayudar legítimamente a una persona a enfocar su atención en abordar la amenaza. Pero en situaciones de rutina y en particular en el matrimonio, esos procesos mentales pueden causar inconvenientes. La mente está destinada —frente a un verdadero peligro— a desviarse hacia una operación de emergencia (piense en un comando detrás de líneas enemigas que percibe la amenaza del peligro en cada movimiento, en cada persona). Por desgracia, la mente también puede saltar hacia un mecanismo de emergencia cuando el peligro no es verdadero, sino simbólico. Cuando los cónyuges están amargados, comienzan a comportarse como si estuvieran en territorio enemigo y la perspectiva que uno tiene del otro viene impuesta por ese cambio.

Ese giro no es un acto de voluntad deliberado. Los cónyuges demuestran una excesiva vigilancia, combatividad y similares a raíz de primitivas operaciones mentales que son provocadas automáticamente por la percepción del peligro, sea verdadera esa amenaza o meramente simbólica.

No obstante, a pesar de un cambio tan profundo en el pensamiento, los miembros de la pareja aún pueden volver a sintonizar sus pensamientos y declarar una tregua mental. Eso, sin embargo, requiere primero que ellos identifiquen sus pensamientos automáticos y convicciones, a fin de determinar lo erróneas que son éstas. El sistema mental opera hasta cierto punto como un termostato; cuando ocurren experiencias correctivas, tiende a inclinarse hacia una posición neutra. Los prejuicios negativos y las deformaciones impulsadas pueden desaparecer en forma gradual.

EJEMPLOS DE DEFORMACIONES
COGNITIVAS CARACTERISTICAS

Existen tantas clases de trampas mentales capaces de complicar las relaciones matrimoniales que resulta difícil hacer una lista de todas ellas. Esas deformaciones ocurren automáticamente, a menudo en una fracción de segundo, y la cantidad de deformaciones que pueden sucederse en ese corto período es considerable. Las parejas desavenidas pueden ser víctimas de cualquiera o de todas las siguientes:

1) *Visión restringida.* Las personas con visión restringida ven sólo lo que se adapta a su actitud o estado mental e ignoran lo demás. Es posible, por ejemplo, que se aferren a un único, pequeño detalle como base para su interpretación total de un hecho. Se suprimen, censuran o minimizan otros detalles importantes.

Por ejemplo, una pareja decide celebrar su decimoquinto aniversario de casamiento junto con su hija de doce años en el hotel en que pasaron su luna de miel. Durante el viaje mantenían una conversación agradable hasta que surgió un desacuerdo referente a qué curva tomar. El desacuerdo adquirió proporciones de una disputa total, con acusaciones de una absoluta incompetencia por un lado y autoritarismo por el otro.

El resto del viaje transcurrió con afabilidad, pero, varios días después de haber regresado al hogar, tuvieron otra riña. Ambos reconocieron que no pudieron congeniar ni siquiera durante la placentera oportunidad que fue su segunda luna de miel, ya que "pelearon durante todo el viaje". Para sorpresa de ellos, la hija les señaló que la disputa en el viaje duró menos del uno por ciento del tiempo que permanecieron juntos y que una vez finalizada la pelea, se habían llevado bien. Cuando algunos días más tarde, durante una riña, recordaron el viaje efectuado, ¡habían borrado por completo lo positivo de éste!

Tal visión restringida impide a las parejas desavenidas ver o recordar los aspectos buenos de su matrimonio; sólo ven lo malo. Como resultado, a medida que piensan en la relación, los recuerdos que vienen a la mente son preseleccionados, predispuestos hacia lo negativo. Esos recuerdos prejuiciosos se verifican con más probabilidad cuando las parejas pelean.

Igualmente, durante las épocas en que el matrimonio está angustiado, es posible que encuentren difícil recordar momentos placenteros. Al mirar hacia atrás, todo lo que ven es una cadena ininterrumpida de desazón. Pero cuando el matrimonio se desarrolla amablemente pueden recordar más fácilmente los momentos placenteros que fueron olvidados mientras estaban peleados entre ellos.

En matrimonios desavenidos, descubro a veces que el marido, por ejemplo, no puede pensar en un solo acto positivo de la esposa, aun cuando un observador imparcial le haga ver muchos ejemplos de su apoyo, interés y cordialidad. Y una esposa quejica puede recordar infinidad de episodios en los cuales fue criticada, desilusionada, insultada y controlada por su marido, en tanto se muestra olvidadiza de los tiempos en que él la trataba amablemente.

Para algunas personas neuróticas, esas deformaciones están entrelazadas dentro de su personalidad, de modo que criticar, culpar y menospreciar a otros constituye su repertorio, sea que estén enojados o que no lo estén. Sin embargo, un miembro de un matrimonio perturbado, puede asimismo caer en un pensamiento deformado sobre su cónyuge. Al principio, es posible que, semejante visión restringida en un matrimonio suceda sólo cuando el cónyuge está enojado, pero luego se verifica en forma más o menos constante, a medida que esa actitud se arraiga.

2) *Abstracción selectiva*. Relacionada con la visión restringida está la toma de una declaración o un hecho fuera de contexto, para llegar a una interpretación errónea.

Por ejemplo, una esposa relataba a sus amigos la experiencia vivida en su ida al hospital para el nacimiento de su cuarto hijo. Contó un divertido episodio en el cual todo parecía salir mal. Resultó ser una noche de una gran nevada, los caminos estaban bloqueados; cuando fueron a buscar uno de los autos, tenía un neumático desinflado; cuando en lugar del auto tomaron un taxi, el conductor se extravió; cuando llegaron al hospital, todos los practicantes y médicos residentes estaban atareados, y el obstétrico de cabecera no podía llegar al hospital por causa de la tormenta de nieve. La esposa terminó el cuento con una risa diciendo: "A pesar de todo eso, fue el parto más fácil que haya tenido jamás".

El esposo se concentró en un solo punto de todo el relato y dedujo que la narración era en realidad una crítica para él, porque "había dejado que el auto tuviera un neumático desinflado". Al persistir en ese único detalle, no comprendió en absoluto el verdadero sentido de la entretenida anécdota y llegó a una conclusión que originó un resentimiento injustificado hacia su mujer.

Las parejas no están inevitablemente encerradas en sus selecciones parciales o visión restringida. Con un pequeño esfuerzo, pueden desviar su enfoque a una visión más equilibrada que incluya los sucesos más placenteros del matrimonio. Una pareja descubrió que podían ocuparse en recordar mucho más los momentos agradables pasados juntos, cuando cada uno de ellos comenzó a anotarlos todos los días. Una vez a la semana solían examinar los hechos positivos.

Ambos estaban sorprendidos al "descubrir" que habían tenido tantos momentos gratos.

3) *Deducción arbitraria.* Algunas veces el prejuicio de una persona es tan fuerte que se formará un juicio desfavorable aunque no haya fundamento alguno para ello. Una esposa, por ejemplo, alcanzó a oír que su marido cantaba en otra habitación. Pensó: *"Hace eso sólo para exacerbarme".* En realidad, él cantaba porque estaba contento.

En otro incidente, ella permaneció callada durante la cena. Su marido pensó: *"No dice nada porque está enojada conmigo".* De hecho, sucedió que la mujer, que siempre era bastante franca en hacerle saber a su marido de sus enojos, sencillamente estaba ensimismada.

4) *Sobregeneralización.* Una de las deformaciones más molestas —y una de las más difíciles de cambiar— es la sobregeneralización: *"El nunca reconoce que soy inteligente"; "Ella siempre me rebaja".* Aunque estas declaraciones absolutas sorprenden a un observador como forzadas, parecen muy plausibles a un cónyuge airado que, de un simple incidente o de algunos pocos, deduce que el comportamiento es característico o general. (Por supuesto, las sobregeneralizaciones pueden también ser vehementes, como lo son durante el período de enamoramiento.) Los juicios negativos conducen a sobregeneralizaciones desfavorables. Así, un marido que sólo de vez en cuando regresaba tarde a su casa, de la oficina, a los ojos de su mujer, *siempre* llegaba tarde. A la inversa, su esposa, que a veces tardaba en tener preparada la cena, era acusada por su marido de "nunca tener la cena a su debido tiempo".

La sobregeneralización es en particular común en cónyuges deprimidos, que suelen tener pensamientos tales como *"Nunca me amaste", "Nunca te interesó saber cómo me siento",* o *"Siempre me tratas con desprecio".* Algunas veces los pensamientos negativos conducen a conclusiones nihilistas con respecto al matrimonio: *"Las cosas nunca mejorarán"*, *"El matrimonio murió"*, *"No tenemos nada en común"*, *"Siempre fui infeliz"*. En otras oportunidades, el pensamiento negativo va dirigido en contra de uno mismo: *"Soy un fracaso como padre [marido, mujer]"*. Entre los términos principales que sugiere la sobregeneralización están las palabras todo-o-nada como *nunca, siempre, todo, cada, nada*.

El impacto de declaraciones absolutistas, sobregeneralizadas, en matrimonios desavenidos, suele ser poderoso. Por ejemplo, un esposo que hacía lo posible por agradar a su mujer se equivocó y olvidó hacer algo que ella le había pedido. Ella entonces lo reprendió: *"Nunca haces nada por mí"*. El esposo, que se sintió acusado injustamente, pensó: *"Nada de lo que hago es suficiente para ella. Nunca puedo satisfacerla"*.

5) *Pensamiento polarizado.* El pensamiento todo-o-nada polarizado es muy común, incluso entre parejas que tienen un matrimonio feliz. Como ocurre con la mayoría de las deformaciones, los pensamientos polarizados —aunque factibles en su oportunidad— por lo general desaparecen después de un rato, sin malos efectos perdurables. No obstante, en parejas desavenidas se entroniza la idea de tener sólo dos opciones extremas y se impone no sólo en lo que los integrantes de la pareja sienten uno hacia el otro, sino también en su modo de actuar.

Por ejemplo, en la anécdota relatada al principio de este capítulo, Frances comenzó con la idea de que no podía decir nada a su marido acerca de las obligaciones que él le había impuesto, después sacó precipitadamente la conclusión de que ella estaba condenada a ser esclava del marido y de su familia: "No puedo soportar a mi marido. Sólo me resta divorciarme... Tengo que hacer todo lo que él quiere. Ahora mismo, su hermano con la esposa están de visita. Tengo que servirlos y atenderlos con esmero".

La opción «o... o...» en la mente de Frances era *"O me someto por completo o me divorcio"*. Tener que decidir entre alternativas tan poco agradables sólo podía conducirla a la frustración, al enojo y a la infelicidad: por un lado, la sumisión causaría depresión y enojo; por el otro lado, un acceso de ira conduciría al divorcio.

¿Por qué Frances no consideraba una tercera opción —decir no—, como se lo había sugerido su amiga? Bajo tensión, el pensamiento de las personas sobre problemas complejos declina a rutinas familiares pre-establecidas. Las "soluciones" representadas por esas rutinas son simplistas: ceder o evadirse; luchar o huir; gritar o callar. Frances también estaba limitada a estas opciones extremas por otra razón: nunca había aprendido a hacer valer sus derechos frente a su marido, de modo que no podía percibir el rechazo como una opción viable. En su asesoramiento matrimonial ella solía necesitar ayuda para lograr su autoafirmación.

El pensamiento simplista y rutinario tras esas opciones divide los problemas en dos categorías: las cosas son buenas o malas, negras o blancas, posibles o imposibles, deseables o indeseables. Con este modo de pensar, si una persona no puede ser calificada como buena, entonces es mala; si no es feliz, entonces es infeliz; si no es competente, entonces es incompetente. El perfeccionismo entraña ese mismo tipo de pensamiento, pero al contrario. Por ejemplo, si una función no es perfecta, entonces es totalmente imperfecta. No hay puntos intermedios —sombras de grises— en este pensamiento negro-o-blanco.

El pensamiento polarizado es, en parte, un remanente del tipo de pensamiento categórico característico de la infancia.[1] Ese pensamiento parece estar inserto en un plan mental semejante a un programa de computadora. Cuando este programa se activa durante un conflicto, tiende a dominar la manera de pensar que un cónyuge tiene del otro. Aunque marido y mujer todavía piensen claramente sobre asuntos que ocurren *fuera* de su matrimonio, cuando se trata de problemas conyugales, ingresan en el pensamiento negro-o-blanco. La

---

1. J. PIAGET, *The Moral Judgment of the Child* (Glencoe, IL: Free Press, 1965).

rigidez impuesta por el pensamiento polarizado explica por qué las parejas conflictivas hallan difícil transigir: no hay término medio.

6) *Extremismo.* El extremismo es la tendencia a exagerar las cualidades de otra persona, ya sean malas o buenas y a "catastrofizar", abultando la gravedad de las consecuencias de un hecho en particular.

A menudo, cuando una situación amenazadora ya no parece controlable, surge ese pensamiento catastrófico. Por ejemplo, un marido se sentía muy perturbado porque su mujer había gastado en regalos para Navidad más de lo que habían presupuestado. Previendo una continua serie de profusos gastos que finalmente podría llevarlos a la bancarrota, con toda seriedad le dijo a su mujer: "Terminaremos recibiendo ayuda benéfica". La expresión de emociones intensas y fuera-de-control de un cónyuge, genera a menudo pensamientos catastróficos en el otro miembro de la pareja. Melanie dijo: "Cuando Mark tiene uno de sus berrinches me asusto tanto, tengo miedo que pueda atacarme a mí o a los chicos". Después, cuando ella reflexionó acerca de su miedo, se dio cuenta de lo absurdo de su pensamiento: él jamás había golpeado a nadie en su vida. Sin embargo, durante su adolescencia, Melanie observó que, cuando su padre se enojaba, solía pegarle a su mujer (la madre de ella) o a alguno(a) de sus hermanos(as). Así, ella asociaba la expresión *verbal* de enojo con la violencia física real.

El pensamiento catastrófico, a menudo sutil, está con frecuencia encastrado en los miedos ocultos que conducen al enojo. En una secuencia típica, un cónyuge experimenta un miedo catastrófico con respecto al matrimonio, luego desvía con rapidez la atención atacando mentalmente a su pareja. Un marido, por ejemplo, estaba muy afligido porque su mujer le había mentido. Tuvo un pensamiento fugaz: *"Ahora no puedo confiar en ella nunca más",* y un arrebato de ansiedad. El siguiente paso en la secuencia fue la preocupación por la idea de que ella fuera una persona terrible por haberle mentido.

Sintió olas de ira y tuvo pensamientos reiterativos sobre las diferentes maneras de condenarla.

Asociado con el "catastrofismo" está lo que Albert Ellis ha denominado "tremendismo". Se clasifica algún hecho como tremendo o terrible, aunque en realidad sus implicaciones son sólo suaves o moderadas. Así, es posible que un esposo piense: *"Es tremendo si mi mujer me desaprueba"*. Una esposa puede pensar: *"Es terrible que mi marido no esté de acuerdo conmigo"*. Es posible que otra persona piense: *"Es muy grave que mi cónyuge se enoje conmigo"*.

Muy a menudo las personas "tremendizan" con respecto a sus propias emociones. Suelen pensar *"No puedo tolerar todo este enojo"*, o *"No puedo aguantar sentir frustración todo el tiempo"*, o *"No puedo soportar sentirme siempre humillada"*. Ellis describe esas reacciones como el síndrome de "baja tolerancia a la frustración".

7) *Explicaciones prejuiciosas.* Las atribuciones negativas —encontrar una explicación desfavorable a lo que hace el cónyuge— constituyen uno de los problemas más comunes del pensamiento en el matrimonio. Asumir automáticamente que hay móviles indignos tras las acciones del cónyuge refleja una pauta generalizada para adjudicar causas a hechos, buenos o malos; comprender las causas de los hechos los hace parecer más predecibles y controlables para nosotros. Y esa capacidad de predicción y control nos otorga una mayor sensación de seguridad. Si sabemos qué esperar, nos podemos preparar por anticipado y conducir mejor los acontecimientos y, de ser necesario, es posible que incluso podamos prevenirlos en el futuro.

En matrimonios desdichados, cuando la pareja desavenida busca causas que sustenten sus desilusiones y frustraciones, inevitablemente suscita algún motivo negativo, incluso malicioso, o algún rasgo desagradable de personalidad para explicar las acciones "ofensivas" del cónyuge. Por ejemplo, una esposa atribulada, reprocha a su marido cuando se olvida de atender algún detalle y atribuye esa falta a su negligencia. Un esposo desdichado achaca a su mujer las dificultades matrimoniales, atribuyéndolas a una profunda imperfección de su personalidad. *"Todo se debe a su negligencia"* piensa ella; *"Es a causa de defectos de su carácter"* se dice él a sí mismo.

Conforme a diversos estudios de investigación, en idénticas circunstancias, las parejas desavenidas tienen más probabilidades de atribuir aspectos negativos a su cónyuge que a cualquier otra persona.[2] La atribución de un propósito negativo es un barómetro matrimonial. Cuando los cónyuges se imputan firmemente motivos negativos, en especial malicia, la relación está en dificultades. Eso no es para afirmar que no puedan existir razones insidiosas, pero no es menos cierto que, por lo general, los cónyuges en matrimonios desavenidos se las atribuyen en forma más indiscriminada y con más frecuencia de lo razonable.

8) *Rotulación negativa.* Este proceso se origina en atribuciones prejuiciosas. Por ejemplo, cuando una esposa encuentra una explicación negativa para las acciones de su marido, es probable que le asigne un rótulo crítico. Así, un acto en particular se convierte en "irresponsable", el cónyuge culpable en un "sinvergüenza" o en un "bruto". La esposa agraviada entonces reacciona contra los *rótulos* que le atribuyó a su marido como si fueran verdaderos, como si llamarlo "bruto" significara que él *es* un bruto. Llevado a un extremo, ese proceso llega a lo que Ellis ha denominado "satanismo". El marido, a los ojos de la esposa, casi parece desarrollar cuernos.

---

2. F. FINCHAM y otros, "Attribution Processes in Distressed and Nondistresses Marriages", *Journal of Abnormal Psychology* 94 (1985); 183-190.
H. JACOBSON y otros, "Attributional Processes in Distressed and Nondistressed Married Couples", *Cognitive Therapy and Research* 9 (1985): 35-50.
NOLLER, "Gender and Marital Adjustment Level Differences".

9) *Personalización*. Muchas personas creen por costumbre que las acciones de los demás están dirigidas a ellas. Un hombre a quien traté, por ejemplo, siempre pensaba que los otros conductores jugaban con él a acelerar, reducir la velocidad, pasarlo, sólo para disgustarlo. Reaccionaba de igual modo con su mujer. Si ella regresaba de su trabajo más temprano que él, eso significaba que trataba de ponerlo en evidencia, demostrando que ella se dedicaba a los niños más que él. Si ella regresaba del trabajo más tarde, significaba que trataba de demostrar que era más trabajadora que él. El no tomaba en cuenta que existían otras razones para las acciones de las personas que la necesidad de competir con él. Parecía operar bajo el principio *"Toda la vida es una lucha entre los demás y yo. Cualquier cosa que ocurre, de alguna manera, está dirigida contra mí".*

10) *Adivinación del pensamiento*. La convicción de que uno puede adivinar lo que el otro cónyuge piensa se ha descrito varias veces en capítulos previos. Como resultado de tener esta convicción, los cónyuges caen en la trampa de atribuir equivocadamente a sus parejas pensamientos y motivos indignos. Aunque algunas veces puedan ser correctos en sus interpretaciones, están propensos a cometer errores que dañan la relación.

Otro error afín del pensamiento, también descrito con anterioridad, es la expectativa de clarividencia en el cónyuge: *"Mi mujer debería saber que no me gustan los mariscos"* o *"Mi marido debería saber que yo quiero que visite a mis padres".*

11) *Razonamiento subjetivo*. Este proceso es la convicción de que, desde que uno siente fuertemente una emoción, debe justificarla. El "razonamiento emocional", un concepto relacionado descrito por el doctor David Burns, implica que, si una persona tiene una emoción negativa, alguien más es responsable de ella. Por ejemplo, *"Si me siento ansioso es porque mi cónyuge ha sido desconsiderado conmigo. Si estoy triste, quiere*

*decir que mi esposo(a) no me quiere"*.[3] Una variante de varios de estos errores del pensamiento surge de una *sobrerresponsabilidad*. Es posible que la esposa que asume una responsabilidad total por el bienestar de la familia tenga la profunda sensación de ser maltratada y acuse en silencio a su marido de no satisfacer sus expectativas de cargar *él* con las responsabilidades del hogar.

DEFORMACIONES MENTALES EN ACCION

Tomemos, por ejemplo, un marido cuyo estado de ánimo hostil ofrece terreno abonado para la variedad de errores del pensamiento descritos con anterioridad. Desde el momento en que se despierta por la mañana está predispuesto a que "las cosas salgan mal" o a que "las personas cometan estupideces" (expectativas negativas). Es cauto con el desayuno que le sirve su mujer. Controla la temperatura del café para comprobar si está demasiado caliente o demasiado frío; critica el gusto de los cereales o la consistencia de los huevos, buscando señales de preparación "inapropiada". Cuando la actividad de su mujer es deficiente, según sus pautas (perfeccionismo), critica. Busca las faltas, debilidades y equivocaciones de ella (supervigilancia). Si surge alguna dificultad, la culpa (atribución negativa). Tiene pensamientos como *"Nunca hace nada bien"* (sobregeneralización) y piensa: *"Esto es terrible"* (exageración) o *"El matrimonio se va a pique por completo"* ("catastrofismo"). Si su mujer hace una observación crítica respecto de alguien, piensa: *"En realidad se refiere a mí"* (personalización).

Cuando el marido regresa al hogar por la noche, sólo puede repetir las frustraciones, contratiempos y desilusiones del día, pero nada positivo (memoria selectiva). De nuevo sólo presta atención a los hechos molestos en la casa —el nivel del sonido, el lenguaje incorrecto de los niños o su comportamiento

---

3. D. BURNS, *Feeling Good* (Nueva York: New American Library, 1980).

revoltoso y el "imperfecto" manejo de la casa por su esposa y olvida la cordialidad y el cariño que le brinda su mujer (visión restringida).

Cuando los niños son bulliciosos, piensa: *"Ellos nunca saben cuándo parar"* (sobregeneralización), y con facilidad responsabiliza a su mujer. Piensa: *"Ella no sabe cómo tratarlos"* (atribución negativa).

Explica cualquiera y todos los problemas basándose en la personalidad de su mujer: *"Ella es simplemente débil e incompetente"* (rotulación negativa).

Esta sucesión de problemas del marido es un catálogo de las deformaciones del pensamiento que afligen a las parejas que tienen una perspectiva hostil. Somos todos víctimas, en un momento u otro, de muchas de esas deformaciones del pensamiento, pero las parejas desavenidas se inclinan en particular a experimentar esos problemas. Su vulnerabilidad se debe, en parte, al impacto acumulativo de prolongadas tensiones, en parte, a las complicaciones de su personalidad y, en parte, a los inevitables conflictos fomentados por las fricciones y las innumerables transacciones de la vida diaria.

Las deformaciones mentales pueden considerarse como un mal uso de estrategias básicas de supervivencia. Así, demasiada vigilancia y visión restringida pueden ser útiles en una emergencia, pero pueden estropear las relaciones corrientes de un matrimonio. La tendencia a encontrar una causa a un hecho perturbador es útil en casos de daño real, pero se transforma con facilidad y se convierte en manía de criticar, reprochar y reaccionar a ofensas imaginarias. El mecanismo compulsivo de responsabilizar al cónyuge de toda frustración y desilusión, en vez de ayudar a remediarlas, debilita el vínculo matrimonial.

Tómese el caso real de una pareja en pleno frente de batalla. Ruth, profundamente infeliz con Jerry, está demasiado alerta, vigilándolo de continuo para ver si hace —o aun sólo piensa— algo que la moleste. Se fija en cualquier cosa que él diga o haga, que pueda representar un mal comportamiento (abstracción selectiva). Ella interpreta ese comportamiento como una afrenta (inferencia arbitraria) dirigida en su contra (personalización) e indicativo de *"El trata de provocarme a propósito"* (adivinación del pensamiento). También piensa: *"El nunca hace nada bien"* (sobregeneralización) y *"Es un desconsiderado total; un sinvergüenza"* (atribución negativa). Como reflexiona acerca de los resultados a largo alcance, piensa: *"Las cosas se pondrán peor y peor"* ("catastrofismo") y *"Está tan mal que no lo puedo soportar* ("tremendismo").

Aunque esos trucos de la mente son muy poderosos cuando estamos en sus garras, no son inmutables. Con técnicas adecuadas y algún esfuerzo, las parejas pueden cambiarlos y librar al matrimonio de su hechizo. El capítulo 13 describe en detalle algunas de esas técnicas que las parejas pueden utilizar para liberar sus mentes —y su matrimonio— de la tiranía de los pensamientos deformados.

# 9
# En combate mortal

Imagine un par de ciervos machos en actitud de pelea, pateando, echando espuma por la boca, rebramando uno contra otro, con los ojos desorbitados y después embistiéndose cabeza contra cabeza. Ahora compare esa escena con una pareja embarcada en una discusión a gritos. Los puños apretados, dientes descubiertos, saliva en la comisura de los labios, cuerpos preparados para el ataque. Con todos sus sentidos listos para dar el primer golpe.

Aunque no se agarran del cuello, es fácil ver, por la tensión en los músculos, que sus cuerpos están preparados como para una lucha a muerte.

Si bien esos adversarios no intercambian golpes, se atacan con los ojos, expresiones faciales y tono de voz, así como con palabras iracundas. Miradas petrificantes, labios fruncidos, y gruñidos de desprecio, éstas son todas las armas en su arsenal, listas para el despliegue. En el fragor de la batalla, es posible que los cónyuges silben como víboras, rujan como leones y chirríen como pájaros.

MENSAJES INCISIVOS

Miradas penetrantes, gruñidos y bufidos son señales de ataque incluso cuando los antagonistas intercambian palabras inocuas en apariencia, o ninguna palabra en absoluto. Como en el caso de los animales, esas señales están destinadas a advertir al antagonista que debe retractarse o inducirlo a capitular.

El lado "incisivo" —el tono amenazador de voz, la velocidad y volumen de la perorata— puede ser más provocativo o perjudicial que el significado literal de las palabras pronunciadas. No sorprende que las personas reaccionen a menudo con más fuerza al tono de voz que a las palabras mismas. Los mensajes no verbales, expresados mediante los ojos, el rostro y el cuerpo representan una forma de comunicación más primitiva —y por lo general más persuasiva— que las palabras. Consideren la siguiente conversación entre los integrantes de una pareja:

Tom: Querida, ¿te acordarás de llamar al electricista?
Sally: Lo haré si me lo pides en un tono de voz amable.
Tom: ¡Te lo pedí de buena manera!
Sally: Siempre gimoteas cuando quieres que yo haga algo.
tom: ¡Si no quieres hacerlo, por qué no lo dices!

Tom *tenía la intención* de hacer la petición de manera cortés, pero sentía cierto resentimiento con respecto a la pasada intransigencia de Sally, de modo que su demanda tenía un dejo a reprimenda. Aunque sus palabras eran corteses, estaban fundidas con un categórico mensaje negativo transmitido por su tono de voz. Cuando hay un doble mensaje como ése, es más probable que el receptor responda a las señales *no verbales,* como el mensaje significativo, y desconozca las palabras, precisamente como respondió Sally al tono de voz de Tom con una reprimenda. Sin darse cuenta de que su tono de voz era provocativo, Tom interpretó su reproche como una negativa a su petición y entonces se disgustó. Es probable que Sally habría accedido a efectuar la llamada si Tom no hubiera endurecido sus palabras con una reprimenda. Sin embargo, ambos se vieron atrapados en reprensiones y represalias, así es que nunca llegaron a tratar el problema práctico, es decir, llamar al electricista.

Cuando un cónyuge procura controlar al otro armando sus palabras con una indirecta de amenaza o reproche, es probable que el intento logre provocar, en lugar de persuadir. De modo que Sally se disgustó con Tom por la reprensión implícita y Tom interpretó mal la reacción de ella como señal de obstinación, que impulsó su desquite. El *contenido* de lo que ellos querían comunicar se perdió, mientras se embarcaban en castigarse por su mutua hostilidad. El uso de mensajes hostiles para estimular a cada uno a obrar de acuerdo con sus simples formalidades de convivencia, hacía que por momentos su relación se convirtiera en una pesadilla.

Si Tom se hubiera dado cuenta de que sus pensamientos fugaces (antes de pedirle a Sally que llamara al electricista) eran contraproducentes, habría podido neutralizarlos lo suficiente como para efectuar la petición de manera amable. Sin embargo, sus pensamientos automáticos prepararon el escenario como para una confrontación: *"Ella nunca atiende las cosas... es probable que me haga pasar un mal momento y me diga que lo haga yo, aunque no tenga tiempo"*. Anticipándose a una negativa, hizo su petición de tal manera, como para producir la negativa que él temía.

Los cónyuges a menudo hacen sus peticiones o preguntas de un modo que sirve para culpar, atacar o rebajar a su pareja (por ejemplo, "¿por qué no llamaste al electricista?"). A medida que progresa el diálogo, las palabras se hacen más ofensivas. En la cúspide del enojoso intercambio, las parejas contrincantes usan todas sus armas, incluso insultos, y algunos recurren a la última arma, el ataque físico. Si las parejas desean mantener una relación placentera en el trabajo del hogar, tienen que poder apartar sus reproches y amenazas de sus legítimas peticiones. Ante todo, deben tener conciencia de la índole provocativa del estilo que usan al hablar.

ATAQUES ANTICIPADOS

Es posible agredir a alguien, a modo de ataque anticipado, cuando tememos que, si no frenamos la agresión de él (ella) —ya sea psíquica o física—, seremos ofendidos. En esos casos, cuando prevemos que alguna persona se apresta a atacarnos,

nos enojamos y atacamos primero, antes de correr el riesgo de que nos ofendan.

Shelly, por ejemplo, quería discutir con su esposo un tema delicado, un informe sobre los niños, que tenían problemas en el colegio. Cuando ella dijo: "Querido, estoy preocupada por cómo les van las cosas a los niños", Robert se enojó y contestó: "Siempre estás preocupada por los niños; ¿por qué no los dejas solos? Si continúas de ese modo harás de ellos unos neuróticos, como tú" Shelly respondió llorosa: "Tú me estás convirtiendo en una neurótica, gritándome todo el tiempo".

Sin embargo, el pensamiento automático primario de Robert era muy diferente a su reproche. El había pensado: *"Tal vez las cosas no les van bien. Me va a decir que no cumplo mi deber de padre y eso me hará sentir culpable".* Esos pensamientos iniciales produjeron un dolor que quiso descartar echándole la culpa a Shelly.

Al gritarle a Shelly —un ataque anticipado—, él evitó el dolor de exponer sus propios defectos. Como en intercambios anteriores similares a ése, la introducción de disputas emocionales impidió dedicarse a los problemas prácticos y mucho más a solucionarlos.

Para evitar esos ataques anticipados, es importante reconocer los pensamientos automáticos, en especial los que le hacen sentir triste, culpable o ansioso a uno, y refrenar el impulso de contraatacar. Si bien es cierto que el ataque anticipado puede evitarle por un tiempo algún dolor, por último, y a consecuencia de los continuos y desagradables choques con su cónyuge y los malos efectos de los problemas sin solucionar, le causará más dolor. Es posible que frenar esos ataques requiera paciencia y tolerancia, pero dará lugar a mejores relaciones y a una más acertada solución de los problemas.

Muchas personas contraatacan en el instante en que piensan que se los critica, sin examinar si la crítica es válida. De este modo, evitan el dolor de la crítica. Por ejemplo, si un marido le dice a su mujer que descuida a los niños, es posible que ella acepte la verdad de esa imputación, se reproche a sí misma y se sienta mal. Pero, al defenderse automáticamente y contraatacar antes de que la crítica pueda ser "comprendida", lo desacredita a él y, por consiguiente, a la validez de su crítica. No obstante, el resultado es que la intención de la comunicación y la solución del problema quedan truncadas: si hay algo de cierto en lo que su marido dice, ella nunca se tomará el tiempo para pensarlo; si el equivocado es él, no dejará de señalárselo.

Utilizar la crítica para cambiar lo que hace el cónyuge puede crear más problemas que soluciones. Como veremos en los capítulos restantes, las parejas pueden aprender una variedad de métodos para evitar o solucionar problemas, sin recurrir a la crítica, a la exigencia o a los ataques anticipados.

CONTRAGOLPE

Cuando alguna manifestación de hostilidad es justificable, es posible que nos enojemos tanto que, aun cuando nos limitemos a regañar o insultar, lo hagamos a muerte. Semejante reacción extrema en una disputa matrimonial excede tanto los motivos que la generaron, que impulsa al cónyuge más ecuánime a tildar al otro de "histérico" o "irracional", o a replegarse con miedo.

Un problema más serio es que una reacción desaforada dirigida al ataque, tal vez propio de nuestra especie en una época anterior, en la selva, puede abrirse camino a través de las inhibiciones y conducir al maltrato físico. Hace varios años, me consultó una pareja que manifestó que, aunque se querían, peleaban de continuo. En diversas oportunidades el marido maltrató tanto físicamente a la esposa que ésta llamó a la policía. Ellos describieron el siguiente incidente:

Dos días antes, al salir Gary de su casa, Beverly le dijo: "A propósito, llamé a lo de Bob (un trapero del barrio) y ellos retirarán todos los trastos del garaje". Gary no contestó, pero al pensar en lo que ella había dicho, su enojo creció. Terminó propinándole un puñetazo en la boca. Beverly corrió hacia el teléfono y comenzó a llamar a la policía hasta que Gary la detuvo. Después de mucha pelea, seguida de una acalorada discusión, convinieron en efectuarme una consulta.

De acuerdo con el relato que me hicieron al principio, la reacción de Gary parecía inexplicable. Sin embargo, a medida que se aclaraba el relato, el incidente se hizo más comprensible. Cuando se le preguntó por qué la había golpeado, Gary contestó: "Beverly en verdad me enloqueció", como si la provocación fuera evidente. En cuanto a él, *ella tenía la culpa de que la hubiera golpeado,* porque lo había encolerizado hablándole de esa manera. Gary creía que, si Beverly lo hizo enojar, era justo que le pegara. Suponía que, a pesar de que lo dicho por su mujer parecía sin mala intención, ella en realidad quería decir que no podía contar con él para retirar los trastos del garaje, que era irresponsable y que moralmente ella era superior.

Beverly, por otra parte, sostenía que ella "sólo le dio una información" sin acusarlo. Hacía ya cierto tiempo ella le había pedido que limpiase el garaje; como no lo hizo, ella decidió hacerse cargo del asunto llamando al trapero.

A fin de obtener detalles más exactos de lo que había sucedido en realidad, decidí que ambos reconstruyeran el incidente en mi consultorio. Le pedía a Beverly que contara los antecedentes y después que repitiera lo manifestado a Gary. Tan pronto como él escuchó las palabras, su rostro enrojeció, comenzó a respirar hondamente y apretó sus puños. Parecía como si fuera a golpearla de nuevo. En este punto intervine, y le hice la pregunta fundamental de la terapia cognitiva: "¿Qué es lo que pasa por su mente, *ahora mismo?*" Todavía temblando de furia, respondió: "Ella siempre me atormenta. Trata de ponerme en evidencia. Sabe que me vuelve loco. ¿Por qué no acaba de decir lo que piensa, que ella es una santa y que yo no valgo nada?"

Sospeché que esta primera reacción (pensamiento automático primario) a las palabras de ella —que consideró como una clara humillación— era el pensamiento de ser un marido fracasado y estar convencido de que ella quería decir eso en realidad. No obstante, él suprimió este pensamiento doloroso rápidamente, y se fijó sólo en su expresión ofensiva. Si bien ella le repitió lo mismo en un tono mesurado durante la teatralización en mi consultorio, supuse que en realidad pudo haberle hablado en un tono altivo o levemente sarcástico.

En mi consultorio, ella reconoció que cuando habló, en verdad, tuvo un pensamiento degradante: *"Ves, no puedo contar contigo para nada. Tengo que hacer todo yo sola"*. Aunque en tal oportunidad no expresó ese pensamiento, es evidente que se notó en su tono de voz o él estaba tan sensibilizado a este mensaje, por alguna experiencia anterior, que lo captó en lo que ella dijo. De este modo, una provocación puede encubrirse en un mensaje inocente en apariencia. ¿Pero, cómo comprender la *intensidad* de la reacción de Gary? La explicación se encuentra en las facetas de su personalidad, así como en la historia matrimonial de acusaciones y represalias de la pareja.

Antes de casarse, Gary había sido autosuficiente y se consideraba a sí mismo una persona de éxito. Criado en una familia pobre, pagó con su trabajo los gastos de la universidad y se graduó de ingeniero. Estableció su propia firma consultora y prosperó desde el principio. Tenía un alto concepto de sí mismo como un individuo enérgico y de éxito.

Beverly se sintió atraída por Gary por ser bien parecido y por su modo de ser desinhibido e independiente. Ella se crió en una "familia formal", en la cual el énfasis estaba puesto en los buenos modales y en la adaptación social. Algo inhibida, se sintió atraída por un hombre que parecía no estar atado a convencionalismos sociales, que era un pensador independiente y, sobre todo, aparentaba ser *fuerte*. Lo admiraba por su prometedora profesión y vislumbró en él la fantasía de un caballero con reluciente armadura que siempre cuidaría de ella. Por cierto, durante el noviazgo él tomó la responsabilidad de planear el tiempo que pasaban juntos y, como ella lo consideraba superior, se sintió muy cómoda con ese arreglo. Gary se sintió atraído por Beverly porque ella era bonita, dependiente de él, y lo admiraba. También era sumisa y se amoldaba a sus deseos.

Después de casados, Beverly se sintió intimidada al principio por Gary, pero gradualmente descubrió su talón de

Aquiles: él rehuía las tareas del hogar; no podía relacionarse con los niños. Con el correr del tiempo, ella maduró y se hizo más segura de sí misma y ya no se consideró inferior a él. De hecho, de tanto en tanto, tuvo la satisfacción de demostrar que —lejos de ser una "muñeca perfecta"— era más madura que él en muchos aspectos. Atendía mejor los detalles, era una madre más concienzuda y manejaba su vida social con más habilidad que él.

Al mismo tiempo, Gary tenía breves episodios de depresión moderada durante los cuales pensaba que era un padre y marido ineficiente. En esas ocasiones, solía aceptar las críticas implícitas de Beverly como válidas. Solía sentirse ofendido por ellas, pero no se defendía. No obstante, cuando Gary ya no estaba deprimido, se negaba a "tolerar sus críticas" y solía perder el control con ella.

¿Por qué Gary recurría al castigo físico en lugar de limitar sus represalias a ataques verbales? Ante todo, había sido criado en un barrio de "extramuros", donde los conflictos se dirimían con frecuencia mediante enfrentamientos físicos. Además, Gary describió a su padre como un hombre violento. Cuando se encolerizaba, su padre solía castigar a su madre, a él y a sus hermanos. Al parecer, Gary aprendió muy pronto "cuando estás enojado, debes propinarle una paliza a la otra persona".

Gary nunca tuvo un modelo de quien aprender modos no violentos de solucionar problemas. Esto fue la causa de que no supiese casi nunca controlarse en el trato con las personas que lo rodeaban, incluso sus empleados y clientes. Si sus empleados le causaban enojo, solía despedirlos y más tarde trataba de contratarlos de nuevo. Si tenía algún conflicto con un cliente sobre planes u honorarios, desistía del negocio.

Esa falta de control le valió una reputación de tirano; pero, singularmente, en lugar de alejar a los clientes, esto los atraía. Así, daba una imagen de máxima autoridad: soberbiamente seguro de sí e intolerante con la oposición, en resumen, de un hombre fuerte.

Si bien el estilo autoritario tenía éxito en su negocio, era inadecuado para el matrimonio. Al principio, cuando Beverly intentó hacerle frente con firmeza él solía gritarle, pero en la medida que ella comenzó a defenderse, él empezó gradualmente a hacerla objeto de malos tratos físicos. Con el tiempo, cada vez que Gary detectaba un tono de mofa o de desaprobación en su voz, se sentía impulsado a reaccionar con un ataque físico.

Durante mi trabajo con esta pareja, se puso de relieve que los temas sobre la autoestima eran de extrema importancia. Beverly trataba de proteger de continuo su autoestima y no se sometía a los deseos de su marido. Para Gary, la oposición de ella significaba, simbólicamente, que lo tenía muy poco en cuenta. Después de todo, él sabía cómo debían hacerse las cosas, sus empleados y clientes lo escuchaban y hacían lo que él decía. De este modo, su resistencia tenía un significado más profundo para él: tal vez, en verdad, él no era tan competente como le gustaba creer. Este pensamiento era doloroso; sus ataques de enojo servían, en parte, para disipar la idea.

Consultas posteriores revelaron que durante el período de su crecimiento, su hermano mayor solía burlarse de él y lo atormentaba llamándolo con un nombre secreto, acuñado en especial para él: "debilidad". A pesar de su carrera de éxito, nunca había podido desprenderse por completo de esa imagen de sí mismo como criatura débil. No obstante, rara vez se sintió obsesionado por la sensación de ser un "derrotado" porque en la mayoría de sus relaciones con la gente, él llevaba la delantera.

Sin embargo, las cosas con Beverly eran diferentes. Gary se sentía vulnerable. Al atacarla, intentaba evitar el dolor que le causaba exponer su lado "débil". Si ella tomara la delantera, eso le ofrecería la dolorosa confirmación, en su mente, de que él verdaderamente era una "debilidad". De hecho, en las oportunidades en que ella lo criticaba, solía pensar con dolor: *"Si ella en verdad me respetara, no me hablaría de ese modo, piensa que soy débil".*

De este modo, ambos trataban de equilibrar hasta cierto punto la relación, rebajándose mutuamente. Gary quería mantener su autoestima, que se basaba en controlar a las demás personas. Su pensamiento polarizado —*"Si no estoy por encima, soy un fracaso"*— reflejaba el temor oculto de que se pusiera en evidencia su debilidad. Por otro lado, la autoestima de Beverly estaba menoscabada por la arrogante autoridad de Gary, y el intento de ella para derribarlo del pedestal era un modo de restablecer su propia autoestima. Su temor encubierto era el de ser dominada a causa de sus incertidumbres e inhibiciones.

Así, lo que en la superficie parecía ser una disputa con respecto a la distribución de las responsabilidades domésticas, resultó ser una lucha acerca de la autoestima. El asunto de quién-hace-qué-y-cuándo se había convertido en un campo de batalla, donde los cónyuges peleaban por mantener los conceptos propios. Cuando uno ganaba, perdía el otro; cuando uno se sentía bien, el otro se sentía mal. La combatividad y la competencia mutua por el control se originaba en la verdadera motivación: la necesidad de ambos de proteger su propio orgullo.

Encaré la terapia siguiendo dos caminos. Primero, establecimos las reglas fundamentales para la comunicación. Tanto Beverly como Gary tenían que abstenerse de discutir temas espinosos, que habíamos anotado, cuando se enojaban. Segundo, tendrían una sesión semanal de conciliación (al comienzo en mi consultorio, pero con el tiempo en la casa), durante la cual se turnarían para presentar los problemas. Si cualquiera de los dos penetraba en la "zona caliente" —si se sintieran enojados y comenzaran a criticar o a atacar—, ambos tendrían que cambiar a un tema diferente y más neutral. (Véase capítulo 17 para la discusión de las "zonas".) Si eso no funcionara, tendrían que distanciarse físicamente uno del otro. Si Gary no se calmase con rapidez, tendría que tranquilizarse dando un paseo.

Una vez que la pareja instituyó ese nuevo sistema, que duró alrededor de cuatro o cinco visitas, comencé a verlos por separado. Ambos habían sido aleccionados con la técnica para identificar los pensamientos automáticos y cómo combatirlos mediante respuestas racionales (véase capítulo 13). Por ejemplo, Gary aprendió a abordar sus pensamientos automáticos del modo que se indica más adelante. En cierta oportunidad, Beverly dijo con una voz aparentemente forzada: "El mes pasado no pagaste el TV Cable. Es probable que suspendan el servicio". Gary se encolerizó, pero logró sacar su cuaderno de anotaciones, el lápiz, y escribir lo siguiente:

| Pensamiento automático | Respuestas racionales |
|---|---|
| Ella trata de rebajarme. | 1) No me consta eso como un hecho. Es posible que sólo quiera decirme algo. |
| | 2) Lo que dice puede ser válido. Puedo concentrarme en eso e ignorar su tono de voz o lo que piensa. |
| | 3) Ella tiene sus propios problemas. No tengo que permitir que me absorban y volverme loco. |

Después de varias semanas, se le enseñó a Gary cómo comprender los primeros pensamientos reales (primarios) que precedían a sus pensamientos coléricos, que lo impulsaban a pegarle a su mujer.

| Situación | Pensamiento inmediato |
|---|---|
| Me regañó por llegar tarde a casa. Ella dijo: "¿Por qué viniste tarde?" | 1) No piensa demasiado en mí si cree que puede hablarme de ese modo [ofendido]. |
| | 2) Debe considerarme débil [ofendido]. |
| | 3) Es probable que yo sea débil, de lo contrario no me hablaría |

> de ese modo. [Sentimiento de dolor.]
> 4) No puedo dejar que se salga con la suya. [Enojo: deseo de pegarle.]

La idea de ser menoscabado por ella provocó la reacción en cadena que hacía décadas había surgido durante su niñez en las riñas con su hermano. Al sentirse disminuido por Beverly, Gary pensó: *"No puedo dejar que se salga con la suya"* y se sintió impulsado a pegarle. Por fortuna, siguió mis instrucciones: trató de ignorar cualquier inflexión negativa en el tono de su pregunta; dejó de lado los significados expresados en los pensamientos automáticos de él; controló el impulso de castigarla y se concentró sólo en el contenido de la pregunta. De este modo, procuró tomar las preguntas de Beverly en su significado literal. Cualesquiera otras preguntas del cónyuge son también legítimas peticiones de información. No es necesario responder al mensaje encubierto. Cuando Beverly preguntó: "¿Por qué viniste tarde?", Gary contestó: "Me demoré en la oficina".

Con el matrimonio estabilizado, al menos por el momento, pudimos enfocar el profundo sentido de vulnerabilidad de cada uno: Gary pudo examinar esa vulnerabilidad al revivir los temores infantiles de sentirse débil e inferior. Beverly examinó su propio sentido de impotencia originado en las inhibiciones de su niñez. Con preparación, aprendió que podía hacer valer sus derechos sin ser hostil; podía hablar con Gary en forma directa, firme e incluso amable, y no necesitaba provocarlo o rebajarlo.

QUE ESCONDEN LAS DISCUSIONES:
CONVICCIONES BASICAS

Para comprender de modo más cabal por qué las personas se comportan de la manera en que lo hacen, debemos mirar en lo más profundo de sus acciones, más allá de sus pensamientos automáticos e indagar sus convicciones básicas. Una convicción básica, una vez activa, influye sobre la manera en la que una persona interpreta una situación y cómo actuará. Algunas de esas convicciones están cerca de la superficie y pueden observarse con facilidad; algunas están ocultas confundidas con otros pensamientos. No obstante, con algo de introspección las personas pueden aprender a discernirlas.

Gary tenía el siguiente conjunto de convicciones que reflejaban su tendencia a percibir a los demás como adversarios:

- Tengo que mantenerme por encima, así los demás no descubrirán mi debilidad.
- Si las personas conocieran mi debilidad, todos me pasarían por encima.
- Tengo que controlar a otras personas en todas las situaciones.
- Si mi mujer consigue alguna vez lo mejor de mí, no parará jamás.
- Mi mujer disfruta rebajándome.
- La única manera de hacerle entender que no puede salirse con la suya es pegarle.

Beverly tenía las siguientes convicciones:

- Soy demasiado inhibida.
- Si no me expreso, soy incapaz.
- Si soy incompetente, no soy nada.
- Tengo que mantener a Gary en jaque o me pasará por encima.
- El único modo para que él coopere en casa es demostrar que está fracasando en el trabajo.

Cuando comparamos las actitudes de cada cónyuge, podemos darnos cuenta de que sus choques eran inevitables. El conflicto básico se manifiesta en el enojo y hostilidad de ambos, un serio elemento destructor que requería una posterior modificación.

CONTROL DEL ENOJO

El caso de Beverly y Gary se parece mucho a otros innumerables casos de relaciones perturbadas o rotas en las cuales las parejas *no* buscan ayuda profesional. Incluso si los cónyuges no tienen problemas tan serios, hay una serie de principios que pueden tener en cuenta para minimizar el daño producido por discusiones acaloradas.

1) Las parejas pueden provocar enojo sin necesidad, por el modo como hablan sobre la administración de la casa, la crianza de los hijos y otros temas. A menudo usan técnicas tales como el tormento, el sarcasmo y la crítica, cuando harían mejor diciendo sencillamente lo que quieren.

2) Las parejas usan a menudo esas formas de hablar porque se sienten con derecho a hacerlo. Con frecuencia, ésas eran las mismas técnicas usadas en sus familias de origen. Sorprende que, aun cuando esos métodos son contraproducentes, los cónyuges persisten en usarlos, ya sea porque ni siquiera consideran otros enfoques o porque sencillamente están convencidos de su eficacia. Son inconscientes de que esas tácticas son por lo general contraproducentes, generan resentimiento, oposición y represalia.

3) Aunque quizá sean eficaces en la selva, las emociones de enojo y hostilidad primitivas están fuera de lugar en la vida doméstica, donde "matar o ser matado" no viene al caso. Las

parejas necesitan aprender cómo *controlar* o reducir la hostilidad excesiva, en vez de manifestarla.

4) Las técnicas de control consisten en métodos de sentido común, tales como refrenarse para no actuar con enojo, tratar de cambiarse de la zona caliente a la zona templada (capítulo 17) y tomarse un respiro cuando las disputas se hacen demasiado acaloradas.

5) Cuando las parejas aprenden a identificar los pensamientos automáticos y las convicciones básicas que sustentan su hostilidad, pueden despejar el camino hacia soluciones constructivas para los verdaderos problemas que tienen entre manos, en lugar de recomponer de continuo temas psicológicos encubiertos.

Muchas personas aprueban la idea de que expresar enojo es una cosa buena, pero sólo piensan en función del *alivio inmediato* y de la *satisfacción* que obtienen: *"Ahora que me he desahogado, me siento mucho mejor"*. Lo que dejan de tener en cuenta es el efecto producido sobre el cónyuge. Cuando Gary y Beverly se fustigaron entre sí, se infligieron un daño verdadero, y la reacción en cadena se aceleró hasta culminar en violencia física.

La hostilidad no puede manifestarse en el vacío. Está destinada a alguien —el cónyuge— quien se ve obligado a reaccionar. Además, para que la hostilidad tenga "éxito", para que las palabras y actos airados "surtan efecto", usted tiene que saber que su pareja experimenta dolor. En consecuencia, es posible que usted se mantenga atacándolo(a) hasta que observe una reacción de dolor.

Si su hostilidad surte efecto y su cónyuge hace lo que usted desea, es probable que usted continúe utilizando en el futuro esa "estrategia" para castigar o controlar a su compañero(a). Pero a veces, su hostilidad puede salirse fuera de control y usted puede infligir un daño mucho mayor del que pretendía. Del mismo modo que es difícil para las naciones tener una guerra limitada, también lo es para las parejas tener una hostilidad limitada.

Aunque la manifestación del enojo se ha convertido en algo así como el rasgo distintivo del matrimonio, descubrí que, por lo general, parece hacer más daño que bien. La acumulación de ofensas provenientes de ser regañado, vilipendiado, maldecido, conduce a la víctima a considerar al cónyuge atacante no sólo como a un adversario, sino también como a un enemigo.

La verdadera razón es que existen modos más eficientes para que las parejas en un matrimonio solucionen sus problemas que gritarse uno al otro. Personas inhibidas como Beverly, por ejemplo, pueden practicar expresando simplemente sus deseos de un modo directo, y utilizar la sutileza y las explicaciones más que los ataques. La tendencia actual hacia la autoafirmación y la liberación, en el peor sentido de las palabras, ha liberado a muchas personas de sus inhibiciones pero a costa de sus relaciones familiares. No se dan cuenta de que es posible valerse de la autoafirmación, sin depender del enojo, para satisfacer su seguridad.

INHIBICION, ENOJO Y AUTOAFIRMACION

No cabe duda de que la frustración y, por ende, la cólera se originan en la dificultad que muchas personas experimentan para expresarse con eficacia con sus parejas. Parte del problema parece ser el temor a la represalia del cónyuge y la preocupación de herir los sentimientos del mismo. Otra parte del problema es la incapacidad del cónyuge de señalar con precisión la fuente exacta de la frustración. La mayor parte de la dificultad, sin embargo, es la falta de habilidad en presentar el problema y en disponer de un momento adecuado para discutir los conflictos con su cónyuge. Las maneras de abordar el problema de la autoafirmación fueron encarados en una serie de libros (véase Referencias al final del libro). Los modos específicos para resolver los conflictos con el cónyuge están descritos en los capítulos 15, 16 y 17.

A veces, el problema de la inhibición y la dificultad de la autoafirmación es tan sutil, que la persona no se percata de su existencia y sólo es consciente de cierta depresión, irritabilidad, fatiga y síntomas físicos imprecisos. En ocasiones, como en el caso siguiente, la indagación precisa de la dificultad puede conducir rápidamente a su solución.

## *El caso de la esposa inhibida*

Hace varios años, tuve una conversación informal con Susan, una amiga que se quejaba de falta de energía e incapaz de motivarse para ocuparse en un proyecto de arte que era bastante importante para ella. Creyó que podría tener una especie de "bloqueo artístico" que le estaba cerrando el paso.

Hablamos sobre varios aspectos de su vida. Luego comencé a preguntarle acerca de las relaciones con su esposo y, al principio, las describió como buenas. Habló de él en términos vehementes, agregó que se llevaban muy bien, tenían intereses comunes y nunca tenían desacuerdos.

Aun cuando teóricamente es posible que una pareja tenga intereses y convicciones tan idénticas que nunca sufran desacuerdos, esto no es lo más probable. Una explicación más verosímil es que un cónyuge (o posiblemente ambos) sea tan condescendiente con los deseos del otro que no se percate de sus propios deseos, o que esté tan empeñado en preservar la opinión idealizada de una relación libre de fricciones, que descarte cualquier sentimiento de desacuerdo y acceda a los deseos del otro.

En esta ocasión, sospeché que Susan podía encuadrar en este modelo y a fin de probar esa idea, le pregunté más en detalle:

ATB: ¿Cuál fue la última ocasión en la que comenzaste a sentir un aumento de la fatiga?
SUSAN: Phil y yo habíamos salido en auto para dar un paseo y cuando regresamos a casa fue como si toda la energía me hubiera abandonado, me sentí sin fuerzas, como un trapo.

ATB: Cuando paseaban ¿qué pasó?
SUSAN: Nada fuera de lo común.
ATB: ¿Quién conducía el auto?
SUSAN: [Comienza a ponerse nerviosa.] Conducía Phil.
ATB: ¿Recuerdas qué pasó durante el viaje?
SUSAN: Oh, algo sucedió, pero en verdad no fue nada. Sentí frío por la corriente de aire —la capota del convertible estaba baja— y le pedí a Phil que la cerrara, pero él dijo: "En verdad disfruto de esto. Además, el aire frío es bueno para ti".
ATB: ¿Qué sentiste en ese momento?
SUSAN: [Algo más tensa.] Supongo que él tenía razón.
ATB: ¿Tuviste algún otro pensamiento?
SUSAN: [Ahora con cierto tono irritado en la voz.] Pensé que él nunca escucha lo que tengo que decir. Siempre quiere que las cosas sean a su manera.

Susan se mostró algo sorprendida con lo que acababa de decir. No se había percatado de su irritación con Phil. Después de hacer esa manifestación —que nunca se la había hecho a nadie más, ni a su marido—, comenzó a sonreír y pareció más animada. Luego dijo: "Sabes, ya me siento mejor". Después hablamos sobre su ideal con respecto al matrimonio: de querer allanar cualquier discrepancia y de su subordinación a fin de preservar el ideal de una relación libre de problemas. Ese ideal, entre paréntesis, encajaba en la fantasía de su adolescencia de mantener una vida despreocupada, una fantasía que se empeñaba en mantener.

Cuando Susan tomó conciencia de sus tendencias al sometimiento, convino que sería una buena idea tratar de hacer valer más sus derechos ante Phil todas las veces en que hubiera el más leve indicio de desacuerdo con él. Entonces, decidimos hacer una teatralización en la cual yo asumí el papel del esposo, afirmando con energía mi punto de vista en una serie de temas y ella practicó hablando conmigo, manteniéndose firme.

Durante la teatralización, se sintió bastante enojada con Phil, pero también reconoció que, con probabilidad, él habría cooperado si se le hubiera enfrentado resueltamente y, en especial, si hubiera compartido su problema personal con él.

Con el correr del tiempo, Susan logró tener bastante éxito en hacer valer sus derechos ante Phil. Comenzó a sentir verdadero enojo hacia él cuando éste le imponía sus deseos y ¡logró decírselo! Su fatiga desapareció durante la conversación conmigo y, cuando regresó a su casa, descubrió que el "bloqueo artístico" comenzó a irse, desapareciendo por completo en pocos días.

LA ANATOMIA DEL ENOJO

Una comprensión más detallada de la naturaleza del enojo y del papel que representa en nuestra adaptación a las amenazas, puede ayudar a demostrar por qué no debemos someternos, en la mayoría de las situaciones, a impulsos hostiles.

El sentimiento de enojo incluye una sensación de apremio por *hacer algo,* más o menos análoga a las presiones internas que experimentamos cuando estamos sexualmente excitados y, al igual que con la excitación sexual, la tensión tiende a persistir hasta después de la "consumación del acto", que la alivia. Tanto en el caso de la hostilidad, como del sexo, la consumación produce no sólo una sensación de alivio de la tensión, sino una satisfacción total y la disipación del instinto original. En un sentido, el enojo y la excitación sexual sirven como catalizador que incita a acciones específicas. Pero los sentimientos son un preludio a esas conductas y no una parte constitutiva de ellas, al igual que el hambre puede inducirnos a comer aunque no sea parte de la acción de comer.

El término «enojo» se usa muy a menudo de modo vago para aplicarlo a todo el proceso de sentimientos negativos, de provocación para pelear, y la propia pelea. La expresión "El manifestó su enojo", por ejemplo, puede utilizarse para describir la escena según la cual una persona ofendida pega al ofensor. Pero para nuestros propósitos, este concepto del enojo es engañoso. La palabra *enojo* está más reservada para una *emoción* específica que para los actos violentos relacionados con ella.

Un término mejor para el impulso de atacar, así como para el verdadero ataque en sí, es *hostilidad*. Una persona puede atacar sin sentirse enojada, y es posible que esté enojada sin atacar. Podemos, por ejemplo, golpear el saco de arena con nuestros puños o lanzar un dardo al blanco sin ningún otro sentimiento que el placer de usar nuestros músculos. Además, podemos ser malos, incluso crueles, con otra persona, no por enojo sino por el placer sádico que nos brinda. *Enojo*, el término que usaremos aquí, es un sentimiento que nos alerta sobre la posible necesidad de una acción agresiva o nos prepara para autodefendernos.

Cuando las parejas se pelean, se establece una progresión: primero, perciben que han sido agraviados de alguna manera; segundo, se enojan; después se sienten impulsados a atacar; y por último, atacan. Es posible interrumpir esta secuencia en cualquier etapa: los pensamientos de injurias pueden corregirse, los sentimientos de enojo, disiparse, y el impulso de atacar, suprimirse.

El *concepto* que las personas tienen del enojo tiene consecuencias directas sobre la manera de tratarlo. Por ejemplo, la idea de enojo como una especie de sustancia que en forma gradual se acumula en un envase ha producido abundante cantidad de prescripciones para abordar el tema. George Bach, por ejemplo, es partidario de que las parejas "expresen su enojo" y propuso técnicas para hacerlo.[1] Muchos otros autores justifican su defensa de la conducta hostil con metáforas similares y comparan el enojo, al agua hirviendo en una olla: a menos que se deje escapar el vapor, la presión hará volar la tapa.

---

1. G. BACH y P. WYDEN, *The intimate enemy* (Nueva York: Avon Books, 1968).

Esas propuestas fueron criticadas por autores como los psicólogos Albert Ellis y Carol Tavris,[2] quienes proponen la búsqueda de las bases cognitivas de la hostilidad en lugar de expresarla mediante la acción. Yo también creo que es mejor, en la mayor parte de los casos, comprender el enojo para abordarlo y no actuar con él. En ocasiones, sin embargo, actuar con enojo puede ser esencial para la supervivencia. Una mujer sometida a malos tratos por su esposo podría utilizar su experiencia de enojo para iniciar una acción eficaz en defensa propia.

¿Cómo actúa el enojo? La emoción en sí consiste en sentimientos de incomodidad y tensión. Las sensaciones que provienen de la actividad del sistema muscular y del sistema nervioso autónomo (rápido cambio en la presión arterial, pulso acelerado, músculos tensos) se confunden con los sentimientos de enojo *per se,* y puede ser difícil diferenciarlos. La activación física agrega una sensación de aceleración. Pero esta misma sensación se verifica siempre que se moviliza una persona, ya sea para competir, hacer ejercicio o atacar y no está necesariamente asociada con el enojo.

Como una estrategia de supervivencia en evolución, el enojo es comparable con el dolor. Por cierto, la palabra *enojo* deriva de radicales que denotan "disgusto, aflicción o dolor". Como el dolor, el enojo parece destinado a perturbar nuestro estado de equilibrio y alertanos ante el disgusto. Creemos que ambos sirven al propósito de activarnos para abordar amenazas o daños. Esta perturbación —o señal— nos incita a frenar lo que hacemos y cambiar nuestra atención hacia el problema que desencadena el enojo.

Al concentrarnos sobre cualquier cosa que parezca responsable del enojo, nos sentimos impulsados a atacar la causa. Así, el enojo puede ser considerado como una suerte de

---

2. A. ELLIS, *How to Live with and without Anger* (Nueva York: Reader's Digest Press, 1977).

C. TAVRIS, *Anger, The Misunderstood Emotion* (Nueva York: Simon & Schuster, 1982).

alarma, que nos alerta ante la amenaza, Del mismo modo que podemos aliviar el dolor eliminando el elemento que lo causa (una espina, una mota en un ojo), de igual manera, aliviamos el enojo al eliminar su origen. Una vez apartado o destruido el agente nocivo, se apacigua el enojo y se restablece el normal equilibrio.

Como parte de la primitiva respuesta a la pelea-fuga, la hostilidad está arraigada en los mecanismos más fundamentales de supervivencia. Pero en la vida moderna, y en el matrimonio actual en particular, obrar con ese impulso primitivo puede ser destructivo para las relaciones. A pesar de la índole imperiosa del enojo y de la premura en aliviarlo mediante un acto hostil contra el ofensor, no debemos ceder al impulso de atacar. Con el correr del tiempo, el enojo desaparece gradualmente, y con ello el deseo de agredir.

## *Cómo infligimos dolor psíquico*

Nuestra hostilidad tiende a infligir dolor físico o psíquico. Aunque la sensación de una herida física es muy diferente a la experiencia de un dolor psíquico, son paralelos de un modo general. El dolor físico, en primer lugar, proviene de la estimulación de las terminaciones nerviosas periféricas y se localiza en la zona de esa estimulación. Cuando tenemos dolor psíquico (por ejemplo: tristeza o ansiedad), no podemos señalar una zona específica en donde lo sentimos, pero este dolor es tan verdadero como el dolor físico y a menudo más desagradable aun.

A pesar de sus diferencias, el dolor físico y el psíquico tienen algunos efectos similares. Un insulto, por ejemplo, puede producir la misma expresión dolorosa, la misma desarticulación de los músculos faciales que una bofetada. Recibir malas noticias puede producir la misma clase de reacción que un *shock*, una súbita baja en la presión arterial, incluso un desmayo.

Cuando Sybil le dijo a Max que pensaba separarse de él,

todo su cuerpo se endureció como si ella le hubiera pegado. A menudo utilizamos símiles físicos o metafóricos para expresar un trauma psíquico ("fue una bofetada" o "fue como una patada en el estómago"). Tanto una bofetada figurativa como una real transmiten un mismo mensaje y producen igual respuesta. Lo crucial es el *significado* específico que los receptores le atribuyen a un trauma físico o psíquico.

## Sensibilidad a las ofensas

Cuando dejamos de considerar cuán sensibles somos a la crítica, reprimendas y observaciones deprimentes, casi parece que tenemos receptores adaptados para captar los mensajes despreciativos de todos los demás. Tal vez tenemos un circuito especializado en el cerebro, ajustado para recoger amenazas psíquicas, al igual que los receptores del dolor están adaptados para percibir el dolor físico. Este dispositivo puede ponernos sobre aviso de amenazas contra nuestro bienestar o seguridad que —en casos como un insulto o reproche— pueden ser el aviso de un ataque físico. Mediante una rápida reacción al dolor psíquico, evitamos un daño corporal. Así, cuando alguien nos hiere con una expresión de desprecio o con insultos, demostramos buena capacidad de adaptación enojándonos y preparándonos para detener un posible ataque físico.

Cuando queremos que las personas obren como nosotros les decimos, puede ser más eficaz infligirles dolor físico que simplemente culparlos y criticarlos. Los animales empujan, arañan o gruñen a sus cachorros para modelar la conducta de ellos. Pero los equivalentes humanos de esos actos primitivos —una bofetada o insulto, por ejemplo— son contraproducentes en una relación y por cierto, son a menudo detonantes de medidas defensivas. Esa clase de "persuasión" es peligrosa, considerando que nuestra capacidad para la activación física es más adecuada para una lucha en la selva que para la vida moderna. Siempre existe la posibilidad de que un ataque verbal pueda escalar inesperadamente hacia una guerra física total.

Ya sea una amenaza física o psíquica, el modo clásico de reacción, como lo describe el fisiólogo J. B. Cannon, consiste en una respuesta de pelea o fuga, en la cual el animal amenazado contraataca o huye. Por lo común, nosotros, seres humanos, tenemos una variedad adicional de opciones: podemos someternos a la amenaza y ceder a los requerimientos de la otra persona, retirarnos, o defendernos. Si la amenaza es inmediata y aplastante, es posible "quedarse helado" o desmayarse.

Cada una de esas respuestas parece provenir de un modelo primitivo que tiene su origen en lo salvaje. Ya sea un ataque físico o psíquico, intencional o involuntario, nuestra reacción defensiva incluye una movilización física o un colapso (como en el desmayo). Y, sea que intercambiemos golpes físicos o insultos, experimentamos la misma rigidez defensiva de nuestros músculos.

Aún más importante para comprender los conflictos es el conocimiento de lo que ocurre en nuestra mente durante el enfrentamiento. No sólo nuestro cuerpo se pone rígido sino también nuestra mente, una condición a la que me referí con anterioridad como "rigidez cognitiva". En una lucha conyugal, por ejemplo, nuestra opinión sobre nuestro adversario se endurece; nos formamos una imagen negativa mientras nos protegemos contra cualquier mensaje auténtico que quiera transmitir nuestro cónyuge. Además, atribuimos maldad a nuestra pareja, considerándolo(a) malo(a). Semejantes atribuciones de intenciones malignas y de mal carácter arrastran inevitablemente hacia disputas personales, y un cónyuge que cree que el otro es malo reacciona poniéndose a la defensiva y enojándose.

Pero aun cuando un miembro de la pareja tenga intenciones malévolas durante la pelea, eso no significa que sea una mala persona. No obstante, ya sea que la pelea se verifique entre los miembros de una pareja o entre enemigos, debemos reconocer que se moviliza el mismo dispositivo mental y físico. En el punto más álgido de las hostilidades, cada miembro puede parecerle al otro como un enemigo mortal: sus facciones y expresiones aparecen desfiguradas por la ira y están en realidad hirviendo de maldad.

Una pareja, deseosa de reducir su sentido de defensiva y enojo, puede intentar identificar, evaluar y modificar las imágenes negativas que tienen uno del otro. Hallarán que, en la medida en que cambia la imagen desagradable, también disminuirá su enfado. (Las técnicas para lograr esto se tratarán en los capítulos 13 y 17.)

Si bien la lucha es necesaria en la selva, nuestra supervivencia en la vida contemporánea casi nunca está comprometida. Por otra parte, somos perfectamente capaces de adoptar en público, incluso estando enojados, una apariencia civilizada. Sin embargo —por desgracia— la violencia doméstica es en nuestra sociedad más común que cualquier otra. A menudo no podemos —o somos renuentes a ello— controlarnos con nuestro cónyuge. Cuando fallan nuestros frenos internos, lo hacen porque no pueden soportar la creciente presión y es posible que la ira progrese hasta el punto de manifestarse mediante un ataque físico. Curiosamente, nuestro "adversario" es alguien a quien amamos, o hemos amado.

## Represalia y castigo

Cuando una pelea matrimonial deja en un cónyuge el sentimiento de rechazo u ofensa, éste actúa automáticamente para corregir el daño. Aunque por lo general pensamos en el castigo o la represalia como una acción voluntaria, el impulso que nos lleva a devolver golpe por golpe es tan automático como respuesta a una amenaza, como lo es el parpadeo cuando se introduce un cuerpo extraño en el ojo.

Por supuesto, la reacción hacia la represalia no culmina necesariamente en una acción hostil, sólo nos *prepara* para actuar. Un sistema intrincado de controles internos actúa como un freno, así que, mientras el preparativo para la acción es automático, el control de la acción es voluntario en gran medida. Cuando nos damos cuenta de que una amenaza ha desaparecido, por ejemplo, si descubrimos nuestro error en pensar que nuestro cónyuge nos criticaba, entonces se disipa la reacción.

Semejante tendencia hacia la represalia desencadena con frecuencia la percepción que una persona tiene de la ruptura o de la injusticia en la relación. Así, un cónyuge que se siente rechazado por su pareja podrá desquitarse convencido de que el castigo evitará desprecios futuros. Pero, por lo general, en una relación, la represalia es contraproducente. Ted, por ejemplo, "castigó" a Karen por ser impuntual, gritándole. En lugar de disculparse, como él esperaba, Karen se vengó retirándose —una actitud que suscitó en Ted un mayor temor de abandono— y reaccionó a ese doloroso rechazo amenazando con divorciarse. Karen respondió, "Es una buena idea", palabras que le hicieron sentirse desolado. Así, su intento de castigarla fracasó y la represalia de Karen empeoró aun más las cosas.

Resulta característico que las parejas, al percibir un desprecio, reaccionen con una humillación a modo de represalia; reminiscencia de adolescentes que creen que un insulto requiere otro. Con frecuencia la represalia supera a la ofensa inicial. En el lenguaje propio del crimen y castigo, la venganza requiere más que una simple restitución del *statu quo;* desde que la restitución sólo significa que el individuo ofensor no ha perdido nada, la venganza exige más. La víctima requiere más que la restitución de su posición, e impone una penalidad adicional.

La lógica que nos conduce a infligir más daño del que hemos recibido es responsable de la escalada en las peleas. La expresión "la violencia genera violencia", que a menudo se aplica a relaciones entre grupos y naciones, vale igualmente para las relaciones interpersonales. La manifestación de hostilidad de una persona es en sí un activador de hostilidad en el otro, muy poderoso y casi inevitable. Puesto que es probable que cada manifestación de hostilidad provoque una represalia de mayor grado aún, lo que comienza como un simple intercambio de críticas puede convertirse en un intercambio de golpes, incluso en una pareja que se quiere. Por supuesto, es posible controlar esa reacción combativa, pero requiere aun más esfuerzo, ya que la necesidad interna de vengarse se hace más poderosa a medida que continúa la pelea.

Una reacción tan refleja y vinculada a primordiales respuestas de supervivencia está sujeta, a veces, a exceder la capacidad de la persona, para contenerla. A pesar de eso, las personas adquieren técnicas para controlar su hostilidad: permanecer en silencio por un tiempo, distraerse, cambiar de tema y/o retirarse de la habitación. Aunque estas técnicas *ad hoc* son medidas preventivas útiles contra la *acción* de sentimientos hostiles, ellas por sí mismas no bloquean la activación inicial del esquema hostil.

La terapia cognitiva, como veremos, ofrece técnicas para cortar ese esquema en su comienzo. Una de las primeras señales de que se ha desencadenado la hostilidad, es el enojo. Al prepararnos para reconocer el enojo en su comienzo y actuar de inmediato, a fin de controlarlo, podemos efectuar una reconstrucción instantánea enfocando de inmediato los pensamientos automáticos, las deformaciones cognitivas y las convicciones básicas que son la razón fundamental del enojo. Al captar y corregir en el momento esas deformaciones, podemos reducir nuestra hostilidad, tal como aprendieron a hacerlo Beverly y Gary. En el capítulo 17, trataremos en detalle cómo poner fin a las hostilidades matrimoniales, precisando las raíces del enojo y tomando las medidas necesarias en las primeras etapas, antes de que un resentimiento menor termine en una guerra total entre los miembros de la pareja.

# 10
# ¿Puede mejorar su relación?

Uno de los problemas en los matrimonios desavenidos consiste en la fuerte convicción de que las cosas no pueden mejorar. Esa convicción frustra el cambio porque despoja de las motivaciones que impulsan a ensayar algo constructivo, a modificar el pensamiento y la conducta propios. Por otra parte, he observado que si un cónyuge empieza a realizar cambios constructivos, ayuda con eso no sólo a la relación, sino que, generalmente, lleva al otro a cambios positivos.

El orden en que están dispuestos los capítulos restantes en este libro refleja la progresión de los cambios que puede realizar una pareja. En el capítulo siguiente, se consideran los cimientos de una relación estable: compromiso, confianza y lealtad. Primero deben tratarse esos elementos del matrimonio para ver si necesitan ser reforzados. Si es así, hay que concentrarse en los puntos débiles de esos pilares, tratando de fomentar la cooperación, dedicación y confianza, y examinando qué actitudes o acciones pueden estar socavándolos. Por ejemplo, si se desconfía del cónyuge, sería conveniente —por ahora, por lo menos— tratar de comportarse "como si" se confiara en su cooperación y lealtad, hasta tener la oportunidad de poner en práctica algunas técnicas que voy a describir.

Habiendo adoptado por el momento una actitud constructiva y cooperadora, se puede empezar a hacer cosas para mejorar la relación. Por ejemplo, se puede intentar fijar la atención en las acciones agradables del cónyuge y reconocerlas como tales. También se puede pensar en detalles que den una mayor satisfacción al cónyuge y aumenten, indirectamente, la propia, enfoque que se verá con más profundidad en el capítulo 12.

Una vez creada una atmósfera favorable, usted puede estar listo para abordar su propio pensamiento improductivo, como verá en el capítulo 13. Si bien eso puede requerir más esfuerzos que las otras tareas sugeridas, proporcionará una buena compensación al reducir el sufrimiento y ayudar a entenderse mejor con el cónyuge. Entonces debería estar listo para tratar de mejorar la comunicación y la colaboración con el cónyuge, que son los temas de los capítulos 14, 15 y 16. Sería conveniente, desde luego, que su cónyuge accediera a participar en el esfuerzo, pero aun por cuenta propia, usted puede elevar la calidad del diálogo mejorando la claridad, escuchando en forma activa y así sucesivamente, incluso si su cónyuge no le ayuda.

A medida que se eliminan algunas interferencias de las conversaciones, se pueden ensayar los métodos para enfrentarse con la ira, descritos en el capítulo 17. El enfoque consiste en tratar de reducir la hostilidad hasta un punto en que ya no pueda hacer daño. Esa meta se puede alcanzar mediante técnicas instantáneas de "control de la ira", y programando sesiones especiales para los cónyuges, en las cuales ambos expresen lo que les molesta y, si hace falta, desahoguen la cólera reprimida. Otro enfoque que indaga en las raíces de la ira, trata de reducirla modificando las tendencias a exagerar, "tremendizar" y deformar.

Por último, resultará útil ensayar algunos programas especiales para resolver los problemas prácticos del matrimonio y eliminar las costumbres y modelos "indeseables". En el capítulo 18 presentaré algunas sugerencias para llegar a soluciones creativas de problemas especiales, como los asociados con el estrés, el sexo y las profesiones de ambos.

RESISTENCIAS A LOS CAMBIOS

Cuando encare los cambios, puede ser que usted tropiece con algunas actitudes o convicciones que debiliten sus motivaciones. Esas actitudes pueden expresarse en forma de pensamientos automáticos, como los descritos en los capítulos 7 y 8. Después de reconocer esas resistencias al cambio, usted empezará a superarlas con la razón, dando explicaciones que demuestren por qué aquéllas son incorrectas y exageradas.

Lea la lista que figura a continuación y compruebe cualquiera de las convicciones que tenga usted o su cónyuge:

*Convicciones acerca del cambio*

*Opiniones derrotistas*

____ Mi cónyuge es incapaz de cambiar.
____ Nada puede mejorar nuestra relación.
____ Las cosas sólo se pondrán peor.
____ La gente está hecha a su manera y no puede cambiar.
____ Mi cónyuge no va a cooperar y nada se puede hacer sin su cooperación.
____ He sufrido bastante. No tengo ánimos de seguir intentándolo.
____ Si tenemos que trabajar en relación, algo grave debe ocurrir.
____ Ejercitar la relación la empeorará.
____ Eso sólo pospondrá lo inevitable.
____ Ha sido demasiado el daño.
____ Mi matrimonio está muerto.
____ No me siento capaz de cambiar.
____ Si no nos hemos llevado bien hasta ahora, ¿cómo puedo esperar que nos llevemos bien en el futuro?
____ No importa si mi cónyuge empieza a obrar en forma más positiva, el problema reside en la *actitud* de mi cónyuge.

*Opiniones autojustificativas*

____ Es normal comportarse como lo hago yo.
____ Parece correcto pensar como yo.
____ Cualquiera en mi situación reaccionaría así.
____ El (ella) me lastimó. Por lo tanto, merece ser lastimado(a).

*Argumentos de reciprocidad*

\_\_\_\_    No haré un esfuerzo a menos que lo haga mi cónyuge.
\_\_\_\_    Hacen falta dos para bailar. No veo por qué debería ser yo quien cambie.
\_\_\_\_    No es justo que yo deba hacer todo el trabajo.
\_\_\_\_    Después de todo el esfuerzo que hice, le toca a mi cónyuge hacer el intento.
\_\_\_\_    ¿Qué gano con eso?
\_\_\_\_    Mi cónyuge me ofendió mucho en el pasado, ahora le toca a él (ella) compensarlo.
\_\_\_\_    ¿Cómo sé yo que mi cónyuge se ha comprometido?

*El problema es mi cónyuge*

\_\_\_\_    Si empezamos a escudriñar en la relación, mi compañero se pondrá peor.
\_\_\_\_    A mí no me ocurre nada. Si mi cónyuge se amoldara, todo iría bien.
\_\_\_\_    A mi cónyuge no le interesa mejorar nuestra relación.
\_\_\_\_    Mi cónyuge es imposible.
\_\_\_\_    Mi cónyuge está loco.
\_\_\_\_    Mi cónyuge no sabe cómo ser distinto de lo que es.
\_\_\_\_    Mi cónyuge está lleno de odio, ése es el problema.
\_\_\_\_    Yo no tenía problemas en la vida hasta que nos casamos.

Si usted sostiene algunas de esas opiniones, vale la pena examinar su validez. Esas opiniones pueden aparecer de improviso como pensamientos automáticos en el momento en que usted contempla el cambio. Si es así, usted puede tratar de usar una serie de contraargumentos, que se discuten más adelante, para aplicarlos a esos pensamientos automáticos.

He descubierto que las convicciones derrotistas rara vez son totalmente válidas. Desde luego, puede ser cierto en algunos casos que un cónyuge no esté dispuesto al cambio, si está enamorado de otra persona, por ejemplo, o si está absolutamente decidido a divorciarse. Entonces puede ser difícil, si no imposible, salvar la relación. Pero las parejas ya decididas a divorciarse no buscan medios para mejorar su matrimonio.

Sin embargo, los que desean hacer revivir su relación, así como los que quieren que su matrimonio sea más satisfactorio, pueden empezar a refutar las convicciones derrotistas que pudieran tener. Describiré varias actitudes derrotistas características para dar una idea de cómo hay que evaluarlas y tratarlas.

## Opiniones derrotistas

*"Mi cónyuge es incapaz de cambiar"*. Esa declaración es casi siempre equivocada. Aun el blindaje psicológico más pesado puede ser atravesado con el asesoramiento. Las personas que parecen totalmente impermeables a las sugerencias útiles, suelen, para sorpresa de todos (incluso la propia), tomarlas de pronto a pecho y cambiar para bien. Si su cónyuge está o no dispuesto al cambio, eso es otro asunto. Pero si *usted* efectúa algunos cambios, ese mero hecho puede promover algunos cambios en su cónyuge, cosa que ocurre a menudo. Por otra parte, quizás usted descubra que su cónyuge no tiene que cambiar demasiado para volverse más agradable y para que le resulte más fácil llevarse bien con él.

Es importante reconocer que la gente cambia en forma constante durante la vida. Nuestro sistema nervioso central está organizado para alentar nuestro aprendizaje con nuevas y mejores actitudes y estrategias. Se refuerzan y se afianzan nuevos esquemas de pensamiento o de conducta, que acrecientan el placer por un lado y reducen el dolor por el otro. En consecuencia, si usted y su cónyuge desarrollan modelos de consideración mutua y actitud recíproca, más gratificantes que los viejos esquemas, aquéllos podrán abrirse paso e introducirse en su repertorio de hábitos. Describiré ejemplos de esas mejoras en los capítulos siguientes.

*"Nada puede mejorar nuestra relación"*. Esa opinión se puede poner a prueba. Un modo de hacerlo es definir los problemas específicos en su relación, luego seleccionar el que

parece más susceptible de cambio y aplicarle los remedios adecuados. Eso no requiere necesariamente un "esfuerzo". Puede ser tan sencillo como planificar una salida semanal a cenar juntos solos o compartir una anécdota personal, interesante, todos los días. Esas actividades pueden introducir un nuevo elemento de satisfacción que empiece a desplazar el equilibrio hacia la felicidad.

Los capítulos restantes se concentran en estrategias que ayudaron a muchas parejas perturbadas a mejorar su relación. Usted podrá verificar la validez de la actitud pesimista de "nada puede mejorar nuestra relación" ensayando esas técnicas. Puede llevar a cabo una especie de experimento para ver cuáles son los métodos más acertados. Aun si los métodos que describo no brindan resultados espectaculares para usted, una ayuda adicional de un consejero matrimonial podrá aportarle lo necesario para mejorar su matrimonio.

*"Las cosas sólo se pondrán peor"*. Algunas parejas han sufrido tanto por los conflictos dolorosos, que se han vuelto insensibles. Pueden ser reacios a comprometerse más en la relación por miedo a ser nuevamente lastimados.

Wendy dijo: "No espero nada de Hal ahora. Lo intenté tantas veces, y él siempre me defraudó. Acabé en una depresión. No quiero pasar por eso otra vez. Si yo me dejara llevar por la esperanza, sólo me haría más daño. Más vale no esperar nada; no disfrutaré de las cosas, pero por lo menos no me deprimiré". Wendy y Hal, novios desde la secundaria se casaron enseguida después de graduarse en la universidad y se mantuvieron unidos durante siete años de creciente amargura y conflictos. A primera vista, el miedo de sentirse peor le pareció a Wendy una razón válida para abstenerse de buscar ayuda para su matrimonio. Sin embargo, hay razones convincentes por las que Wendy se beneficiaría si se comprometiera de nuevo, a pesar de sus miedos.

Dije a Wendy: "En épocas pasadas hizo usted varias tentativas para mejorar las cosas y, como usted dice, fracasó. Pero ahora tiene algunas herramientas para hacer frente a sus conflictos". Entonces le señalé a Wendy lo siguiente:

- Según ella admitió, Hal fue "agradable" con ella la mayor parte del tiempo.
- Después de un estallido de ira, Hal por lo general se disculpaba y lo hacía sinceramente.
- Durante los períodos de calma, él estaba dispuesto a discutir los problemas.

Luego le ayudé a ver los pensamientos exagerados que tenía después de un estallido de él y de qué manera podía hacer frente a sus pensamientos automáticos negativos (véanse capítulos 8 y 13). Por ejemplo, recordó los pensamientos siguientes de un conflicto anterior: *"Ahí va otra vez. Es horrible. No lo soporto. Siempre me está machacando"*.

Después de examinar sus pensamientos automáticos, Wendy advirtió que éstos representaban una gran deformación de la "situación de combate" real. Comprendió que *podía* soportarlo, que tenía tendencia a "tremendizar", que las explosiones no eran en realidad tan terribles como lo parecieron en aquel entonces, y que sobregeneralizaba. Los estallidos de ira de Hal ocurrían sólo en ocasiones, una o dos veces al mes. Entonces llegó a la conclusión de que, si bien su retirada emocional era comprensible, era innecesaria. Si pudiera contrarrestar su "tremendismo" y sobregeneralización con reacciones racionales, podría aguantar los arrebatos del marido *hasta que él lograra reducirlos*.

Wendy decidió intentarlo otra vez. Aunque la historia se repitió, porque Hal estalló otra vez, Wendy fue capaz de controlar sus pensamientos automáticos. A la larga, ambos, convinieron en una política que les permitiera arreglárselas con los estallidos de Hal (descriptos en el capítulo 17) y el matrimonio empezó a mejorar. La pareja usó técnicas que consistían en posponer las discusiones acaloradas, reconocer el momento en que Hal se iba a encolerizar y determinar cuándo traer a colación temas delicados y cuándo retroceder o evitarlos.

Judy, una artista con talento, casada con un gerente de ventas muy ocupado, también era reacia a encarar un programa de ayuda al matrimonio por miedo a sufrir una dolorosa decepción. Ella decía: "Cliff nunca presta atención a mis necesidades. Está totalmente preocupado por sus propias necesidades y es incapaz de prestar atención a las mías". Del mismo modo que Wendy, ella estaba ciega para lo que era positivo y para las épocas en que el marido *sí* satisfacía sus necesidades. Una vez que Judy se percató de eso, descubrió que podía identificar sus sobregeneralizaciones y aliviar el dolor que sentía cuando se enojaba con el egocentrismo de Cliff. Judy fue alentada a superar su resistencia a ensayar un programa de ayuda matrimonial y, por último, descubrió que su matrimonio, lejos de empeorar, como ella había temido, en verdad mejoró.

"*Mi cónyuge no va a cooperar y nada puede hacerse sin su cooperación*". Aun si su cónyuge es escéptico y pasivo, usted puede iniciar el proceso de cambio. Sucede a menudo que, una vez que el cónyuge reacio o pasivo ve la posibilidad de una mejoría, puede ser arrancado de su estado de inercia. Más aun, la tangible demostración de la buena voluntad de un cónyuge, puede muy bien impulsar al otro a obrar a la recíproca.

"*He sufrido bastante*". Si bien puede ser cierto que usted haya sufrido mucho, las tareas que propongo están destinadas a *aliviar* esos sufrimientos. Y, al comienzo por lo menos, requieren poco esfuerzo. De hecho, muchos maridos y mujeres consideran fascinante la idea de descubrir nuevos medios para salir del atolladero. Los métodos que voy a proponer pueden examinarse como un desafío, una oportunidad para dar pasos que disminuyan el dolor y mejoren la satisfacción. Verán que al aplicar esos métodos adquirirán control sobre su vida.

"*Si tenemos que trabajar en relación, algo grave debe ocurrir*". A pesar de algunas semejanzas en gustos y personalidad, la mayoría de las personas entran en el matrimonio con grandes diferencias de estilos de vida, costumbres y actitudes. Pocas parejas saben conciliar esas diferencias. Por lo común, no observaron a sus padres ocupados en resolver problemas y nunca recibieron una educación formal en técnicas conyugales, análoga a la instrucción que tuvieron en la preparación de sus profesiones.

De modo que no se puede considerar fracasada la relación si hay que desarrollar aún las técnicas necesarias para la mutua adaptación. Por el contrario, debería haberse esperado la aparición de problemas. Tiene sentido realizar algún esfuerzo para eliminar las asperezas y aumentar la gratificación, si se considera que no hay pareja —por más compenetrados y afectuosos que sean sus integrantes— que encaje en todos los aspectos. Al considerar las dificultades que se originan en un matrimonio como una señal de que está "enfermo" o es "defectuoso", las parejas se cierran a la oportunidad de ayudar a que su relación crezca.

Esa idea hace que muchas parejas se abstengan de cambiar o de probar hacerlo. Es fácil enamorarse. Pero hace falta reflexión y diligencia para que una relación se desarrolle y florezca. A medida que las parejas maduran, muchos de los cambios necesarios llegan en una forma más natural, pero el proceso puede acelerarse mediante la aplicación de algunos principios.

*"Demasiado daño se ha hecho"*. La visión pesimista de que un matrimonio ya no tiene remedio debería ser considerada de un modo realista. Es cierto, desde luego, que muchas parejas se han dejado llevar hasta un punto en que no hay retorno, mientras que están considerando la posibilidad de hacer algo para salvar el matrimonio. No obstante, no se puede tener por seguro que el matrimonio está condenado mientras no se hayan ensayado los remedios básicos. Me he sorprendido a menudo al ver cómo se puede ayudar a una relación aparentemente mala, cuando los cónyuges trabajan juntos para corregir los déficit y reforzar los puntos fuertes del matrimonio.

*"Mi matrimonio está muerto"*. Muchas parejas llegan a esa convicción después de años de riñas y de alejamiento. Quizás hayan tratado de leer manuales, recibir asesoramientos, hablar con su director espiritual, sin mejoría alguna. Cuando miran hacia adelante, sólo ven una continua relación vacía. Esas parejas deberían concentrar su atención en un fenómeno

natural que se está operando. Un prejuicio negativo normal parece desarrollarse a través de los años ocultando, a los ojos de los cónyuges, las partes buenas, pasadas y presentes de su relación. Ese prejuicio les hace recordar sólo el dolor, nada del placer, todas las derrotas, ninguna victoria. A medida que se les enseña a concentrar la atención en los aspectos positivos de la relación, reconocen a menudo que no están tan molestos como lo creyeron anteriormente.

Aun cuando los propios esfuerzos realizados para mejorar la relación no hayan tenido éxito en el pasado, quizá fue porque usted no usó los métodos apropiados. En los sucesivos capítulos de este libro se ofrecerán una serie de sugerencias y muy bien puede ocurrir que si aprieta las teclas adecuadas, su relación renacerá.

*"Ejercitar la relación la empeorará"*. Algunas parejas tienen ese miedo, pero eso carece de fundamento, con tal de que ejerciten la relación en la *debida forma*. Es verdad que las cosas pueden empeorar si se emprenden medidas contraproducentes como, por ejemplo, entregarle una lista de "defectos" a su cónyuge, o amenazarse con el abandono a menos que cambie su modo de obrar. Las acusaciones, amenazas y ultimátums agravan con frecuencia una situación ya tensa. Por otra parte, si se usan los métodos bosquejados en los capítulos siguientes, las cosas deberían ir mejor y no peor.

La idea de que ejercitar la relación sólo pospondrá un derrumbe inevitable es otra profecía de juicio final. Es más esperanzadora la actitud empírica de ensayar las diversas técnicas que yo describo y comprobar si funcionan bien. Sólo después de realizar ese experimento con diversos métodos, podrá determinar usted si su relación puede llegar a ser más gratificante.

## Opiniones de autojustificación

Las opiniones de autojustificación constituyen un verdadero obstáculo, en el sentido que confieren un aire de sensatez y rectitud para continuar con su modo de obrar y no tratar de cambiar. Puede ser cierto, desde luego, que quizás otras personas reaccionen como usted respecto de su cónyuge. Pero debe hacer lo que es mejor para *usted* y no guiarse por lo que hacen los demás.

Si sus reacciones contribuyen a crear un callejón sin salida en su matrimonio, serán contraproducentes, aunque "parezcan justificadas". El hecho de que los demás reaccionen de la misma manera no es una razón válida para perpetuar lo que sólo ofende, sobre todo cuando usted puede cambiarlo. Aun si cree firmemente que tiene razón y su cónyuge está equivocado, hay medios para cambiar la actitud de su compañero.

La idea de que su modo de obrar contraproducente es justificable, por el mero hecho de que recibió una ofensa, sólo asegura que la seguirán ofendiendo. El ciclo de ofensa y desquite nunca termina. Alguien debe tomar la iniciativa de romper el ciclo y bien pudiera ser usted.

## *Argumentos de reciprocidad*

Al respecto, usted podría tener pensamientos automáticos tales como *"¿Por qué he de ser yo quien cambie?"*. Para ayudarle a responder, he preparado algunas respuestas provisionales que se pueden usar para contrarrestar esas ideas:

*"No haré un esfuerzo, a menos que lo haga mi cónyuge".* La respuesta a ese pensamiento es que ambos integrantes de la pareja no necesitan empezar al mismo tiempo. Uno debe tomar la iniciativa para inyectar nueva vida en la relación o detener el deslizamiento cuesta abajo. Una vez que el impulso está dado en la dirección correcta, hay una probabilidad razonable de que el cónyuge participe. Aun si éste no interviene de un modo activo, usted quizá descubra que los cambios que usted hace, influyen positivamente en su compañero.

*"No es justo que yo haga todo el trabajo".* Al tomar en consideración la doctrina de la equidad, usted quizás opere

sobre una base no realista e irrelevante. La razón más probable de que ustedes no funcionen con espíritu de equipo es que sus motivaciones, conciencia de los problemas y aptitud para los cambios sean diferentes. Por ejemplo, uno puede estar más calificado que el otro para tomar la iniciativa sencillamente porque es más optimista. O quizá sufra más y eso lo motive más que al otro. En cualquier caso, usted se beneficiará seguramente por la mejora que aportarán sus esfuerzos. Cabe la esperanza de que a medida que mejora la relación, el compañero también adopte un rol más activo.

No es absolutamente necesario que ambos cónyuges ejerciten simultáneamente la relación. Yo aconsejé a varias personas, cuyos cónyuges eran incapaces de probar la terapia matrimonial o no estaban dispuestos a hacerlo, y esos individuos pudieron inducir cambios favorables en sus compañeros gracias al beneficio que recibieron mediante su propia terapia. Eso fue cierto en particular en los casos en que las personas bajo tratamiento estaban al principio inhibidas para hacerse valer. Después de mi enseñanza de autoafirmación, los cónyuges inhibidos lograron que sus parejas cambiaran en forma significativa.

En esencia, el argumento de "no es justo" es contraproducente, porque ignora la realidad de la diferencia entre los esposos. Uno está casi siempre mejor preparado que el otro para iniciar los cambios. Si el cónyuge preparado esperara a que el otro estuviera igualmente listo, el momento oportuno podría no llegar nunca. Es mucho mejor aceptar la "desigualdad" y lograr conseguir algo, que aferrarse a teorías abstractas de equidad y ver cómo el matrimonio sigue tambaleándose.

### El problema es mi cónyuge

"*A mí no me pasa nada. Si mi cónyuge se amoldara, todo iría bien*". Concentrarse en los defectos del cónyuge puede ser en sí un síntoma de una relación perturbada. Las investigaciones indican que, cuando los esposos se acusan el uno al otro constantemente, y de un modo poco realista, su matrimonio está desavenido.[1] Lo mejor no es determinar la culpa —quién tiene razón, quién está equivocado— sino desarrollar nuevas estrategias para apoyar la relación.

Aun si se cree que el cónyuge tiene toda la culpa por los problemas de uno, al ejercitar la relación se pueden compensar —si no revertir— algunas de las cualidades indeseables de él (ella). Por ejemplo, si hay mucha fricción a causa de una comunicación pobre, el cónyuge quizá reaccione de una manera hosca o explosiva, lo cual es doloroso para el otro. Sin embargo, de tomarse medidas para mejorar la comunicación, las maneras desagradables del compañero pueden ser reemplazadas por otras más placenteras.

*"Mi conyuge está loco"*. Los pensamientos peyorativos como *"Mi cónyuge es imposible"* o *"Mi cónyuge está enfermo"* pueden reflejar más la percepción que una apreciación objetiva. Si bien es verdad que, cuando las personas están angustiadas o enfurecidas, parecen a veces irracionales, no significa ello que sean "locos". Cualquier irracionalidad que uno ve puede ser la expresión de su angustia, una señal de su trastorno. El esposo que vocifera y desvaría durante una disputa doméstica puede ser completamente racional con otra gente. De modo que la mejor táctica es ignorar la irracionalidad —por lo menos en un inicio— y concentrarse en lo que se puede hacer para reducir el trastorno: enfocar la causa, no el efecto. Cambiar las causas puede, a su vez, hacer que el cónyuge se vuelva más racional.

Otro hecho que debe tenerse en cuenta es que la visión de lo que parece ser un comportamiento detestable de su cónyuge puede ser muy exagerada o distorsionada, como se describió

---

1. FINCHAM, "Attribution Processes", págs. 183-190.
A. HOLLYWORTH-MONROE y H. JACOBSON, "Causal Attributions of Married Couples", *Journal of Personality and Social Psychology* 48 (1985); 1398-1412.
JACOBSON y otros, "Attributional Processes".

en el capítulo 8. Lo que un observador imparcial podría rotular sencillamente como extraño o excesivo, a usted le puede parecer grotesco o estrafalario. *"Mi cónyuge es imposible"*. La creencia de que su cónyuge es imposible puede reflejar simplemente la lucha que se lleva a cabo entre ambos. Cuando las personas están trabadas en una lucha encarnizada y ninguno quiere ceder, cada uno le parece insoportable al otro. Pero cuando se resuelve la situación, es probable que se encuentre al cónyuge más flexible y razonable.

Desde luego, he visto maridos y mujeres cuyos conflictos internos y cuyas personalidades hacían difícil una convivencia entre ellos. A esas personas, la psicoterapia las beneficia. Sin embargo, el juicio de si su cónyuge es una persona así, lo debe emitir un profesional y no usted. De cualquier modo, al hacer el esfuerzo para cambiar el matrimonio se verá si es correcta la percepción de que su cónyuge no puede cambiar.

QUE DEBERIA MODIFICARSE

Una vez que se decide tratar de cambiar, uno puede preguntarse *qué* debería modificarse primero: ¿los esquemas de pensamiento o la conducta? Cuando trato a una pareja, me concentro primero en su conducta. Es mucho más fácil cambiar acciones concretas o introducir otras nuevas, que modificar los esquemas de pensamiento. Y cuando las acciones cambian, con frecuencia se produce una gratificación inmediata que se traduce en el reconocimiento por parte del cónyuge de la aptitud del otro para hacer algo agradable o frenar algo perturbador.

Las gratificaciones pueden tardar más en llegar cuando se comienza a trabajar en los esquemas de pensamiento. Uno puede sentirse, por ejemplo, menos enojado o triste y estar menos dispuesto a desquitarse, pero no siente que la relación esté bajo su control como cuando el cónyuge reconoce un acto positivo con una sonrisa o un beso. A la larga, empero, al reducir el propio grado de perturbación, baja la temperatura de los arrebatos del cónyuge, y éste estará más dispuesto a reaccionar de un modo más amistoso y agradable.

Surge otra pregunta pertinente: ¿es más importante realzar los aspectos positivos o eliminar los negativos? Aunque las acciones negativas en un matrimonio son menos frecuentes que las positivas, ejercen un efecto mucho mayor en el nivel de la felicidad. A veces parece que un acto negativo (un regaño, por ejemplo) puede pesar más que una docena de acciones amistosas o amables.

Parecería, entonces, que eliminar los actos negativos debería prevalecer sobre la acentuación de los actos positivos. En la práctica, sin embargo, si usted empieza a concentrarse en las costumbres ásperas del cónyuge, parecerá que lo acusa o lo critica, empeorando así la situación. Al comienzo, es mejor trabajar en hacer las cosas mejor. Más tarde, cuando ambos trabajen en equipo, podrán tratar sobre lo que les gustaría ver modificado (véase capítulo 16).


GENERACION O SOLUCION DE PROBLEMAS

- "El es un sinvergüenza".
- "Ella es una quejica".
- "El nunca hace nada para ayudarme".
- "Ella siempre me persigue por cualquier cosa".


Un obstáculo para el cambio se produce, en el matrimonio, cuando los problemas no están definidos como tales, sino más bien como caracterizaciones o caricaturas del cónyuge. Los problemas creados en la relación se ven como culpa del cónyuge. Si usted considera que el *problema* es su cónyuge, quizá deduzca que no hay nada que pueda hacer. Para empeorar las cosas, usted puede exagerar tanto el problema y hacerlo parecer tan imposible, que parezca inútil intentar siquiera una solución.

En las quejas citadas anteriormente ("El es un sinvergüenza", "Ella es una quejica"), parece que el cónyuge está siempre enmarcado de un modo negativo (capítulo 3). Aunque la dificultad inicial puede haber consistido en que el cónyuge era desatento o retraído o se quejaba mucho, esos aspectos negativos fueron tan aumentados que —de ser ciertos— *serían* insolubles. El hecho es que los rasgos aludidos del cónyuge resultan de la *interacción* entre marido y mujer. Supongamos que su cónyuge se comporta de una manera particularmente molesta. Usted reacciona de un modo que fastidia a su consorte, quien de inmediato reacciona en una forma negativa. Así pues, el problema reside no en cualquiera de los cónyuges, sino en la relación.

En los matrimonios desavenidos, el mayor obstáculo al cambio es la tendencia de los cónyuges de atribuir todo lo desagradable a los rasgos negativos de la personalidad del otro (por ejemplo, egoísmo, arrogancia, crueldad) y de desacreditar las acciones positivas mutuas. En algunos libros sobre relaciones íntimas se discute la tendencia de hacer generalizaciones infundadas. Como se describe en esos libros, los problemas están incorporados en las personalidades de cada sexo: "hombres que odian a las mujeres" o "mujeres que aman demasiado". Esos conceptos son engañosos y desaniman a maridos y mujeres para que intenten siquiera mejorar su relación.

Hay una visión más realista según la cual algunas personas tienen ciertos hábitos y sensibilidades que los hacen vulnerables o las llevan a herir a otras. En un nivel más profundo, tienen actitudes que se expresan de un modo contraproducente. La estereotipada mujer pegajosa —que tiene fuertes dudas acerca de si es aceptable, valiosa o competente— se aferra demasiado a causa de sus actitudes *no realistas*. El marido "odioso" que teme ser dominado o atrapado "da coces" para protegerse contra el control y la manipulación.

Más aún, el modo en que las personalidades de los cónyuges encajan puede determinar que sus rasgos se vean bajo una luz positiva o negativa. Si se forma una pareja entre una mujer que anhela intimidad y un hombre acogedor, en general no hay problema. O bien, un marido autónomo con una mujer autosuficiente, acomodaticia, pueden llevarse muy bien. Los problemas surgen cuando la pareja formada por dos individuos no es buena.[2] Sin embargo, aun en ese caso, éstos pueden: atribuirse a la *relación*, la interacción entre los cónyuges, antes que a los defectos individuales.

Si se puede cambiar un miembro de una ecuación, también en el otro se efectuará una transformación. Tomemos el caso de Hal y Wendy, los ex novios de la escuela secundaria que ya presentáramos. Hal tenía un modo de hablarle a Wendy que le hacía "sentirse rebajada". Ese modo levemente protector de hablar imitaba el que usaba el padre al hablar con la madre, o los hermanos mayores con sus mujeres. Pero Hal no era consciente de que le hablara a Wendy rebajándola o que eso la molestara. Cuando le planteé el tema, primero no quiso creerlo y le pidió a Wendy que se lo señalara cuando ocurriera. Después que Hal aprendió a reconocer su tono de voz protector, fue capaz de advertirlo cuando se filtraba en su discurso.

El tono de voz de Hal no hubiera molestado a la mayoría de las personas, pero alteraba a Wendy por su sensibilidad. Como ella lo expresó: "¡Me pone fuera de mí!". Aunque los hermanos de Hal adoptaban el mismo tono de voz, a sus mujeres eso no les afectaba, como descubrió Wendy sorprendida cuando las interrogó.

Asimismo, Wendy no era consciente de que tenía una costumbre —un tono de reproche al preguntar— que a Hal lo hacía sentirse culpable. Por ejemplo, si llegaba a casa algo tarde del aeropuerto, ella solía preguntar: "¿Por qué no llamaste?", en lugar de decirle simplemente que estaba feliz de volver a verlo. Hal y Wendy usaron una técnica de ajuste

---

2. W. Ickes, "Sex-Role Differences and Compatibility in Relationships", en W. Ickes, ed., *Compatible and Incompatible Relationships* (Nueva York Springer-Verlag, 1985) págs. 187-208.

de cuentas para hacer cambios: Hal abandonó su tono protector y Wendy suavizó su afilado reproche, introducido en las preguntas.

### NUEVA DEFINICION DEL PROBLEMA

Cuando un problema se enuncia en una forma vaga o mediante motes o como un rasgo inmutable del cónyuge, todo intento de cambiar una situación aparentemente irremediable resultará inútil. Para empeorar las cosas, los ataques al carácter de uno fomentan contraataques y crean un antagonismo que genera más oposición.

Por ejemplo, cuando Wendy dice: "El es un odioso", o Hal dice, "Ella se deja avasallar por los niños, ellos se vuelven locos", los problemas parecen insuperables en ese momento. Pero traduciendo esas quejas a problemas solubles, se pueden adoptar acciones concretas para resolverlos. Como punto de partida, Hal empezó a colocar su ropa sucia en la cesta, en lugar de dejarla tirada en la silla o en el suelo. El nuevo rumbo para Wendy fue ponerse firme y fijar una hora para que los niños se acostaran.

Esos actos sencillos pueden producir un efecto apreciable sobre el otro cónyuge. Eso puede cambiar una actitud irremediable en otra más moderada: *"El puede cambiar si quiere"* o *"Ella no es tan débil"*. De modo que, si se logran definir los problemas conyugales en términos tan concretos como sea posible, aun los pequeños cambios pueden dar nuevos impulsos para mejorar la relación. Este enfoque se discute en detalle en el capítulo 16.

### COMO CAMBIAN LAS PERSONAS

¿Cómo se produce el cambio? Suponiendo que los cónyuges *quieran* cambiar, ¿qué seguridad hay de que *puedan* hacerlo?

Para contestar a esas preguntas, tenemos que ahondar un poco en la teoría. Hay muchas técnicas matrimoniales que son relativamente fáciles de aprender. Otras, en particular las que requieren el olvido de formas bien arraigadas de interpretar la conducta de un cónyuge, son más difíciles. Por ejemplo, es más fácil adoptar una nueva costumbre en el habla, dando respuestas más completas a las preguntas del otro, que dejar de interpretar sus sugerencias como un intento de control.

A medida que crecemos, adquirimos hábitos de interpretar a otras personas y tratar con ellas, cómo reaccionar a un gesto amistoso, cómo ignorar un desaire implícito, cómo tratar una exigencia. Esos hábitos se liman con el correr del tiempo y componen lo que llamamos un "repertorio de conductas sociales". Las personas bien dotadas con esas habilidades son consideradas en general como afables, socialmente controladas, etcétera.

Pero para la mayoría de nosotros, nuestras conductas pueden no ser tan flexibles o armoniosas. Si llegamos a conclusiones erradas acerca de las personas —exageramos sus buenas cualidades o aumentamos sus defectos— quizá seamos demasiado confiados o demasiado cínicos. De un modo análogo, si somos demasiado bruscos o nos extralimitamos, podemos lastimar a otros o ganarnos su antipatía, o podemos ser inhibidos o serviles y no hacernos valer.

Como se describió en el capítulo 1, nuestro sistema de códigos, decodifica automáticamente un suceso particular, una mueca, una sonrisa, una cara inexpresiva, por ejemplo. Así como aprendemos ciertas maneras de interpretar sucesos, aprendemos también a malinterpretarlos. Cuando crecemos, nuestros padres, hermanos y otros que nos rodean, están propensos a formular enunciados muy exagerados y a pegar rótulos inexactos a los demás y a nosotros. De niños recogemos esas descripciones exageradas y las incorporamos en nuestro sistema de códigos.

Nuestra interpretación de un suceso dado implica un cotejo delicado entre el suceso y el código que le asignamos. Si nuestro código es singular, nuestra interpretación también lo será. Un hombre que cree que las mujeres son desdeñosas es propenso a interpretar el mal humor de su esposa como señal de que ella no lo ama. Una mujer que cree que los hombres son dominantes puede deducir que el esposo sólo se sirve de ella cuando quiere tener relación sexual.

Esos métodos de interpretar a los demás o concernientes a ellos se incorporan finalmente en los modelos habituales. Su derivación es demasiado compleja para discutirla aquí en detalle, pero basta con decir que esos modelos se adquieren de la observación de figuras significativas, como son los padres o hermanos mayores, y de experiencias pasivas como son la lectura, la televisión y el cine. Por último, las experiencias específicas que implican a cualquiera en nuestro "entorno social", miembros de nuestra familia, grupos de compañeros, maestros, etcétera, pueden implantar ciertas convicciones y actitudes que se entronizarán en nuestra vida adulta.

Las experiencias específicas de nuestro pasado nos pueden llevar a desarrollar actitudes y modelos de pensamiento que difieren, por lo menos en grado, de las reacciones de la mayoría de las otras personas. De modo que un niño que fue muy ridiculizado y molestado por sus hermanas mayores tendió, al llegar a adulto, a ser extremadamente cauteloso e inhibido con sus novias y posteriormente con su mujer, por miedo a que lo ridiculizaran. Adoptó el código *"Las mujeres son propensas a ser despectivas y supercríticas"*.

Una mujer que reaccionaba con rebeldía contra un padre autoritario, un militar, tendía a considerar a todos los hombres con quienes salía como dominantes. Por último, se casó con un hombre varios años mayor que ella y descubrió que rechazaba en forma constante sus sugerencias como si fueran todas órdenes directas o exigencias no negociables. Después de pedir consejo, reconoció que estaba proyectando la imagen del padre sobre el marido, quien era una buena persona.

Aunque esos modelos habituales de reacción *parecen* naturales, es muy probable que causen dificultades conyugales. Derivados de sucesos dolorosos experimentados durante los primeros años, más vulnerables, dejan una impresión perdurable en una persona. Y alguien que tiene una sensibilidad específica a ser rechazado, controlado o frustrado, confecciona hábitos protectores para defenderse contra las ofensas.

Esos modelos protectores —extrema vigilancia e inhibición, en el caso del joven temeroso de ser humillado; rebeldía, en el caso de la mujer temerosa de ser dominada— son mucho más fuertes que los modelos basados sólo en la imitación de los padres. Los modelos más fuertes son los que combinan las actitudes de las personas significativas en la infancia, con las experiencias dolorosas de esa época. Por ejemplo, Gary (quien maltrataba físicamente a su mujer, como se describe en el capítulo 9) reaccionaba a las pendencias de su hermano asumiendo el rol de los otros hombres en la familia y se volvió un camorrista él mismo.

Esa sensibilidad no es fácil de olvidar por completo, pero se la puede tener bajo control reconociéndola y corrigiendo su expresión como mala interpretación o conclusión exagerada. En el capítulo 13, vamos a discutir la manera de captar y modificar los pensamientos automáticos y la forma de disminuir su fuerza. Si sus modelos son particularmente fuertes o difíciles de tratar, puede resultar necesario consultar un psicoterapeuta además de realizar el trabajo de autoayuda.

Para volver a la cuestión de si las personas pueden cambiar, debemos decir que sí *pueden* hacerlo o al menos pueden suavizar sus reacciones si están bastante motivadas y emplean técnicas apropiadas. Algunos cambios son relativamente fáciles, como por ejemplo llamar a su cónyuge si va a llegar tarde, ayudar con las tareas de la casa o tomar un tiempo libre si su esposa quiere hablar con usted. Otros cambios son más difíciles y requieren más tiempo, como no estallar cuando su cónyuge trata de corregirlo(la) o no tener celos cuando el cónyuge habla con otras personas.

Con las técnicas apropiadas, se pueden aportar cambios básicos de diversas maneras. Por ejemplo, si usted reconoce que su cónyuge es sensible a la crítica, puede atenuar sus comentarios críticos o incluso las sugerencias que podrían interpretarse como crítica. Si sabe que para su cónyuge son importantes algunos días especiales (cumpleaños, aniversarios) asegúrese de señalar esos días con algún hecho particular. Si se practican técnicas de esa clase, éstas se convierten en hábitos.

Requiere mucha más práctica, sin embargo, cambiar las sensibilidades, actitudes y modelos de reacción incorporados. Una parte del cambio nace de las experiencias correctivas que contradicen una convicción subyacente. Supongamos que usted se mantiene callado ante su cónyuge por miedo a que lo humille al revelarle una falta. Si usted se sincerara con su cónyuge y éste se complaciera con su franqueza, esa experiencia podría llevar a una nueva actitud de *"Mi cónyuge me acepta con mis defectos"*. La nueva actitud puede competir con la convicción existente *"Ella me menospreciaría si conociera mi yo real"*. De un modo análogo, en cuanto aprenda a captar sus malas o exageradas interpretaciones (como está descripto en el capítulo 13) empezará a ajustar su sistema de códigos.

UN PROGRAMA PARA EL CAMBIO

Al considerar las mejoras que usted desearía ver en su relación, debe tomar una decisión práctica acerca de los cambios que ensayará en primer lugar. Si usted está leyendo un libro por su propia cuenta y su cónyuge no interviene en eso, usted querrá continuar con los capítulos siguientes y empezar a cambiar sus propios malentendidos y modelos de reacción (capítulo 13). Si su cónyuge colabora con usted, quizás ambos deseen empezar con los cambios en la comunicación (capítulos 14 y 15), la reducción de la cólera (capítulo 17) y la introducción de nuevos métodos para resolver problemas (capítulo 16). Si usted es capaz de cooperar para determinar con más precisión cuáles son los deseos legítimos de su cónyuge y cuáles no, qué le gusta y qué le disgusta, estará en mejor posición para realizar esos cambios (capítulos 12 y 16).

El programa que yo recomiendo no está destinado a

producir un cambio por el cambio mismo, sino para aportar mayor satisfacción y placer a la vida conyugal y aliviar sufrimientos innecesarios y situaciones ingratas. Lograrlo requiere seguir ciertos pasos.

Primero, necesita tener un estado mental adecuado, que implique que usted está dispuesto a aprender lo que esos capítulos le ofrecen. Si su mente está preparada de ese modo, estará en condiciones de obtener beneficios de experiencias que tenga con su cónyuge —aun las penosas—, observando más objetivamente lo que parece andar mal y detectando la causa probable. Más aún, usted estará mejor preparado para ver el lado placentero de su cónyuge y poner las bases para un futuro cambio.

Segundo, necesita la motivación para *aplicar* los principios indicados en este libro. Eso no requiere que usted sea muy optimista o se sienta impulsado a cambiarse a sí mismo o a modificar la índole de la relación. Es suficiente que esté dispuesto a ensayar algunas de esas técnicas y ver cómo funcionan. A medida que vea resultados tangibles de esta práctica, se volverá naturalmente más optimista y deseará trabajar con mayor intensidad. Al recibir gratificaciones crecientes por sus esfuerzos, deberá seguir adelante.

# 11
# Reforzar los cimientos

El amor, el afecto y la ternura, que brindan placer, éxtasis y enriquecen las relaciones, pueden fluctuar con el correr del tiempo. Aun cuando una pareja se prometiera una dedicación eterna en el período del enamoramiento —en la creencia de que el amor duraría siempre— el amor puede empezar a disminuir y la dedicación, a desvanecerse.

La pasión, por supuesto, une a la pareja y crea el clima de una relación duradera y estable. Además, el amor y el afecto pueden suavizar muchas tensiones que se producen en las parejas y pueden invalidar el natural egocentrismo que asoma periódicamente. No obstante, el amor solo no es suficiente para proporcionar los lazos que unen una relación. Las otras cualidades básicas que consolidan el vínculo matrimonial y aseguran la durabilidad de una relación van surgiendo en forma paulatina y espontánea. Si no llegan a desarrollarse, las parejas deberán hacer un esfuerzo para incorporarlas en la relación.

Una vez que las fuerzas necesarias para la estabilidad —compromiso, lealtad, confianza— se han desarrollado, protegen la unión, la intimidad y la seguridad del vínculo amoroso. Saber que su pareja nunca lo(la) abandonará, por ejemplo, da una sensación de seguridad y confianza en la relación.

Si bien el enamoramiento es un imán poderoso que atrae a las personas, contiene también un núcleo de fuerzas que las puede separar. Mientras se encuentran bajo el hechizo de la pasión, muchas parejas exageran las cualidades de cada uno o ven posibilidades que no existen; de ahí surge la desilusión cuando los cónyuges descubren su error.

Al principio, las parejas esperan navegar en un mar de euforia a través del matrimonio y creen que el compañero siempre será leal y abnegado. Les espera una serie de choques grandes y pequeños cuando descubren más tarde que las expectativas eran infundadas. Por ejemplo, las distintas sensibilidades, los cambios de humor y los diferentes ritmos en los encuentros amorosos pueden conducir a un ciclo de culpa y frustraciones.

Muchas parejas descubren que hay una infinidad de exigencias que requieren soluciones conjuntas, pero tienen poca experiencia para resolver problemas en común. El proceso de prestar atención a detalles pragmáticos puede conducir a problemas psicológicos. Por ejemplo, cuando toman decisiones, puede ser que uno adopte el rol dominante, y el otro, el sumiso. Quizás el dominante se queje de tener que asumir la responsabilidad por todo, mientras que el sumiso proteste por estar siempre en una posición "supeditada".

El amor y el afecto por sí mismos no resuelven esas dificultades, pero pueden ofrecer incentivos poderosos para que los cónyuges encuentren maneras de superarlas. Citamos más adelante una serie de elementos que componen los cimientos del matrimonio. Al revisarlos, podría usted evaluar en qué medida están incorporados en su relación. Quizá se sorprenda al descubrir que esos importantes valores son más fuertes de lo que se imagina. Por otra parte, es posible que encuentre campos que necesite fortalecer.

*Cooperación:* Trabajar para satisfacer los objetivos conjuntos como pareja y como familia. Actitudes básicas: *"Elaboraremos juntos las decisiones importantes". "Coordinaremos lo que hacemos en las actividades que se llevan a cabo mejor en conjunto". "Cada uno de nosotros cumplirá con lo que esté bajo su responsabilidad".*

*Compromiso:* La seguridad de que usted permanecerá en el matrimonio cualesquiera que sean las dificultades. Usted no pone en duda la permanencia de la relación conyugal, como no cuestionaría la permanencia de su relación con su hijo, sus padres o hermanos. Actitudes: *"Si tenemos dificultades, las afrontaremos con mi cónyuge". "No me apartaré de mi cónyuge, si las cosas se ponen difíciles".*

*Confianza básica:* Estar seguro de que puede confiar en su compañero y de que lo encontrará a su disposición. La confianza básica consiste en las siguientes actitudes: *"Puedo confiar en mi esposo(a); sé que defenderá mis intereses". "Sé que mi esposo(a) no me herirá en forma intencional". "Sé que puedo confiar en mi esposo(a) para que me ayude en situaciones ordinarias o de emergencia". "Sé que mi esposo(a) estará a mi disposición cuando lo(la) necesite". "Puedo confiar en la buena voluntad de mi esposo(a)".*

*Lealtad:* Dedicación a los intereses del cónyuge. Usted apoyará a su cónyuge en tiempos de adversidad. Actitudes básicas: *"Coloco los intereses de mi cónyuge en primer lugar". "Apoyaré a mi cónyuge como aliado". "Defenderé a mi cónyuge".*

*Fidelidad:* Lealtad y fidelidad sexual. *"No tendré relaciones sexuales fuera del matrimonio".*

COOPERACION

¿Cómo podemos esperar una mejora en una relación en que los cónyuges están enzarzados en un conflicto, tienen imágenes negativas fijas el uno del otro y están llenos de hostilidad? Cuando un matrimonio corre el riesgo de fracasar, las parejas desavenidas requerirán los servicios de un hábil consejero matrimonial. Pero ellos así como los que tienen problemas menos graves, pueden beneficiarse si aplican a sus problemas conyugales las ideas que pueden recoger en estos capítulos. Consideremos primero los obstáculos que se oponen a la verdadera cooperación. Dado el poder de la parcialidad, del egocentrismo y la hostilidad, ¿cómo podemos esperar un cambio fundamental? Por suerte, hemos nacido no sólo con la tendencia al egocentrismo, sino también con capacidad para la cooperación y el sacrificio. Vemos una clara integración en las relaciones de padres a hijos; con pocas y marcadas excepciones, los padres reaccionan con solicitud amorosa a las necesidades de sus niños. Además, en las primeras etapas, la mayoría de las parejas demuestran una cooperación entusiasta en la construcción de su relación. La gratificación que resulta del sentido de unidad es una gran fuerza en los asuntos humanos, se trate de una organización compuesta por dos personas, como en el matrimonio, o de muchas como en el equipo de un club social.

La cooperación en un matrimonio maduro difiere de la que existe en un romántico enamoramiento, en el que se destacan la abnegación y la fusión de intereses. En un matrimonio maduro, los intereses y las metas de los cónyuges pueden divergir, pero éstos pueden negociar o dejar de lado sus intereses especiales propios, por ejemplo para resolver problemas, tales como la división de los trabajos domésticos, o las diferentes actitudes en lo que se refiere a la crianza de los niños, en atención a su objetivo a largo plazo: una relación estable y placentera.

Hay también, por supuesto, recompensas inmediatas. El espíritu de colaboración, el de complacer al cónyuge y el de solucionar problemas es de por sí satisfactorio. Muchos cónyuges se identifican con el otro, de modo que los placeres de uno son compartidos con el otro, y las penas de uno son sentidas por el otro. Esas fuerzas positivas deben ponerse en acción si una pareja quiere superar las fuerzas divisivas generadas por un conflicto, un choque de perspectivas y una hostilidad acumulada.

COMPROMISO

A medida que se calman las pasiones, después del enamoramiento inicial, emerge como la principal fuerza de unión la dedicación al bienestar y a la felicidad mutuos. Esos sentimientos coinciden más o menos con los roles matrimoniales y, más tarde, con los roles de los padres. Los cónyuges asumen una responsabilidad mutua "para bien o para mal, en la riqueza o en la pobreza, en la enfermedad y en la salud..."

La responsabilidad, el sello del compromiso, ofrece un patrón por el cual los cónyuges se miden a sí mismos y al compañero.

Aunque algunos cónyuges piensen, al principio, que están comprometidos con la relación, su compromiso quizá no sea bastante sólido como para resistir las inevitables tormentas del matrimonio. Otros pueden considerar fuerte su compromiso, pero seguir teniendo fuertes reservas que persistan por décadas, aun a través del matrimonio.

Esos "resistentes" al compromiso total pierden algo de gran valor. Pueden estar alerta a la aparición de defectos en el matrimonio a causa del continuo miedo de ser atrapados, o pueden aislarse de la intimidad emocional por temor a que el cónyuge los rechace. Otros "resistentes" podrían desear los beneficios de una relación íntima, sin poner todo su esfuerzo en asegurar su continuación y crecimiento.

La infelicidad que puede traer un compromiso incompleto está ilustrada en el caso de Marjorie (véase la Introducción), quien vino a verme después de varios años de matrimonio. Ella había pasado una infancia ingrata, sobre todo por las constantes reyertas entre sus padres. El padre tendía a ser dominante, crítico y explosivo. La madre, que criticaba suavemente al padre, era víctima de sus ataques. Marjorie se identificó con la madre y se desarrolló en ella el miedo de que si se casaba estaría expuesta a los mismos abusos que la madre. Después de un romance impetuoso, Marjorie se casó con Ken, un ex atleta de la universidad. A pesar de la evidente consagración de Ken, a Marjorie le preocupaba la idea de que él empezara algún día a obrar como su padre.

Antes del matrimonio, Marjorie exigió a Ken la promesa de que accedería al divorcio si ella llegara a desearlo. Para "complacerla" él accedió. Ken tenía plena confianza en que Marjorie sería feliz y que sólo estaba nerviosa por encarar un gran cambio en su vida. Marjorie, sin embargo, nunca se comprometió completamente con el matrimonio. Al asegurarse siempre una "salida", ella nunca pudo "entrar" totalmente en la relación. Marjorie se refrenaba y, a través de los años, estuvo vigilante, a la espera de los defectos de Ken.

Por miedo a que el menor defecto de Ken se convirtiera en

una deficiencia más importante, Marjorie examinó al microscopio sus mínimas faltas y así las agrandó. Como consecuencia, siempre estaba alerta a los defectos y los criticaba en silencio cuando los detectaba. Ken interpretó el silencio crítico de ella como falta de afecto y se lo reprochó, un acto que ella, a su vez, interpretó como una confirmación de la hostilidad básica de él.

Cuando la pareja vino para ser asesorada, era visible que el problema apremiante de Marjorie era su manía de criticar. Pude discernir el miedo que yacía bajo su compromiso fluctuante y confeccioné para Marjorie una especie de hoja de balance en la que estaban registrados en doble columna los pro y los contra de no contraer un compromiso total:

| *A favor del compromiso incompleto* | *En contra del compromiso incompleto* |
|---|---|
| — Estaría menos propensa a ser lastimada si mi marido "se portara mal". | — Podría, probablemente, criticar a Ken. |
| — Podría retirarme del matrimonio más fácilmente. | — Sería más probable que me amenazaran sus "ofensas". |
| — Puedo ser más independiente. | — Experimentaría menos intimidad y, por lo tanto, menos satisfacción. |
| | — Siempre tendría los nervios de punta por miedo a que Ken me dejase. |

Por supuesto, para Marjorie era difícil comprobar las ventajas reales de contraer un compromiso total, puesto que ella nunca había dado ese paso. Como incentivo, sin embargo, enumeramos algunas ventajas *potenciales,* tales como la mayor seguridad y participación en una relación más entregada. Sólo después que fueron reveladas las ventajas y desventajas de su compromiso incompleto, Marjorie se dio cuenta de cuánto perdía al refrenarse.

Marjorie revisó conmigo todas las pasadas pruebas de la durabilidad de la relación; las muchas crisis que afrontaron juntos y cómo trabajaron en equipo para criar a los niños. Echando una mirada severa a los hechos y a la actuación de Ken, ella se persuadió de la solidez del matrimonio. Marjorie comprendió también que aunque Ken se enojara a veces, no compartía el carácter explosivo de su padre. Descubrió que con sólo repetirse a sí misma: "Esa relación va a durar", se liberaba en parte de su inseguridad.

Sin embargo, para reforzar esa creencia, Marjorie tenía que cambiar la costumbre de concentrarse en los defectos de su marido. Después de todo, él era humano. Ken criticaba en ocasiones, descuidaba a veces el cumplimiento de sus promesas y a menudo dilataba sus decisiones. Pero en lugar de meditar en esas faltas, Marjorie se obligó a concentrarse en cada uno de los signos que confirmaban la posibilidad de que tuvieran un matrimonio estable y feliz: cómo Ken le expresaba su dedicación, cómo se preocupaba por el bienestar de su mujer y cómo anhelaba mejorar la relación.

Sólo en forma paulatina dejó Marjorie de buscarle defectos a Ken y empezó a confiar en él, pero las recompensas fueron casi inmediatas. Descubrió que se sentía más espontánea y capaz de aportar más a la relación, así como recibir más de ella. Y a medida que Marjorie suavizaba su carácter, Ken se volvía más afectuoso y atento.

Al analizar el profundo cambio que se producía, observé que la capacidad de Marjorie para concentrarse en los rasgos positivos de su matrimonio, y no en los defectos, le daba una perspectiva más equilibrada de ella misma y de su marido. Ese cambio de perspectiva neutralizó el miedo de que Ken se pareciera alguna vez a su padre. Cuando su perspectiva cambió y sus miedos disminuyeron, fue capaz de comprometerse para hacer que la relación funcionara, para elaborar el plan de *permanecer en* el matrimonio y no *salirse de* él.

Se puede extraer una regla importante de este caso: los

miedos pueden impedir que la gente contraiga un compromiso, pero al refrenarse, los miedos pueden permanecer vivos. Esa regla tiene un corolario: al aventurarse y permitirse confiar en el compañero, los cónyuges pueden al principio aumentar la sensación de vulnerabilidad, pero por último llegan a aprender que valía la pena correr el riesgo.

Marjorie consideraba que su reserva era una manera de mantener a Ken a raya y protegerse a sí misma. Parte de mi asesoramiento se dedicó a encarar los miedos de correr el riesgo:

ATB: ¿Por qué no quiere comprometerse?
MARJORIE: No estoy segura de poder confiar en él.
ATB: Suponga que usted descubre que no se puede confiar en él, entonces ¿qué?
MARJORIE: El podría lastimarme.
ATB: ¿Que ocurrirá entonces?
MARJORIE: Si me lastima, realmente me sentiré desdichada.
ATB: Entonces, ¿qué hará?
MARJORIE: Pensaré en librarme del matrimonio.
ATB: Pero estuvo pensando en librarse de él desde el día en que se casó. ¿Qué perdería, en realidad, si se comprometiese a que las cosas funcionaran, en lugar de pensar que puede ser que no funcionen?
MARJORIE: Creo que descubriría que no puedo confiar en él.
ATB: Entonces descubrirá de una vez y para siempre que es indigno de confianza. Pero suponga que todo vaya bien y él apruebe el test.
MARJORIE: Supongo que descubriré que después de todo él es bueno... y creo que me sentiré más segura.

Realicé con Marjorie un experimento de tres meses a fin de que probara la hipótesis siguiente: *"Si me comprometo en forma total con la relación y busco lo positivo en lugar de lo negativo, me sentiré más segura"*. Pasados los tres meses, ella descubrió que en verdad estaba más segura y pensaba cada vez menos en abandonar la relación. Ese caso ilustra la importancia de poner en duda una de nuestras ideas más arraigadas, por ejemplo, la de que nunca debemos exponernos a ser vulnerables. Al tratar de evitar un riesgo indefinido, el de ser atrapada en un matrimonio desagradable, Marjorie pagó un precio determinado, el de nunca ser totalmente feliz o sentirse segura. Se había introducido en un círculo vicioso: para "protegerse" buscando siempre una ruta de escape, había creado una relación inestable; la incertidumbre la llevó a una mayor inseguridad y aumentó su necesidad de autoprotección. El costo de la eterna vigilancia era la constante inseguridad.

De un modo similar, Marjorie era reacia a tomar un compromiso firme con su trabajo o sus amigos, por temor a sentirse lastimada por un rechazo. Su sentido de vulnerabilidad y la necesidad de protegerse contra los riesgos se expresaba en su insistencia en mantener una gran reserva en su cuenta bancaria —aun cuando el dinero le hubiera proporcionado una renta mejor si lo hubiera invertido de otra manera— y en gastar grandes sumas en seguros de incapacidad. En cierto sentido, el régimen conyugal de Marjorie ilustra el valor que puede tener una sustancial inversión en el matrimonio, más que el mantenimiento de una gran reserva emocional.

### Compromiso con la fidelidad

Una persona a menudo no desea contraer un compromiso total con una cosa porque eso le lleva a renunciar a otra. Algunos, por ejemplo, disfrutan del matrimonio, pero no quieren hacer ningún sacrificio por él. Desean tener lo mejor de ambos mundos; por ejemplo, la seguridad y el amor constante que ofrece el matrimonio, pero también la libertad y la falta de responsabilidad que tiene la soltería.

Terry y Ruth, para quienes al parecer todo andaba bien, vinieron a verme porque Ruth sospechaba que Terry le era infiel. Un profesional muy ocupado (era analista de sistemas para fábricas en proceso de automatización), Terry viajaba con frecuencia, y Ruth se atormentaba por miedo a que su esposo viera a otras mujeres durante esos viajes.

Cuando entrevisté a Terry solo, descubrí que, en efecto, él había tenido algunas relaciones íntimas con otras mujeres mientras estaba fuera de su casa. Como lo explicó: "Quiero tener mi torta y comerla también". Era muy indulgente consigo mismo y no comprendía por qué habría de privarse de cualquier satisfacción, aun cuando esa falta de restricción lastimara a su mujer y dañara la relación.

Como lo había hecho con Marjorie, usé la técnica de la doble columna con los pro y los contra con Terry. Al principio, él declaró enérgicamente que quería mantener su relación con su mujer "más que cualquier otra cosa en el mundo". Pero cuando pesó las ventajas y los peligros potenciales de querer hacer las cosas a su manera, sintió que lo despojaban de algo a lo que "tenía derecho". Le señalé que para asegurar una relación duradera, uno debe limitar las satisfacciones a las cosas que son compatibles con el matrimonio y renunciar a las que amenazan la relación. En esos casos, el cónyuge no comprometido debe considerar seriamente qué pierde él o ella al no hacer sacrificios. Terry y yo tuvimos una vez la conversación siguiente:

ATB: Usted parece perseguir el sueño de coger lo que esté a su alcance para poder tenerlo todo.

TERRY: Es cierto. ¿Qué hay de malo en eso?

ATB: Pero, ¿tiene usted realmente todo? Presiento que Ruth está a punto de abandonarlo.

TERRY: No creo que lo haga.

ATB: Pero supongamos que lo haga, ¿qué tendrá usted entonces?

TERRY: Creo que tendré que conseguirme otra mujer.

ATB: ¿Es eso lo que usted quiere realmente?

TERRY: No-o-o.

ATB: En orden de importancia, ¿qué significa más para usted, sus correrías o su matrimonio?

TERRY: Mi matrimonio, desde luego.

ATB: Si tuviera que elegir, ¿con qué se quedaría?

Terry: Ya se lo dije.
Atb: Entonces, ¿qué perderá si deja de correr por ahí?
Terry: No me divertiré tanto en mis viajes.
Atb: ¿Y qué ganará?
Terry: Supongo que mi mujer dejará de acosarme.

Era esencial señalarle a Terry algo que era obvio: tendría que renunciar a algo para preservar su matrimonio, pero perdería mucho más si continuaba con su intento de conseguir todo lo que quería. Terry nunca se había enfrentado con el hecho de que tenía que elegir. Por cierto, casi siempre en la vida, él pudo conseguir todo lo que quería, y pudo hacerlo impunemente. Por primera vez, se enfrentaba con el hecho de que la actitud de "tenerlo todo" frente a la vida ya no era sostenible. Después de muchas consideraciones, Terry llegó a comprender que, a pesar del atractivo de otros placeres, la vitalidad de su relación estaba por encima de todo.

Naturalmente, la eliminación de un solo problema no alienta por sí misma un compromiso. Un verdadero compromiso requiere algo más: el cónyuge debe quedar sumergido en el matrimonio y aprender por *experiencia* la satisfacción de vivir más como una unidad, una pareja, y menos como dos personas que comparten una misma casa.

El aspecto principal del compromiso —uno que según muchos observadores se volvió raro en las últimas décadas— es la determinación de mantener la relación aun después de las dificultades, los desengaños y la desilusión. Es una verdad archisabida que muchos matrimonios podrían haberse salvado o haber mejorado si las parejas hubieran invertido sus energías en resolver los problemas en lugar de escaparse de ellos. Los capítulos siguientes dan algunas pautas para hallar esas soluciones.

CONFIANZA BASICA

Aunque estén entregados al matrimonio, los cónyuges

pueden no desarrollar un sólido sentido de confianza. La confianza de una esposa, incluye, por ejemplo, la firme convicción de que el marido tiene presente sus intereses, por lo que no la lastimaría intencionalmente y estaría siempre disponible cuando ella lo necesitara. Es difícil desarrollar una confianza constante y duradera, y es fácil hacerla tambalear.

Según muchos autores, las raíces de la confianza básica se crean mucho antes del matrimonio. Erik Erikson observó que esa actitud empieza a desarrollarse a partir de las experiencias que tiene el niño con las principales figuras de la familia.[1] La confianza va más allá de la ciega dependencia de la infancia y arranca de los sentimientos del niño hacia los padres y hermanos. La confianza básica del niño incluye los siguientes aspectos:

- Puedo contar con mi familia cuando la necesito, sea lo que fuere.
- Los extraños me pueden lastimar, pero mi familia me respeta y me protegerá.
- Las personas importantes en mi vida no traspasarán sus límites, no se aprovecharán de mí o no me harán daño a sabiendas.

Es posible que esa confianza temprana no se conserve en las relaciones con los compañeros. Es posible que un niño confiado descubra que los otros niños pueden ser crueles, falaces y de poca confianza. Con la madurez, él o ella adquieren la idea de que los miembros del sexo opuesto son dominantes, explotadores e indignos de confianza. Esas actitudes subyacents de desconfianza pueden ser arrastradas al matrimonio, aunque encubiertas por la relación de amor. Si bien un cónyuge puede ser formal y confiable, esa corriente

---

1. E. ERIKSON, *Childhood and Society* (Nueva York: W. W. Norton, 1964).

subterránea de recelo podría seguir latente a la espera de un incidente que la haga aflorar.

Muchos cónyuges confían en sus parejas en algunos momentos, pero no siempre. En algunos campos, por ejemplo en el dinero para gastos personales, en las relaciones con los parientes políticos, en el tiempo pasado fuera de la casa, pueden sentir desconfianza. Un cónyuge puede percibir la falta de confianza del otro y sentirse herido. O la desconfianza puede conducirlo(la) a rebelarse y obrar por impulso según la máxima "Tanto da que me cuelguen por una oveja como por un cordero".

Los cónyuges pueden llegar a comprender mejor la desconfianza si reconocen que en los dominios que más afectan a su relación tienden a pensar en valores absolutos. De modo que si la esposa miente en una oportunidad, es posible que el marido piense: *"Nunca puedo tenerle confianza"*. Si el marido rompe una promesa, la mujer puede concluir: *"El es informal"*. Es mejor por supuesto que los cónyuges consideren los rasgos, tales como veracidad y formalidad, como un continuo y no como un valor absoluto, como puntos de una escala, más que como una categoría fija. De esta manera, una esposa ofendida puede enmarcar la mentirilla de su esposo como una señal de que él es imperfecto: no un hombre sincero del todo, pero tampoco un mentiroso crónico. Y un marido con afición por las estadísticas podría catalogar a su mujer como digna de confianza en un 75% y no constantemente informal.

Como suele ocurrir, nadie puede ser completamente sincero siempre, por una razón, y es que no hay una verdad absoluta. Una situación tiene tantas facetas que, por fuerza uno debe seleccionar algunas y excluir otras al dar una respuesta sincera a una pregunta. Al intentar una apreciación sincera de nuestras motivaciones, tenemos que reconocer que están a menudo mezcladas y es imposible separarlas con total objetividad. Además, nuestros sentimientos y actitudes pueden cambiar de un momento a otro, y algo que creemos firmemente cuando estamos enojados puede no ser válido unos minutos después, cuando nos hemos calmado.

## HIPOTESIS DE LA BUENA VOLUNTAD

Aun en los matrimonios en que ambos cónyuges tienen buenas intenciones, en que desean ser atentos y amables, las comunicaciones equivocadas y las lecturas erróneas de los signos pueden hacer que esas intenciones queden descartadas y que un cónyuge infiera que el otro tiene motivos ocultos. Y una vez que el marido, por ejemplo, supone que su mujer está motivada sólo por un intolerante egoísmo, sus observaciones estarán empañadas por esa hipótesis.

Supongamos que una esposa ofendida sea capaz de decirse: *"Aun cuando las acciones de mi marido estén equivocadas y me hayan lastimado, yo supongo que él tiene buenas intenciones y que no quiere herirme"*. Ese reconocimiento por sí mismo puede ayudarle a considerar las acciones del marido desde una perspectiva diferente, y al comparar esa perspectiva con sus juicios negativos sobre el esposo, la mujer podrá llegar a explicarse en forma más benévola la aparente maldad de él.

Naturalmente, la hipótesis de buenas intenciones no puede darse por sentada, y no todas las intenciones son buenas. En realidad, una esposa puede aducir ejemplos válidos de los actos egoístas u hostiles de su marido. Pero al revisar *toda* la conducta pasada de él, tanto lo "bueno" (preocupación y altruismo) como lo "malo" (indiferencia y egoísmo), puede obtener un panorama más equilibrado.

Si la pareja está atrapada en un ciclo de ataques y contraataques, de lucha por el dominio, entonces debe tratarse primero la hostilidad. Al principio, pueden ser útiles estrategias como las bosquejadas en el capítulo 17. Una vez que haya disminuido algo la hostilidad, los cónyuges pueden ponerse de acuerdo, aunque sea en un supuesto: el de que *sí* tienen una buena voluntad básica uno con respecto al otro y que se llevarán mucho mejor si se atribuyen mutuamente buena voluntad. Esa hipótesis de trabajo ayudará a neutralizar la hostilidad que proviene de atribuirse uno al otro una intención maliciosa, lo que ocurre tan a menudo en matrimonios desavenidos.

## EL BENEFICIO DE LA DUDA

Cada cónyuge en un matrimonio llega a conocer la personal sensibilidad del otro y reconocer que respetándola se evitan trastornos innecesarios. Sin embargo, ¿qué pasa si su cónyuge obra en forma sospechosa? Supongamos que, fuera de costumbre, la esposa llega a casa mucho más tarde de lo que dijo a su marido. La explicación que le da al llegar —que tuvo que detenerse en un banco para cambiar un cheque— le parece extraña. La explicación podría ser cierta, pero para el marido es poco convincente. El sospecha que ella se entretuvo en visitar a la madre, lo que era un punto de conflicto en el pasado.

El esposo tiene dos opciones: puede darse el beneficio de la duda o puede confrontarla con sus sospechas. ¿Qué debería hacer? En general, haría mejor en aceptar la explicación de su mujer y olvidar el asunto. Si su explicación es cierta, dudar de ella sólo reduciría el acopio de buena voluntad entre ellos y la haría sentir injustamente acusada. Si la verdad es que ella se detuvo para ver a su madre, mejor sería dejar que guarde su secreto, pues es muy probable que ella diga una mentira piadosa para evitar una confrontación potencialmente destructiva. De modo que él debería aceptar la explicación aun a riesgo de que ella se salga con la suya.

La expectativa de una total sinceridad es contraproducente en un matrimonio entre dos seres humanos falibles, acosados por la sensibilidad, el orgullo y la costumbre de estar a la defensiva. La gente tiene a menudo móviles diversos que motivan sus actos, algunos más benignos que otros. Pero las motivaciones de los cónyuges suelen ser más inocuas de lo que parecen ser. Y al aceptar la explicación más benévola para la tardanza de su mujer, es probable que el marido sienta más afecto por ella.

El beneficio de la duda se aplica a una gran variedad de casos en los que es posible que él o ella sean o no culpables. Un marido puede haber olvidado llevar un recado porque estaba preocupado con un problema del trabajo y no porque no le importara. La esposa podría haber invitado algunos amigos nuevos a la casa sin consultarlo primero, intuyendo que le gustarían y no por "irreflexión".

Dicho todo eso, debo reconocer que, en los matrimonios ideales, los cónyuges se sentirían libres para expresar todas sus dudas y aun cuestionar los móviles del otro. Sin embargo, es difícil alcanzar ese ideal y no se debería usar para devaluar una relación que, por lo demás, es gratificante.

## LEALTAD Y FIDELIDAD

La lealtad y la fidelidad difieren del compromiso en que un cónyuge puede estar dedicado a mantener el matrimonio, poniendo una buena dosis de entusiasmo y recursos al servicio de la pareja y, sin embargo, ser desleal. En ese sentido, la lealtad implica poner los intereses del compañero por encima de los intereses de los demás. Por ejemplo, cuando a un esposo se lo critica, espera que su mujer lo defienda. De un modo similar, la lealtad supone no tomar partido con los otros contra el cónyuge.

A veces, los deseos de lealtad de un cónyuge pueden llegar a ser extremos; no obstante, es importante para un(a) esposo(a) reconocer la definición de lealtad del otro y tomar eso en cuenta. Una mujer, por ejemplo, estaba muy disgustada por sus relaciones con la hermana del marido. Había hecho algunos arreglos con ésta para conseguir servicio doméstico, pero un malentendido las llevó a pelear. La esposa creía que el marido debía ponerse de parte de ella, y cuando él trató de ser imparcial, lo acusó de deslealtad. Ella lo expresó así: "Yo necesito un aliado y tú te eriges en mi juez".

En el matrimonio, el sentido de *alianza* tiene un gran significado simbólico. *"Mi mujer / o marido /... tenga razón o esté equivocado(a)"* significa que un cónyuge puede siempre contar con el otro para ser protegido o apoyado. Y el apoyo o protección no dependen del juicio del(de la) esposo(a) respecto de quién tiene razón o está equivocado. En las relaciones íntimas, la neutralidad se percibe a menudo como deslealtad.

A igualdad de razones, es mejor, en general, pecar por el lado de la lealtad que de la justicia imparcial.

El tema de la lealtad surge a menudo en situaciones públicas. Por ejemplo, un marido puede aceptar críticas de su mujer en privado, pero queda abrumado si ella lo critica delante de otras personas. El mayor significado de esa crítica pública es "Ella no es mi sostén".

El marido se siente *vulnerable* a causa de la "deslealtad" de su mujer. De acuerdo con cierta clase de lógica primitiva, si su supuesta aliada considera plausible criticarlo en público, eso les da pie a los demás para hacerlo también. Asimismo, es probable que él interprete la crítica pública de su mujer como un franco reconocimiento de incapacidad de seguir adelante. De ese modo, todos los miedos de exposición pública —el desconcierto, la vergüenza y la humillación— quedan a la vista.

Ser desafiado en público por el cónyuge se interpreta a menudo como una especie de traición. A veces el marido quiere ser un rigorista de la precisión y contradice la menor inexactitud de su mujer. Como ella, por su parte, trata de causar una buena impresión, se considera "apuñalada por la espalda".

Por ejemplo Ted y Karen entablaron una conversación con otra pareja en un lugar de veraneo en la playa. Cuando se les preguntó, Karen respondió: "Nos gusta venir aquí. Lo pasamos tan bien, que siempre venimos aquí". Al observar Ted que esa declaración era inexacta, interrumpió para decir que ésta sólo era la segunda visita. Karen siguió diciendo a la otra pareja que les gustaba venir a ese lugar porque estaba incluido en un buen acuerdo con las líneas aéreas. Ted volvió a corregirla y dijo: "No es ésa la razón por la que hemos venido. De cualquier modo queríamos venir y hubiéramos pagado el precio total. Dio la casualidad de que mi agente de viajes pudo conseguir una buena transacción". Karen sintió que las correcciones de Ted eran un golpe para la credibilidad de ella a los ojos de la otra pareja.

Ted era rigorista en cuanto a la exactitud y no quería que los otros le sorprendieran haciendo declaraciones inexactas.

El pánico de ser pillado en un error lo impulsó a corregir los "errores" de Karen. Por otra parte, a Karen le gustaba ser espontánea y urdir sus propias historias sin tener que ser precisa en cada detalle. Además, para crear la impresión de que ella y Ted se llevaban bien juntos. Para ella, el franco desacuerdo de Ted minó su credibilidad, de modo que lo consideró desleal.

## *Infidelidad*

En algunos matrimonios, los cónyuges están dispuestos a aceptar la infidelidad de su pareja; en otros, es discretamente tolerada aun siendo una fuente de dolor; pero en la mayor parte de los matrimonios la infidelidad se considera el colmo de la deslealtad, y no sólo es inaceptable, sino que conduce a una permanente escisión que justifica el divorcio. Si el matrimonio sobrevive a la infidelidad, las heridas pueden persistir en forma indefinida. Observé a menudo que aun cuando una infidelidad haya ocurrido muchos años antes, el cónyuge ofendido sigue haciendo alusiones punzantes al suceso muchas décadas después.

¿Por qué la infidelidad es tan destructiva en el matrimonio? Para comprender el enorme impacto que causa una aventura extramatrimonial, aun aislada, debemos volver al tema de los significados simbólicos. Mientras que para el cónyuge ofensor ser infiel puede significar simplemente disfrutar de la "variedad" vivida en la etapa previa al matrimonio, para el cónyuge ofendido la infidelidad es un ataque directo a la propia relación, una burla del supuesto compromiso mutuo.

Terry, por ejemplo, deseaba seguir teniendo aventuras extramatrimoniales. Pretendía que esos asuntos nada tenían que ver con su relación con la esposa. Decía: "La amo igual, tenga o no tenga una aventura". Pero sí creía que, puesto que sus aventuras disgustarían a Ruth, era mejor que ella no las conociera. Se guiaba por el viejo dicho "Ojos que no ven, corazón que no siente". Como sabía que esas otras relaciones eran transitorias y no implicaban ningún compromiso por su parte, no veía la necesidad de renunciar a ellas, ni una amenaza para su matrimonio.

Lo que él no comprendía era que estaban implicados problemas decisivos de la confianza básica. Su mujer interpretó su conducta como un signo de que él era indigno de confianza, no comprometido sinceramente con ella y que en realidad no la amaba.

Además de las implicaciones morales de la infidelidad, el acto de ser infiel penetra tan profundamente en la estructura de la relación, en la propia imagen y confianza del compañero, que puede resultar destructivo hasta para una relación que tiene, por lo demás, una base sólida. En una relación que ya es tambaleante, la infidelidad puede sonar a toque de difuntos. Los medios para tratar la infidelidad en una pareja son tan complejos que se describirán en un apartado especial (véase capítulo 18).

# 12
# Afinar la relación

Quizás usted recuerde que Karen era una romántica a quien le gustaba hacer las cosas en forma impulsiva, en contraste con su marido, Ted, quien era sistemático y "racional". Uno de mis primeros proyectos en terapia fue alentarlos a mirar los aspectos placenteros de su relación y tratar de reconquistar lo que alguna vez les pareció atractivo en el uno y en el otro. También les sugerí que trataran de percibir las necesidades mutuas y procuraran satisfacerlas. Parte del razonamiento que hay detrás de ese programa consiste en que las parejas se vuelven inconscientes de lo que les gusta a cada uno, cuando atraviesan un período de dificultades.

Como resultó después, Ted llevó a cabo mejor mi sugerencia de complacer a su cónyuge que Karen; el plan a seguir que se le asignó complementó su enfoque general de las exigencias de la vida. En la sesión siguiente, Karen informó: "Ted estuvo muy simpático la semana pasada. Llamó a mi madre varias veces y tuvo largas charlas con ella... eso me hizo sentir dulce y tierna con él".

A Karen le resultaba penoso llamar a la madre, quien tenía una enfermedad grave y progresiva. Cuando llamaba, Karen solía a veces derrumbarse y llorar. Cuando ella se alteraba, la madre también empezaba a sentirse peor, y la conversación se volvía difícil para ellas. De modo que cuando Ted tomó la iniciativa y ofreció llamar a la madre, Karen se sintió agradecida.

Ese episodio fue decisivo. El gesto de Ted dejó aflorar los sentimientos afectuosos que Karen había tenido por él antes.

Dijo: "Olvidé cómo era amar a Ted", y empezó a verlo otra vez como una persona estable y digna de confianza con quien podría contar para recibir apoyo y ayuda. Me dijo: "Sé que soy inconstante y a veces realmente débil, pero Ted es como una roca. Sé que puedo disponer de él cuando lo necesite". Ese rasgo de Ted había desaparecido de su vista durante los tiempos tormentosos.

Es evidente en ese episodio, que la llamada telefónica de Ted tuvo un enorme significado simbólico para Karen. Ella dijo: "El lo hizo por *mí*" y consideró que el gesto era un gran favor, sobre todo porque ella no se lo había pedido específicamente. Karen advirtió que Ted era capaz de percibir las necesidades de ella y reaccionar sin que se lo pidieran, y que realmente se preocupaba. Para Ted no era una tarea difícil. El quería a la madre de Karen y le complacía hacerle ese favor a su mujer.

El principio importante es que, si usted percibe las necesidades de su compañero y las satisface de alguna manera, puede dar un enorme impulso a la relación. Satisfacer las necesidades de su pareja, suele requerir un esfuerzo mínimo de su parte, *percibirlas* puede ser más difícil. La razón de ello reside en que muchas personas no han desarrollado medios que permitan conocer sus necesidades específicas o prefieren que el compañero perciba dichas necesidades sin que se le obligue a ello.

Las reacciones de Karen a los esfuerzos de Ted lo gratificaron. El estaba feliz de poder hacer algo para complacerla y de que ella lo valorara. Pero aun más importante para Ted fue la ternura y el conmovedor afecto que Karen le demostró después.

Aun cuando Ted era consciente del particular esfuerzo que hacía para demostrarle a Karen que era sensible a sus sentimientos, el motivo que lo impulsaba era auténtico. Antes del período de sus altercados, él había hecho a menudo cosas para complacer a Karen, y no era incompatible con su carácter reanudar la iniciativa cuando advirtió una señal que le indicó lo que ella quería.

Desde luego, la relación no cambió de la noche a la mañana,

pero ese episodio fue fundamental para encaminarlo en la dirección correcta. Con todo, por un tiempo estuvieron cautos y temerosos de ser heridos; no confiaban plenamente el uno en el otro. Karen siguió teniendo miedo de que Ted la controlara, y Ted seguía sensible a cualquier signo de rechazo de Karen.

Como parte de la terapia, les pedí que me contaran qué les había gustado en el uno y en el otro en los comienzos de su relación. Karen describió el placer de hacer cosas que se les ocurrieran en aquel momento con Ted. Ted contó que disfrutaba de las discusiones sobre diversos temas con Karen.

En la visita siguiente me informaron sobre los progresos realizados. Karen narró cuánto le había gustado un largo paseo a pie que dieron con Ted esa semana, algo que no habían hecho por varios años. Durante el paseo, Karen le preguntó a Ted qué había leído. El habló con entusiasmo y analizó la situación política y económica de sus lecturas. Karen admiró la mentalidad de Ted y disfrutó escuchándolo; él se sintió complacido.

Muchas parejas desavenidas desarrollan ciertas cegueras para lo que es bueno en su relación. Al fijarse sólo en lo que no les gusta, dejan de ver cómo mejorar lo que *sí* les gusta. Si usted tiene dificultades matrimoniales, le será útil usar la lista que está al final de este capítulo para analizar su relación. Tenga presente que, si su relación está tambaleante, usted podría subestimar algunos aspectos positivos por algún prejuicio negativo existente. Eso quizá le impediría ver lo que *funciona* bien en su matrimonio o lo que le gusta en su cónyuge. (Aun sin esos prejuicios negativos, es tan fácil dejarse abrumar con las cosas serias de la vida —equilibrar el presupuesto, criar los hijos, administrar la casa— que usted puede pasar por alto el goce y la alegría del matrimonio.) Para contrarrestar cualquier predisposición negativa, usted debería ejercitarse en buscar las positivas y confeccionar diariamente una lista de ellas durante una semana o dos.

Algunas personas tienen una fuerte tendencia a descalificar todo lo que es bueno en su matrimonio y en su cónyuge sobre la base de algunos pocos aspectos negativos. Un marido, por ejemplo, se quejaba: "Yo puedo hacer diez cosas bien... y luego olvido de hacer una sola cosa y —¡zas!— ya está encima de mí. Eso borra todo lo bueno que ocurrió". El poder que posee un único suceso desagradable de borrar muchos otros positivos, es un principio importante que contribuye a los problemas de mala interpretación, mala comunicación y enojo. Eso se discutirá en capítulos ulteriores.

AMAR Y SER AMADO

Puesto que muchas parejas parecen perder de vista cuáles son los bloques que sirven para edificar un matrimonio sólido, es importante analizarlos. Una información más precisa puede guiar, por ejemplo, a un marido que se queja: "Me estoy volviendo loco para saber qué quiere mi mujer. Ella dice que yo debería ser más solícito y comprensivo, pero yo *soy* eso. ¿Qué más quiere? ¿Por qué me vuelve loco?"

Las emociones del enamoramiento pueden fructificar en el amor maduro de un matrimonio duradero. La mujer experimenta un sentimiento de vivo placer al decir: "Te amo", y el marido siente emoción al oírlo, porque el afecto y la atracción mutua están entretejidos en la urdimbre de la lealtad, confianza y fidelidad, y crean un amor más fuerte y más profundo.

Hay varios componentes básicos de un amor maduro:

*Los sentimientos de cariño* reemplazan la intensidad del enamoramiento (el pensamiento obsesivo en el amado, la idealización, el deseo arrollador de estar juntos, los altos y los bajos, los picos y los valles, la exaltación al estar reunidos y la desesperación al estar separados) a medida que pasa el tiempo. Pero, a menos que se rompa, el vínculo amoroso subsiste. Parejas casadas durante más de cuarenta años me contaron que se sentían estimuladas emocionalmente al verse, igual que décadas atrás.

*La solicitud* significa que uno cree en el cónyuge y le hace saber: "Eres importante para mí. Me interesa lo que te pueda ocurrir. Te cuidaré". Las dos facetas principales de la solicitud conciernen al bienestar de su cónyuge y a la buena disposición para obrar a fin de ayudar o proteger a su pareja. A diferencia de una dama de compañía o una ama de llaves que tiene una tarea para cumplir, usted ayuda a su cónyuge en razón de un compromiso y un sentimiento. De modo pues que el interés y el afecto son decisivos para ser solícitos.

*Las expresiones de afecto* son un medio tan obvio de despertar los sentimientos tiernos en su pareja, que parece superfluo examinarlos. Sin embargo, a medida que el matrimonio avanza, los gestos afectuosos tales como rodear con el brazo a su pareja, apretujarla y susurrarle palabras de amor se van reduciendo cada vez más al dormitorio. Y, en los matrimonios desavenidos, pueden desaparecer del todo.

Ted y Karen eran ambos cariñosos uno con el otro durante el noviazgo y el primer año del matrimonio. Pero a medida que se desarrollaron las tensiones, las palabras conmovedoras, cariñosas, risueñas y los susurros de afecto se volvieron raros. Después de algunas sesiones de asesoramiento, no obstante, se dieron cuenta de que una palabra tierna o una sonrisa afable podían quebrar la tensión entre ellos, y empezaron otra vez a expresar su afecto siempre que lo sintieran sinceramente.

*La aceptación* tiende a ser incondicional en una relación de amor madura. Se pueden admitir diferencias en las ideas acerca de la religión, la política y la gente sin criticarse mutuamente; puede aceptarse la incapacidad o las debilidades de su cónyuge sin erigirse en juez. Esa aceptación es profundamente tranquilizadora. Les da a los esposos la sensación de aceptarse a sí mismos. Si el compañero los puede aceptar en forma total —con manchas, verrugas y lo demás— pueden relajarse y bajar la guardia.

A medida que Ted y Karen fueron mejorando la relación, Ted describió su sensación de la aceptación. "Puedo ser yo mismo con Karen. No tengo que impresionarla. Me acepta como soy". La actitud de Karen de aceptación contrastaba con la de los padres de Ted, quienes lo alababan por las proezas intelectuales y lo criticaban por cualquier error.

La aceptación, desde luego, no implica ceguera para los

defectos del compañero, pero, en una atmósfera de aceptación, usted puede luchar contra cualquier cosa que interfiera en su intimidad. Observe que si su amor está condicionado por una "buena conducta", *nunca* podrá alcanzar la intimidad que es posible cuando el amor es algo dado y la buena conducta es una meta que debe lograrse con un trabajo conjunto.

*La empatía* es la capacidad de sintonizar con los sentimientos del compañero, de experimentar en cierto grado el dolor o el placer, el sufrimiento o la alegría de él o de ella. Cuando las personas están preocupadas por problemas o invadidas por la emoción, sea tristeza o euforia, pueden perder temporalmente la capacidad de empatía. En la anécdota relatada al principio de este libro, Ted estaba tan preocupado con sus problemas del trabajo que estuvo inconsciente de la alegría que sentía Karen por haber conseguido un nuevo cliente. Pero Karen en su felicidad, estaba igualmente insensible e ignoraba la pena de Ted y su necesidad de consuelo.

Después de recibir asesoramiento, Karen se volvió más consciente de las preocupaciones de Ted, en particular de sus miedos al rechazo y al abandono. Como consecuencia, realizó un esfuerzo especial para no hacer esperar a Ted, o llamarle si iba a retrasarse. Por su lado, Ted se volvió consciente de que Karen deseaba tener un espíritu libre y, en consecuencia, restringió sus impulsos de organizar él la convivencia. Trató de relajarse para poder reaccionar en forma más espontánea a las sugerencias improvisadas de Karen.

*La sensibilidad* a las preocupaciones y puntos vulnerables del compañero —como el miedo de Ted al abandono, o el miedo de Karen a ser controlada— es imprescindible, si se le quiere ahorrar dolores y sufrimientos innecesarios. Si bien algunas personas tienen una mayor sensibilidad natural que otras, ésta es una cualidad que puede cultivarse. Si su cónyuge reacciona exageradamente a las cosas que usted hace, por ejemplo, en lugar de criticarlo(la) o ponerse a la defensiva, puede detenerse para considerar qué problema subyacente podría haber. Investigue con suavidad junto con su pareja, las inquietudes y miedos secretos de ella. Resista la tentación de atribuir la reacción exagerada de su cónyuge a algún rasgo indeseable como puede ser el carácter compulsivo o la necesidad de controlar. Trate de comprender que esas reacciones son señales de vulnerabilidades ocultas.

Karen, por ejemplo, averiguó que la insistencia de Ted en la puntualidad se debía al miedo de que algo malo le pudiera ocurrir. Y Ted descubrió que si Karen se enojaba porque él trataba de organizar su vida era por miedo de ser controlada. Reconocer los "trastornos" de uno no significa que no se los pueda modificar. Por cierto, en el curso del tratamiento, Ted superó ampliamente sus miedos de que Karen lo rechazara o lo abandonara. Y Karen pudo librarse de la idea de que adaptarse a algunos de los límites impuestos por Ted la llevaría a perder su libertad y espontaneidad.

*El entendimiento* está emparentado con la sensibilidad, pero lleva esa cualidad aun más lejos. Cuando su cónyuge le comunica un problema, puede sentirse comprendido(a) sin tener que explicar cada detalle. Por otra parte, el entendimiento implica la capacidad de ver los sucesos con los ojos de su pareja. Cuando Karen estaba disgustada por las maneras desagradables de sus clientes, Ted hizo el esfuerzo de considerar el problema como lo veía Karen y no necesariamente como lo vería él.

El entendimiento mutuo es una de las primeras víctimas de una lucha conyugal; su defunción a menudo es señalada por el lamento "No entiendo por qué él / o ella / obra de esa manera". Parte de la dificultad reside en que las parejas desavenidas actúan de un modo que no coincide con su lado afectuoso: adoptan posiciones rígidas, por ejemplo, o tratan de burlarse uno del otro o engañarse mutuamente. Un problema más serio consiste en que a medida que el conflicto se caldea, los cónyuges se vuelven más propensos a malinterpretar el sentido de las acciones del compañero. Pronto los equívocos acumulados anegan cualquier comprensión que los cónyuges tuvieron o pudieron haber tenido acerca de los verdaderos móviles del uno o del otro.

Hay varias maneras de preservarse de esos equívocos. Una es examinar los pensamientos automáticos acerca del cónyuge para ver si son razonables, lógicos y válidos (véase capítulo 13). Otro método consiste en verificar la adivinación de las intenciones del compañero, como se describe en el capítulo 8.

*El compañerismo* se aprecia temprano en una relación, pero parece esfumarse en muchos matrimonios con el paso del tiempo. Como marido y mujer se preocupan cada vez más por asuntos tales como proveer las entradas familiares, el cuidado de los niños o la atención de la casa, tienden a pasar menos tiempo juntos y la calidad de ese tiempo se desmejora. En el capítulo 14 el lector conocerá a Cliff y Judy cuyo sentido de compañerismo se debilitó debido al compromiso de Cliff con su trabajo. Al ver el precio que debía pagar su matrimonio por ese compromiso, Cliff pudo volver a encender la chispa que se había apagado en su relación.

El compañerismo es una ventaja para un buen matrimonio, que se puede mejorar mediante la planificación. Hay que pensar en actividades de las que se puede disfrutar en conjunto —un viaje, la decoración de la casa, una ida al teatro— y asignar el tiempo a tal fin. También hay camaradería en la satisfacción de estar simplemente juntos en los momentos diarios de la vida. Mirar juntos televisión, mantener charlas durante las caminatas, o atender las rutinas domésticas como lavar platos o limpiar la casa, pueden favorecer el espíritu de compañerismo.

*La intimidad* se extiende desde las discusiones sobre los detalles de la vida diaria, a los instantes en que usted confía los sentimientos más íntimos, que no compartiría con nadie más, hasta su relación sexual.

En cierto modo, la intimidad es un producto colateral de la solicitud, la aceptación, la sensibilidad y el entendimiento. Asimismo es socavada por los malentendidos, la crítica indiscriminada, las acusaciones, y la insensibilidad. Si las parejas se permiten criticarse, castigarse o controlarse uno al otro, deben considerar cuánto pierden en intimidad. Cuando se pierde la intimidad por causa de conflictos y peleas, desaparece con ella la principal fuerza de unión conyugal.

*La amistad* se refiere al auténtico interés que usted puede tener por su cónyuge como persona. Esa cualidad parece volverse unilateral o amortiguada en muchos matrimonios, si no en la mayor parte de ellos. Algunas encuestas mostraron que las mujeres no consideran al marido como su mejor amigo, pero ven en ese rol a otra mujer. La mayoría de los maridos, por el contrario, consideran a la esposa como su mejor amigo.[1]

Usted puede cultivar la amistad mirando a su cónyuge como una persona. Trate de averiguar qué le ocurre a él o a ella. Echar ese puente suele requerir sutileza. En el capítulo 14, por ejemplo, yo describo el "método de las preguntas complementarias", una manera de lograr que el cónyuge comente sus experiencias.

*Complacer* al compañero es, desde luego, decisivo para un matrimonio feliz. Pero el placer debe ser mutuo; no sólo puede usted dar satisfacción a su esposo(a) por lo que usted hace, sino que puede también compartir su satisfacción. Algunas veces, tiene que salirse de los caminos trillados y hacer algo especial. Por ejemplo, Ted complació muchísimo a Karen llamando por teléfono a la madre de ésta, y Karen a su vez quiso complacerlo y le compró un ejemplar del libro de Garry Wills *Cincinnatus: George Washington and the Enlightenment* que, como sabía, encantaría a Ted.

Más adelante, en este capítulo, describiré cómo pueden las parejas organizar un programa continuo de acciones para complacerse mutuamente. Con esa consideración, se puede recorrer un largo camino para revitalizar una relación languideciente.

La idea de *apoyo* para su cónyuge transmite la sensación de que usted es seguro(a), un Peñón de Gibraltar, en el cual su pareja puede reclinarse en tiempos difíciles. Quizás usted subestime la significación simbólica de alentar a su compañero(a) cuando él o ella está desanimado(a), de ayudar a solucionar problemas, cuando éstos se vuelven abrumadores. Acudir en ayuda de su pareja en esos momentos de necesidad puede tener un enorme significado, transmitiendo

---

1. RUBENSTEIN y JAWORSKI, "When Husbands Rate Second".

a su cónyuge la idea de que usted está dipuesto(a) a ser su salvador(a) y su defensor(a).

Algunas personas se muestran muy pasivas cuando el cónyuge desea embarcarse en una nueva empresa o asumir una nueva responsabilidad. La vacilación en adoptar una postura positiva puede socavar el sentido de iniciativa y capacidad del otro. Tomemos el caso hipotético de un marido que trata de ser objetivo y que aparece ante su mujer como indiferente.

MUJER: Me han dado la oportunidad de ascender a gerente contable. ¿Qué te parece? ¿Qué debo hacer?
MARIDO: Pues, ¿qué quieres hacer tú?
MUJER: No lo sé. Por eso te lo pregunto.
MARIDO: Bueno, tú tienes que decidir qué quieres hacer. Yo no puedo decidir por ti.

La mujer advierte que el marido no se preocupa. Pero en una situación similar, real, Ken (que se había aconsejado conmigo según las entrevistas descritas en capítulos anteriores) respondió a Marjorie de un modo más alentador.

MARJORIE: Me han dado la oportunidad de ascender a gerente contable. ¿Qué te parece? ¿Qué debo hacer?
KEN: Pues, eso, por cierto, es un cumplido. Debe agradarte que Helen [la jefa] tenga tanta confianza en ti.
MARJORIE: Bueno, quizás ella la tenga, pero yo no tengo la misma confianza.
KEN: ¿Es por eso por lo que no estás segura de qué vas a hacer?
MARJORIE: Sí, si tuviera más confianza, aceptaría el trabajo.
KEN: En todos los trabajos anteriores, ¿no te faltó siempre confianza al principio? Pero luego la sentías, una vez que estabas adentro.
MARJORIE: Tienes razón... de modo que ¿piensas que mi

falta de confianza es un asunto emocional y que debería aceptar el puesto si eso es lo único que me retiene?
KEN: Eso creo.

Ken fue capaz de identificar el problema de Marjorie, la falta de confianza. Mediante preguntas acertadas, la guió hasta llegar al problema "emocional" subyacente, e indirectamente le dio apoyo insinuándole que, en su opinión, ella podía hacer el trabajo.

Ken podría haberse lanzado con entusiasmo y tratado de convencerla para que aceptara el cargo, pero ese enfoque hubiera sido prematuro y poco eficaz, mientras ella no pudiera enfrentarse con el problema real, la falta de confianza. La técnica que él usó —indagar primero y luego tranquilizar— puede ser muy eficaz para apoyar al cónyuge, tanto mediante la comprensión como mediante el aliento.

El modo en que un integrante de la relación le brinda apoyo al otro varía enormemente de pareja a pareja. Lo que puede ser apoyo y sostén para uno, puede significar abandono para otro. Si bien todos podemos aportar una dosis de aliento y entusiasmo, la forma en que debe manifestarse ese entusiasmo esperanzador depende de la personalidad y del estado de ánimo de cada individuo. Por lo general, formular preguntas al cónyuge puede llevar el problema al centro de atención. Luego será de ayuda esperar la realimentación en forma de signos de aceptación o rechazo. En general, para evaluar la mejor manera de servir de apoyo hace falta realizar unos cuantos tanteos.

*El contacto estrecho* significa, desde luego, mucho más que una simple proximidad física, aunque muchas parejas se quejan de que ni siquiera se ven lo suficiente. Para solucionarlo, una mujer llamó a la secretaria de su marido para fijar una cita con él.

Aun cuando los esposos pasan mucho tiempo juntos, la *calidad* de ese tiempo puede no ser gratificante. Judy, por ejemplo, se quejó de que aun cuando el esposo, Cliff, estaba en casa, "no estaba ahí en realidad", sino que pensaba en otras cosas. Las preocupaciones por los problemas del trabajo, las dificultades financieras o inquietudes por los niños, pueden crear una distancia artificial entre los cónyuges. Y lo peor de todo es la hostilidad, que puede engendrar una fuerte enemistad entre ellos.

Los sentimientos de proximidad no tienen por qué irse a la deriva en forma constante, sino que pueden ser recobrados con una pizca de previsión. Por ejemplo, el tiempo que comparten los cónyuges en discutir asuntos de importancia sobre el trabajo o la casa, en estudiar planes y objetivos, o en reflexionar sobre los triunfos o tragedias del día edifica un contacto estrecho espontáneo. Además, los actos de cariño que demuestran afecto, aceptación y apoyo pueden combinarse para acercar más a los cónyuges.

SEGUIMIENTO DE LA CONDUCTA POSITIVA

Es importante que las parejas estén conscientes de lo que hace el cónyuge y que tengan una reacción acorde. La lectura del capítulo 11 le trajo a usted probablemente el recuerdo de lo que su esposo(a) podría hacer, que fuera significativo para usted. Recuerde que su cónyuge podría ser que ya estuviese haciendo algunas de esas cosas y que usted no estuviera enterado de ello. Para empezar, trate de fijarse en forma metódica en lo que ya hace su cónyuge para complacerle. Después, cuando empiecen a tener "sesiones" entre ustedes, podrán informarse mutuamente al respecto y hacer algunas sugerencias en cuanto a la clase de cosas significativas para cada uno (véase capítulo 14). Es útil anotar a veces cada ocasión en que su cónyuge ha hecho algo de su gusto.

Después que les propuse a Karen y Ted que cada uno anotara qué acción placentera había hecho el otro en la semana anterior, Karen me comunicó lo siguiente:

1) Ted estuvo magnífico. Yo estaba realmente preocupada por algunos de mis clientes. Son un verdadero desastre. Todos dan opiniones sobre qué deberían tener en sus casas, y no tienen la menor idea de decoración. Realmente me hicieron pasar un mal rato, y un par de ellos cancelaron sus encargos, ¡después de todo el trabajo que me tomé, tuvieron el descaro de cambiar de·idea! De cualquier modo, le conté el asunto a Ted. Estuvo muy comprensivo. No intentó decirme qué debía hacer yo. Me dijo que si él estuviera en mi situación, es probable que también se sintiera frustrado. Dijo que mis clientes eran difíciles de tratar. Me sentí mucho mejor.

2) Cuando volvió a casa, todo estaba desarreglado. Yo no había tenido tiempo de ordenar las cosas. En lugar de quejarse del desarreglo, puso manos a la obra y ordenó todo sin decir nada.

3) Ted me habló mientras yo doblaba la ropa, de modo que no fue tan aburrido.

4) Me propuso dar un paseo del que disfruté.

Cada una de las acciones de Ted gustaron a Karen, quien observó que: "Eran como regalos". Aunque Ted había hecho cosas similares por Karen en épocas pasadas, su memoria las había borrado por la visión negativa que ella tenía de él.

Escuchar las quejas de Karen y compadecerla ya era un gran logro para Ted, pues su tendencia natural era hacer todo lo contrario. En otros tiempos, él hubiera desechado sus inquietudes diciéndole que no debía alterarse, que los clientes siempre obraban así y que debería tratar de aceptarlo.

Cuando llegó a la casa y vio el desarreglo, su sentido del orden quedó afectado y quiso reprochárselo a Karen. Sin embargo, y como consecuencia del asesoramiento, suprimió su tendencia a quejarse. En lugar de eso se preguntó: *"¿Qué actitud madura debería tomar?"* Decidió rápidamente empezar a arreglar las cosas, sin ni siquiera preguntarle a Karen si debía hacerlo. Lo importante no fue aliviar a Karen de una tarea física, sino el hecho de que sus acciones tuvieran un significado simbólico para ella: era sensible a su situación (estar agobiada por el trabajo), era colaborador y solícito y su espíritu no era crítico.

Ted hizo el siguiente informe:

> 1) El martes por la noche volví a casa realmente exhausto. Me sentía agotado por todos los problemas de la oficina. Karen dijo: "Vamos a salir esta noche". Comimos una cena ligera en un restaurante y luego fuimos al cine con lo que se me despejó la cabeza de los problemas laborales.
> 2) Karen estuvo amorosa varias veces en la semana.
> 3) Karen llevó mi traje a la tintorería.

Esos episodios significaron mucho para Ted pues le demostraron que Karen era leal con él y estaba ansiosa por complacerlo.

Len y Harriet también tenían conflictos en una serie de campos (Len: no hablaba en las comidas y no era romántico al hacer el amor; Harriet: preocupada con sus clases). Les pedí que empezaran a hacer cosas que los complacieran mutuamente y que las anotaran. A continuación van los resultados:

*Harriet*

1) Me preguntó cómo pasé el día.
2) Me friccionó la espalda.
3) Me dijo que estaba muy guapa cuando fuimos al teatro.
4) Actuó en forma romántica cuando tuvimos relación sexual.
5) Apartó el periódico y se sentó junto a mí cuando yo miraba televisión.

*Len*

1) Me preguntó qué amigos me gustaría recibir. Preparó una comida especial para la cena con invitados.

2) Consiguió entradas para una obra de teatro que yo deseaba ver.
3) Esta semana tuvimos relación sexual.
4) Ella volvió a casa a la hora de la cena todas las noches.

Harriet y Len se sintieron mucho más avenidos después de una semana de esas "buenas acciones". Esos pequeños gestos tienen éxito porque poseen un gran significado simbólico.

ALZAR LAS PERSIANAS

Mark Kane Goldstein, un psicólogo de la Universidad de Florida, usó un método simple para ayudar a maridos y esposas a seguir la pista de las acciones agradables del compañero. A cada cónyuge se le daban varias hojas de papel cuadriculado en el cual debía registrar las gratas acciones de él o de ella. El cónyuge ha de calificar esos actos en una escala de diez puntos, indicando el grado de satisfacción. El doctor Goldstein observó que el 70% de las parejas que ensayaron ese sencillo método informaron sobre una mejora en su relación.[2]

Sólo mantenerse al tanto de los pequeños placeres de la vida conyugal hace que una pareja esté más consciente del verdadero grado de satisfacción. Antes de realizar esas observaciones sistemáticas, las parejas evaluaron la satisfacción conyugal en menos puntos de los que le asignaron, después de hacer una estimación sistemática. Todo lo que había cambiado era la *conciencia* de lo que ocurría. Antes de efectuar el seguimiento, ellos habían subestimado los placeres del matrimonio.

Usted puede ensayar el método del doctor Goldstein para

---

2. M. K. GOLDSTEIN, "Research Report: Annual Meeting of the Association for the Advancement of Behavior Therapy", (Nueva York, octubre 1972).

determinar si subestima la satisfacción en su matrimonio. Quizá descubra, como muchos otros clientes, que tiene más momentos satisfactorios al estar con su cónyuge de lo que usted creía. Y, a medida que su relación empieza a mejorar, el seguimiento de las experiencias placenteras le da una línea de referencia para futuras comparaciones.

El doctor Goldstein me mostró otra técnica que me resultó muy provechosa para muchas parejas. Esa técnica apunta a levantar las persianas que impiden a muchos cónyuges enojados ver o, por lo menos, apreciar los actos agradables del compañero. Con este método, se les pide al marido y a la mujer (o a uno de ellos) que peguen varios rótulos en la ropa del otro, por ejemplo en la solapa de la chaqueta o en el cuello. Cada vez que el marido, por ejemplo, hace algo que complace a su mujer, ella saca uno de los rótulos. Las parejas llevan la cuenta de la cantidad de rótulos quitados cada día. Por lo general, todos los rótulos o la mayor parte de ellos ya están sacados a la hora de acostarse.

Aunque esa técnica puede parecer simplista para algunos, brinda resultados convincentes. A fin de notar las acciones agradables, los esposos empiezan a *mirarse* realmente uno al otro. (Cuando estaban enojados tenían la tendencia de apartar la mirada.) Ese método obliga a los esposos a atravesar la barrera que obstruye su visión y no les deja ver las buenas acciones del otro. El cometido los incita a estar atentos a las acciones gratas del compañero y, luego, a hacer algo que demuestre que han visto dichas acciones. Eso, a su vez, ayuda a que ambos refuercen sus actos para que se repitan y a destacarlos en sus pensamientos. Por último, la técnica de pegar y quitar rótulos pone en un contacto físico más estrecho a la pareja desavenida.

Después de observar la buena conducta espontánea de su cónyuge por un tiempo, usted debe decirle qué otra cosa le resultaría placentera. Eso debería formularse de una manera directa, sin sarcasmos, acusaciones ni indirectas. Por ejemplo, evite hacer peticiones condicionales —en realidad, ataques velados— como por ejemplo: "Me gustaría que me ayudaras con los platos, pero quita esa expresión de víctima de tu cara" o "Me gustaría que me hablaras cuando vuelves a casa de la oficina, en lugar de lanzarte a ver las noticias de las seis".[3] Es mucho más probable que una simple petición logre lo que usted desea.

Usted podría hacer esas peticiones durante los "encuentros conyugales", si logra que su cónyuge esté de acuerdo con ellos. (Esas sesiones serán descritas más adelante en el capítulo 16.) En cualquier caso, la estrategia principal en ese aspecto consiste en *destacar los aspectos positivos* de su matrimonio. Si bien es muy importante eliminar los negativos, eso se lleva a cabo mejor, después que se haya creado una atmósfera positiva. Será de utilidad aplicar los principios descritos en este capítulo.

Si usted es reacio a mantener encuentros conyugales o si piensa que todavía es pronto para eso, pero de todos modos desearía que su cónyuge hiciera algunas tareas o cosas que lo complacieran, prepare algunas listas por escrito. Una mujer, por ejemplo, se quejaba: "Estoy cansada de pedirle a mi esposo que atienda algunas cosas". Por sugerencia mía, confeccionó una lista de cosas que ella quería que él hiciera y la fijó en la nevera. Al cabo de poco tiempo; ¡él había tachado todos los ítems de la lista! Otra mujer escribió una o dos peticiones cada día sobre un papel adhesivo y lo pegó en el espejo del baño, donde el marido lo vería al afeitarse.

Pero sólo pedir no basta. Siempre que su cónyuge haga algo que le gusta, recompénselo(a) de alguna manera, con una nota de agradecimiento o un beso. La recompensa es un medio mucho mejor que el castigo para cambiar la actitud del cónyuge.

La lista de confrontación que damos más adelante puede ayudar a identificar la manera en que usted o su cónyuge se demuestran mutuamente afecto y solicitud. La escala sirve como guía para evaluar el estado presente y determinar los

---

3. R. STUART, *Helping Couples Change* (Nueva York: Guilford Press, 1980).

posibles campos de progreso. No hay marcas absolutas para evaluar su relación.

*Expresiones de amor*

Lea cada pregunta. Determine con qué frecuencia podría contestar sí a cada una, y anote el número correspondiente en el espacio previsto:

(0) *nunca*     (1) *rara vez*     (2) *algunas veces*
(3) *a menudo*     (4) *casi siempre*     (5) *siempre*

Si una pregunta particular no interesa, omítala y pase a la siguiente.

*Sentimientos de cariño*

\_\_\_\_ 1) ¿Tiene una sensación de bienestar cuando ve a su cónyuge o piensa en él (ella)?
\_\_\_\_ 2) ¿Tiene sentimientos tiernos cuando están juntos?
\_\_\_\_ 3) ¿Extraña a su pareja cuando están separados?

*Expresiones de afecto*

\_\_\_\_ 1) ¿Usa palabras cariñosas con su cónyuge?
\_\_\_\_ 2) ¿Expresa afecto en su tono de voz?
\_\_\_\_ 3) ¿Demuestra afecto a través del contacto físico: tocar, tomar las manos, etcétera?

*Solicitud*

\_\_\_\_ 1) ¿Le preocupa de su cónyuge
a) el bienestar?

    b) el placer?
    c) el dolor?
\_\_\_\_ 2) ¿Trata de demostrar su interés por su cónyuge?
\_\_\_\_ 3) ¿Evita decir o hacer cosas que puedan herir a su cónyuge?

*Aceptación y tolerancia*

\_\_\_\_ 1) ¿Acepta diferencias de opinión, gustos y estilo?
\_\_\_\_ 2) ¿Acepta a su cónyuge en su totalidad, como alguien que tiene puntos débiles y puntos fuertes?
\_\_\_\_ 3) ¿Evita erigirse en juez o castigar a su cónyuge por sus errores?

*Empatía y sensibilidad*

\_\_\_\_ 1) Cuando su cónyuge se siente abatido ¿cree usted que puede compartir algo de sus sentimientos?
\_\_\_\_ 2) ¿Es capaz de percibir que su pareja se siente mal sin que se lo digan?
\_\_\_\_ 3) ¿Es usted capaz de determinar y respetar los lados sensibles de su cónyuge?

*Entendimiento*

\_\_\_\_ 1) ¿Cree usted poder comprender por qué su cónyuge está preocupado(a)?
\_\_\_\_ 2) ¿Puede usted ver las cosas con la visión de su cónyuge aun si están en desacuerdo?
\_\_\_\_ 3) ¿Puede darse cuenta por qué está disgustado(a) su cónyuge cuando se queja?

*Compañerismo*

\_\_\_\_ 1) ¿Disfruta usted cuando realiza actividades emocionantes con su cónyuge?

\_\_\_\_ 2) ¿Le gusta la compañía de su cónyuge en las actividades rutinarias?

\_\_\_\_ 3) ¿Le gusta que su cónyuge esté simplemente cerca cuando usted no hace nada en particular?

*Intimidad*

\_\_\_\_ 1) ¿Comparte sus pensamientos y deseos íntimos?

\_\_\_\_ 2) ¿Se siente libre de contarle a su cónyuge cosas que no diría a ningún otro?

\_\_\_\_ 3) ¿Le gusta que su cónyuge confíe en usted?

*Amistad*

\_\_\_\_ 1) ¿Se interesa usted en su cónyuge como persona?

\_\_\_\_ 2) ¿Le gusta saber qué piensa su cónyuge o cómo le van las cosas?

\_\_\_\_ 3) ¿Le gusta pedir una opinión a su cónyuge sobre problemas que le atañen a usted?

*Complacer*

\_\_\_\_ 1) ¿Trata usted de pensar en cosas que podrían hacer los dos y que harían feliz a su cónyuge?

\_\_\_\_ 2) ¿Trata de hacerse más atractivo(a)?

\_\_\_\_ 3) ¿Dice o hace cosas que complazcan a su cónyuge?

*Apoyo*

\_\_\_\_ 1) ¿Trata de alentar a su cónyuge cuando está desanimado?

\_\_\_\_ 2) ¿Trata de prestar ayuda cuando su cónyuge está agobiado?

\_\_\_\_ 3) ¿Anima a su cónyuge cuando él o ella desea meterse en una nueva empresa?

*Contacto estrecho*

___ 1) ¿Se siente emocionalmente cerca de su cónyuge?
___ 2) ¿Siente un contacto estrecho con su pareja, aun cuando están separados?
___ 3) ¿Le gusta estar físicamente cerca de su cónyuge?

## 13
# Cambiar las propias deformaciones

Hemos visto en capítulos anteriores cómo las interpretaciones erróneas conducen a malentendidos que a su vez contribuyen a la decadencia de una relación. Pero las malas interpretaciones y los significados exagerados que están debajo de la lucha matrimonial pueden corregirse mediante la aplicación de varias técnicas de terapia cognitiva. Como lo mencionara anteriormente, se trata de técnicas que se pueden aprender y, a medida que se las practica, se llega a adquirir una pericia cada vez mayor.

Algunas técnicas las puede usar cada cónyuge por separado, otras funcionan mejor cuando ambos las practican. Las que usted puede usar por su cuenta son las siguientes: reconocimiento y corrección de los pensamientos automáticos, verificación de las predicciones y reestructuración de la perspectiva que tiene del cónyuge. Después de revisar la estrategia general que se puede usar en forma individual, bosquejaré los nueve pasos específicos en la aplicación de las técnicas. Describiré de qué manera usted y su cónyuge pueden trabajar juntos para resolver los problemas matrimoniales y aumentar la mutua satisfacción.

PAUTAS GENERALES

Como punto de partida, trate de indentificar las situaciones molestas y los significados que les asigna. Por ejemplo, supongamos que su cónyuge le habla de un modo brusco. Quizá su pensamiento automático sea: *"Mi esposo(a) está disgustado(a) conmigo"*. Usted debe estar muy alerta para captar el *miedo oculto* de dudar de sí mismo al pensar: *"¿He hecho algo mal?"* o bien *"¿Me va a regañar?"* Luego, sintonice toda la reacción en cadena.

*¿He hecho algo mal?* (ansiedad)
∇
*Mi cónyuge no tiene derecho de enfurecerse conmigo.* (enojo)
∇
*Mi cónyuge siempre es antipático conmigo.*
∇
*Mi cónyuge es una persona hostil, odiosa.*
∇
*Mi cónyuge me amargará la vida.*
∇
*No puedo soportar eso.*
∇
*Nuestro matrimonio es un fracaso.*
∇
*Nunca volveré a ser feliz.*


Resista la natural tendencia de aceptar esos pensamientos como ciertos por el mero hecho de que "parecen correctos" o razonables. Examínelos y busque a favor o en contra, explicaciones posibles e inferencias más lógicas.

Resista la tentación de introducir en su buen hacer, reacciones contraproducentes, tales como el desquite, la defensiva o la retirada. Al ceder a la tentación de reaccionar de esa manera, da validez a sus interpretaciones negativas. Al contraatacar, por ejemplo, usted actúa en el supuesto de que su esposo(a) *está* equivocado(a) o *es* malo(a), una presunción que justifica su reacción punitiva. Es más probable que su interpretación negativa se convierta en una convicción firme si usted actúa basándose en esa conjetura. Luego, la próxima vez, cuando ocurra un suceso similar, usted estará más propenso(a) a llegar a la misma conclusión negativa, que será menos susceptible de ser corregida, aunque esté equivocada.

Desde luego, no siempre es factible, ni siquiera deseable, abstenerse de expresar la hostilidad hacia la pareja. Algunas personas experimentan tanta ira que sienten un gran apremio para aliviarla. En esas circunstancias, pueden ser de ayuda técnicas especiales como por ejemplo: buscar un momento especial para expresar la hostilidad, preparar una agenda, marcar límites de tiempo y pausas de descanso (véase "Opción 5: Sesiones de ventilación" en capítulo 17).

LOS NUEVE PASOS

Más adelante, se detallan las pautas para evaluar sus interpretaciones y decidir si sus conclusiones son correctas. Encontrará también reglas que le permitirán darse cuenta de si sus interpretaciones representan problemas del pensamiento (sobregeneralizaciones, ideas de todo-o-nada, o lectura del pensamiento).

Hay una serie de pasos en la aplicación de la terapia cognitiva para mejorar el matrimonio. Cada paso abarca prácticas que resultaron muy provechosas —según lo reconocieron las parejas que me han consultado— para tratar sus opiniones erróneas y contraproducentes.

*Paso 1: Vincule las reacciones emocionales con los pensamientos automáticos.*

La estrategia principal consiste aquí en identificar la reacción emocional desagradable, relacionarla con la situación o suceso relevante y determinar el vínculo oculto —el pensamiento automático— que une a ambos.

Considere los episodios siguientes relatados por Wendy y Hal:

- Wendy mira el reloj y se enoja.
- Hal está conduciendo el coche de vuelta a casa y de pronto se siente ansioso.
- Hal conversa más tarde con Wendy y de pronto se siente triste.

Esas emociones —ansiedad, enojo y tristeza— no vienen llovidas del cielo, aunque a veces parezca así. Suceden en un contexto específico. Por ejemplo, Wendy se siente enojada cuando mira el reloj, porque se da cuenta que su retrasado marido la hizo esperar. Para mostrar el contexto en el que se produce la reacción emocional de Wendy, podemos anotar lo que sigue:

| *Situación o suceso relevante* | *Reacción emocional* |
|---|---|
| Wendy observa que su marido está retrasado. | Enojo |

Aunque parezca verosímil que una mujer esté enojada o ansiosa si su marido no está a la hora en casa, lo que determina su sentir es cómo interpreta ella la situación, más que la propia situación. En el caso en cuestión, ella podía experimentar cualquier variedad de emociones, según el significado personal del suceso. Otra mujer, por ejemplo, podría sentir alivio con la tardanza del marido, porque eso le daría más tiempo para atender los asuntos personales.

Tomemos la escena siguiente: Hal está conduciendo a casa y se da cuenta de que está retrasado; se siente ansioso.

| *Situación o suceso relevante* | *Reacción emocional* |
|---|---|
| Hal advierte que vuelve tarde a casa. | Ansiedad |

Como veremos, la observación de Hal lleva a un pensamiento específico que luego conduce a la ansiedad.

En la tercera escena, Hal, después de llegar a la casa, se siente triste al hablar con Wendy. El suceso significativo es que Wendy propone salir a cenar afuera en lugar de comer en la casa.

| *Situación o suceso relevante* | *Reacción emocional* |
|---|---|
| Hal se da cuenta de que Wendy no quiere preparar la cena. | Tristeza |

Si usted llenara este formulario solo, sería relativamente fácil completarlo hasta aquí, determinando su reacción emocional y la situación o el suceso relevante. La parte más difícil es la que sigue: identificar el eslabón faltante —su *interpretación* de la situación significativa (pensamiento automático)— y el significado simbólico que le asigna. Para practicar, trate de adivinar los pensamientos automáticos de cada cónyuge en las escenas que acabo de describir. Ahora verifique a continuación para comprobar si adivinó correctamente.

| *Situación o suceso relevante* | *Pensamiento automático* | *Reacción emocional* |
|---|---|---|
| Wendy advierte que Hal está retrasado. | El no quiere volver a casa. | Enojo |
| Hal advierte que está retrasado. | Mi mujer estará enojada. | Ansiedad |
| Wendy decide no preparar la cena. | No se preocupa por mí. | Tristeza |

Aunque cada uno de esos pensamientos pudieran ser exactos, son en realidad sólo conjeturas o hipótesis. Puesto que esas interpretaciones tienen mucho que ver con su relación así como con el carácter adecuado de su reacción, deben ser autenticadas como se muestra en el Paso 5.

## Paso 2: Use la imaginación para identificar los pensamientos

Usted puede experimentar estas emociones y pensamientos automáticos no sólo cuando ocurre un suceso inquietante, sino también cuando imagina ese suceso. Por ejemplo, imagine en la forma más vívida posible la escena siguiente. Mientras se representa la escena, anote lo que siente y los pensamientos que se le ocurren. Le puede ayudar a concentrarse en sus pensamientos y sentimientos si cierra los ojos después de leer la escena.

Usted ha tenido muchas cosas que hacer en el centro y su cónyuge convino en recogerlo(la) en cierta esquina a las cinco de la tarde. Usted llega puntualmente, pero su cónyuge no está. Los segundos y los minutos corren y su cónyuge sigue sin llegar. Verifica su reloj y éste sigue marcando: las cinco diez, las cinco quince, las cinco veinte.

Cuando se ha imaginado completamente la escena, anote su reacciones emocionales y sus pensamientos automáticos en hojas de papel separadas.

*Pensamiento automático*     *Reacción emocional*
*(interpretación)*

1)    1)
2)    2)
3)    3)

Las personas que imaginaron esa escena tuvieron distintos pensamientos y sentimientos. Un hombre se sintió muy ansioso y pudo identificar el pensamiento *"Tal vez algo le habrá ocurrido"*. En cambio, una mujer se sintió triste al hacer el ejercicio. Sus pensamientos fueron: *"Estoy sola aquí. Es la historia de mi vida. Todo el mundo me abandona"*. Otro hombre informó que se sintió enojado al pensar *"Es típico de ella. ¡Nunca llega a tiempo a una cita!"*.

Continuemos con el guión:

Usted mira otra vez el reloj. Son las cinco veinticinco. Entonces advierte un coche familiar que para en la esquina. Reconoce a su cónyuge que dice alegremente: "¿Sabes? Olvidé que debía recogerte... Me acabo de acordar ahora en mi trayecto a la peluquería".

Ahora escriba sus reacciones emocionales y pensamientos automáticos en hojas de papel separadas.

*Pensamiento automático*

1)
2)
3)

*Reacción emocional*

1)
2)
3)

Probablemente no habrá tenido mucha dificultad en precisar sus sentimientos y pensamientos acerca de la situación. Muchos cónyuges, al realizar este ejercicio, se enojan e indignan en ese punto y piensan: *"El es un caradura"* o *"Ella no tiene derecho de tratarme así"*.

Es relativamente fácil identificar las reacciones de uno cuando se las observa sin distracciones. En una situación de la vida real, quizá se tengan los mismos pensamientos, pero, puesto que ocurren con tanta rapidez y son eclipsados a menudo por el enojo, uno puede no advertirlos en el calor del momento.

## Paso 3: Practique la identificación de los pensamientos automáticos

Si usted se observa cuando piensa, podrá identificar los pensamientos automáticos cuando éstos cruzan relampagueando el horizonte de su conciencia. Esos mensajes internos desencadenan reacciones emocionales, como son el enojo y la tristeza, y deseos, como es el de regañar al cónyuge, y luego se desvanecen, mientras que la emoción del deseo persiste. Pero la mayoría de las personas cree que sus emociones nacen directamente de la situación; no prestan atención a los fugaces pensamientos que conectan la situación con las emociones y los deseos.

Aprender a reconocer los pensamientos automáticos es un arte que se puede llegar a dominar, aunque la pericia requiere práctica y constancia. Recibirá, sin embargo, una gran recompensa por sus esfuerzos porque, al adquirir esa habilidad, podrá comprender el funcionamiento interno de su mente y tomarse una mejor idea de su manera de actuar. Y con esa introvisión, usted se vuelve más el dueño de sus emociones y menos el esclavo. Puede conseguir cierto control sobre las circunstancias de su matrimonio y no ser controlado por ellas.

A continuación damos una lista de los pensamientos automáticos más comunes en el matrimonio. Cualquiera de los cónyuges puede haber tenido alguno de esos pensamientos. Vea cuántos ha tenido en uno u otro momento.

- Ella no tiene arreglo.
- El es completamente egoísta.
- Ella es incapaz.
- El es débil.
- Ella nunca me dejará solo.
- El nunca hace lo que promete.
- Ella es perezosa.
- El es irresponsable.
- Nada de lo que yo hago le gusta.
- El nunca hace nada bien.

Desde luego, el mero hecho de reconocer los pensamientos automáticos no conduce a la utopía. Pero ese reconocimiento da una herramienta para suavizar las emociones y de esa manera manejar los problemas de un modo más eficaz. Es importante practicar para reconocer los pensamientos automáticos. A tal efecto, tenga a mano un anotador y cuando sufra una experiencia desagradable con su cónyuge —o con cualquiera a ese respecto— registre una breve descripción de la situación o del suceso significativo, su reacción emocional y su pensamiento automático, usando el formato en columna dado en este capítulo.

Después de un breve período de instrucción, Tom y Sally, a quienes describiré más en detalle en el capítulo 16, confeccionaron la siguiente lista:

| Situación o suceso relevante | Pensamiento automático | Reacción emocional |
|---|---|---|
| Tom conducía demasiado rápido | ¿Y si nos ocurre un accidente? | Nerviosidad |
|  | ▽ | ▽ |
|  | Lo hace para alterarme. No le importa cómo me siento. | Fastidio |
| Sally no estaba en casa cuando llegué | Estaré solo en esta casa vacía. | Tristeza y soledad |
|  | ▽ | ▽ |
|  | ¡Maldita sea! Siempre está fuera en una u otra reunión. ¡Un infierno de mujer! | Cólera |

*Paso 4: Use la técnica del "replay"*

Si usted tuvo dificultad en precisar sus pensamientos automáticos en una situación inquietante, como se describe en el Paso 3, trate de revivir mentalmente el suceso que una vez lo alteró. Imagínelo del modo más vívido posible. Ahora trate de captar el pensamiento automático formulando la pregunta clave: *"¿Qué pasa por mi mente* justo ahora?".

Muchas personas que no reconocen sus pensamientos automáticos en el calor del intercambio inquietante de palabras, pueden identificarlos más tarde, cuando reviven en su mente el suceso. Las imágenes reconstituyen la escena en cámara lenta y esto le da tiempo para recoger los pensamientos que se le han escapado en la situación original.

*Paso 5: Cuestione sus pensamientos automáticos*

En este punto, quizás usted se pregunte cómo el mero acto de reconocer los pensamientos negativos, como reacción al comportamiento aparentemente ofensivo de su cónyuge, va a mejorar su relación. La respuesta reside en que, como hemos visto, nuestras reacciones emocionales son a menudo desproporcionadas con la situación real, en particular en el matrimonio. Para determinar si sus pensamientos automáticos son exageraciones o deformaciones, hace falta ponerlos a prueba.

Aunque sus pensamientos automáticos "parezcan" verosímiles y correctos, pueden no resistir al examen. Para comprobar su validez, formúlese una serie de preguntas:

- ¿Cuál es la prueba *a favor* de mi interpretación?
- ¿Cuál es la prueba *en contra* de mi interpretación?
- ¿*Se deduce lógicamente* de las acciones de mi cónyuge que éste(a) tiene las motivaciones que yo le atribuyo?
- ¿Hay otra explicación *posible* para su comportamiento?

Tomemos un ejemplo en que su cónyuge le haya hablado en tono malhumorado o de algún otro modo que lo(la) haya trastornado. Formúlese estas preguntas:

1) ¿Se deduce del hecho de que mi cónyuge me haya hablado en un tono áspero que estuviera enojado(a) conmigo?
2) ¿Hay otras razones posibles que justifiquen el tono de voz de mi cónyuge? [Por ejemplo, podría tener un resfrío o estar ronco(a).]
3) Aun si mi cónyuge estuviera enojado(a), se deduce de allí que:
   a) ¿mi cónyuge no me ama?
   b) ¿mi cónyuge es siempre poco cordial?
   c) ¿mi cónyuge me hará la vida desdichada?
   d) ¿yo hice algo malo?
4) ¿Qué pruebas hay por el *otro* lado? ¿Hubo, hace poco tiempo, momentos en que mi cónyuge haya demostrado cordialidad y cariño?

## *Paso 6: Emplee respuestas racionales*

En un ejemplo anterior, se expuso un conflicto entre Wendy y Hal. Hal estaba nervioso porque se le había hecho tarde; llamó para decirle a su mujer que saldría más tarde de la oficina. Pensó: *"Estará furiosa conmigo porque me retrasé y me hará pasar un mal rato. Eso pondrá en tensión nuestra relación"*. Wendy pensó: *"El siempre se retrasa. Es desconsiderado. Sabe que yo también trabajo, pero siempre estoy en casa a la hora"*.

Cuando Hal volvió a casa, Wendy sugirió que, puesto que era demasiado tarde para preparar la cena, ellos podían salir o encargar la comida en un restaurante. Hal se molestó y pensó: *"Ahora se desquita conmigo por llegar tarde"* y se enojó. Luego pensó: *"En realidad no se preocupa por mí ni por nuestra casa. Lo único que le interesa es su trabajo"* y se sintió aun más enojado.

Más tarde cada cónyuge llenó un formulario del pensamiento automático. Habían aprendido a reaccionar a sus pensamientos automáticos y a dar una respuesta racional mediante una especie de diálogo interno. Aquí se dan algunos de sus pensamientos y las respuestas racionales que los contrarrestan:

*Registro del pensamiento automático de Wendy*

| Reacción emocional | Pensamiento automático | Respuestas racionales |
|---|---|---|
| Enojo | No es justo, yo también debo trabajar. Si él quisiera, podría estar en casa a la hora. | Su trabajo es diferente. Muchos de sus clientes vienen después del trabajo. |
| | ∇ | ∇ |
| | Realmente, él no se preocupa por mí. | El llamó para decir que se retrasaría. Llegar tarde no significa por fuerza que no se preocupe. Por otra parte, demuestra la mayor parte del tiempo solicitud y afecto. |

*Registro del pensamiento automático de Hal*

| Reacción emocional | Pensamiento automático | Respuestas racionales |
|---|---|---|
| Enojo | Se desquita conmigo. Eso estropearía toda la velada. | Aun si está fastidiada, se sobrepone en pocos minutos. |

|  ▽ | ▽ |
|---|---|
| No se preocupa por mí ni por la casa. | Sólo porque no quiera cocinar no significa que no se preocupe por mí ni por la casa. Es una excelente ama de casa y se ocupa de muchas de mis necesidades. |
| ▽ | ▽ |
| Lo único que le interesa es su trabajo. | Ella quiere tener una profesión, pero dice que su relación conmigo es muy importante. ¿Por qué no he de creerle? |

La respuesta racional evalúa si el pensamiento automático es razonable. Por ejemplo, al evaluar el pensamiento automático *"no es justo"* Wendy lo contrarresta con el concepto de que si el trabajo de Hal era distinto del suyo, le era más difícil volver a casa temprano. Reconoce así que el pensamiento automático se basaba en una prueba falsa. De un modo similar, refutaba el pensamiento *"Realmente él no se preocupa por mí"* con el testimonio contrario *"El llamó"*, además *"Llegar tarde no significa por fuerza que no se preocupa. Por otra parte, él demuestra la mayor parte del tiempo solicitud y afecto"*. Hallar la respuesta racional le ayuda a ver el pensamiento automático en perspectiva, como una reacción e interpretación, no como "la verdad".

## Extraer el significado

Wendy se sintió alterada porque Hal, conversador por lo general, estuvo callado después de volver a casa. A ella le fue difícil precisar la razón de sus sentimientos. Cuando Wendy usó la técnica del "replay", pudo lograr sólo una vaga idea de lo que la angustiaba. Le ayudé entonces en la secuencia:

1) ¿Cuál es el significado del comportamiento de él?
   *Está harto de mí.*
2) ¿Qué significa para mí eso?
   *Quizá quiera divorciarse de mí.*

Cuando elaboramos con ella el camino que la condujo a esos significados ocultos, dijo: "Eso realmente pega. Es así como realmente pienso en eso".

Revisar la secuencia de ese modo le ayuda a determinar los significados ocultos detrás de su reacción. Eso le permite comprender por qué su reacción es tan acalorada y le ayuda a ejercitarse para captar los pensamientos automáticos con más facilidad la próxima vez que usted se altere.

## Paso 7: Verifique sus predicciones

Wendy está disgustada por las intrusiones de los padres de Hal.

Tuvimos la siguiente discusión:

WENDY: Mi suegra me llama todo el tiempo. Siempre me está controlando. Sospecho que no confía en que me ocupe debidamente de su querido hijo y de sus nietos.
ATB: ¿Hay alguna otra explicación de su conducta?
WENDY: Ah, ya sé qué insinúa usted. Quizás ella quiera demostrar que siente preocupación y desea ayudar. Bueno, me

gustaría decirle algo a Hal acerca de ella, pero tengo miedo de hacerlo.

ATB: ¿Qué le preocupa?

WENDY: Tengo miedo de que si le digo algo acerca de su madre, se producirá una desavenencia entre nosotros. Temo siempre pelearme con él.

ATB: Anotemos lo que usted cree y luego podemos verificarlo. Usted cree que "Si le hablo a mi marido acerca de su madre se producirá una grieta en nuestra relación". ¿Qué prueba hay de ello?

WENDY: Creo que no hay ninguna prueba. El siempre se pone de mi parte cuando hay disputa con mis parientes políticos.

ATB: Supongamos que usted haga la predicción y verifique su creencia "Si le hablo a mi marido acerca de su madre, se producirá una grieta en nuestra relación".

WENDY: Probablemente se disgustará, pero no creo que sea permanente.

Wendy accedió a poner a prueba su predicción y conversar con su marido acerca de la suegra. Cuando consideró la predicción de una desavenencia de un modo más objetivo, su miedo de una consecuencia horrible le pareció menos fuerte. Sin embargo, a fin de que se convenciera, era importante para Wendy tener una experiencia correctiva real. Además, para mejorar su relación con el marido, era fundamental que ella se sintiera más libre para discutir con él asuntos tan delicados.

Como suponía Wendy, sacar a colación el tema de la madre alteró a Hal, quien dijo: "Me siento como si estuviera atrapado en el medio". Pero comprendió que los sentimientos de Wendy tenían que ser respetados y ofreció hablar con su madre acerca de sus intrusiones. Wendy valoró ese acto importante para ella y como consecuencia, se sintió más ligada a Hal.

## Paso 8: Cambio de marco

Como se describió en el capítulo 3, cuando una relación marcha cuesta abajo, los cónyuges empiezan a verse mutuamente a través de un marco negativo que se compone de rasgos desagradables *("El es malo y dominante"; "Ella es irresponsable")* que cada uno atribuye al otro. Esos atributos desfavorables colorean la visión con la que el cónyuge ofendido percibe al compañero: las acciones negativas se exageran y las neutras se ven como negativas. Aun los actos positivos pueden recibir una coloración negativa.

*Cambiar de marco* consiste en reconsiderar esas cualidades negativas bajo una luz diferente. A veces, por ejemplo, son las mismas cualidades que atrajeron a la pareja, las que más tarde se ven como negativas en la relación. Los atributos que usted admiró, o de los que disfrutó, siguen estando allí. El problema reside en que el enfoque negativo le permite ver sólo el "lado bajo" de esas cualidades y no sus ventajas.

Es importante tener conciencia de que cuando los cónyuges chocan, se acentúan los aspectos menos deseables de la personalidad y conducen a un círculo vicioso, en el cual las cualidades, gratas hasta entonces, aparecen como desagradables. Por ejemplo, Paul atrajo a Sharon porque era flexible, divertido y aceptaba todo. Escritor independiente, siempre a punto de "hacer alguna", sintió atracción por Sharon porque ella estaba segura de sí misma, como abogada enérgica y competente, y no permitía que sus colegas y clientes la dominaran. Después de algunos años de matrimonio, la imagen que tenían uno del otro cambió. Paul se volvió "perezoso, irresponsable y pasivo"; Sharon fue considerada "agresiva, crítica y dominadora".

¿Qué había ocurrido? Cuando Paul no logró satisfacer con su trabajo las expectativas de Sharon, ella lo presionó para que se esforzara más. Paul percibió las críticas de Sharon como regaño y control y se volvió más pasivo. Sharon interpretó su retirada como un signo de pereza y fue aun más crítica, lo cual hizo que Paul retrocediera todavía más. La interacción entre las personalidades de los cónyuges es crucial en la generación de ese círculo vicioso.

Al trabajar con cada uno de ellos, descubrí que los marcos negativos eran la cara oculta de sus percepciones originales. Al volver a examinar el lado positivo, Sharon y Paul pudieron recobrar algunos de los buenos sentimientos que originariamente habían tenido el uno por el otro.[1]

Este era el análisis de la cara oculta de Sharon, hecho por Paul:

| *Visión negativa* | *Cara oculta* |
|---|---|
| Ella es dominante. | Ella es realmente decidida, logra hacer muchas cosas, contribuye a las entradas familiares. |
| Ella es crítica. | Es aguda e incisiva; es brillante; no tiene intención de herirme. |

Esta es la visión secundaria que Sharon tenía de Paul:

| *Visión negativa* | *Cara oculta* |
|---|---|
| El es perezoso. | Es cómodo, flexible. |
| Es demasiado pasivo. | Me acepta totalmente. |
| Es irresponsable. | Me admira por lo que he hecho. |

---

1. Algunos terapeutas cognitivos han usado el análisis de la "cara oculta". Janis Abrahms, Susan Joseph y Norman Epstein han empleado ese método con eficacia. La descripción más completa la dio JANIS ABRAHMS en un taller en el "Annual Meeting of the Association for the Advancement of Behavior Therapy", en Boston, noviembre de 1987.

| | |
|---|---|
| Se burla de todo. No es bastante serio. | Tiene un gran sentido del humor. Siempre puede hacerme reír cuando me siento deprimida. |

Cuando Sharon pudo reenmarcar a Paul de esa manera, las cualidades negativas dejaron de ser punzantes. Ella anotó la siguiente refutación de su encuadre:

> Ahora puedo aceptar que él no sea tan brillante como yo esperaba. Pero a mí me ha ido muy bien, de modo que no necesitamos demasiadas entradas adicionales. Creo que lo que me importa ahora es que me ama y me acepta. Nunca me regaña como lo hacía mi madre y nunca me critica. Si yo dejara de regañarlo, podríamos pasarlo bien, porque realmente es divertido. Sé que no es muy responsable con el dinero y con los quehaceres de la casa, pero puedo arreglármelas.

Observe que: *no es necesario que usted o su cónyuge cambie su personalidad para promover una relación más armoniosa.* En general, un cambio de conducta relativamente pequeño es suficiente para dar marcha atrás al círculo vicioso. Cuando Paul asumió en forma más activa responsabilidades, Sharon aflojó la presión que ejercía sobre él. Entonces, Paul pudo sintonizar los deseos de Sharon en forma más natural. Esos cambios se pueden producir con más facilidad en un clima de cordialidad y aceptación. Al formarse la mejor interpretación posible de la conducta de cada uno, los cónyuges pueden favorecer el proceso de cambio.

A medida que la visión que Sharon tenía de Paul se volvía menos negativa, la visión que él tenía de ella empezó a cambiar también. El se sintió agradecido por el hecho de que ella pudiera compensar sus debilidades. Se sintió más orgulloso de la carrera de ella. Además, cuando ella dejó de regañarlo, su disposición para las tareas rutinarias fue más espontánea.

Esos cambios no ocurren de la noche a la mañana, pero al

obligarse a considerar a su pareja desde una perspectiva diferente, los cónyuges pueden reconquistar muchos sentimientos positivos que en su origen los llevaron a unirse. Además, el *"new look"* puede fomentar más la cordialidad y el espíritu de apoyo, lo cual de por sí refuerza la perspectiva positiva que reaparece.

*Practique explicaciones posibles*

Marjorie se quejó de que Ken "le gruñía todo el tiempo"; eso sirvió como punto de partida para otro ejemplo de cambio de marco. Yo le sugerí que anotara sus interpretaciones de la conducta del marido en forma de una secuencia:

El no me respeta.
∇
Disfruta rebajándome.
∇
No me ama.
∇
Odia a las mujeres.

Marjorie trataba de encontrar una explicación favorable para la irritabilidad de Ken, pero no podía. Consideró la posibilidad de que él estuviera bajo estrés en el trabajo, pero desechó esa explicación cuando su irritabilidad persistió después de haber disminuido el estrés relacionado con el trabajo. Empezó a creer cada vez más que su displicencia representaba el "verdadero sí mismo" de Ken. Luego Marjorie leyó un libro llamado *Men Who Hate Women and the Women Who Love Them* y todo cristalizó: su marido, a quien ella amaba mucho, "odiaba a las mujeres".

Por suerte, Marjorie decidió seguir investigando sus creencias y verificarlas con Ken. Cuando ella le habló al respecto, los ojos de él se humedecieron; le dijo que no se había percatado de que estaba tan irritable, aunque admitió haber tenido "cortocircuitos" en los últimos tiempos.

Ken explicó que en el momento en que llegó a su casa por la noche, estaba lleno de resentimiento que se fue acumulando en las horas de trabajo. Aunque la hostilidad estaba dirigida contra el jefe y algunos compañeros de oficina, persistió cuando volvió a casa, de ahí su baja tolerancia hacia las acciones de su mujer que pudieran disgustarle. Algunas costumbres de Marjorie, que antes nunca habían molestado a Ken, desencadenaron su hostilidad. Como él estaba ya cargado —movilizado para el ataque— le bastaba la menor frustración, como la de cierto atraso en la cena o no encontrar cerveza en la nevera, para ponerlo fuera de sí. Así fue que Marjorie se convirtió en el blanco de una hostilidad que había sido generada por otros y estaba destinada a otros.

Después de la charla que tuvieron, en la que ella verificó sus convicciones (véase capítulo 12), Marjorie pudo considerar a Ken bajo una luz diferente y más realista. El marco de la visión que tenía de él cambió de "desinteresado y odioso" a "tenso y perturbado", lo cual era mucho más fácil de admitir.

## Paso 9: Rótulos de las deformaciones

Rotular los diversos problemas del pensamiento, como se describe en el capítulo 8, sirve a menudo de ayuda a las parejas. Una de las deformaciones más comunes es el pensamiento *polarizado* de "todo-o-nada" o "uno-o-lo-otro". Si su cónyuge es menos afectuoso que de costumbre, quizás usted deduzca que él o ella no la(lo) ama más. En ese pensamiento polarizado, todo lo que es menos que lo más deseable se rotula como indeseable. O hay amor total o rechazo total, consideración total o desconsideración total, nada intermedio.

*La sobregeneralización* se refiere a la formulación de declaraciones globales que se basan en una pequeña cantidad de sucesos. Si su cónyuge lo(la) interrumpe, entonces él o ella siempre lo(la) interrumpe. Si demuestra cierta falta de respeto, "nunca" es respetuoso.

La *visión restringida* o pantalla se aplica a la selección de un único detalle de una experiencia y al ocultamiento de otros datos, para interpretar todo el suceso sobre la base de ese detalle único. Ejemplo: "A mi marido no le gustó la comida que preparé, se quejó de que la sopa estaba demasiado caliente".

La *personalización* se produce cuando usted se considera la causa del comportamiento de su cónyuge, a pesar de que nada tiene que ver con usted. Ejemplo: "Ella está de mal humor. Debe ser porque está enojada conmigo".

La *rotulación negativa (global)* ocurre cuando usted aplica un rótulo negativo global a una persona, no sólo a la acción de esa persona. Ejemplos: "El es un débil de carácter porque no pidió un ascenso". "Es una rezongona porque quiere que yo deje de beber". "El es detestable porque no recoge su ropa". La gente suele usar el mismo pensamiento defectuoso al referirse a sí misma: "Nunca hago nada bien. Siempre me enfado con todos. Soy un fracaso".

## Un ejercicio práctico

Para desarrollar la costumbre de usar esos rótulos con sus propios pensamientos, conviene practicar. En cada episodio o declaración que figura a continuación, indique qué tipo de problema de pensamiento está en juego.[1]

*Problema de pensamiento*

1) Desde que ella me mintió una vez, nunca pude confiar en ella.

1)

---

1. Las repuestas correctas: 1) sobregeneralización; 2) pensamiento polarizado (todo-o-nada); 3) personalización; 4) lectura del pensamiento; 5) visión restringida; 6) "espíritu de catástrofe"; 7) sobregeneralización; 8) lectura del pensamiento; 9) "tremendismo"; 10) rótulo negativo.

2) Mi marido o está a mi favor, 2)
o a favor de su padres.

3) Cuando mi cónyuge está 3)
enojado(a) creo que es por
culpa mía.

4) Cuando ella me mira fijo, sé 4)
que me critica.

5) Yo hubiera disfrutado 5)
mucho de la fiesta, pero mi
cónyuge llegó tarde.

6) El no conversa mucho últi- 6)
mamente. Es señal de que la
relación se está yendo a
pique.

7) La película no le gustó tanto 7)
como a mí: no tenemos nada
en común.

8) El me contradice. Eso de- 8)
muestra que no me respeta.

9) Tuvimos otra disputa. Es 9)
terrible.

10) Ella es horrible por hacerme 10)
esperar.

Esos rótulos serán útiles para llenar los registros de sus pensamientos. Conviene a menudo agregar otra columna para registrar el nombre del problema específico. Cuando trate de usar esos términos, quizás advierta lo que a menudo malinterpreta o exagera la conducta de su cónyuge. Y al analizar las cosas para verificar la verdadera aplicabilidad de dichos términos, usted puede ganar objetividad y desentrañar los falsos conceptos que alimentan su lucha conyugal.

Tomemos el ejemplo siguiente de un registro de pensamientos automáticos.

| *Situación o suceso relevante* | *Pensamiento automático* | *Problema del pensamiento* |
|---|---|---|
| Hal se enfureció conmigo cuando hacíamos el amor. | Está loco. | Rótulo negativo |
| | Siempre se enfada. | Sobregeneralización |
| | Nunca podremos continuar juntos. | Espíritu de "catástrofe" |

Después de haber adquirido bastante experiencia en el análisis de las propias reacciones, puede encarar la elaboración conjunta de la relación con su cónyuge. En los dos capítulos siguientes se examina en detalle las formas en que ambos pueden trabajar juntos para mejorar la comunicación y el entendimiento y para cambiar los modelos contraproducentes.

# 14
# El arte de conversar

Pocas experiencias son más gratificantes que decir algo vago o difícil de expresar y saber que el cónyuge entiende exactamente lo que uno quiere decir. La aptitud para conversar en un lenguaje privado, con oscuras referencias, insinuaciones veladas, miradas de complicidad, encogimiento de hombros y guiños, representa una clase muy especial de contacto.

Una conversación sutilmente afinada expresa la esencia de la relación. Cada persona sabe exactamente lo que el otro dice y siente un placer que se acumula en forma paulatina al poder hablar con libertad, ser comprendido y tener el asentimiento del cónyuge. El diálogo se desarrolla en forma llana, con un ritmo o latido característico, como una danza en la que cada compañero conduce o sigue, alternadamente, y de un modo armonioso.

Pero en los matrimonios desavenidos, los placeres de la conversación se pierden en una bruma de quejas iracundas, desaciertos y malentendidos. En lugar de guiños de complicidad, alusiones ingeniosas y códigos privados, hay miradas coléricas, referencias críticas y amenazas veladas.

¿Cómo se perdió el diálogo fluido? El ritmo se altera gradualmente cuando, en el curso de la relación, se acumulan estilos coloquiales diferentes, intereses y perspectivas en conflicto y malentendidos. Aun las parejas que armonizaban en los primeros años pueden descubrir más tarde que sus conversaciones más simples están sacudidas por malas interpretaciones que llevan a la queja "No es eso lo que yo quería decir".[1]

Todas las veces que Ken y Marjorie empezaban a hablar, su conversación parecía descarrilarse, a pesar de sus buenas intenciones. En lugar de desarrollar una discusión fluida, sus mecanismos coloquiales rozaban violentamente entre sí. Si uno de ellos trataba de aligerar el estilo pesado con una broma, el otro reaccionaba como si se tratara de una burla. Todo intento de salvar la discusión sólo empeoraba las cosas. Como consecuencia, evitaron las discusiones serias.

Las parejas como Ken y Marjorie pierden de vista el hecho de que, aparte de la relación sexual, su interacción más íntima ocurre cuando están entretenidos en una conversación. Puesto que ellos pasan mucho más tiempo conversando que haciendo el amor, sus conversaciones son decisivas para la supervivencia y el crecimiento de la relación. Por desgracia, muchas parejas —quizá la mayoría— carecen de técnicas específicas en comunicaciones matrimoniales y generan así, en forma inconsciente, constantes roces, malentendidos y frustraciones.

El propio significado del habla puede ser diferente para el marido y la mujer. Un cónyuge, por ejemplo, puede considerar las conversaciones como un foro para tomar decisiones conjuntas. El otro, empero, quizá las considere como la expresión más profunda de la propia relación, que ofrece la oportunidad de compartir secretos, demostrar interés por los problemas y triunfos del otro y experimentar solidaridad e intimidad.

PROBLEMAS CONCRETOS EN LA COMUNICACION

La observación de que una pareja desavenida "no se comunica" entre sí se ha convertido en una frase hecha, pero

1. D. TANNEN, *That's Not What I Meant.*

hay mucho de verdad en ella. Puesto que "no nos comunicamos" es una declaración tan global, tan vaga, es importante traducirla a problemas específicos que puedan tratarse.

En el capítulo 5 se han descrito algunos obstáculos a una comunicación acertada, tales como interrumpir, escuchar demasiado pasivamente, y hablar en círculos. Otras dificultades nacen de las actitudes particulares con respecto al cónyuge o al tema de las discusiones. Discutiremos ahora algunos de esos problemas.

## Problema: "No puedo ser sincero(a) con mi cónyuge"

Una sinceridad total no sólo es difícil en una relación, sino imposible. Eso quizá parezca paradójico, ya que el matrimonio es precisamente el tipo de relación en la que uno podría esperar que la total sinceridad se diera bien. Pero hay varias razones por las cuales eso no funciona. La sinceridad total, dicho en rigor, puede ser tan punzante como una bofetada. Una declaración directa como "Esta noche no tengo ganas de hablar" puede interpretarse fácilmente como un rechazo. Por ejemplo, en la cima de la cólera, un marido percibe a su mujer con un prejuicio altamente negativo; de modo que lo dicho en estado de enojo no es una declaración objetivamente sincera, sino una sinceridad fuertemente parcial.

Mientras está enojado, el marido está en un estado cognitivo único: ve a su mujer —por lo menos durante un tiempo— como un adversario. Su estado de ánimo tiende a exagerar las acciones y rasgos negativos de ella, a ignorar los rasgos positivos y convertir los neutros en negativos. Esos juicios distorsionados y exagerados reflejan la manera en que él considera las cosas en ese momento, y no como las experimenta comúnmente cuando no está enojado.

Esas observaciones despectivas, "sinceras", pueden infligir profundas heridas al cónyuge. La convicción momentánea de sinceridad es a menudo un autoengaño basado en un sentimiento subjetivo de la persona enojada. Pero el cónyuge que es blanco del ataque sigue herido mucho tiempo después que el enojo ha pasado.

Una creencia falsa sobre las relaciones es la de que se debería ser siempre directo y totalmente sincero. Pero la verdad tiene muchas caras y matices que no se pueden investigar ni expresar con facilidad. Y la verdad desnuda puede ser destructiva. Aunque cuando están en la cumbre de la cólera, las personas son a menudo muy cándidas y dicen lo que piensan, cuando se tranquilizan, dicen las cosas de una manera muy diferente. Sin embargo, como lo muestra el diálogo siguiente, la persona que está en el extremo receptor de la crítica "sincera", podría seguir aceptando el rótulo negativo como una expresión auténtica de los verdaderos sentimientos del compañero.

Tom: ¿Por qué estás tan alicaída?
Sally: Me dijiste que yo era estúpida.
Tom: Realmente no quise decirlo. Estaba enojado en ese momento.
Sally: Yo *sé* que realmente piensas que soy estúpida.
Tom: Eso no es verdad. Yo estaba enojado.
Sally: Siempre dices que cuando la gente está enojada, es cuando expresa sus verdaderos pensamientos.

Ese es uno de los problemas más intrincados de "dejar todas las cosas a la vista", el mito de que los sentimientos expresados en un fuerte estado emocional son en cierto modo más auténticos que los expresados en otros momentos. El hecho es que en los instantes de gran emoción, es menos probable que la gente exprese sus verdaderos pensamientos; lo que expresan es generado con frecuencia por un programa de pensamientos primitivos (descrito en el capítulo 9), entrelazado por deformaciones y sobregeneralizaciones, que no es en absoluto lo que piensan en un estado de más calma.

Es fácil confundir ser *sincero* con ser *directo*. Por ejemplo, usted puede contestar una pregunta directamente sin revelar los pensamientos y sentimientos más íntimos al respecto. Si alguien le pregunta cómo está su familia, usted puede decir, bien (con referencia a la salud), sin agregar que su matrimonio está tambaleando o que a sus chicos les va mal en el colegio. En la mayor parte de las conversaciones bastan las respuestas simples y directas que no necesitan una apertura total.

Para muchas personas, la forma indirecta de expresarse brinda un medio de protegerse. En lugar de decir lo que piensan, formulan una pregunta o dan un rodeo o se expresan ambiguamente, dejando al oyente la tarea de descifrar a qué se refieren realmente. Ya que muchas personas se quejan de que sus cónyuges son demasiado indirectos, vale la pena comprender las razones de ese enfoque.

A veces el carácter indirecto se debe a diferencias estilísticas del modo de conversar de hombres y mujeres, o bien a los antecedentes étnicos o familiares, como el caso de la reputación de los nativos de Nueva Inglaterra de ser taciturnos, por ejemplo. Pero aparte del estilo coloquial, el carácter indirecto en el habla es un paso estratégico, un modo de jugar sobre seguro. Es posible que queramos expresarnos con cautela, de tal modo que si no obtenemos una respuesta positiva, podamos retroceder con facilidad o sugerir que quisimos decir otra cosa.

Al ser indirectos, podemos tantear las aguas antes de saltar adentro y comprometernos. Luego, según la manera de reaccionar de nuestro cónyuge, podemos avanzar o retroceder. Antes de lanzar nuestras ideas, enviamos nuestra antena como una manera de detectar las reacciones, y luego amoldamos, conforme a eso, nuestras ideas.

Esa diplomacia coloquial es común en una vida social más extensa, pero fracasa a menudo en la relación matrimonial. Algunos de los más eficaces directivos de negocios parecen tener el tino de saber cuándo perseguir una línea dada de acción, cuándo detenerse y cuándo emprender una retirada estratégica. Sin embargo, cuando esos mismos gerentes tratan con sus cónyuges, sus técnicas pulidas y trucos coloquiales parecen desvanecerse.

Por supuesto, en el matrimonio uno espera ser libre de relajarse, de desahogarse. Y en muchas relaciones eso funciona, una gran parte del tiempo. Por otra parte, si el tema es delicado, cuando hay un conflicto de opiniones o de intereses, o cuando uno u otro cónyuge está fatigado o estresado, el enfoque frontal puede actuar como un bumerang.

*Fracaso del mensaje.* Algunas veces, una respuesta indirecta a una pregunta directa se formula de manera que no parezca ofensiva. Cuando quien pregunta insta a que le den una respuesta directa, la otra persona puede enojarse porque desea reservar algunas cosas sin decirlas.

Tomemos el diálogo siguiente entre Sue y Mike, la pareja de antecedentes dispares que conocimos anteriormente. A menudo se topaban con problemas cuando Mike daba una respuesta demasiado terminante sobre un tema que era sensible para Sue.

SUE: ¿Qué te parece el artículo que escribí?
MIKE: Pienso que es muy bueno. Pero podría ser más elaborado.
SUE: ¿Quieres decir que no te gusta?
MIKE: [irritado] Te dije que pensaba que era muy bueno.
SUE: Entonces, ¿por qué estás tan disgustado conmigo?

En este caso, Mike quiso dar una respuesta lacónica a la pregunta de Sue, pues se preocupaba de que si era completamente franco, Sue se sentiría herida. En efecto, tenía razón, ella sintió su calificación como una insinuación de que el manuscrito era imperfecto. Ella no podía interpretar lo que él decía en su valor real porque buscaba una aceptación incondicional. Para Sue, cualquier cosa menos que eso significaba un rechazo.

Había un desfase entre las expectativas de Sue y la reacción de Mike. Sue buscaba que la alentaran, mientras que Mike creía que ella necesitaba una crítica. Pero él podía haber respondido al deseo expreso de ella diciéndole primero la verdad —"Me gustó"— y *luego, diciéndole qué le gustaba en el trabajo*. Si después ella le pedía una crítica, él podría dársela, pero sólo entonces. Mike podía haber evitado darle a Sue la impresión de que no le gustaba el artículo.

## *Problema: "No puedo ser espontáneo"*

Muchas personas se quejan de no poder ser espontáneas con su cónyuge, de tener que estar en guardia. Temen que el cónyuge se enoje, se sienta herido o inhibido si son ellas mismas. Una esposa dice: "Tengo que cuidar cada palabra que digo a mi marido. No puedo ser yo misma". Un marido comenta: "Si yo no puedo ser directo con mi mujer ¿de qué sirve el matrimonio?" Una mujer se queja: "Cuando digo algo a mi marido, reacciona como un perro furioso".

La espontaneidad depende de ciertas formas automáticas del discurso. Es como si apretáramos un botón y la maquinaria mental entrara en acción. No necesitamos tiempo para pensar en lo que decimos. La maquinaria opera sin esfuerzo porque ciertos modelos del habla están tan grabados que el mensaje se desliza como si fuera un objeto cayendo por un tobogán.

Pero supongamos que queremos cambiar nuestra manera de hablar a nuestro cónyuge, volvernos por ejemplo más seguros o más diplomáticos. Lo que debe cambiar no es tanto lo que decimos, sino la forma y el estilo cómo lo decimos. Por ejemplo, "¿Cuándo estará lista la cena?" puede preguntarse en un tono de exigencia, queja o acusación.

Al principio, cambiar a un modo más diplomático o categórico puede parecer forzado o no natural. Pero desarrollar nuevos hábitos de habla es similar a aprender cualquier técnica, como conducir un automóvil. Cuando estuve en Inglaterra durante varios años, recuerdo en forma vívida cómo tenía que conducir por el lado izquierdo del camino, y hacer giros abiertos a la derecha y cerrados a la izquierda, modelos de conducción opuestos a los de los Estados Unidos. Una vez más, como cuando aprendí a conducir por primera vez, tuve que concentrarme constantemente. Después de un tiempo, los nuevos hábitos vencieron y pude conducir más o menos automáticamente otra vez: había cambiado el molde.

Las rutinas coloquiales son semejantes a los modelos automáticos de conducción que nos libran de tener que controlar cada maniobra en el camino. Después de haber dominado esas rutinas, la conversación fluye sin esfuerzo, porque hemos desarrollado los hábitos del habla. Pero cuando al principio aprendíamos esas técnicas, teníamos que cometer errores y hacer correcciones hasta adaptarnos al molde final.

Cuando su cónyuge reaccione negativamente a su estilo coloquial, entonces usted se encuentra en la situación del conductor que tiene que readaptarse; debe reaprender las formas coloquiales. Readaptar los modelos del habla equivale a aprender una nueva forma de conducir. Al principio, requiere un esfuerzo, pero con el correr del tiempo se vuelve automático.

Un marido, por ejemplo, puede preguntar a su mujer algo en una forma exigente o hacerle una petición en un tono hostil. Su modo de hacer preguntas puede modificarse para que suene exigente, si se siente motivado para ello. Para lograrlo, el marido tiene que "escucharse a sí mismo". (Grabar y escuchar las conversaciones en un grabador puede ser de una inmensa ayuda.) Luego, en forma paulatina, él puede corregir el modelo hasta que el nuevo tono se vuelva automático.

*Hacer que la cortesía sea espontánea.* Nuestras reacciones tienden a estar "ligadas a la situación", o sea que están determinadas por la situación en la que se manifiestan. Por ejemplo, en las relaciones de negocios, desplegamos por lo general cortesía y diplomacia. Con nuestro cónyuge podemos expresar libremente franqueza o crítica. Nuestras reacciones dentro del matrimonio están causadas en parte por las connotaciones que incorporamos a la relación y en parte por los modales que aprendimos de nuestra familia original y aun por ejemplos tomados de la televisión y del cine. Muchos maridos y mujeres que sostienen que deberían hacer cambios drásticos a fin de ser más diplomáticos y considerados, fueron durante el noviazgo el no da más de los buenos modales. Aquí, otra vez, se trata de "especificidad situacional". Los modales que se emplearon específicamente durante el noviazgo llegaron a ser reemplazados, en el curso del matrimonio, por un conjunto de modales diferentes, que abarcaba las características residuales de mezquindad, manía de criticar y quejas de la infancia.

El desafío real consiste en traer los modales que usamos afuera hacia el interior de nuestro hogar. Para aprender a hablar al cónyuge de una manera nueva, conviene pensar en cómo se presentaría la misma pregunta o la misma petición a un huésped o invitado. Se estructurarían las palabras de una manera diplomática y el tono sería agradable. O bien se podrían reconstituir las formas y los modales que se emplearon en el período anterior al matrimonio.

Hay dificultades en introducir esas formas convencionales en la relación matrimonial si uno está habituado a dirigirse al cónyuge en forma crítica, exigente o quejosa. Si es así, cambiar esos modelos requerirá cierto esfuerzo. No es fácil romper los hábitos. Pero una vez aprendidos los nuevos patrones, usted puede ser más cortés con su cónyuge en forma "espontánea".

## Problema: "Mi cónyuge me grita todo el tiempo"

Algunas personas son intimidadas por la voz fuerte del cónyuge, que interpretan como una señal de enojo e incluso de falta moral. Una esposa, por ejemplo, fue educada en una familia en la que se evitaba toda expresión franca de hostilidad. Creció creyendo que las expresiones abiertas de enojo eran inmorales, que era un pecado herir a otra persona. Cuando el marido se expresaba en ocasiones con voz fuerte, no sólo se asustaba, sino que sentía que la conducta de éste era inmoral.

En esos casos, ambos cónyuges pueden trabajar juntos para aligerar las interferencias producidas por hablar fuerte. El cónyuge agraviado debe admitir que quizá malinterprete la voz fuerte y suponga hostilidad y enojo donde no hay tal. Al mismo tiempo, el otro cónyuge, puede intentar bajar su voz. Una solución más elegante para el cónyuge sensible sería desensibilizarse ante la voz fuerte o una muestra momentánea de enojo, de modo que ésta no lo(la) perturbase más.

*Problema:* *"Mi esposo no quiere pensar en sus sentimientos y no le gusta oírme hablar de los míos"*

*"Mi mujer está siempre escudriñando mis sentimientos. Ella se obstina en sus propios sentimientos y quiere que yo también lo haga"*

Tanto de las observaciones de rutina como de los estudios científicos se desprende que los hombres y las mujeres experimentan los sentimientos y los expresan de diferente manera. Las mujeres tienden más a acentuar el aspecto emocional del problema conyugal, mientras que los hombres se inclinan por analizar la situación. Desde luego, como en la mayoría de las generalizaciones, podemos encontrar el caso opuesto para una pareja dada.

Marjorie volvió a casa, del trabajo, abrumada por la decepción que le produjo la actitud del jefe, quien no apreció un memorándum que ella le había preparado. Habló largo rato de lo mal que se sintió y de que el jefe era un "bastardo". Ken trató de razonar con ella y hacerla sentir mejor.

MARJORIE: Tengo toda la razón de sentirme mal. Es simplemente un bastardo.

KEN: No creo que sea tan malo sólo porque no te dio una palmada en la espalda.

MARJORIE: Tú no entiendes nada ¿verdad? Tiene esa actitud que indica que nadie es bastante bueno para él. Todo el mundo en la oficina está trastornado con él.

KEN: No es una razón para que te preocupes tú. Probablemente ése es su estilo.

MARJORIE: ¿Por qué te fastidia tanto que se tengan sentimientos? Si te dejaras llevar por los sentimientos, serías una persona más completa, y podrías entenderme mejor.

KEN: Ya estamos otra vez volviendo las cosas en contra mía.

Esa conversación ilustra una diferencia característica, aunque no universal, entre hombres y mujeres, de cómo expresan sus sentimientos. Marjorie quiere transmitirle a Ken lo herida que se siente por el desplante de su jefe. Ken adopta un enfoque "racional" esperando que ella se sienta mejor. Ellos se envían señales uno al otro por canales diferentes. Marjorie habla de sus sentimientos y de su necesidad de ser alentada. Ken habla de hechos y de la necesidad de ser realista. Cada uno cree que el otro está completamente despistado.

Puesto que Marjorie introdujo el tema y es tan importante para ella, hubiera sido bueno que Ken sintonizara su canal. Pero le pareció tonto adoptar la perspectiva de su mujer, porque cree que *él* hubiese sabido aceptar la conducta del jefe y que ella tiene una reacción exagerada. Para poder ayudar, sin embargo, Ken debe entender que el ego de Marjorie está herido, pues cree que el jefe ha sido injusto.

Por ejemplo, Ken podría decir: "Comprendo por qué estás disgustada, ya que pusiste tanto esfuerzo en el memorándum. Esperabas alguna reacción y él no le hizo ni caso". Podría decir eso, sin estar necesariamente de acuerdo con la conclusión de Marjorie, sólo para hacerle saber que entendía sus sentimientos. Podría hacerse eco de su decepción sin convenir en que el jefe fuera injusto o un bastardo.

Como una aproximación posible, Ken podría haber formulado una pregunta como "¿Suele ignorar los memorándums del personal?" Podría ayudar a Marjorie a escudriñar sus sentimientos preguntando: "¿Qué piensas de la actitud de él hacia tu memorándum?" Esa pregunta podría llevarla a hablar más acerca de los sentimientos agraviados y, quizá, revelar que las acciones del jefe hicieron que ella dudara de su propia competencia.

Hay otras formas en que Ken podría reaccionar *agravando* la aflicción de Marjorie. Si él hubiera dicho, "¿Por qué te altera eso?", probablemente ella habría replicado: "¿Quién no se habría alterado?" O él hubiese podido dar una interpretación quitando importancia al asunto: "¿Por qué necesitas la aprobación de la gente todo el tiempo?"

Ken tiene que darse cuenta de que cuando Marjorie se siente agraviada, desea un paladín, un protector, no un analizador. Al usar una aproximación "realista" él parecía disculpar la conducta del jefe, lo cual significaba para Marjorie que ella no tenía derecho a sentirse disgustada. (Por supuesto, el cónyuge desea a veces sólo un consejo práctico y no quiere hablar de sentimientos. El no reconocer esa preferencia también puede llevar a la desilusión y a la frustración.)

Para muchas mujeres es muy importante que los maridos hablen de sus propios sentimientos. Compartir los sentimientos hace que muchas esposas se sientan más estrechamente unidas a sus esposos y viceversa. Eso también es un equilibrador que muestra que ambos, marido y mujer, tienen reacciones emocionales ante los altos y los bajos de la vida.

Algunos autores consideran la reticencia de los hombres con respecto a sus sentimientos como un inevitable defecto masculino.[2] Esa creencia ampliamente difundida es recogida por muchas esposas: "Mi esposo es un bloque de granito. Si sólo se permitiera *sentir,* sería más persona". Muchos maridos

---

2. Por ejemplo: L. Rubin, *Intimate Strangers: Men and Women Together* (Nueva York: Harper & Row, 1984).

toman a mal, empero, la idea de que ellos sean incompletos si no revelan sus sentimientos. Dado que los hombres son en general menos introspectivos que las mujeres, no parecen ser tan conscientes de sus sentimientos como ellas. Pero hasta un marido que está algo desconectado de sus sentimientos puede echar un puente hacia su mujer discutiendo los sentimientos de ella. Y al armonizar más con sus sentimientos, puede a su vez sensibilizarse más con respecto a los propios.

*Problema: La conversación es fluida pero la relación está estancada*

Muchas relaciones que parecen superficialmente satisfactorias, pueden, no obstante, no serlo para ambos esposos. Pueden desenvolverse bien juntos, al conducir la economía, al tomar importantes decisiones domésticas y al criar niños felices y bien educados. Puede parecer que cumplen con el pacto matrimonial no escrito, pero están aburridos, si no desdichados, uno con el otro.

Puesto que los cónyuges parecen hacer todo en la forma correcta, debemos mirar bajo la superficie para comprender su problema. Entre los muchos factores que podrían justificar la ausencia de la alegría de antaño, la declinación del matrimonio, está la riqueza —o la pobreza— de su conversación. Cada cónyuge ya no aporta temas de interés para el otro. Más aún, la ligereza y el carácter juguetón de sus conversaciones anteriores han desaparecido. Ya no realizan más un esfuerzo para distraerse o divertirse uno al otro.

¿Qué ha despojado la conversación de su riqueza y placer? En primer lugar, a pesar del éxito aparente de sus múltiples discusiones, ellos pueden haber llegado a solucionar los problemas familiares al alto precio de la relación. En muchas relaciones, toda una secuencia de pequeños pliegues se van agregando hasta producir el estrés. Esos pliegues pueden ser la señal de importantes diferencias entre los cónyuges en sus puntos de vista y categoría de valores, diferencias que sus acuerdos de superficie nunca resuelven. De modo que el libre flujo de la conversación está inhibido por la amenaza de intrusiones de conflictos no resueltos. Conversaciones muy armoniosas son interrumpidas por señales de posibles discordias, que introducen interferencias en las comunicaciones.

En segundo lugar, aunque los cónyuges se lleven bien cuando tratan de problemas prácticos, su conversación puede estar desprovista de referencias a los aspectos más placenteros de la relación. Los esposos no han aprendido a delimitar las discusiones sobre la solución de problemas de las conversaciones agradables. De tal modo que cuando un cónyuge inicia una conversación con un comentario afectuoso, es posible que el otro decida que es el momento de sacar a colación algún conflicto. Como consecuencia, hay escasez de comunicación que gire simplemente alrededor de expresiones de interés, participación y afecto.

*Diversión, Alegría, Humor.* Algunos matrimonios se achantan en la seriedad y pierden el sentido de la alegría. La combinación de "tremendismo", "catastrofismo" y luchas echa un paño mortuorio sobre la relación. Esas parejas, exhaustas después de las riñas y mutuas recriminaciones, se quejan de no tener más "alegría".

El humor es un componente importante en las relaciones divertidas, un antídoto considerable contra el rigor causado por las riñas periódicas. Un "juez matrimonial" descubrió que cuando preguntaba a las parejas sobre lo que los unió, la mayoría replicaba: "Reímos juntos".[3] Se requiere sutileza para parecer gracioso antes que sarcástico o fastidioso. Ser uno

---

3. Comunicación personal del juez Phyllis W. Beck, Superior Court, Commonwealth of Pennsylvania

mismo el blanco de una broma es más provechoso que hacer objeto de ella al cónyuge.

En un matrimonio conflictivo, los cónyuges olvidan a menudo las diversiones de las que disfrutaban antes de tener conflictos. Aunque parezca prosaico invocar las vacaciones — en particular viajes sin los hijos— éstas brindan a veces a la pareja el tiempo y el espacio que necesitan para redescubrir lo lúdico y, quizá, para reanimar un matrimonio que se malogra. Se sugieren otras posibilidades en el libro *Intimate Play* del psiquiatra William Betcher.[4]

NORMAS DE ETIQUETA COLOQUIAL

Existen pautas que pueden hacer las conversaciones más agradables, así como también más eficaces. Siguiendo esas sugerencias, se podrán prevenir los obstáculos que dificultan muchas discusiones.

Sintonice el canal de su cónyuge

∇

Dé señales de escuchar

∇

No interrumpa

∇

Formule preguntas hábilmente

∇

Emplee tacto y diplomacia

---

4. W. Betcher, *Intimate Play: Creating Romance in Everyday Life* (Nueva York: Viking, 1987).

## Norma 1: Sintonice el canal de su cónyuge

Para tener una charla provechosa se requiere que marido y mujer estén sintonizados entre sí, que se conecten uno con el otro. Aunque hablen del mismo tema, su enfoque puede ser tan diferente que no lleguen a establecer un contacto significativo.

A veces un cónyuge, al tratar de aliviar la angustia del compañero, logra justo lo contrario. Judy es una artista. Una noche estaba muy alterada por los problemas relacionados con la preparación de un espectáculo y empezó a hablarle a su marido acerca de ellos. Ella pretendía de él apoyo, aliento y simpatía. Pero Cliff disparó una cortina de fuego de instrucciones: "Primero, tienes que reunir a toda la gente que forma parte del grupo. Segundo, debes llamar a cualquier otro que esté implicado. Tercero, si quieres que intervenga el contable, pregunta al banco para ver cuánto dinero tienes todavía. Cuarto, podrías tomar contacto con la gente de Relaciones Públicas. Quinto, llama a la galería y arregla la hora".

Judy se sintió rechazada por Cliff y pensó: *"El no se preocupa de cómo me siento yo. Sólo me quiere sacar de encima"*. Pero en su opinión, Cliff creyó que cumplía su cometido. Le había dado a su mujer el mejor consejo, de modo que pensó que *sí* cooperaba. Para Judy, sin embargo, él controlaba y no cooperaba. Ella buscaba una relación de simpatía y emoción, mientras que él estaba sintonizado en la solución de problemas.

¿Cómo encontrar el canal apropiado? Hay que tener presente que la manera de ver las cosas en las relaciones impersonales o de negocios puede resultar contraproducente en una relación íntima. Si un marido, por ejemplo, descubre que su consejo sólo irrita a su mujer, debería resistir la tentación de darle instrucciones y, en lugar de ello, ensayar otra estrategia y mostrarle que comprende sus sentimientos. Más aún, la vez siguiente que su mujer le hable de sus problemas, puede tener presente que no debe lanzarse con consejos, a menos que ella lo desee en forma expresa, y que ella quizá sólo necesite hablar de los problemas.

¿Cómo podría Judy haber obrado en forma diferente y evitado la trampa de "El no me entiende"? Hubiese podido prever la tendencia de él de dar consejos didácticos y pragmáticos y así decir: "Tengo un problema. Creo conocer las respuestas, pero me gustaría comentar cómo me *siento,* no qué hacer. ¿Está bien?". Presentar el problema en esos términos ayudaría a Cliff a prepararse para escudriñar los sentimientos de ella, más que para construir un plan de acción para ella.

Una ventaja de esa clarificación reside en que brinda a las parejas una oportunidad para desentrañar la compleja red de significados asignada a un problema dado. Los problemas de Judy tenían muchos significados para ella: *"No puedo resolver eso... soy realmente ineficiente... el estrés de esa tarea es demasiado grande... no puedo comprometerme".* Cuando Cliff intervino con sugerencias prácticas, ella pensó: "El *tampoco piensa que lo pueda resolver... no se preocupa de cómo me siento".*

Al verbalizar las ideas asociadas con los sentimientos, pudo ver por sí misma que dichos sentimientos eran exagerados. Si Cliff hubiese tratado de tranquilizarla directamente, ella hubiera tenido la oportunidad de evaluar esos pensamientos automáticos. *Escuchando atentamente* y luego formulando preguntas, él hubiese podido ayudarla a ver por sí misma que exageraba el problema y minimizaba su aptitud para resolverlo.

Desde luego, hay veces en que el cónyuge desea un consejo práctico más que un apoyo emocional. Hay que ser sensible a las señales, de manera que se pueda pasar al canal correspondiente.

*Norma 2: Dé señales de escuchar*

A veces una esposa se queja de que el marido nunca la escucha, mientras que él protesta que ha oído cada palabra que ella dijo. Los estudios muestran una diferencia real en función de los sexos: mientras escuchan, las mujeres son mucho más propensas a emitir sonidos como "mmm, ahá-ha" y "sí-í" lo que indica que siguen lo que se está diciendo, mientras que los hombres son más inclinados al silencio. Otras señales, como son las expresiones faciales y los pequeños gestos, informan que el cónyuge está sintonizado.

La gente olvida a veces que una conversación significa un intercambio mutuo de información e ideas. Hablar sin obtener realimentación es como hablar con una pared. Si usted es del tipo callado, puede serle útil adquirir el hábito de suministrar una realimentación no verbal y no dejar que el cónyuge se pregunte si realmente está escuchando.

*Norma 3: No interrumpa*

Las interrupciones pueden parecer muy naturales al que ofende, pero pueden producir muchos pensamientos negativos en la persona a quien se corta: *"El no me escucha", "Ella no piensa mucho en lo que tengo que decir", "El sólo está interesado en escucharse a sí mismo".*

Como con los otros hábitos del habla, las interrupciones pueden ser una parte del estilo coloquial de una persona, más que una expresión de egocentrismo o desacuerdo, aunque ese hábito es con frecuencia interpretado como tal por el hablante interrumpido. Aquí, también hay diferencia de sexo. Los hombres tienden a interrumpir, más que las mujeres. Ellos interrumpen tanto a otros hombres como a las mujeres. De ahí, la esposa que asigna explicaciones negativas a las interrupciones del marido debería tener presente que éstas pueden representar simplemente su estilo coloquial. No obstante, quien interrumpe haría bien en retenerse de expresar sus ideas mientras que el interlocutor no haya terminado de hablar.

*Norma 4: Formule preguntas hábilmente*

La formulación de preguntas puede iniciar una conversación, mantenerla o detenerla prematuramente. Algunas personas son de un natural reticente o inhibido y necesitan ser empujados para entrar en conversación. Una pregunta bien formulada puede a veces tener un efecto mágico y hacer hablar al compañero. Pero una pregunta que está mal regulada, demasiado inquisidora o irrelevante puede detener el flujo de palabras.

Muchas personas detienen sin querer una conversación por su forma de hablar. Len, por ejemplo, respondía por lo común a las preguntas con respuestas de una o dos palabras como "sí", "no" o "no mucho". Hasta que se le señaló la costumbre, él frustraba sin proponérselo la mayor parte de los intentos de su mujer para hacerlo entrar en la conversación. Por ejemplo, una noche cuando volvió a la casa, su mujer, Harriet, le preguntó cómo había pasado la noche.

HARRIET: ¿Cómo te fue en tu juego de póker?
LEN: Muy bien.
HARRIET: ¿Quién estuvo allí?
LEN: Los de siempre.
HARRIET: ¿Conversaron de algo?
LEN: No mucho.
HARRIET: ¿Perdiste o ganaste?
LEN: Ni lo uno ni lo otro.

En un caso como ése, en lugar de importunar, sin fin y sin resultado, a su marido con preguntas, Harriet podía haber hecho una observación general pero directa, seguida por una pregunta: "Es difícil para mí intentar conversar contigo. ¿Prefieres no hablar o pasa algo?".

En otra ocasión, Harriet empleó su ingenuidad para hacer hablar a Len.

HARRIET: ¿Qué ocurrió hoy en el hospital?
LEN: Lo mismo de siempre.
HARRIET: Dijiste que ibas a discutir tu proyecto de investigación con tu jefe. ¿Cómo fue eso?

Len: Oh, realmente tiene algunas ideas buenas... [sigue comentando eso por algún rato].

La primera respuesta de Len fue un *tapón de conversación*, pero con cierta sutileza y hábil interrogación, Harriet pudo instarlo a hablar. Ese método de preguntas complementarias indica al taciturno esposo que uno está realmente interesado. Una pregunta inicial puede considerarse superficial, pero una secuencia de preguntas muestra que se tiene un serio interés. Un buen *arranque para la conversación* consiste en pedir la opinión del compañero sobre un tema.

El: Me pregunto si tendrás alguna idea sobre qué debería hacer con mi asistente. Siempre llega tarde.
Ella: ¿No se te ocurrió preguntarle por qué siempre llega tarde?
El: No, pero supongo que podría hacerlo, es una buena idea.

A veces el modo de formular la pregunta puede cortar la conversación. Las preguntas con *por qué* son con frecuencia tapones porque parecen tener un tono acusador. "¿Por qué llegaste tarde ayer?" "¿Por qué están todos vestidos para salir?" A veces es difícil evitar las preguntas con *por qué;* si es así, es mejor encontrar otra manera de formularlas, para que el cónyuge no se ponga a la defensiva (véase capítulo 5).

## Norma 5: *Emplee tacto y diplomacia*

Esta norma podría parecer fuera de lugar en relaciones íntimas, sin embargo, prácticamente todos tienen campos sensibles, y aun un cónyuge afectuoso, bien intencionado, puede afectarlos. Por ejemplo, algunas personas son sensibles en cuanto a su apariencia, o al modo de hablar o sobre algunos miembros de su familia. Si, supongamos, en el curso de la conversación, una esposa insinúa que el marido está excedido en peso, o que la cuñada es inmadura o que el lenguaje de él es incorrecto, ella puede poner fin a una conversación agradable. Esta norma no significa que uno tenga que caminar pisando huevos, sino que apela meramente a la conciencia y al criterio.

La mayor parte de los consejos en este capítulo se refieren a conversaciones ocasionales, no a discusiones más serias sobre temas tales como la resolución del conflicto o la toma de decisiones. He descubierto que las parejas, a menos que hagan un esfuerzo para mantener aparte las conversaciones ligeras, se sumergen en discusiones más serias que quitan claridad a la relación. En el próximo capítulo, me ocupo de las dificultades que surgen cuando las parejas se abocan a los asuntos mencionados anteriormente referentes a la resolución de conflictos y la toma de decisiones.

# 15
# El arte de trabajar

EXPLICACION DE LAS DIFERENCIAS

A veces los miembros de una pareja se encasillan en posiciones tan opuestas que parecen incapaces de conseguir siquiera un acuerdo. Se empecinan y se aferran en forma tenaz a sus propios puntos de vista. Consideran sus conceptos como eminentemente sensatos y los del cónyuge como irrazonables. Sobre todo, no pueden reconocer o admitir que los deseos o las quejas del compañero sean legítimos.

Tomemos el siguiente ejemplo:

SALLY: Tom y yo no podemos congeniar en nada. Reñimos por cualquier cosa. Tuvimos una gran pelea sobre si abrir la ventana de noche.

TOM: Ella la abre y yo la cierro, y ella la vuelve a abrir. Yo no puedo soportar la corriente de aire frío. Empeora mi asma.

ATB (a Sally): ¿Por qué supone usted que Tom la quiere tener cerrada?

SALLY: El dice que empeora su asma. Se mima como si fuera un bebé.

ATB (a Tom): ¿Por qué quiere ella tener la ventana abierta?

TOM: Es una fanática del aire fresco. Cree que eso la fortalece. Cuanto más frío tiene, tanto más le gusta.

ATB: ¿Qué hay detrás de sus posiciones? ¿Qué problemas tratan de resolver?

SALLY: No puedo soportar el aire viciado. Es tan sofocante que me da náuseas.

TOM: Yo no puedo soportar la corriente.

Una vez que se inicia la discusión, cada parte trata de anotarse puntos. No importa quién gane, pero el asunto real entre ellos pocas veces se resuelve. Si cada uno se atiene a lo suyo, los conflictos subyacentes no cambian. ¿Qué solución puede haber al problema de la ventana?

Al abordar un conflicto semejante importa *clarificar* la posición del otro y luego ser receptivo a las sugerencias, antes que antagonista, de modo que se pueda enfocar la cuestión. No se deje arrinconar por la provocación (dejándose llamar mimoso o fanático del aire fresco). Una aproximación sistemática ayuda a clarificar la atmósfera. Haciendo preguntas específicas, como hice en la conversación que sigue, se logra la información decisiva.

ATB: Ustedes saben que hicimos esos ejercicios para solucionar problemas anteriormente. Primero, tienen que aclarar exactamente en qué consiste la situación que les disgusta. Ahora, Sally, en dos o tres palabras, dígame por qué quiere tener la habitación fría.

SALLY: La quiero fría para no sofocarme.

ATB: Ahora, Tom, en pocas palabras, ¿qué es lo que no le gusta del aire frío?

TOM: Es la corriente.

ATB: De manera que ahora sabemos que no es tanto la temperatura la que produce el desacuerdo sino la circulación del aire. Sally, a usted no le gusta el aire tibio porque no circula. Tom, a usted no le gusta el aire frío cuando la ventana está abierta, porque circula demasiado. En otras palabras, hay corriente. Ahora, veamos algunas soluciones posibles.

TOM: Creo que podríamos abrir la ventana sólo un centímetro o algo así, o podríamos instalar un ventilador para hacer circular el aire o podríamos apagar completamente la calefacción en la casa y entonces la habitación estaría realmente fría.

SALLY: Ninguna de esas ideas es buena. ¿Y si te envolvieras con muchas mantas?

TOM: Eso no serviría, porque yo seguiría respirando aire frío.

ATB: Hay otra solución a la cual ustedes no han llegado... y es la de abrir la ventana en el baño anexo. De ese modo, Sally, usted puede tener su aire frío, que circulará más rápido que el caliente y sofocante. Y a Tom se le ahorraría la corriente de aire.

Convinieron en que era una solución factible. Luego sugerí que en el futuro, en lugar de suponer que el cónyuge está equivocado, es egoísta u obstinado, hicieran un esfuerzo sistemático para solucionar el problema: 1) definir lo que cada uno quiere; 2) determinar lo específico de las diferencias; 3) discutir hasta generar una variedad de soluciones posibles, y 4) escoger la solución que más satisfaga a cada uno de ellos.

## Niveles de desacuerdo

¿Por qué las parejas se enzarzan en disputas que se transforman en batallas campales? Hay dos clases generales de luchas matrimoniales. En la primera, no hay un auténtico desacuerdo entre los cónyuges, pero la manera en que uno habla con el otro y en que se oyen mutuamente, está tan llena de interferencias, que sus mensajes se falsean. En la otra clase de discordias, hay un conflicto real que debe ser resuelto. Desde luego, la mayor parte de las disputas combinan un conflicto verdadero con una comunicación escasa. Las luchas se agravan por el hecho de que, al asumir los cónyuges posiciones contrarias, sus perspectivas mutuas y la del problema tienden a polarizarse mucho; de esa manera, leves diferencias se cargan y se convierten en opuestos aparentemente radicales. Para resolver las diferencias es conveniente determinar qué clase de conflicto está en juego.

## Diferencias de los deseos específicos

Algunos desacuerdos son transitorios. En un momento

dado, un miembro de la pareja podría consumir comida china, el otro, mejicana. Uno podría querer ir al cine, el otro prefiere quedarse en casa y mirar televisión. Uno podría estar a favor de una charla, el otro quiere leer el periódico. Cuando esos deseos no reflejan desacuerdos y gustos básicos, sino diferencias momentáneas, éstas se resuelven con facilidad, a menos que ya haya fricción en la pareja. Cuando la tensión ya existe, entonces las diferencias momentáneas en lo que desea cada cónyuge pueden exagerarse hasta convertirse en un verdadero conflicto.

## *Diferencias en gustos y sensibilidades*

Todas las parejas difieren hasta cierto punto en las actividades que prefieren. El mayor placer para muchos maridos consiste en ver deportes los fines de semana, mientras que sus mujeres prefieren pasar el fin de semana compartiéndolo de una manera más personal. A medida que un matrimonio madura, los gustos de la pareja se van asemejando; una esposa con poco interés por el atletismo "aprende" a disfrutar de los deportes como espectadora, a asistir a acontecimientos deportivos o a jugar tenis o golf; un marido con poco interés por la música o la literatura desarrolla el gusto por las sinfonías, la ópera o la lectura. Por supuesto, la gente no sólo difiere en lo que le gusta, sino en lo que le disgusta; a Sally le gustaban las ventanas abiertas de par en par en invierno, mientras que Tom no las soportaba.

## *Diferencias en régimen, actitud o filosofía*

Algunas parejas tienen actitudes muy distintas en cuanto a la crianza de los niños, confección del presupuesto, división del trabajo, vacaciones y similares. Un cónyuge puede creer que hay que ser estricto con los hijos, el otro puede favorecer la indulgencia; uno puede considerar que gastar dinero es un placer, el otro puede creer que es un pecado; uno puede considerar que las vacaciones sin los niños es un regalo especial, el otro, una satisfacción innecesaria. Cuando se llega a temas específicos, es posible que los cónyuges se afirmen en su posición y defiendan sus puntos de vista, por una parte, o que intenten ser flexibles, complacientes y dispuestos a transigir, por la otra.

## Diferencias de personalidad

Resulta irónico que las diferencias básicas de personalidad, que en un principio pueden haber atraído a las personas y valorarse positivamente durante los primeros años de la relación, pueden llegar a ser una fuente de dificultades a medida que transcurre el tiempo. Podemos recordar un conflicto como ése en las personalidades de Karen y Ted. A Karen le gustaba hacer las cosas según el momento, mientras que la personalidad de Ted requería una planificación y organización meticulosas. Sus diferencias de personalidad se reflejaban en las diferencias de sus perspectivas, en el modo en que consideraban el mismo suceso y, en última instancia, a ellos mismos. Cada uno se veía a sí mismo como razonable, agradable y flexible, y al otro, como desagradable, irrazonable y rígido.

## Diferencias de perspectiva

A veces las diferencias más triviales se acrecientan fuera de toda proporción debido a las diferentes perspectivas de los compañeros. Los cónyuges están tan ofuscados por los propios intereses que no perciben soluciones simples para sus diferencias. Por ejemplo, Sally y Tom tenían dificultades con la división de las tareas domésticas. Cada uno estaba tan ocupado en su trabajo que le quedaba poco tiempo para los quehaceres del hogar. Es interesante observar que durante el noviazgo no tenían problemas en hacer cosas para el otro, aun cuando eso significara un verdadero sacrificio. Tom solía esperar en una larga cola para conseguir entradas para el estreno de una ópera y se vestía de gala para complacer a Sally, y ella salía a navegar con él, aunque eso la hiciera sentirse mal.

Pocos años después de casados, sin embargo, llegaron a pensar en función de su propio interés. Ese pasar del altruismo al egocentrismo se manifestó en las diferentes maneras de considerar el mismo problema. La dificultad era "cognitiva"; podían apreciar un problema solamente desde su propio punto de vista; ninguno podía considerarlo desde el punto de vista del otro.

Pocos días después de una consulta, Sally y Tom necesitaron hacer algunas compras de comestibles, pero ambos estaban ocupados. Trataron de aplicar mis sugerencias sobre la solución de problemas.

>  Tom: Ya que estás ocupada, yo iré al supermercado y haré las compras.
>  Sally: Muy bien, yo prepararé la lista.
>  Tom: Bien, haz el pedido por teléfono, así no tendré que esperar, y las recogeré en una media hora.
>  Sally: No tengo tiempo para hacer el pedido. Estoy cansada y ocupada. No te morirás si llevas el pedido y esperas cerca del supermercado para que te lo preparen.
>  Tom: Pero tendré que hacer la cola. Ya sabes que odio esperar por allí. No eres razonable.
>  Sally: El que no es razonable eres tú.

Sally y Tom se pusieron a discutir acerca de quién no era razonable y olvidaron por completo su cometido de tratar de clarificar las diferencias y luego discutir las soluciones. Ninguno prestó atención a la incomodidad que suponía para el otro el plan que sugerían; Tom se sentía muy intranquilo cuando tenía que esperar, y Sally se sentía tan nerviosa en ese momento por las responsabilidades domésticas que el hecho de hacer el pedido por teléfono le parecía una carga insuperable.

Como olvidaron elaborar soluciones posibles, ninguno pensó en la más sensata, la de que Tom hiciera el pedido por teléfono. Eso hubiera aliviado a Sally de la carga de llamar y ordenar la lista y le hubiera ahorrado a Tom la espera de su turno. Puesto que era Sally la que hacía los pedidos por teléfono cuando algo se necesitaba, no se les ocurrió cambiar los roles en esa ocasión.

Las parejas caen a menudo en desacuerdos sólo desde su propia perspectiva, sin reconocer que el compañero podría tener un punto de vista razonable. Eso los lleva a creer que sus cónyuges son testarudos, mandones o irrazonables. Pero cuando llegan a ver las cosas desde la perspectiva del otro, puede resultar que ambos "tengan razón", por lo menos desde su propio marco de referencia. Tanto Sally como Tom tenían un punto de vista válido, pero no vieron la perspectiva del compañero porque estaban encerrados en la propia.

EMPLEO DE LAS PREGUNTAS

Muchas parejas, mutuamente dispuestas y que desean amoldar sus deseos y necesidades al otro, no lograron desarrollar hábitos de comunicación que les ayudan a evitar malentendidos. Por ejemplo, pocas parejas a las que he entrevistado saben hacer preguntas de un modo hábil. Aunque las preguntas constituyen la principal vía para obtener información, también *suministran* información. Así pues, el cónyuge interrogado puede confundir una petición de información con suministro de información. Examinemos una conversación entre Sally y Tom; cada uno trata de adaptarse al otro. Sally nota que Tom está cansado. Para demostrar su interés y animarlo, ella inicia el siguiente diálogo (observe que la conversación comienza con una pregunta).

SALLY: ¿Quieres visitar a los Baker esta noche?
TOM: Está bien.
SALLY: ¿Realmente quieres ir?

Tom: [con una voz fuerte que suena irritada] Dije que está bien.

Sally: [herida] Si realmente no quieres ir, podemos quedarnos en casa.

Tom: ¿Por qué me estás fastidiando?

Sally: [indignada] Trataba simplemente de ser considerada, y tú lo transformas en una pelea.

Sally vio que Tom estaba cansado y pensó que le gustaría visitar a algunos amigos. Como no estaba segura de que eso era lo que él quería hacer, tenía ciertas reservas acerca de la sugerencia y le preguntó de un modo inseguro.

Tom interpretó la pregunta, que sonaba a inseguridad, como una insinuación de que era *ella* la que realmente quería ir. Se sintió controlado y manipulado, pero decidió que sería una buena idea complacerla. En su opinión, la cuestión no residía en si él quería ir, sino en que tuviera un espíritu de compañerismo y se amoldara a ella. Por consiguiente, con ánimo de cooperar, dijo sí.

Sally, al notar vacilación en la respuesta de él, pensó que quizás inadvertidamente lo empujó, de modo que quiso darle la oportunidad de retractarse. Con todo, Tom se sintió acorralado. El trataba de amoldarse, y Sally lo presionaba y lo iba a hacer parecer como un "pesado", si decía que realmente no quería ir. El sabía que a ella le gustaba compartir actividades con otros más que a él. Quería satisfacerla y no quería ser tratado como antisocial. De modo que las preguntas de ella lo pusieron siempre en aprieto.

La reacción de Tom le parecía ilógica a Sally. ¿Por qué se enojaba cuando ella trataba de descubrir cuáles eran sus deseos?, se preguntaba ella. El le parecía tan ilógico cuando conversaban sobre actividades sociales. Su hostilidad la ofendía porque él parecía no sólo ilógico, sino injusto.

Debido a su historia de los malentendidos, Sally y Tom tenían que prestar más atención al arte de preguntar de lo que se pudiera esperar. Aunque la pregunta de Sally parece por cierto legítima, el hecho de contener una sugerencia ("visitar a los Baker") tiene una connotación, para Tom, de que ella era dominante en esa situación y que no se trataba de una mera pregunta. Como el asesoramiento posterior apuntaría a la hipersensibilidad de Tom, Sally podría haber evitado incluso ese conflicto y haber concedido prioridad a los deseos de él, si hubiese usado un estilo de interrogar diferente. En lugar de la pregunta restringida de sí-o-no, ella podría haber empleado uno de los enfoques siguientes:

*Pregunta abierta:* "¿Qué te gustaría hacer esta noche?" Si eso funciona, está bien. Pero es posible que induzca simplemente a un "no sé" indefinido.

*Pregunta de opción múltiple:* Empiece con dos opciones: "¿Te gustaría salir o quedarte en casa?" Si Tom optara por salir, Sally podría decir "¿Te gustaría visitar a alguien o que saliéramos los dos solos?" Siguiendo esa pauta ella hubiera puesto en claro su intención de agradarle y así no hubiera parecido dominante.

Cuando Sally comprendió que Tom reaccionaba en forma negativa a su idea, ella podía haberse retraído y haber permanecido callada por un rato para darle la oportunidad de pensarlo. Pero como asumió mucha responsabilidad, presionó demasiado.

La vez siguiente, cuando se produjo esa situación, Sally (después de haber sido aleccionada por mí) empleó otra forma de interrogar.

SALLY: Pareces cansado. ¿Querrías ir al cine o prefieres quedarte en casa?
TOM: Déjame pensarlo... ¿qué prefieres tú?
SALLY: Esta noche quiero hacer lo que tú desees.

En este caso, el diálogo fue directo. Estaba claro que Sally daba a Tom sus opciones. Tom, a su vez, pidió tiempo para considerar lo que realmente quería hacer, pero, por si acaso ella tuviera motivos ocultos, tanteó el terreno preguntando qué prefería ella. Luego, ella tuvo la oportunidad de dejar en claro que sinceramente quería seguir la preferencia de él.

Quizá Sally se queje: "¿Por qué es necesario que yo diga las cosas justamente así? ¿Por qué es tan delicado que reacciona en forma negativa cuando yo trato de ser considerada?" La respuesta es, desde luego, que Tom es hipersensible al control. Pero preguntando de un modo hábil, Sally puede construir lazos de confianza con Tom.

FLEXIBILIDAD

Algunas parejas que tienen mucho en común, que son tiernas y afectuosas cuando no pelean, estallan no obstante cuando deben tomar decisiones muy sencillas, como las que se refieren al tiempo compartido. Pueden vivir según normas tan rígidas —aunque no expresadas— que ninguna solución de sus conflictos parece posible. Tomemos la siguiente conversación que mantuve con una pareja, casada durante quince años, cuyos miembros se tenían afecto mutuo y eran leales entre sí, pero incapaces de mantenerse al margen de nimias discusiones sin fin. Frances, una bibliotecaria, se pasaba el tiempo formulando reglas y restricciones que Steven, un vendedor de equipos de audio, extrovertido, de hablar afable, se obstinaba en quebrar.

>    FRANCES: Nos amamos mucho, pero no estamos de acuerdo en nada.
>    STEVEN: Estamos de acuerdo en un montón de cosas.
>    FRANCES: Ahí estás otra vez, discrepando continuamente de mí [ambos ríen].
>    ATB: Denme un ejemplo de desacuerdo.
>    FRANCES: Cuando vuelvo a casa del trabajo, tengo hambre pero Steven nunca llega a la hora a casa, de modo que terminamos comiendo tarde. Si él realmente quisiera, podría reorganizar su horario de trabajo.
>    STEVEN: No lo puedo reorganizar porque la mayoría de mis clientes vienen al final del día. Cuando puedo volver temprano

a casa, como con ella pero, a veces, sencillamente tengo que comer tarde.

ATB (a Frances): En los días en que Steven llega tarde, qué le parece si come sola, quiero decir, usted puede comer cuando vuelve a su casa, y Steven puede comer más tarde.

FRANCES: ¡Oh! No podría hacerlo... los casados deben comer juntos.

ATB: Por supuesto, es bueno comer juntos, pero si su insistencia los hace pelear, ¿no es mejor prescindir de esa regla?

En ese ejemplo, Frances tuvo que realizar un gran esfuerzo para cambiar sus reglas. Tenía tendencia a ver las cosas en términos absolutos. Cualquier cambio de esos *debería* era como un pecado. Como quedó manifiesto, sus reglas absolutas condujeron no sólo a altercados, sino también a una rebeldía silenciosa de Steven.

Steven había tenido una madre dominante. De niño había desplegado toda una srie de estrategias para socavar su autoridad y usaba en forma automática esas mismas estrategias con Frances. Por ejemplo, la estricta insistencia de ella en comer juntos, en tener la casa inmaculada y ser siempre puntual sublevaba a Steven. Como reacción, él se desquitaba, y se retrasaba cuando no había necesidad, gastaba dinero más libremente de lo que ella quería y dejaba de lado la atención de las tareas domésticas.

En la división de las responsabilidades, Frances se hacía cargo del presupuesto, de los créditos y de las cuentas bancarias. Cada mes descubría que Steven había hecho varias compras sin discutirlas primero con ella. Steven, sin embargo, se confesaba siempre ignorante de los cargos, hasta que Frances pudiese demostrar que él había hecho esos gastos. Si las normas de Frances eran absolutas y sus acciones dominantes, la reacción de Steven era lo que se denomina "pasivo-agresiva", es decir, en su modo pasivo, él agredía a Frances, la frustraba y la exasperaba.

En la terapia, pude persuadirlos de que adoptaran una

conducta diferente uno con respecto al otro. Frances finalmente aceptó probar la hipótesis de que si ella aflojaba sus normas, vivirían juntos en forma más armoniosa, lo cual era una meta más elevada que el mero cumplimiento de normas. Steven aceptó ser menos taimado, para que Frances lo dejara tranquilo.

Encarado como un experimento, significaba que ninguno tenía que tomar un compromiso a largo plazo con los cambios sin conocer primero el resultado. Si el experimento funcionaba, esos cambios serían entonces un incentivo para que cada uno de ellos mantuviera vivos los nuevos modelos. Y así fue, el experimento funcionó, y Frances y Steven pudieron llevarse mucho mejor.

*Aflojar las normas rígidas y las reglas absolutas*

En un mundo perfecto, podríamos tener normas cultas, absolutas, que nos guiaran en la conducción de nuestras vidas. Ocurre, sin embargo, que nuestras normas rara vez son cultas, y nuestro mundo es tan complejo que muy pocas normas pueden ser absolutas. De hecho, cuando las personas tienen normas rígidas, es probable que queden modeladas según lo que observaron durante la infancia —o contra lo que se rebelaron—, o de acuerdo con un consejo "profesional" (cuya validez puede ser cuestionable), o según sus propios miedos y dudas internas.

En efecto, cuanto más absolutas son las normas, tanto más probable es que se basen en miedos y dudas, que con tanta mayor rigidez se adhiere a ellas. Tomemos los temas comunes en los que las parejas entran en probable conflicto: división del trabajo, gastos, actividades de tiempo libre, familias y amigos, hijos y sexo.

No hay reglas absolutas para decidir cómo debe dividirse el trabajo en la casa. Por ejemplo, Frances suponía que ella debía ocuparse de los quehaceres domésticos, pero insistía en que Steven tomara a su cargo el mantenimiento de la casa y del terreno circundante. Sin embargo, puesto que Frances estaba más a menudo en la casa cuando podían venir los plomeros, electricistas y otros operarios técnicos, era conveniente que ella se hiciera cargo de esos detalles ocasionalmente. Y aunque a Steven le gustaba cocinar a veces, Frances estaba aferrada al concepto de que era tarea de la esposa.

Cuando las parejas chocan sobre gastos, en general es porque un miembro de la pareja es más pródigo en los gastos que el otro. A menudo, como en el caso de Steven y Frances, esto conduce a que un cónyuge regañe por exceso de gastos, y el otro sabotee el presupuesto.

Algunas de las normas absolutas se refieren a la crianza de los niños. Al basarse en su propio pasado, cada cónyuge puede tener una visión muy diferente de cómo criar mejor a los niños, cómo llevar temas tales como el trabajo escolar, las tareas de la casa, los gastos, el tiempo libre, y los amigos. De hecho, la misma clase de reglas que produce choques entre los padres, puede también producir conflictos entre padres e hijos.

La crianza de los niños requiere una enorme flexibilidad. No hay dos niños iguales; lo que funciona bien para un hijo, puede ser contraproducente para el siguiente. Más aún, a medida que el niño crece, ya no sirven las viejas reglas, y las estrategias, que una vez fueron acertadas, dejan de funcionar. Los padres deben ser bastante flexibles para cambiar las reglas y técnicas que usan. Para hacerlo, deben saber adaptarse el uno al otro, al modificar sus propias reglas.

## *Miedos ocultos y dudas de sí mismo*

Como hemos visto, los miedos ocultos y las dudas de sí mismo entran en acción cuando una persona se atiene en forma rígida a un conjunto particular de ideas. Al establecer un régimen para los niños, por ejemplo, Frances tenía la idea catastrófica subyacente *"Si yo no los educo bien, serán unos desagraciados toda su vida"*. Por lo tanto, tenía un sentido abrumador de responsabilidad. El punto de vista de Steven, por otra parte, era *"Sólo se es niño una sola vez, y debemos tratar de disfrutarlos tanto como sea posible... si somos demasiado duros con ellos, lo pasarán mal y no nos querrán"*. De modo que las reglas de Frances estaban orientadas hacia la formación del carácter y la disciplina, mientras que los objetivos de Steven eran lograr placer y armonía.

Cuando los puntos de vista de una pareja se polarizan, se vuelve cada vez más difícil cambiarlos. Cada cónyuge tiende a ver su propio punto de vista como "correcto" y el de su compañero, "equivocado". Esos rótulos pueden adquirir un matiz moralista, de modo que un cónyuge se percibe a sí mismo como "bueno", y al otro como "malo". En realidad, las actitudes de Steven y Frances podían haberse conciliado como complementarias y no opuestas. Los niños necesitan *ambas* cosas, disciplina y diversión, y si los padres pueden ser flexibles para combinar sus objetivos, lograrán la mejor mezcla.

La inquietud por el dinero también puede implicar miedos y dudas internas. Frances tenía un miedo oculto: *"Vamos a arruinarnos en la forma en que Steven gasta el dinero"*. Su propia familia tuvo reveses financieros cuando ella era joven, y temía que la historia se repitiera. Sin embargo, la actitud de Steven era *"Debes disfrutar mientras puedas"*. Su miedo oculto era que podía morir prematuramente, como ocurrió con varios de sus tíos, o que podía volverse imposibilitado y no poder así disfrutar de su dinero.

## Preguntas a sí mismo

La mayoría de las personas que tienen miedos ocultos como los de Frances y Steven no tienen conciencia de cómo esos miedos contribuyen a sus normas y expectativas rígidas. Con algún esfuerzo, empero, pueden concretar esos miedos subyacentes y luego juzgar su validez. Frances, por ejemplo, empleó la siguiente forma de interrogarse *a sí misma* (la técnica del por qué) para quitar y desprender las capas de su pensamiento hasta llegar al miedo oculto en el centro:

*Expectativa:* Tengo que ser estricta con los niños.
P. ¿Por qué?
R. Porque es conveniente.
P. ¿Por qué?
R. Porque los niños deben tener buenas normas.
P. ¿Por qué?
R. Porque se verán en dificultades si no las tienen.

Una vez que el miedo oculto ("se verán en dificultades") se develó, Frances tuvo que hacerse una serie de preguntas para confrontar su miedo con su experiencia real con los niños.

P. ¿Qué prueba hay de que se verán en dificultades si no eres estricta?
R. No lo sé.
P. ¿Es la rigidez una garantía de que los niños se mantengan libres de dificultades?
R. No siempre.
P. ¿Qué ocurre cuando eres estricta con los niños?
R. A veces se rebelan.
P. ¿Crees que un método alternativo, como el de ofrecer un buen ejemplo y ser más flexible, podría proporcionarles los valores adecuados?
R. Es posible.

A este respecto, Frances y Steven ensayaron un experimento: esforzarse juntos en ser menos estricta (Frances) y menos indulgente (Steven) y esperar a ver cómo funcionaba ese nuevo programa. Con el correr del tiempo, Frances se suavizó y Steven se volvió menos indulgente consigo mismo y con los chicos, con lo cual la vida se hizo más amable para ambos cónyuges.

Puede ser difícil transigir, debido a una serie de razones psíquicas. Por ejemplo, si una persona como Frances tiene normas particularmente rígidas, entonces cualquier arreglo significa violar esas normas y por ende *hacer algo equivocado*.

Entre otros significados psicológicos, transigir puede querer decir ceder. Para Frances, ceder significaba no sólo sacrificar sus propias normas, sino entregar el control a Steven. Ella temía profundamente que si el control lo ejercía Steven, la "actitud descuidada" de éste conduciría al caos. La propia rigidez de sus reglas la "protegía" contra la necesidad de experimentar de nuevo la confusión que se había producido en su familia cuando el padre perdió su trabajo y los niños quedaron sin "dirección".

Por otra parte, para Steven, *cualquier acuerdo significaba una victoria total para Frances*. Según su marco de referencia los desacuerdos entre ellos representaban una lucha por el poder. Si Frances ganaba una concesión, entonces él quedaba "derrotado". Para él, semejante "derrota" era desmoralizadora; le restaba parte de su autoestima, de su propia imagen. De modo, que oponerse a Frances —aun en forma pasiva— era un modo de mantener intacta su autoestima.

Ambos cónyuges estaban gobernados por sus miedos y dudas. La reacción de Frances a la idea de la transigencia era: *"Si yo cedo, él me pasará por encima"* y *"Si yo tengo razón y no hago lo que es correcto puede ocurrir algo horrible"*. El pensamiento de Steven era: *"Si ella se sale con la suya, entonces yo no soy nada"*.

### *Tras la lucha por el poder*

Otro factor en la inflexibilidad es el endurecimiento de las posiciones que se produce cuando los cónyuges tratan de lograr el poder. Puede ser imposible encontrar un arreglo hasta que cada uno llegue a tener una perspectiva fijada e intente comprender la perspectiva del otro.

Es a menudo difícil, desde luego, cambiar las perspectivas. Para un cónyuge, semejante cambio puede significar *"He perdido la batalla"*. Para otro, el cambio de perspectivas puede requerir un gran esfuerzo interno. Las personas a menudo se irritan cuando tienen que hacer semejante giro.

Es interesante observar que cuanto más convencidos estén los cónyuges de la validez de sus posiciones, tanto mayor es la posibilidad de que pasen por alto algo que contradiga sus convicciones. En esa situación sería beneficioso para cada uno tratar de tomar la postura *"yo podría estar equivocado"*.

ADAPTACION

Ninguna pareja es de un ajuste perfecto. Como hemos visto, las diferencias de estilo o de temperamento son a menudo los rasgos que atraen a las parejas entre sí, en primer lugar. Más tarde, empero, esas mismas diferencias atractivas pueden llevar a los compañeros por el camino errado. Así fue como la vivacidad e impulsividad de Karen, que estimularon a Ted en la primera época de su relación, lo afligieron más tarde; llegaron a representar frivolidad y superficialidad que perturbaban su rutina. Y la capacidad de Ted para organizar su tiempo libre atraía a Karen antes del matrimonio, mientras que después, esa misma habilidad organizativa sólo sugería estrechez de miras y pesadez.

A medida que los matrimonios maduran, esas diferencias se combinan en la relación de tal modo que, por ejemplo, la impulsividad de la esposa se funde con la necesidad del marido de planificar por adelantado. A fin de alcanzar esa combinación, los cónyuges han de reconocer lo siguiente:

1) Hay, inevitablemente, diferencias significativas entre los cónyuges.

2) Usted debe aceptar las diferencias y pasar por alto las asperezas de su compañero. Cuando las relaciones son tormentosas, muchas características y hábitos, que antes

fueron aceptados o ni siquiera reconocidos, se convierten en constantes elementos de conflicto.

3) Cuando esas diferencias se miran desde una perspectiva distinta —por cambio de marco—, se puede encontrar en ellas una cualidad atrayente. Por ejemplo, Sharon llegó a valorar la cara oculta de la falta de seriedad de Paul: él siempre podía hacerla reír.

4) Sacar partido de las diferencias fortalece la vida en común. Por ejemplo, Ted podía contar con la vivacidad de Karen para animar su relación. Karen podía contar con la organización de Ted para asegurar que su presupuesto quedaría equilibrado, que las facturas se pagarían a tiempo y que los planes de vacaciones no quedarían suspendidos en el aire.

En las relaciones bien avenidas, las parejas aprenden a participar en las actividades favoritas del otro y a aceptar las características del otro. En las relaciones duraderas, los compañeros hasta llegan a parecerse uno al otro en sus hábitos y preferencias, incluso en la expresión facial y apariencia.

ESTABLECER PRIORIDADES

Decidir de quién se respetarán las prioridades en una situación particular es una cuestión muy delicada. Cuando los cónyuges tratan de ser complacientes, pueden ser malinterpretados y sentirse tratados injustamente.

La mayoría de las parejas se dan cuenta de que ninguno de los cónyuges puede lograr que las cosas se hagan siempre a su manera, y que debe haber cierto equilibrio. Sin embargo, las decisiones no pueden tomarse sencillamente sobre la base de una fórmula rígida tal como "La última vez hicimos lo que *tú* querías, ahora es *mi* turno". Un cónyuge podría sentir fuertes deseos de llevar a cabo una actividad dada en una oportunidad, y en otro momento, él o ella podría tener vagos sentimientos a favor o en contra. En las negociaciones delicadas se deberá tener en cuenta no sólo las preferencias del cónyuge, sino también la *intensidad* de esa preferencia.

Conviene que cada miembro de la pareja exponga con qué intensidad siente las opciones. Por ejemplo, en lugar de preguntar a su mujer qué le gustaría hacer, el marido podría decir: "Esta noche tengo realmente ánimos para ir al cine". Si la mujer objeta con la respuesta: "No tengo muchas ganas, pero iré si tú quieres", él puede replicar con un comentario sincero: "Es realmente importante para mí" o "Realmente no es tan importante". En ese aspecto, es esencial que el marido dé una respuesta sincera, porque si no lo es, o es sarcástica o crítica, entonces las negociaciones ulteriores pueden complicarse. Al decirle a su mujer lo que cree que ella quiere oír y no lo que él realmente siente, el marido envía un mensaje confuso. Más aún, su mujer puede interpretar esa ambigüedad como una indicación de que no es sincero con ella, y quizás a partir de ahora desconfíe de la sinceridad de sus sentimientos en futuras discusiones.

Aunque el término *negociaciones* pueda parecer impersonal o aun implicar un conflicto, no es menos cierto que muchas decisiones suponen negociaciones. A menudo, en particular en las primeras etapas de una relación, los cónyuges están suficientemente sintonizados con los deseos del otro —y suficientemente interesados en gustarse mutuamente— como para llevar a cabo esas negociaciones en forma sutil y llegar rápido a una decisión mutuamente satisfactoria.

Consideremos a Cliff y Judy, cuyas negociaciones se embrollaron:

CLIFF: ¿Por qué no dejamos de ir a visitar a tus padres para Navidad este año? Podemos quedarnos en casa, lo cual sería un alivio para mí, o podríamos visitar a mis padres.

JUDY: Tú nunca quieres ver a mis padres. Siempre los evitas y te quejas cuando los vemos.

CLIFF: [*Ella me contraría en todo.*] Eso no es cierto. Los vimos para la Navidad pasada, y ya durmieron en casa dos veces este año. [Levanta la voz.] Lo que se dice basta, es basta. Es una lata.

JUDY: ¡Deja de gritarme!

CLIFF: ¿Cómo que grito? No lo puedo creer. Tratas de controlar todo lo que digo o hago.

JUDY: Ya estás otra vez. Siempre te compadeces.

CLIFF: ¡Deja de criticarme!

JUDY: ¡Me vuelves loca!

¿Cómo podían haber procedido de otra manera? Cliff y Judy podían haber obviado un problema potencialmente explosivo, determinando la importancia relativa de sus deseos:

EL: Me pregunto si podríamos dejar de ir a visitar a tus padres este año. Estuve horriblemente cansado en estos últimos tiempos y me gustaría tener un respiro para Navidad. Si queremos celebrarla, podremos hacerlo con mi familia [que viven a la vuelta de la esquina].

ELLA: A mí me gustaría realmente ver a mis padres este año.

EL: Sabes que hemos ido allí el año pasado y los hemos visto ya dos veces este año.

ELLA: Lo sé. Pero realmente no es Navidad a menos que esté con mis padres.

EL: ¿Qué importante es para ti estar con tus padres este año?

ELLA: En una escala de diez puntos, es diez. ¿Qué importante es para ti quedarte en casa?

EL: En una escala de diez puntos, creo que es cinco.

ELLA: Creo que los diez ganan. [Se ríe.]

EL: Creo que tienes razón.

En este capítulo se presentaron algunos principios para resolver diferencias y tomar decisiones durante las actividades diarias. En el próximo capítulo discutiré cómo pueden clarificar sus diferencias los cónyuges en reuniones que se destinan especialmente para esas discusiones.

# 16
# Conciliación

ACLARACION DE LOS DESACUERDOS

Algunos cónyuges están tanto tiempo enojados mutuamente que casi cualquier intercambio de palabras probablemente incluya algún resabio de choques anteriores. El capítulo 17 tratará los modos de contener ese desborde mediante "sesiones de desahogo", en las cuales pueden ventilarse a fondo los agravios y las acusaciones. Esas sesiones incluyen normas especiales que establecen límites a las manifestaciones de hostilidad. Si usted y su pareja están siempre tan enojados entre sí que no puedan hablar sobre nada sin cambiar insultos, tal vez quieran leer primero el capítulo 17.

El presente capítulo le facilitará pautas sobre cómo conciliar, es decir, cómo aclarar las quejas y demandas de su cónyuge y responder a ellas. Al observar —y practicar— una serie de técnicas, usted podrá obtener una imagen más específica del problema y así trazar mejor el plan para su solución. Las quejas, conflictos y problemas se abordan mejor, por lo general, en sesiones de conciliación programadas al efecto.

Entre las pautas para poner en claro los motivos de queja de su pareja y entender las perspectivas de él (ella) se encuentran las siguientes:

1) *No trate de defenderse, dar excusas, o contraatacar.*
Aunque la queja de su cónyuge pueda ser una grosera

exageración y parezca injusta o irrazonable, trate de ser lo más objetivo posible, asuma el papel de un investigador más que de un acusado.

2) *Trate de aclarar con precisión qué hizo usted —o no hizo— para trastornar a su cónyuge.*

Si su pareja hace manifestaciones vagas, globales como "Nunca haces lo que prometes" o "Eres sólo una mala persona" o "Estás lleno (a) de odio", necesitará algo de habilidad para averiguarlo. Hacer una pregunta como ¿"Puedes darme un ejemplo específico?" es la clave para la aclaración. Reducir un motivo de queja global a un problema específico coloca a usted en una mejor posición para abordar el tema.

3) *Haga un resumen sucinto de las quejas de su pareja.*

Para estar seguro(a) de que usted comprende la índole exacta de las preocupaciones de su cónyuge, realiméntelo(la) parafraseando lo que parece ser la esencia de las quejas. Después de una aclaración más amplia, usted debe darle a su cónyuge un *resumen* de las quejas para determinar si las ha comprendido bien.

A modo de ejercicio de aclaración, les di a Ted y Karen un resumen de esos principios y les pedí que los probaran en mi presencia. Karen había estado molesta con Ted durante varios días, pero había postergado hablar de su disgusto hasta que se reunieran conmigo. La discusión se desarrolló del siguiente modo:

>KAREN: [con enojo] Eres un aguafiestas. No te gusta la gente. Sólo te gusta quedarte en casa y enfrascarte en tus libros.
>TED: [afable] ¿Soy en verdad tan malo?
>KAREN: [algo divertida] Eres mucho peor que eso. Describo una imagen rosada.
>TED: ¿Puedes ser más específica?

KAREN: Sabes cuándo eres antisociable.

TED: No estoy seguro de eso [requiere especificaciones] ¿Puedes darme un ejemplo?

KAREN: La semana pasada sugería que llamáramos a los Brown para que fueran al cine con nosotros, y tú te fastidiaste porque no lo habíamos planeado. Si no planeas algo con años de anticipación nunca quieres hacerlo.

En este punto, Ted podría haber respondido defendiéndose de las críticas de Karen, pero trató de atenerse a la pauta de averiguar cuál podría ser el legítimo motivo de la queja. "Vigilando la pelota", Ted podía conducir la conversación de un modo constructivo.

TED: [resumen sucinto] ¿Quieres decir que te gustaría que yo fuera más flexible e hiciera las cosas sin pensarlas?

KAREN: [aún molesta] Sí, si no fueras tan rígido, ambos seríamos más felices.

TED: [contiene su rabia y trata de lograr una solución] En verdad no estaba de humor para ver a otras personas esa noche. Supongo que pensaste que yo era antisociable.

KAREN: [todavía no se rinde] Pero eso sucede siempre.

TED: Tal vez esto es algo que pueda resolver.

KAREN: [indecisa] Está bien.

Tal vez hayan advertido que Ted y Karen no siguieron todas las normas para la aclaración; Ted ofreció una disculpa antes de tiempo. No obstante, éste era su primer intento y pareció importante que Ted explicara cómo se sentía en verdad con respecto a los compromisos sociales. La solución vendría más tarde.

Parte del motivo por el cual Karen era inflexible con sus quejas provenía de que la firme insistencia de Ted en planear las cosas frustraba el deseo de ella de obrar con espontaneidad. Ella aún no se había percatado de que su propio estilo impulsivo chocaba con el de Ted, más estudiado y prudente.

El estilo de él, en verdad, no era más rígido que el de ella —era sencillamente diferente—, pero Karen sentía como rigidez el hecho de que Ted no aceptara de inmediato las sugerencias de ella. Resultó que era más fácil para Ted cambiar su estilo de lo que para Karen era cambiar el suyo.

A medida que continuaron las discusiones, Ted reveló que aun cuando él deseaba tener más vida social, con frecuencia se sentía torpe con los demás. Tenía el convencimiento de que necesitaba tiempo para prepararse cuando iban a ver a otras personas con las cuales no se sentía cómodo. Ted le dijo a Karen, "Estaba pensando acerca de lo que dijiste de que soy rígido. No creo que me comprendas. *Sí* me gusta la gente. Sólo que no me siento seguro en sociedad".

Este intercambio produjo dos resultados positivos. Ted pudo señalar con precisión el esquema que le molestaba a Karen y estuvo motivado para hacer algo al respecto. Karen, por primera vez, sintió que Ted la "escuchaba". En discusiones posteriores Karen descubrió, para su alivio, que Ted estaba dispuesto a aceptar compromisos sociales surgidos en el momento, aun cuando su ansiedad social disminuía su entusiasmo al responder a las improvisadas sugerencias de ella.

En resumen, el arte de la aclaración consiste en que el cónyuge descontento pueda expresarse con libertad, y el otro integrante de la pareja asuma el papel de un investigador, más que el de un acusado. Las medidas consisten en no dar excusas y no contraatacar, señalar con exactitud las acciones específicas de la queja y lograr un consenso sobre los pormenores del incidente que causó el trastorno. Después de que el conflicto ha sido aclarado de ese modo, la próxima tarea es buscar soluciones.

COMPRENSION DE LA PERSPECTIVA DE SU CONYUGE

Algunas veces las parejas que observan los principios de la buena comunicación con la mejor de las intenciones hallan, a pesar de eso, que sus discusiones sólo los conducen a nuevas frustraciones, situaciones inútiles y al antagonismo. Eso sucede en parte porque evalúan el problema y los roles que representan en él, desde perspectivas muy diferentes. En lugar de aclarar sus discrepancias, las discusiones se acentúan.

Aunque la reconciliación requiere que cada integrante de la pareja trate de tomar en cuenta el punto de vista del otro, esto puede resultar difícil, ya que identificar la perspectiva del cónyuge será arduo, y aun más arduo comprenderlo. Además, perspectivas opuestas pueden suscitar ese tonto antagonismo que hace imposible que cada integrante asuma una postura objetiva e interrogue al otro de un modo neutral. Sin embargo, si un cónyuge asume el papel de investigador, no de inquisidor, tal vez sea posible aclarar el punto de vista del otro.

Es posible lograr una "recopilación de antecedentes", si el cónyuge investigador estimula al otro miembro para que relate sus pensamientos automáticos. De esta manera, el cónyuge verificará, por ejemplo, si la lectura del pensamiento es correcta (capítulo 13). Mediante el tacto —respaldado por una reserva de buena voluntad—, los cónyuges deberían poder obtener una comprensión del punto de vista de cada uno. Una vez lograda esa meta, están en posición de reconciliar sus discrepancias y encontrar una solución práctica.

Veamos el caso de Cliff y Judy. Durante los cinco años que llevan de casados, Cliff ha sido vendedor. Hace poco, fue promovido a gerente de ventas; por lo tanto, pasa parte de su tiempo ocupado en ventas y la otra parte supervisando a otros vendedores.

*Primera semana:* Judy se queja de que no han compartido suficientes ratos agradables y sugiere que pasen más tiempo juntos en la casa. Ella se siente algo pesimista. En lo recóndito de su pensamiento está la preocupación recurrente *"¿Podría Cliff cambiar en verdad?"* Cliff le da la razón a Judy y promete modificar su horario para complacer sus deseos. Se compromete a reducir la cantidad de sus clientes y acortar las horas que pasa fuera de la casa. Hasta aquí, la comunicación y las intenciones son buenas.

*Dos semanas más tarde:* El fastidio de Judy con Cliff ha crecido. Sus pensamientos recurrentes son: *"Nada ha cambiado... las cosas empeoran en lugar de mejorar... Cliff está atascado en el mismo viejo molde... él no cambiará jamás, por mucho que lo prometa".*

Una llamada telefónica para Cliff a la hora de la cena precipita una ruptura en la comunicación actual. Judy oye por casualidad la conversación, en la cual es evidente que Cliff habla con otro potencial cliente y parece dispuesto a encargarse de él. Ella piensa: *"Por qué continúa hablando... la cena se enfría... sabe que odio cuando él interrumpe nuestras comidas de este modo... dijo que reduciría la cantidad de sus clientes... No puedo confiar en nada de lo que él dice".*

Después de la comunicación telefónica, Judy y Cliff mantienen el siguiente diálogo (previamente he aleccionado a Cliff para que sea un investigador y él ha tratado de aplicar las reglas cuando hablaban):

JUDY: Dijiste que ibas a reducir tu clientela [retándolo en lugar de aclarar].

CLIFF: Pero él es un cliente muy importante y puede producir mucha ganancia [defensivo].

JUDY: Siempre haces excepciones. Dijiste que ibas a cambiar, y no has cambiado en absoluto [critica].

CLIFF: Nunca te fijas en ninguna de las cosas positivas que hago. En el último par de semanas he modificado una serie de costumbres y no lo has notado [contraataca, pero también brinda una información nueva condenada al fracaso porque se la percibe como un contraataque].

JUDY: No lo he notado porque no ha ocurrido.

CLIFF: Eso no es justo. Te consta que paso más tiempo en casa por las mañanas. Además, rechacé gran cantidad de clientes en las dos últimas semanas, sólo que no lo sabías [brinda nueva información adicional].

JUDY: Sólo porque pases un tiempo en casa no significa nada para mí. Siempre trabajas en tu escritorio. En lo que a mí respecta, eres sólo un cuerpo sentado ahí [ignora los nuevos informes y todavía ataca].

CLIFF: Todo lo que quieres es que me quede en casa, nunca quieres que vaya a trabajar. Pensé que si trabajaba en casa, eso te satisfaría [contraataca].

JUDY: No me satisface si no puedo hablar contigo. Estás casado con tu trabajo. Incluso cuando estás en casa piensas en él todo el tiempo y nunca hablamos de ninguna otra cosa que no sea tu trabajo.

CLIFF: Piensas que trabajo sólo por el placer de hacerlo. No te das cuenta de que lo hago por ambos. Actúas como si yo hiciera todo esto para mortificarte.

En este punto, Cliff toma distancia para tener una perspectiva mejor de lo que ocurre y reconoce una cantidad de problemas. En primer lugar, ambos atacaron las posiciones del otro en lugar de aclarar las propias. Segundo, admite que no le informó a Judy sobre sus esfuerzos por acortar su tiempo fuera de casa. Cliff dio por sentado, equivocadamente, como sucede con muchas parejas, que su mujer conocía sus acciones constructivas sin necesidad de informarle. También reconoce su error en pensar que trabajar en la casa cuenta como tiempo compartido en común. Por último, se dice a sí mismo que el enojo de Judy es comprensible dada su falta de información.

Por fortuna, Cliff se las ingenia para hallar una solución constructiva para el problema y trata de entender la posición de Judy. Adopta un papel de investigador parafraseando la queja de ella:

CLIFF: El problema parece ser que sientes que no te presto toda mi atención cuando trabajo en casa. Cuando atiendo prolongadas llamadas telefónicas eso no es brindarte atención. ¿No es cierto? [Comprueba si ha comprendido.]

JUDY: Bueno, no es tanto la atención. Significa que para ti soy menos importante que tu negocio. Si en verdad lo quisieras, podrías arreglar mejor las cosas.

Judy se tranquiliza porque Cliff parece entender su posición. Luego él plantea una sugerencia constructiva, que hagan planes precisos para hacer cosas juntos, tal vez de tanto en tanto salir a cenar y planear unas vacaciones. Judy, escéptica, consiente.

Hay varios aspectos claves en su diálogo: 1) Judy supo describir el problema en términos que Cliff pudo comprender; 2) Cliff dio a entender que ya había tomado las medidas con respecto a su acuerdo y así modificó el convencimiento de Judy de que él no podía cambiar; 3) Cliff pudo entender el punto de vista de Judy y definir el problema exacto que los aquejaba; la *calidad* más que la cantidad del tiempo compartido juntos; 4) definido el problema, Cliff y Judy convinieron en un curso de acción constructivo. Judy todavía es escéptica porque necesita prueba de que Cliff llevará el plan hasta su final.

Deberíamos saber que ideas como ir a cenar afuera o programar unas vacaciones, se proponen con frecuencia como soluciones a problemas semejantes, pero no los solucionan necesariamente. Fracasan cuando la pareja pasa a una solución sin darse cuenta exactamente de cuál es el problema. En algunos casos, por ejemplo, es posible que uno de los cónyuges se sienta demasiado atado al otro y le gustaría estar solo un tiempo. Algunas veces son peores las soluciones prematuras que ninguna solución, porque cuando no tienen éxito, se las considera como "un fracaso más". De este modo, resulta esencial durante las discusiones aclaratorias asegurarse de que la solución sea pertinente al problema.

Aunque no hace falta que los cónyuges actúen como psiquiatras entre sí, pueden mantenerse a prudente distancia de algún escollo en la relación si están enterados de las hipersensibilidades y convicciones simbólicas de su cónyuge. Un problema que no se trató en el intercambio Judy-Cliff fue la queja de Judy de que no se la tomaba en cuenta. Detrás de esto acechaba el temor encubierto de que si ella necesitase ayuda desesperadamente, no podría contar con Cliff. Si no se los aborda, semejantes temores pueden frustrar la solución de los problemas. En este caso, Judy hubiera tenido que describir su temor a ser abandonada y Cliff hubiese tenido que dedicarse a ello a fin de que ambos pudieran llegar a una solución eficaz.

NORMAS ESPECIFICAS PARA SESIONES DE CONCILIACION

Muchas parejas hallan que es útil un tiempo específico para discutir temas o problemas. En la primera sesión es probable que sea mejor traer a colación sólo uno o dos temas, no sea que usted abrume a su cónyuge y comience una pelea interminable e improductiva. A continuación hay sugerencias generales para los encuentros.

1) Determine un tiempo específico para sus sesiones de conciliación, un momento que sea tranquilo y en que usted pueda hablar con libertad. Algunas parejas consideran útil ir a cenar afuera y hablar sobre las cosas en alguna parte retirada del restaurante.

2) No traiga a colación incidentes molestos cada vez que acontezcan durante la semana; en cambio, prepare una lista de temas a discutir durante la sesión especial.

3) Convengan en el programa al comienzo de la sesión, haciendo una lista de problemas o peticiones. De este modo, no tomará por sorpresa a su cónyuge en la sesión, o no olvidará de traer a colación cualquier tema para discutir.

4) Túrnense y discutan un problema cada vez. Cuando sea su turno, exponga el problema con claridad para que su pareja lo entienda. Si es necesario, repítalo.

5) Sugiera algunas soluciones posibles al problema que expone.

6) Sugiera ideas con su cónyuge para otras soluciones potenciales. Trate de presentar cuantas soluciones sean

posibles y luego haga un análisis del precio que éstas suponen. Por ejemplo, contratar una ayuda para los quehaceres domésticos aliviará algo el peso para un matrimonio que trabaja, pero el costo puede producir un déficit monetario y crear más tensión. Es posible que algunas sugerencias produzcan soluciones útiles a la larga pero no a la corta, y viceversa. Por ejemplo, mudarse a una casa más grande puede ser una meta práctica a largo plazo cuando el ingreso familiar se incremente de modo substancial, pero es posible que no sea práctico en un futuro próximo.

Un peligro del enfoque de los problemas y conflictos es pasar por alto los aspectos positivos de su matrimonio. En estas sesiones de conciliación, usted debería hallar tiempo para resumir algunas de las cosas buenas de su matrimonio o los hechos placenteros que tuvieron lugar en semanas previas, como se describe en el capítulo 12.

A continuación encontrará una lista de confrontación de normas específicas para las sesiones de conciliación, seguida de la discusión de cada norma. Estas pautas fueron usadas con bastante éxito por mí y otros terapeutas. Usted y su cónyuge deberían leer una vez más las normas antes de comenzar las sesiones: luego reléalas por tercera vez después de cada sesión y evalúe de qué manera cumplió cada elemento de la lista.

*Lista de confrontación para sesiones de conciliación*

*Normas para el hablante*

\_\_\_\_1) Sea breve.
\_\_\_\_2) Sea específico.
\_\_\_\_3) No se permiten insultos, reproches o acusaciones.
\_\_\_\_4) No se permiten rótulos.
\_\_\_\_5) No se permiten palabras absolutas.
\_\_\_\_6) Formule las cosas de modo positivo.

____7) Controle sus deducciones acerca de las acciones de su pareja.

*Normas para el oyente*

____1) Escuche con atención.
____2) Dé muestras de realimentación indicando que escucha.
____3) Trate de entender el meollo de lo que dice su cónyuge.
____4) No esté a la defensiva o al contraataque.
____5) Si se mencionó, aclare las razones de su conducta pero no busque pretextos.
____6) No analice la motivación de su cónyuge.
____7) Encuentre puntos de acuerdo, así como de desacuerdo.
____8) Discúlpese si en verdad ofendió a su cónyuge.
____9) Resuma en voz alta lo que usted cree que su cónyuge quiere decir.

Estas normas se basan en principios que usted debería comprender antes de intentar aplicarlas.

*Principios para el hablante*

• *Sea breve.* Trate de ser tan conciso como le sea posible en lo que tiene que decir. Aténgase a los puntos esenciales. Recomiendo la "norma de las dos-oraciones" limitando sus manifestaciones a dos oraciones ya que es posible, a menudo, resumir lo esencial en unas pocas palabras bien seleccionadas. Eso también minimiza el material hostil, contraproducente.

• *Sea específico.* Evite observaciones generales vagas. Por ejemplo, en lugar de quejarse "desearía que fueras más pulcro" diga "Me gustaría que cuelgues la toalla después de usarla".

• *No se permita decir insultos, acusaciones o reproches.* Es mejor seguir la norma de la "sin-culpa": "existe un problema.

Veamos qué se puede hacer para solucionarlo". Haga de cuenta que es un mecánico: comprueba que hay algo flojo y necesita ser ajustado y usted sugiere sencillamente una acción correctiva, sin reproches.

• *Evite la tendencia a usar rótulos,* como "desaliñado", "egoísta" o "desconsiderado" que casi siempre son sobregeneralizadores y empañan el tema. Peor aún, pueden ser provocativos y sólo sabotear la sesión de conciliación.

• *Evite expresiones absolutas* como "nunca" o "siempre". Son términos inexactos, por lo general, y sólo provocan una refutación puesto que es raro el cónyuge que *nunca* hace algo o *siempre* hace otra cosa. Si usted utiliza esas palabras absolutas, es posible que suscite una disputa improductiva y se desvíe del tema que quiere proponer.

• *Trate de explicar lo que a usted le gustaría, en vez de criticar.* Diga por ejemplo, "Me gustaría que me ayudaras con los platos", en lugar de quejarse "Nunca me ayudas con los platos".

• *No trate de adivinar las intenciones de su cónyuge.* Es probable que la mayor parte de las veces sus deducciones estén equivocadas, lo que sólo exasperaría a su cónyuge. Si cree que su pareja está molesta con usted, es mejor decir: "Tengo la sensación de que estás disgustado(a) conmigo", en vez de acusarlo(la) de que busca vengarse al no brindar ayuda. Cuando examina sus propias convicciones acerca de cosas que su cónyuge ha hecho, recuerde que son inferencias, no hechos. Es inútil entregarse a un vago análisis psicológico de las motivaciones de su pareja.

*Principios para el oyente*

• *Encuentre puntos de acuerdo o mutuo entendimiento* para que usted no parezca un adversario: "Es cierto que últimamente he estado preocupado por mi trabajo", "Comprendo que te molesta que me detenga a tomar un trago cuando vuelvo a casa".

• *Haga caso omiso de las manifestaciones negativas de su cónyuge.* Cuando su pareja está ofendida o enojada, es probable que exprese el problema en términos exagerados y acusadores. Trate de concentrarse sobre la *causa del enojo* y desconozca las expresiones de acusación y crítica.

• *Hágase preguntas a sí mismo.* Algunas veces las quejas de su cónyuge pueden ser para él (ella) transparentes como el cristal, pero no para usted: "¿Cuál es el meollo de lo que mi cónyuge trata de decirme?"

• *Verifique si comprendió* la queja de su pareja. Diga, por ejemplo: "Creo que lo que quieres decir es que no vas a permitir más la interferencia de mi madre" o "¿Me estás diciendo que quieres que yo comience a pagar las cuentas?"

• *Aclare sus motivaciones* si usted cree que su cónyuge las ha interpretado mal. Por ejemplo, usted podría decirle: "De verdad quería verte pero tuve que terminar el trabajo antes de salir de la oficina".

• *No tema decir que está arrepentido.* El amor incluye poder manifestar pesar cuando usted, inconsciente o deliberadamente, ofendió a su cónyuge. Es importante comunicar este sentimiento.

*Traducir quejas a través de demandas*

A medida que se desarrollan las sesiones para la solución de sus problemas, usted hará más progresos *si se concentra en lo que quiere lograr, en vez de hacerlo sobre lo que su cónyuge hace mal.* En un encuentro con Sally y Tom, traté de enseñarles cómo encarar sus problemas.

ATB: Ahora ambos tienen motivos de quejas. Veamos si las pueden traducir en demandas.

SALLY: Todo tiene que ver con las salidas. El siempre llega tarde a casa, de modo que, para compensar el tiempo perdido y llegar al lugar, ha de correr mucho.

TOM: ¿Estás bromeando? Cuando llego a casa, ella está todavía a medio vestir y luego me grita por venir tarde.

SALLY: Bueno, el verdadero problema es que me crispa los nervios con su modo de conducir, se mantiene pegado al vehículo de adelante y transita por zonas donde está prohibido hacerlo. Por la manera como aprieta el acelerador, tenemos suerte de estar todavía con vida.

TOM: Continúas chinchándome. Deberías sentarte en el asiento de atrás, donde te corresponde, y conducir desde ahí.

SALLY: Si no digo nada, no sé qué es lo que hará, siempre trata de adelantarse en el peaje para ver si puede abrirse paso antes de que la barrera se levante.

TOM: Bueno, una vez la barrera tardó en levantarse y choqué contra ella.

SALLY: Chocaste con ella porque pisaste el acelerador al mismo tiempo en que echabas la moneda.

ATB: Detengámonos un segundo. Sally, sólo trate de decirnos qué le pediría a Tom.

SALLY: Sencillamente que conduzca más lento, que no pase a otros vehículos como un loco y planee llegar diez minutos más tarde a donde vaya.

TOM: Y tú deja de sermonear.

ATB: Espere un minuto. ¿Será ésa su única demanda a Sally?

TOM: Bueno... la chica siempre corre, corre, corre. Nunca hay un momento de tranquilidad. Es una chica norteamericana corriente, la chica del "sí" del año. Ella no puede decir no... Cualquiera la llama para programar un acto benéfico o para organizar una reunión de ex condiscípulos y ella lo ha de hacer.

ATB: ¿Puede transformar eso en una demanda?

TOM: Sí, sólo me gustaría que aminore la marcha de sus compromisos.

SALLY: El ha decidido que lo que yo hago no es importante.

ATB: ¿Es posible disminuir sus compromisos?

SALLY: El solía quejarse de que yo nunca estaba en casa por

la noche, pero cuando me quedé en casa, él pasó todas las noches en su mesa de trabajo.

A<small>TB</small>: Sally, ¿sería factible que se quedara más noches en la casa?

S<small>ALLY</small>: Para él está bien ofrecerse para la Pequeña Liga o a los Boys Scouts, pero ¿cuándo hago *yo* lo que quiero hacer?

Debe saltar a la vista que Sally y Tom estaban protegiendo cada uno sus propios intereses. A medida que progresaron las sesiones, empero, pudieron acordar un arreglo: Tom, tratar de ser más puntual y conducir mas lento, y Sally salir menos por las noches.

En la mayoría de los matrimonios los motivos de quejas se acumulan durante meses y años. Cuando por fin se expresan, es por lo común en forma de queja, crítica o acusación. Esposas y maridos, en general, encontrarán que es más factible obtener la cooperación del cónyuge —y reducir el propio disgusto— si traducen sus quejas en demandas. De hecho, como parte de las sesiones aclaratorias (véase capítulo 15) sería conveniente que los cónyuges escribieran sus peticiones específicas. Por ejemplo:

| *Queja o crítica* | *Demanda* |
|---|---|
| Me revuelve el estómago cuando comes con la boca abierta. | Por favor, mastica la comida con la boca cerrada. |
| La cocina parece una pocilga. | ¿Podrías lavar los platos por la mañana antes de ir al trabajo? |
| No te puedo soportar cuando has bebido demasiado y luego quieres hacer el amor. Eres repugnante. | Me gustaría hacer el amor cuando no hayas bebido. |
| No puedo soportar tu mal aliento. | He comprado un enjuague bucal que ambos podemos usar. |

| | |
|---|---|
| Eres tan desordenado. Por más que limpie la casa, lo dejas todo revuelto. | ¿Podrias usar el cenicero y colgar tu ropa si no la vas a usar ese día? |
| Siempre te peinas sobre el lavabo y éste se obstruye. | ¿Podrías ser más cuidadoso y no peinarte sobre el lavabo? |
| Te has puesto tan gordo que estás realmente feo. | ¿Qué tal si te pones a dieta? |
| No puedo soportar cuando usas rulos a la hora de cenar. | ¿Sería posible que te lavaras el pelo en otro momento así no tienes que usar rulos a la hora de cenar? |
| Estás tan absorto en tu trabajo que ya no podemos hablar nunca. | ¿Piensas que podríamos destinar algún tiempo sólo para charlar o salir a cenar alguna noche? |

*Demandas contaminadas*[1]

Al efectuar peticiones, debe evitar las humillaciones o la provocación. Por ejemplo, una esposa dice algo con cierto desprecio: "Me gustaría que sacaras la basura todas las mañanas, si puedes distraer unos pocos minutos de tu nutrido programa". El marido dice: "Me gustaría que te sentaras y hablaras conmigo cuando llego a casa, si puedes dejar el teléfono". Una esposa dice con sarcasmo: "Me gustaría que ayudaras a Andy con su tarea, aunque sé que esto representa una tremenda carga para ti". Semejantes provocaciones gratuitas sólo sabotean el mensaje que usted trata de hacer comprender.

---

1. R. STUART, *Helping Couples Chage* (Nueva York: W. W. Norton, 1985).

Intente tener en cuenta la importancia de usar proposiciones con *yo,* en vez de proposiones con *tú*. Es mejor decir: "Yo me inquieto cuando llegas tarde a casa sin llamar", en lugar de: "Tú me inquietas al llegar tarde a casa sin llamar". De modo similar, es mejor decir: "Yo disfrutaría si tú me contaras lo que pasó en el trabajo", en vez de "Tú nunca me cuentas lo que pasó en el trabajo". Comenzar la oración con *yo* en lugar de *tú* tiende a amortiguar los tonos acusadores en la voz.

La discusión de Tom y Sally con respecto a cómo pasaron el tiempo abundaba en quejas y contraquejas. Pero a lo largo de varias semanas se hicieron bastante expertos en transformar las quejas en demandas. Les sugerí que escribieran sus peticiones. Sally redactó la siguiente lista:

- Cuéntame lo que hiciste durante el día sin necesidad de que te lo pregunte cada vez.
- Ofréceme salir a caminar contigo algunas noches.
- Háblame mientras doblo la ropa lavada.
- Ofrece sacar a los niños a pasear cuando adviertas que estoy fatigada o bien juega con ellos.
- Cuando vas a la nevera para servirte de beber, pregúntame si yo también quiero.
- Encontrarnos una o dos veces al mes para almorzar.
- Corta el césped.
- Ofrécete a conducir el transporte colectivo para ir a la escuela dominical de iglesia.

Tom proporcionó su propia lista:

- No te enfrasques en largas conversaciones telefónicas con tu madre cuando estoy en casa.
- No cierres la puerta cuando vas al estudio a trabajar.
- Dame masajes en la espalda.
- Toma la iniciativa para hacer el amor.
- Antes de aceptar compromisos sociales, consulta conmigo.
- Llámame durante el día.

- Haz el balance en la libreta de cheques.
- Acuesta a los niños, algunas noches, antes de que yo llegue a casa, de modo que podamos tomar unos tragos y cenar solos.

Expresiones generales tales como "Trata de ser más considerado" o "Actúa con más cariño" no se traducen con facilidad en acción. Es mejor ser más específico. El significado simbólico de una acción específica es lo que más importa y, a no ser que usted haga lo que su cónyuge quiere, tal vez nunca pueda transmitir el mensaje que le interesa.

Aun con la mejor de las intenciones, usted o su pareja tal vez continúe infligiendo en ocasiones humillaciones en las discusiones planteadas para solucionar problemas. En esas situaciones tal vez sea conveniente vigilar sus pensamientos automáticos y recordarse a sí mismo las normas para el hablante y para el oyente.

Ahora nos ocupamos de Judy y Cliff cuya relación también se benefició con las sesiones de conciliación. Cliff había recibido cierto asesoramiento matrimonial, pero Judy había concurrido a una sola sesión. No obstante, Cliff podía aplicar lo que había aprendido durante su terapia. Aun cuando sólo un miembro de la pareja trabajaba activamente sobre los problemas del matrimonio, se logró un progreso considerable. Una noche tuvo lugar la siguiente conversación:

JUDY: Estoy harta de hacer todas las tareas de la casa, cuidar el jardín, ocuparme de que se arreglen las cosas, mantener todo en funcionamiento. Nunca te interesas en las cosas. Ni siquiera las miras. Nunca ves el desorden. Cuentas conmigo para todo. Sé que trabajas, pero al menos me gustaría contar contigo para ayudar cuando estás en casa, como por ejemplo recoger las cosas si están tiradas, hacer algo sin que se te lo pida. Sabes lo que hay que hacer. Odio regañarte todo el tiempo. Me gustaría que tomaras la iniciativa.

CLIFF: [*Ya comienza; regañándome de nuevo, pero trataré*

*de estar sereno*]. Me parece bien. Me gustaría ayudar. Sentémonos y puedes decirme qué te gustaría que hiciera.

JUDY: Ya, no sólo tengo que hacer las cosas por mí misma, sino que también tengo que decirte qué hacer. Después de todo este tiempo deberías saber qué es lo que se necesita hacer. Si te interesaras, sabrías qué hacer [le atribuye malas intenciones al comportamiento de Cliff].

CLIFF: [*Le gusta criticar pero no enfocar el problema*]. Yo *hago*, hago algunas de esas cosas. Hago muchas cosas, pero necesito saber cuáles consideras importantes. Me he ocupado más del jardín.

JUDY: Sólo haces el trabajo que te divierte.

En este momento, todavía siguen sin comunicarse. Cliff trata de seguir las normas pero, como veremos en la siguiente parte del diálogo, se descarrila y se convierte en un partícipe en el intercambio de indirectas.

CLIFF: [*No te tomes represalias. Averigua qué quiere ella.*] ¿Por qué no me dices qué quieres que yo haga y veremos qué hacer?

JUDY: ¿Has visto todas esas cajas apiladas en la sala de estar? En verdad me molesta que no se hayan quitado del lugar. No puedo soportarte más. ¿Cuánto tiempo debe pasar para que te molesten lo suficiente como para sacarlas?

CLIFF: [*Me está cansando.*] Puede pasar una eternidad... porque no me molestan. Tendrás que hacerme saber qué otras cosas te molestan.

JUDY: No te molestan porque no estás todo el día en casa viendo el desorden.

CLIFF: [*Nada es suficiente, por mucho que me esfuerce, siempre habrá algo que la moleste.*] Ese tipo de cosas no me molesta porque no lo considero un desorden. Tendré gusto en sacarlas si quieres que lo haga.

JUDY: Eso no puede ser cierto. No puedo creer que no veas las cosas.

Muchas personas no pueden creer que su cónyuge se desentienda de ciertas cosas en las cuales ellas mismas tienen vivo interés y por lo tanto atribuyen las actitudes de su pareja a una falta de interés.

>
> CLIFF: [*Cediendo.*] Está bien, haré lo que pueda para tratar de ver mejor las cosas, pero no me gustan muchas de las que tú haces.
> JUDY: ¿Como cuáles?
> CLIFF: [Verifica las motivaciones de ella.] Observé que dejaste mi ropa limpia arriba de la escalera. Supongo que me pusiste a prueba para ver cuánto tiempo tardaría en sacarla de allí.
> JUDY: Así es.
> CLIFF: [Ofrece una solución.] No me gustan los juegos de este tipo. Trataré de prestar más atención a las cosas, pero quiero que termines de ponerme a prueba todo el tiempo.

Judy y Cliff acordaron ese arreglo. Por último, fueron al grano en sus sesiones de aclaración y decidieron hacer listas de demandas, como lo habían hecho Sally y Tom. Ese tipo de intercambio les dio buen resultado a Judy y Cliff: terminó con su patrón de riñas, regaños y resentimientos.

Del diálogo anterior, puede parecer que Judy era el miembro menos razonable de la pareja. Aun cuando ella era más irritable que Cliff, estaba, en verdad, bajo una gran tensión nerviosa. Además de su responsabilidad en el hogar y su arte, también trabajaba en su casa como tenedora de libros para varios doctores. De ese modo, experimentaba la doble presión de su propio trabajo y la responsabilidad de las tareas domésticas (véase capítulo 18). Con frecuencia el cónyuge que asume la principal responsabilidad, por ejemplo, el papel de ama de casa, experimenta más tensión que la impuesta en verdad por el trabajo a ser hecho. Por cierto, ese sentido de responsabilidad se acumuló e hizo que Judy, que se percataba de tener la principal responsabilidad de los quehaceres domésticos, se hiciera más irritable y menos razonable.

Cuando establecieron un nuevo sistema para dividir las tareas de la casa, esto ayudó a cambiar la imagen negativa que Judy tenía de Cliff. El significado simbólico de la participación más activa de Cliff en las labores domésticas tuvo un poderoso efecto en Judy. Saber que Cliff era en verdad un cónyuge y compañero le proporcionó energía adicional e incrementó su tolerancia al estrés. Aunque no disminuyó en esencia la carga de su trabajo total, se sintió más tranquila, lo que le permitió adoptar una actitud más razonable hacia Cliff. La paciencia de Cliff se vio recompensada: los ayudó a salir del paso en un período difícil.

# 17
# Domar las furias

"A veces pensaba: una buena pelea aclara el ambiente. Solíamos tener una buena riña, luego, una formidable relación sexual. Ahora tenemos disputas formidables y nada de sexo... Después de una pelea solíamos redescubrirnos, nos sentíamos más unidos y estábamos impacientes por meternos en la cama. Pero ahora la ira está ahí, persiste y yo ya no quiero volver a verlo jamás. No puedo olvidar las cosas desagradables que dice." Así describía Marjorie su fuerte resentimiento contra Ken.

Aunque parezca útil la manifestación de enojo en alguna etapa del matrimonio, puede ser destructora en otras oportunidades. Y cuando se arrastra de una ocasión a la siguiente, de hora en hora, de día en día, y de semana en semana, entonces es fatal. En esa etapa, una pareja debe actuar si su matrimonio ha de sobrevivir.

Se ha frustrado la inmensa mayoría de los matrimonios desdichados a raíz de la mutua hostilidad. Una hostilidad continua modifica la percepción que el cónyuge tiene de su pareja. Como dijo Marjorie: "Cuando pienso en él, todo lo que recuerdo es su cara encolerizada y sus alaridos". Cuando las parejas experimentan semejante ira, les parece natural querer atacarse uno al otro.

Desde luego, la ira tiene su lugar. Es falsa una actitud idealista acerca de que nunca debería expresarse la cólera. Algunas veces puede ser adecuada la expresión del enojo, cuando no salvadora. Por ejemplo, una esposa maltratada, atormentada, descubrirá que mostrarse francamente enojada es un modo de protegerse. (Por supuesto, a menudo la manifestación de enojo de la víctima sólo consigue enfurecer al agresor.)

Algunas personas creen que expresar ira es la foma más eficaz, de hecho, el único modo de ejercer presión sobre otra persona. No obstante, es posible que no se percaten de que la manifestación de la cólera puede producir importantes resultados negativos. Además no modifica, por lo general, las actitudes de las otras personas y suprime sólo de momento una conducta no deseada, que reaparece cuando se ha retirado la amenaza de castigo.

Durante el período del matrimonio, los sentimientos de gratitud, amor y afecto parecen perder su influencia en ocasiones. Por ejemplo, un miembro de la pareja puede percibir que no hay suficientes interacciones placenteras con su cónyuge, suficiente tiempo compartido o suficientes caricias. También es posible que el cónyuge dé por obligadas ciertas acciones placenteras y por lo tanto no las considere como recompensa o dignas de respuesta. A medida que las expresiones de placer decaen (como forma de reforzar actitudes deseables de los cónyuges) es más probable que las parejas recurran al castigo como medio de control.

Otra "ventaja" aparente de expresar ira es la descarga de la tensión. Después de una buena riña, ambos cónyuges tal vez se sientan relativamente aliviados y estén en condiciones de comprometerse en actividades incluso eróticas, más amistosas. A pesar de eso, puede ser demasiado caro el precio de pelear; tal vez los dos integrantes de la pareja conserven durante años recuerdos de palabras ásperas e incluso de golpes.

A medida que las disputas acaloradas conducen a que los cónyuges se distancien uno del otro, parecen decaer sus sentimientos amorosos. Este fenómeno se debe a que las actividades negativas generan emociones negativas, como el resentimiento o la tristeza, en tanto que las actitudes positivas generan emociones positivas como el amor y la felicidad. Cuando las actitudes se transforman de positivas en negativas, los sentimientos cambian en la misma dirección.

Sin embargo, al coartar las raíces de la hostilidad, o al menos controlar sus manifestaciones, muchas esposas y maridos son capaces de dejar la imagen negativa y volver a la positiva. A menudo me he sorprendido al observar el retorno de sentimientos afectuosos y de amor, que por la hostilidad de los cónyuges parecían extinguidos en su totalidad.

En general, es mejor que las parejas traten de reducir al mínimo sus estallidos de ira. Puesto que la hostilidad con frecuencia se basa en malentendidos o, al menos, en exageraciones, es probable que agrave el problema en lugar de solucionarlo. Además las heridas que se infligen causan en matrimonios desavenidos mucho sufrimiento. Cuando usted exprese su hostilidad, trate de lograr su propósito con medios que minimicen el efecto indeseable sobre su cónyuge. Algunos de esos medios se tratarán más adelante en este capítulo.

ORIGEN DEL PROBLEMA:
¿USTED O SU CÓNYUGE?

Cuando los cónyuges están enzarzados en una pelea, casi siempre consideran a su pareja como responsable del problema. No obstante, en una investigación sistemática, las apreciaciones de un juez imparcial indican que aunque los cónyuges opinen que su pareja es difícil, culpable o antagónica —y que *ellos* son los ofendidos— ambas partes contribuyen a las disputas.[1]

---

1. GOTTMAN, *Marital Interaction*.
ROSENSTORF y otros, "Interaction Analysis of Marital Conflict", en K. Halweg y N. S. Jacobson, eds., *Marital Interaction: Analysis and Modification* (Nueva York, Guilford Press) págs. 159-181.

Pero el problema no sólo depende del modo en que se comportan los integrantes del matrimonio. Como veremos, a menudo (pero no siempre) surge la hostilidad de fuentes *internas* (piense, por ejemplo, en los malentendidos y errores de criterio que se originan en las opiniones antagónicas de los cónyuges).

A menudo, cuando riñen, se atribuye la disputa a un conflicto de estilo o costumbre. "Karen y Ted discuten porque ella suele llegar tarde y Ted no soporta tener que esperar". "Judy y Cliff pelean porque él deja su ropa tirada por cualquier sitio y ella tiene que recogerla". En la superficie, en verdad, las disputas parecen tener su origen en esos conflictos que se centralizan sobre temas como la puntualidad o la pulcritud. Con todo, el desacuerdo sobre esos valores o costumbres no es suficiente, como parece, para producir las muy serias peleas que ocurren a menudo. Después de todo, no es una tragedia si Ted tiene que esperar a Karen —él a menudo espera a otra gente sin exasperarse—, o si Cliff deja su suéter sobre la silla en lugar de colgarlo.

Aunque conflictos como ésos *son* muy serios, es una paradoja que con frecuencia ninguno de los cónyuges se percate de cuál es en verdad el motivo por el que riñen. Aunque en apariencia las cuestiones de puntualidad *versus* tardanza, orden *versus* desorden, estén en el centro del conflicto, sólo están en la periferia. El ojo de la tormenta no es (*per se*) el inconveniente de tener que esperar o tener que recoger las prendas de ropa, sino la *convicción* de que esos hechos "demuestran" que el cónyuge es irresponsable, insensible o irrespetuoso. Cada miembro de la pareja es considerado como un ofensor: Ted y Judy por ser dominador y provocadora respectivamente; Karen y Cliff, por ser negligente e irresponsable. No son los actos en sí los que producen desavenencias y desacuerdos serios, son las interpretaciones o malas interpretaciones que hace la pareja.

Como se señaló con anterioridad, la ira se suscita por los significados simbólicos que los cónyuges asignan a las acciones de uno hacia el otro. Ted opinaba que, si en verdad Karen lo respetaba, debía ser puntual, ya que ella sabía que se preocupaba cuando llegaba tarde. A causa de la inquietud que le producía la idea de que algo pudiera pasarle, él imaginó una regla: "Ella no debería hacerme esperar". Cuando Karen era impuntual, se enojaba con ella por quebrar la regla, incluso cuando sabía que podía haberse demorado por una buena razón. Ted pensaba: *"Ella sabe qué importante es para mí que sea puntual. Puesto que se retrasa, demuestra que no le importan un pito mis sentimientos".*

Los significados que maridos y esposas atribuyen a los acontecimientos surgen de las virtudes y vicios descritos en el capítulo 2. Mediante esas pautas, por ejemplo, una acción particular demostrará que un cónyuge es responsable, respetuoso, solícito *o* irresponsable, irrespetuoso, indiferente. Ya que, por ejemplo, durante un tiempo parecen darse por sentado los comportamientos favorables, es probable que las actitudes desfavorables se perciban más y denoten una interpretación simbólica y negativa. Por eso, los pasos en falso y malas conductas de un integrante de la pareja, aunque mucho menos frecuentes que sus actos positivos, causen quizás una impresión más fuerte y más perdurable.

Si bien los cónyuges adivinan el pensamiento a menudo, y le atribuyen a su pareja motivaciones indignas, en verdad están *ciegos* respecto de los pensamientos y actitudes reales del cónyuge (véase capítulo 1). De ese modo, muchas disputas conyugales serias están representadas por dos combatientes ciegos que luchan contra imágenes fantaseadas que han proyectado uno sobre el otro. *Aunque dirigidos contra la imagen fantaseada, los ataques acribillan a la persona real.*

*Solucionar el problema interno*

Como primer paso para reducir la ira mutua en su relación, debe determinar hasta qué punto sus propios planteamientos mentales contribuyen al problema. Es prudente tomar esa medida, dada la gran posibilidad de que usted haya interpretado mal las acciones de su cónyuge. Usted puede evaluar cuál es el grado de enojo que se origina en su propia psiquis, al hacerse preguntas específicas, usando las técnicas que ya describí en capítulos anteriores.

1) Cuando comienza a enojarse, pregúntese: "¿Se justifica mi ira? ¿Es pertinente o impropia? ¿Se basa en mis propios problemas o en un problema auténtico de la relación?" Usted puede contestar a menudo a esas preguntas a causa de sus experiencias anteriores, en particular las que parecían justificar en aquel momento la cólera, que más tarde pareció excesiva, impropia o desacertada.

2) Luego pregúntese:
   *a)* "¿Cuáles son mis pensamientos automáticos?"
   *b)* "¿Cómo interpreto las actividades de mi cónyuge?" "¿Encuentro en ellas significados que tal vez no existen?"
   *c)* "¿Mi interpretación se basa en una apreciación objetiva de la conducta de mi pareja o sólo se basa en el *significado* que le atribuyo? ¿Mi interpretación se desprende por lógica de lo que pasó? ¿Hay otras explicaciones posibles?"

En el capítulo 13 ya se describieron formas de abordar esos pensamientos automáticos y tal vez sea de ayuda refrescar la memoria acerca de cómo usar la técnica de la doble-columna para evaluar la cólera hacia su cónyuge.

3) Si su ira parece pertinente —es decir, si usted ha interpretado con exactitud la conducta de su cónyuge y es claramente ofensiva—, pregúntese si es, quizás, el resultado de errores en su modo de pensar, tal como visión restringida, abstracción selectiva, la opción o-o, sobregeneralización, exageración, adivinación del pensamiento, "tremendismo", "satanismo" y "catastrofismo".

4) Pregúntese también si hay un elemento de satisfacción en encontrar una razón para atacar a su cónyuge. Tal vez le resulte placentero verlo sufrir o mostrarse ofendido o cul-

pable. Quizá también disfrute al vengarse, al mostrar su fuerza al imponerse. Mientras todas esas "satisfacciones" son aspectos intrínsecos de victorias obtenidas, usted por supuesto querrá evaluarlas en función de sus verdaderas ganancias en la relación.

MODIFICACION DEL PENSAMIENTO

Hasta ahora, hemos considerado si su propio pensamiento —en especial si implica significados exagerados, malentendidos y errores de concepto— contribuye a la intensidad de su cólera. Puesto que esos factores, por lo general, juegan un papel, debemos intentar analizar las ideas y significados que se ocultan detrás de su enojo.

A fin de resumir los pasos para aplicar las técnicas de la terapia cognitiva a su propio pensamiento:

1) Considere sus pensamientos automáticos y observe sus reacciones. Busque errores de concepto.

2) Reajuste la imagen que tiene de su cónyuge.

3) Procure comprender la perspectiva de su pareja.

4) Distráigase.

PENSAMIENTOS AUTOMATICOS Y REACCIONES RACIONALES (REENCUADRE)

Más adelante encontrará una lista de pensamientos automáticos negativos que tienen algunos maridos y esposas. Sus pensamientos automáticos significan "encuadrar" al cónyuge, es decir, interpretar las acciones del otro integrante de la pareja de una manera que lo haga aparecer como culpable de un "delito".

En el intento de encontrar la mejor interpretación posible,

los cónyuges pudieron considerar los mismos delitos de modo diferente. Arrojar una nueva luz positiva sobre las actitudes de su cónyuge ya se describió como "reencuadre". El reencuadre no se refiere al "poder del pensamiento positivo", sino al proceso de lograr una imagen más equilibrada —y por lo tanto más realista— del cónyuge, teniendo en cuenta tanto los significados favorables como los desfavorables de sus acciones. Más allá de eso, tal vez resulte útil tratar de entender la perspectiva de su cónyuge y comprobar la exactitud del entendimiento con su pareja.

| *Pensamiento automático* | *Reacción racional* |
|---|---|
| El ha salido a tomar un trago con los amigos. Eso demuestra que no tiene interés por mí ni por los chicos. | Eso lo ayuda a distenderse. Siempre está de mejor humor si toma una cerveza con sus amigos antes de regresar a casa. |
| Ella es una pésima madre. Deja que los niños la lleven de un lado al otro. Se vuelven salvajes y se encaminan hacia el crimen. | Ella es muy afectuosa y ellos la quieren. Además, son buenos chicos y en verdad no causan molestia alguna. Es normal que los niños se porten mal. No hay nada de malo en eso. |
| Ella es tan criticona para todo. | En realidad es una ama de casa excelente, de categoría. Si no lo fuera, probablemente no se podría vivir en casa. |
| Cuando viajamos ella le habla a todo el mundo. Es una perfecta mariposa sociable. | En verdad ella es muy sociable. Eso hace los viajes más placenteros. |
| El es un tacaño. Regatea cada peseta que gasto. | El lleva muy bien las finanzas. Alguien tiene que hacerse cargo del presupuesto. |

Los pensamientos automáticos y las reacciones racionales están ejemplificados en el siguiente resumen de archivo del caso Cliff y Judy:

Guión: Cliff tenía la costumbre de dejar diversas cosas (cajas, revistas, cartas viejas, ropa) sobre las sillas, sobre la mesa del comedor o en el piso, en lugar de guardarlas o tirarlas. Judy, harta de recoger las cosas, decidió dejarlas donde estaban, a la espera de que Cliff —para que se percatara de que ella no era su sirvienta— recogiera esas cosas. Judy creía que Cliff estaba tan enterado como ella de ese desorden y que hacía falta que él se enfrentara con el hecho de que ella nunca más "haría ese trabajo sucio para él".

Cliff, por el otro lado, era relativamente indiferente al desorden. Por lo general recogía las cosas en un supremo esfuerzo cuando la acumulación sobrepasaba su propio umbral más alto de advertir desórdenes.

Antes del matrimonio, Cliff ponía las cosas en orden una vez a la semana y, después de casado, iba a continuar con la misma norma. No obstante, Judy era más sensible al desorden y aplicaba una filosofía de limpia-sobre-la-marcha. Cuando Judy le dijo a Cliff que no podía soportar más recoger las cosas que él dejaba tiradas, él se puso furioso contra ella y salió ofendido.

Sus riñas no eran tanto sobre estilos y filosofías antagónicas como sobre los significados que cada uno atribuía a lo que el otro hacía. De ese modo, la "ofensa" inicial de Cliff se basaba en la interpretación que Judy hacía sobre la costumbre de dejar las cosas tiradas por toda la casa. Judy tenía varios pensamientos automáticos como respuesta al desorden de Cliff. Esos pensamientos impulsaron su actitud, la crítica a Cliff. El a su vez reaccionó a sus críticas con su propia serie de pensamientos automáticos. De cualquier modo, ambos aprendieron a rotular y evaluar sus pensamientos automáticos. Los anotaron, los clasificaron y elaboraron respuestas racionales, como sigue:

| Pensamientos automáticos de Judy | Respuestas racionales de Judy |
|---|---|
| El siempre deja cosas tiradas. | Pensamiento todo-o-nada. Algunas veces él recoge las cosas. Es probable que tenga razón en no prestarle atención, ya que en verdad no molestan. |
| El supone que yo debo ser su sirvienta, que lo haga todo. | Adivinación del pensamiento. No sé lo que él supone. Podría preguntarle. |
| A él no le importa cómo me siento. | Personalización. Sólo porque él sea desaliñado no quiere decir que no le importo. |
| No puedo decirle nada cuando él se retira, está lleno de hostilidad. | Sobregeneralización. Cuando se le dice que haga algo, él se muestra muy susceptible. Le recuerda a su madre. La mayor parte del tiempo es amoroso y solícito. |

Al escribir Judy sus pensamientos automáticos, comenzó a recuperar su objetividad y cuando inició la elaboración de las reacciones racionales, sus perspectivas sobre Cliff —como egocéntrico, negligente y despreocupado— comenzaron a cambiar. Logró percatarse de que había caído en la trampa de los pensamientos todo-o-nada, sobregeneralización, adivinación del pensamiento y personalización. También pudo elaborar explicaciones posibles para la conducta de Cliff que parecían más plausibles que las razones que se había dado a sí misma en forma automática.

Al completar esa tarea, se sintió aliviada y más afectuosa con Cliff. Reconociendo sus pensamientos automáticos y aplicándoles la lógica, pudo cambiar su perspectiva. En lugar de considerar malo a Cliff, ahora opinaba que era esencialmente bueno, con algunos defectos.

Ahora examinemos los pensamientos automáticos y respuestas racionales de Cliff.

| *Pensamientos automáticos de Cliff* | *Respuestas racionales de Cliff* |
|---|---|
| Ella siempre me reprende. | Sobregeneralización. Ella sólo me reprende cuando yo dejo de hacer algo. |
| Ella disfruta humillándome. | Adivinación del pensamiento. No hay pruebas de que ella disfrute. En efecto, se altera. Dice que odia reprenderme. |
| Ella me trata como a un niño. Espera que yo haga cuanto ella quiere. | Adivinación del pensamiento. Ella no quiere tratarme como a un niño, pero no me gusta su tono de voz. Puedo hablarle de eso. Su mayor objeción tiene que ver con mi pulcritud más que con que yo haga cuanto ella quiere. |

Tanto Judy como Cliff llegaron a la conclusión de que cuando escribían sus pensamientos automáticos y reacciones, el enojo se reducía en gran medida y podían hablar de sus problemas sin perturbarse uno al otro. En las discusiones, Judy se formuló a sí misma —con bastante éxito— una serie de preguntas que ayudaron a mantener su enfoque del problema:

- ¿Qué trata de decirme Cliff?
- ¿Cuál es el verdadero asunto aquí?
- ¿Es necesario contestar todo comentario crítico?
- ¿Qué quiero lograr en esta discusión?

A veces sus discusiones se acaloraban y Judy pensó que tenía que hacerse otras preguntas:

- ¿Se vuelve improductiva la discusión?
- ¿No es tiempo de resumir nuestras diferencias en lugar de discutir sobre ellas?
- ¿Debo aclarar la perspectiva de Cliff?
- ¿No sería mejor tener ahora un compás de espera, o tal vez postergar la discusión?

El mencionado enfoque ha sido sustentado en investigaciones sistemáticas con parejas desavenidas. Los psicólogos Donald Duffy y Tom Dowd, por ejemplo, comprobaron que pacientes tratados con un método como éste mostraron una reducción mucho mayor en su enojo que la lograda por otro grupo comparable que no recibió esta enseñanza.[2]

BENEFICIOS Y PERDIDAS POR EXPRESAR ENOJO

Usted tendrá que decidir por sí mismo si, pensándolo bien, valen la pena sus riñas conyugales. Recuerde que usted *sí* tiene opciones: puede elegir expresar su enojo o no expresarlo en absoluto. Si se decide por lo primero, también puede elegir *cómo* manifestar el enojo. Si se expresa de un modo que sólo comunica que usted está trastornado o perturbado por la conducta de su cónyuge, el enojo tendrá un precio menor que si está destinado a amenazar o a humillar a su cónyuge.

2. Duffy y Dowd, "The Effect of Cognitive-Behavioral Assertion Training".

Tenga en cuenta que no hay una norma que establezca que usted *debe* expresar enojo. Si usted se reprime, por lo general, su enojo desaparece y usted puede estar satisfecho de no haberlo demostrado. Esperar que su enojo desaparezca gradualmente le brinda una oportunidad para evaluar si se basa en los propios actos de su cónyuge o en el *significado* que usted atribuyó a esa acción, es decir, usted puede determinar mejor si quiere castigar a su cónyuge por lo que pudo ser sólo un error sincero o por su mala interpretación de lo acontecido. Por ejemplo, cuando su enojo desapareció, Ken descubrió que estaba equivocado al pensar que no le interesaba a Marjorie sólo porque ella se había olvidado de llevar el traje a la tintorería; ella había estado intranquila por problemas en el trabajo y su preocupación hizo que se descuidara. Ken estaba contento de no haberle reprochado a Marjorie el olvido de su petición.

Antes de desahogar su enojo con su pareja, hágase las preguntas siguientes:

1) ¿Qué espero *ganar* con reprochar, castigar o criticar a mi cónyuge?

2) ¿Qué *pierdo* al usar esas tácticas? Aun cuando haya buenos resultados a corto plazo, ¿es probable que los resultados a largo plazo sean malos? Por ejemplo, si mi cónyuge cede o se rinde ahora mismo, ¿hay una probabilidad de que esto sólo hará la relación más desagradable o emocionalmente distante en el futuro?

3) ¿Cuál es la cuestión que quiero hacer comprender a mi pareja? ¿Cuál es el mejor modo de lograrlo? ¿Es probable que vaya a lograrlo reprochando y culpando a mi cónyuge?

4) ¿Hay formas mejores que el castigo para influir en mi pareja, por ejemplo, mediante una discusión seria acerca de sus acciones, u ofreciendo una "recompensa" (una sonrisa o un cumplido) cuando hace lo que yo quiero?

Para ayudarle a evaluar los costos y los beneficios por expresar su enojo, le he preparado una lista de confrontación que usted puede utilizar para calcular si los beneficios superan las pérdidas causadas por el enojo. La mejor manera de determinar el valor total de manifestar enojo, es evaluar sus experiencias pasadas. Utilice esta lista para estimar los beneficios y pérdidas causados por episodios de riña. Continúe consultándola y actualice sus respuestas después de cada disputa que tenga.

*Lista de confrontación para evaluar manifestaciones de hostilidad*

Piense en su más reciente expresión de enojo y trate de determinar sus efectos positivos y negativos. Es probable que tenga que consultar con su cónyuge para decidir cómo contestar muchas de estas preguntas, ya que parte de cada respuesta depende de la relación de su pareja. Señale los que sean ciertos:

*Efectos positivos de mi manifestación de enojo*

_____1) Mi cónyuge se comportó mejor después del espisodio.
_____2) Me sentí mejor.
_____3) Mi cónyuge se sintió mejor.
_____4) Replicar al enojo me protegió cuando mi cónyuge empezó a ofenderme.
_____5) Podría decir que, en verdad, mi cónyuge me escuchó, lo que no ocurre cuando hablo de un modo normal.
_____6) Experimenté un alivio del enojo y una descarga de la tensión.
_____7) Disipó la atmósfera y pudimos desviar nuestra atención a otras cosas.
_____8) Nos amamos más mutuamente después de "una buena pelea".
_____9) Solucionamos nuestra disputa.

*Efectos negativos de mi expresión de enojo*

\_\_\_1) Fui menos eficaz, más torpe o incluso incoherente al presentar mi argumento o queja.
\_\_\_2) Dije e hice cosas de las cuales me arrepentí.
\_\_\_3) Mi cónyuge desestimó o desvirtuó la validez de lo que dije, dejó de lado mis ideas por considerarlas basadas en la emotividad o irracionalidad.
\_\_\_4) Mi cónyuge ni siquiera escuchó mi mensaje porque estaba envuelto en una nube de hostilidad.
\_\_\_5) Mi cónyuge sólo reaccionó a mi hostilidad y tomó la revancha.
\_\_\_6) Mi cónyuge se sintió herido por mi ataque.
\_\_\_7) Nos vimos comprometidos en un ciclo vicioso de ataque y contraataque.

Si usted decide manifestar su enojo, tiene una variedad de tácticas, algunas de las cuales son más eficaces que las otras para reducir su enojo y al mismo tiempo hacer comprender su mensaje. Al decir, por ejemplo, "estoy enojado contigo", tal vez tenga un efecto más constructivo que atacar la personalidad de su pareja o aplicarle un trato de silencio.

Si usted se decide, incluso, a favor del uso de estrategias no hostiles (aclaración, solución de problemas, conciliación) para tratar con su cónyuge, eso no garantiza que él/ella se abstendrá también de usar tácticas hostiles. (La próxima sección le facilitará sugerencias para reducir el enojo de su pareja.)

Aprender a diferenciar las manifestaciones provocativas de las constructivas es de gran ayuda. Para empezar, trate de expresarse de una forma menos provocativa: ofrezca más bien expresiones de hecho, que de crítica. Trate de hacerse valer, en lugar de humillar a su cónyuge. He aquí algunos ejemplos:

| *Expresiones provocativas* | *Expresiones constructivas* |
|---|---|
| Eres un sirvengüenza por interrumpirme cuando hablo por teléfono con mi madre. | En verdad me molesta cuando interrumpes mis conversaciones telefónicas. |
| Eres un canalla por criticarme delante de los niños. | Me transtorna que me critiques delante de los niños, socavando mi autoridad. |
| Eres demasiado haragán para apagar las luces cuando sales de la habitación. | Desearía que apagues las luces cuando sales de la habitación. |
| Eres un descarado, al burlarte de mi forma de hablar. | Me molesta cuando bromeas por mi acento al hablar. |

DISIPAR LA HOSTILIDAD EN SU CONYUGE

Cuando un cónyuge está furioso con el otro, ¿cómo debe reaccionar este último? Si un marido comienza a gritarle a su mujer, ¿debería ella gritarle también? ¿Debería salir corriendo de la habitación? ¿O debería arrojarle un jarrón?

Usted debe enfrentarse con el hecho de que, incluso si ha resuelto su propio exceso de enojo hacia su pareja, él/ella también puede tener problemas con el enojo. Usted puede elegir desactivar el enojo de su cónyuge, ya que lo encuentra desagradable, que está preocupado por la potencial escalada hacia una ofensa grave, y/o que el enojo no es bueno para ninguno de los dos. No olvide que tiene opciones y que estará mejor recompensado si elige la más responsable. Su decisión debe basarse menos sobre lo que usted siente deseos de decir o hacer, que sobre lo que mejor compensará sus intereses a largo plazo.

A continuación encontrará una lista de los métodos que pueden usarse para disipar el enojo de su pareja.

1) Aclare el problema, como se describe en los capítulos 15 y 16. Trate de averiguar o logre que su cónyuge especifique lo que le molesta.

2) Calme a su cónyuge. Acepte las críticas (sin convenir con ellas necesariamente) e insista en que se calme para que usted pueda ayudar a solucionar el problema.

3) Concéntrese en solucionar el problema.

4) Distraiga la atención de su pareja.

5) Programe sesiones de desahogo.

6) Deje la habitación o la casa.

*Opción 1: Aclare el problema*

Como se indicó en los capítulos 15 y 16, el problema verdadero de su pareja puede estar oculto tan profundamente tras una nube de acusaciones y críticas que usted puede no verlo. Si sólo responde a los reproches de su cónyuge con su contraataque, es probable que no se resuelva el problema. Por otro lado, ignorar la ira y perorata —y no responder con su propio enojo— lo pondrá en una posición más favorable para averiguar el origen del enfado. No dejarse atrapar por un intercambio de ataques tal vez sea una de las tareas más difíciles a la que se lo pueda someter, pero suele tener la mayor recompensa para su matrimonio.

*Opción 2: Calme a su cónyuge*

En el trato con pacientes enojados, los terapeutas han encontrado formas de cortar la cólera, que también son útiles en las riñas conyugales. Básicamente, esos métodos consisten en reducir el nivel de enojo de su pareja haciendo hincapié en que le impide entender y ayudar a la solución del problema. El siguiente ejemplo de cómo calmar al cónyuge lo demuestra Marjorie, quien ha sido aleccionada para enfrentarse a los exabruptos de Ken.

KEN: (voz muy alta y enojada, con un aspecto particularmente amenazador). En verdad estoy harto de esto. ¡Nunca haces nada de lo que se supone debes hacer y no puedo contar contigo en absoluto!

MARJORIE: (calma, ofrece una sugerencia directa). Sé que estás enojado, pero no puedo adivinar el motivo mientras me gritas. ¿Por qué no nos sentamos y hablamos sobre el asunto?

KEN: Todo lo que hacemos es hablar. Todo lo que siempre quieres hacer es hablar. ¡Sólo charla y nada de acción!

MARJORIE: Mira, en verdad deseo saber qué es lo que te molesta, pero no puedo oírte cuando me gritas. ¿Por qué no te sientas y consigues decírmelo sin gritar?

KEN: ¡No grito! Sólo quiero que tomemos una postura sobre esto.

MARJORIE: Estoy dispuesta a hablar. ¿Podrías sentarte para que podamos hablar? Y deja de gritarme.

KEN: No puedo controlar mis sentimientos.

MARJORIE: Entonces, hablemos sobre el asunto más tarde cuando no estés tan enojado. En verdad quiero solucionar esto, pero no puedo hacerlo si me gritas.

KEN: ¡Quiero solucionar esto ahora mismo!

MARJORIE: Entonces, por favor, siéntate y deja de gritarme para que podamos arreglarlo.

KEN: (más calmado) Esta bien. Me siento y no grito. Ahora dime ¿por qué no hay ninguna camisa limpia en el cajón? Sabes que hoy tengo un compromiso y necesito una camisa limpia.

En este caso, Marjorie estaba *firme,* no sumisa ni hostil. Se mantuvo firme, procurando una resolución para el problema y rehusó comprometerse en acusaciones y contraacusaciones. Ya que ella era la persona que se mantenía controlada, podía lograr esa meta. Como Marjorie había perfeccionado su forma de enfrentarse a la cólera de Ken, se sintió mucho menos vulnerable; por último, mediante la solución de los problemas, pudo reducir la frecuencia e intensidad de los exabruptos de Ken.

Aunque uno de los cónyuges crea controlar la situación con gritos y críticas, el otro puede hacerlo mediante la calma y la perseverancia. *La persona más fuerte no es la que hace más ruido, sino la que con tranquilidad puede dirigir la conversación hacia su definición y la solución de los problemas.*

## Opción 3: Concéntrese en solucionar el problema

Muchos episodios enojosos consisten en que un miembro de la pareja, trastornado por un problema, culpa al cónyuge y éste reacciona a la acusación en lugar de enfrentar el problema. Por supuesto, la tendencia habitual de un cónyuge de culpar y acusar es un problema en sí mismo, que debe ser tratado en una sesión de conciliación. Por desgracia, cuando un integrante de la pareja está trastornado, por lo general el otro, en respuesta, también se altera y se torna hostil.

Por ejemplo, Robert estaba arreglando el piloto del horno que funcionaba mal y no podía encontrar el destornillador. Se encaró a Shelly y la acusó de colocarlo fuera de su sitio. Ella pudo haber reaccionado a la acusación enzarzándose en una pelea. En ese momento, derivaban hacia otra riña referente a los trabajos que había que realizar en la casa. No obstante, ella reconoció que Robert estaba enojado con ella. Al imaginar un guión, Shelly previó la reacción de él si ella se vengaba; por lo tanto, decidió dirigir sus esfuerzos hacia la solución del problema en lugar de enfrentarse a Robert.

ROBERT: ¿Qué pasó con mi destornillador? Siempre lo coges y nunca lo devuelves.

SHELLY: *(Siempre me echa la culpa. Tengo ganas de decirle: "No sé lo que pasó con tu maldita herramienta", pero entonces me replicará: "No sabes arreglar las cosas, ¿por qué siempre te llevas mi destornillador?" Yo diría: "Tú siempre me rebajas". Entonces él me diría: "Tengo mi buena razón", y yo me sentiría mal. Será mejor, sencillamente, enfocar el problema.)* Espera un minuto ¿Cuándo lo usaste por última vez?

ROBERT: (interrumpido en su enojo, entra en el terreno de la pregunta) No lo usé desde la semana pasada.

SHELLY: ¿No estuviste haciendo un trabajo en la casa anoche?

ROBERT: Errr. Creo que lo usé anoche.

SHELLY: ¿Dónde lo usaste?

ROBERT: No lo sé... en el sótano.

SHELLY: ¿Por qué no lo buscas ahí?

En efecto, Robert encontró el destornillador en el sótano donde lo había utilizado la noche anterior. En lugar de contraatacar, al desviarse hacia la pregunta, Shelly pudo al mismo tiempo disipar algo del enojo de él y encontrar una solución al problema. La forma de manejar la situación la protegió de un regaño adicional y alivió su enojo hacia Robert. En una de las sesiones de conciliación, Shelly trajo a colación la tendencia de él a culparla cada vez que tenía un problema en la casa. El reconoció eso e hizo un esfuerzo constructivo para tratar de solucionar problemas en lugar de estallar.

Este es un ejemplo de que no es necesario sucumbir al impulso de la represalia cuando su pareja está disgustada. Usted demostrará más fortaleza y dominio de la situación y de sí mismo, si evita el enfrentamiento y se concentra sobre el problema inmediato. Manteniendo la calma, ayudará a su pareja a reconocer lo inadecuado de los exabruptos.

## Opción 4: Distraiga la atención de su pareja

Es posible calmar a muchas personas en un estado de extremo enfado si se desvía su atención hacia otro asunto. Al menos por un tiempo, un marido puede distraer a su mujer cambiando de tema. Por supuesto, ella protestará porque él evita tratar el asunto, pero él puede ofrecer volver luego sobre el tema. No obstante, la distracción no siempre da resultado. Como con otras técnicas, usted tiene que realizar pruebas de ensayo.

El empleo sensato del humor tal vez, algunas veces, ayude a romper la tensión de un momento muy cargado. En otras oportunidades, es posible calmar el conflicto retirándose sencillamente, sin responder a su cónyuge.

Otras técnicas, tales como decirle a su pareja que deje de gritar, que se calme, que se distienda, se usan con frecuencia, pero casi siempre resultan contraproducentes si el cónyuge se ofende por sentirse coartado. Es mejor hacer una pausa y sugerir que ninguno de los dos hable por un tiempo.

## *Opción 5: Programe sesiones de desahogo*

Algunas veces los problemas entre los integrantes de una pareja están tan agudizados que ninguno de los cónyuges puede discutirlos sin sentirse enojado. Incluso si ambos deciden discutirlos "como dos seres humanos inteligentes", la sensación de ira que los acompaña suele ser tan fuerte que así que comienza, aflora la cólera. Las palabras seleccionadas con cuidado adquieren un sentido incisivo y, a medida que la provocación mutua crece, acuden a las riñas en lugar de aclarar o solucionar las disputas. Eso es una señal de que los cónyuges deberían optar por una sesión en la cual pueden sentirse más libres para expresar su hostilidad: la sesión de desahogo.

Otra razón para mantener este tipo de sesiones es que algunas personas no pueden traer a colación problemas molestos excepto cuando están enojadas. Por ejemplo, una esposa puede estar disgustada por algunas reacciones de su marido, pero prefiere ignorarlas. Aun así, repetidos incidentes de esta clase pueden minarla hasta que por fin puede darles salida.

En algunos casos, la esposa suele no percatarse siquiera de que está perturbada por ciertas acciones específicas u omisiones de su esposo. No obstante, es posible que tenga una sensación de fatiga general o de tristeza profunda o de pesimismo, que no pueda explicar. (En el capítulo 9 se describe un caso semejante.) He aquí algunas medidas prácticas para aplicar en las sesiones de desahogo:

1) Establezcan un horario y lugar específicos en que ambos puedan expresarse sin posibilidad de ser oídos.
2) Establezcan un tiempo limitado para cada sesión de desahogo. Probablemente sea mejor no más de quince o veinte minutos.
3) No debe haber interrupción alguna por parte de los cónyuges mientras habla el otro.
4) Túrnense para hablar, pero decidan por anticipado cuánto tiempo hablará cada uno. Fijar un límite de tiempo —a veces tan breve como cuatro o cinco minutos— puede evitar que la discusión se intensifique hasta llegar a pelea.
5) Dispongan tiempo para pausas, que cualquiera de los cónyuges pueda usar en la medida de lo necesario.

*Qué hacer en las sesiones de desahogo*

Reconozca su enojo. Muchas personas no toman conciencia de las primeras señales de su hostilidad. Hay ciertas claves subjetivas que pueden ser un indicio. Una mujer descubrió que cuando trataba un tema quisquilloso solía sentir que su corazón se agitaba. A los pocos minutos, tenía sentimientos de enojo. Observando más de cerca sus reacciones, pudo detectar que los músculos de sus brazos, en particular los bíceps, se ponían tensos. También comenzó a temblar por dentro. Su estómago solía oprimirse un poco y a veces podía sentir que su cuerpo se ponía todo tenso. Algunas veces, incluso, solía temblar.

Las personas también pueden ejercitarse en escuchar con más atención su propio tono de voz, lo fuerte que hablan y la selección de palabras y frases. A menudo descubren que han estado atacando a mansalva a su cónyuge sin tener pleno conocimiento de ello.

Es posible experimentar los síntomas de hostilidad sin advertirlos en realidad, hasta que le piden a uno que tome conciencia de ello. ¿Cómo es posible que una persona sea hostil sin darse cuenta? La respuesta reside en el hecho de que una vez que la persona entra en un clima de riña (capítulo 9) estará tan inmersa en los preparativos mentales y físicos (para atacar o retirarse) que perderá la autoconciencia.

La situación de ataque se expresa, en parte, mediante la percepción del adversario en términos más negativos y, en parte, mediante la movilización del cuerpo. De ese modo, el latido del corazón y la tensión muscular son parte de la movilización para atacar. Las palabras iracundas e incisivas forman parte del ataque mismo.

*Qué evitar en las sesiones de desahogo*

Debe existir un acuerdo para controlar el grado de expresión de la hostilidad si las sesiones de desahogo han de ser de alguna manera constructivas. Si la hostilidad se excede, destruye la posibilidad de hacer las paces e incluso puede conducir a un daño irreparable, ya sea mediante palabras de amargo enojo o un verdadero ataque físico. Algunas normas básicas para estas sesiones son las siguientes:

1) Trate de evitar censura de forma extrema a su pareja. Por lo general, es mejor decir: "Lo que hiciste el otro día me enojó *mucho*" en lugar de: "eres un fracaso total como marido". Su cónyuge puede comprender que usted esté disgustado por alguna actitud desagradable.
El o ella pueden participar de su sentimiento de dolor. Lo que su pareja no puede comprender es la denigración o el menosprecio.

2) Trate de no insultar a su pareja.

3) No salte sobre las zonas vulnerables de su cónyuge. Por ejemplo, si su pareja está sensibilizada respecto del peso que tiene o de la costumbre de beber, no ataque esos campos a menos que sean pertinentes a su queja.

4) No saque a la luz ejemplos pasados de la mala conducta de su cónyuge, a menos que sean esenciales para lo que usted trata de comunicar.

Aunque las sesiones de desahogo están destinadas a permitir expresar el enojo con más libertad, debe haber ciertos límites en esa expresión. Por cierto, cualquier forma de ataque físico está fuera de discusión. Pero incluso pueden salirse de control los ataques verbales y provocar un daño irreparable para su cónyuge, así como para la relación. A fin de evitar que el conflicto llegue a un nivel indeseable, usted debe estar alerta para mantener la expresión de enojo dentro de ciertos límites. Si un miembro de la pareja se excede, el otro debe señalárselo e insistir en que se modere.

*Mantenerse dentro de la zona adecuada*

En el proceso de enojo, maridos y esposas pueden cambiar, bastante rápido a veces, de una zona templada, donde están totalmente lúcidos y objetivos en relación a su cónyuge, a una zona muy caliente donde pierden toda objetividad y perspectiva y ya no son capaces de pensar con claridad. Las zonas pueden definirse según el grado de enojo y control del cónyuge. Las he clasificado en amarilla para la caliente, roja para el máximo grado de enojo y azul para la templada.

*La zona amarilla (caliente)*

En esta zona usted se siente enfadado con su pareja pero puede controlar su pensamiento y acciones. Tiene cierto control sobre lo que va a decir y cómo lo va a decir. La meta es demostrar a su cónyuge que está enojado y dar salida a los agravios sufridos, pero no a costa de dañar la relación. Usted puede percibir cuándo ha ido demasiado lejos y si es necesario puede retroceder.

Aunque esté disgustado, usted puede tomar en cuenta manifestaciones razonables de su cónyuge y mostrar cierta capacidad para comprender que su propio pensamiento es ilógico. Si su pareja le dice algo que se contrapone a sus conclusiones, puede evaluar esa información sin tomarla como un contraataque.

Usted reconoce que la finalidad de la sesión es ayudar a la relación, no para ofender al cónyuge. Pero también sabe que no puede discutir su decepción y agravios sufridos sin sentir y expresar enojo.

Ayudará a llevar adelante planes de acción que impedirán que se pase a la zona más caliente. Entre éstos está la toma de pausas (las discusiones continúan luego) y el cambio de tema, cuando las cosas se ponen demasiado intolerables.

*La zona roja (muy caliente)*

Las personas que han ingresado en esta zona muestran una intensificación de los síntomas de la zona amarilla. Su pensamiento y acciones están menos controladas. Tiene una opción en extremo negativa de su cónyuge. Su pensamiento puede ser confuso, exagerado, irrazonable e ilógico.

En esta zona, los integrantes de la pareja parecen haber perdido la capacidad de reconocer cuándo son ilógicos o deforman hechos pasados y presentes. Incluso cuando reciben una información correctiva que contradice claramente sus convicciones, son incapaces de alternarlas. (Una mujer describió sus procesos de pensamiento como sigue: "Mi mente es como gelatina. En verdad no puedo pensar correctamente; mi pensamiento es confuso".)

En la zona roja, el contenido de lo que dicen las personas está marcado por denuncias, acusaciones y la anulación de la personalidad. Las palabras de enojo a menudo se convierten en blasfemias, amenazas de violencia y/o intenciones de romper el matrimonio. Algunas veces las amenazas se amplían a "voy a matarte". Entonces es posible que el otro cónyuge eche leña al fuego respondiendo: "Ya sé que te gustaría hacer eso".

En la zona muy caliente, la ira puede transformarse en un verdadero ataque, como se describe en el capítulo 9. Gary, por ejemplo, se permitió atacar a su mujer cuando estaban en la zona muy caliente, y pensaba: *"Ella se lo tenía muy merecido"*.

*La zona azul (templada)*

Trate de cambiarse a esta zona antes de que termine la sesión. Los elementos de la zona azul son los mismos que los de la sesión de conciliación. Usted puede escuchar las quejas de su pareja y expresar las propias de un modo coherente y traducir esas quejas a demandas específicas (capítulo 16). Usted es capaz de reconocer cuándo las quejas de su cónyuge son válidas y señalar —de manera razonable y tranquila— cuándo son erróneas o exageradas.

Dirijan ambos su discusión hacia el establecimiento de bases de acuerdo y traten de encontrar medios de reconciliar sus desavenencias. Discutan cómo cambiar las conductas problemáticas y pongan las bases para resolver conflictos y solucionar problemas en el futuro.

*Hacer pausas*

Durante las sesiones de desahogo, es posible que usted sienta dificultades para controlar su pensamiento. Reconoce que es difícil pensar con lógica acerca de lo que usted quiere decir, o expresarse de una manera clara. Es posible también que tenga problemas para atender lo que dice su cónyuge.

Si usted comienza a experimentar algunas de estas señales de advertencia, entonces es el momento en que debe retirarse por un tiempo y hacer una pausa. Sugiero que las parejas convengan por anticipado en una determinada duración para el compás de espera, por lo general, cinco minutos aproximadamente. Los cónyuges deben acordar que cualquiera de ellos puede hacer un intervalo cuando le parezca necesario. Por supuesto, si cinco minutos no son suficientes, entonces el cónyuge trastornado debe hacer una pausa más prolongada.

Si una sesión de desahogo requiere más de dos intervalos, es probable que sea mejor suspenderla y postergar la discusión hasta que las cosas se hayan calmado de nuevo.

## *Opción 6: Deje la habitación o la casa*

A veces hay un riesgo tan alto de daño físico o psíquico permanente que es posible que usted tenga que separarse de su cónyuge hasta que se haya disipado la cólera. Usted puede elegir entre ir a otra habitación o, si su cónyuge lo sigue hasta allí, dejar la casa.

Si usted viaja en un coche durante la discusión acalorada, sería aconsejable para el acompañante pasarse al asiento de atrás. Como un último recurso, uno de ustedes puede dejar el coche. A propósito, el automóvil es probablemente el peor lugar para tener una sesión de desahogo, no sólo por lo reducido del espacio sino por el potencial riesgo de inseguridad en el caso de que el conductor se distraiga demasiado. Las otras opciones, mientras se esté en un auto, son escuchar la radio o convenir en no hablar durante un tiempo.

# 18
# Problemas especiales

Este capítulo examinará una variedad de problemas especiales que existen en muchos, pero no en todos, los matrimonios conflictivos. Aunque esos problemas son a menudo difíciles y suelen contribuir al decaimiento de la relación, con frecuencia pueden ser superados cuando la pareja los entiende y aplica las técnicas cognitivas descritas en los capítulos anteriores

REDUCCION DEL DESEO SEXUAL

La reducción o pérdida del deseo sexual en el matrimonio es mucho más común de lo que la mayoría cree. Un estudio de investigación comprobó que, aun entre matrimonios felices, por lo menos un 40% informó sobre una disminución del interés y deseo sexual con el correr del tiempo.[1]

Hay muchas razones para que se produzca esa disminución. En general, el enamoramiento del noviazgo alimenta las llamas del deseo; a medida que el enamoramiento se sosiega, también disminuye la intensidad de la pasión. Cuando un matrimonio madura, otros intereses de los cónyuges, como ganarse el sustento, organizar un hogar, crear

---

1. E. FRANCK, C. ANDERSON Y D. RUBENSTEIN, «Frecuency of Sexual Days function in "Normal" Couples», *New England Journal of Medicine* (3) (1978), 111-115.

una familia, se vuelven más apremiantes y absorben parte de la energía que antes se había canalizado en el romance. Paulatinamente, los roles del asalariado y del ama de casa adquieren primacía sobre los roles de amantes.

Por fin, la fatiga y la tensión del trabajo, la crianza de los niños, las tareas domésticas, los problemas de salud y el abuso de sustancias tienden a atenuar el deseo sexual.

Los factores principales que intervienen en la disminución del deseo sexual después del casamiento, sin embargo, son psicológicos y provienen de las actitudes que se toman frente a uno mismo, frente al sexo y frente al cónyuge. Por ejemplo, las dudas de sí mismo que implican una sensación de incapacidad o miedo al fracaso pueden trasladarse a las actitudes sexuales. O una persona puede tener una preocupación *específica* por el sexo.

Algunos maridos y mujeres, cuya apariencia física no se adecua a su ideal, pueden sentirse avergonzados, autocríticos y es posible que eviten hacer el amor. A una mujer puede disgustarle el tamaño de su busto o la forma de sus muslos; un hombre puede estar cohibido por ser obeso o zanquivano. Temiendo no tener una apariencia suficientemente femenina o masculina, es decir, carecer de atracción sexual, esos individuos adoptan una actitud de autodesaprobación que interfiere con la expresión espontánea de su impulso sexual.

Más aún, muchos esposos y esposas están preocupados por su capacidad sexual adecuada, para satisfacerse a sí mismos y a sus cónyuges. Esa "ansiedad por cumplir" se convierte en una profecía que se realiza a sí misma: al prestar mucha atención a su actuación, ellos despojan al sexo de gran parte de su alegría. Por último, el sexo puede llegar a parecer un desafío o una prueba, y entonces pierden interés en él.

Los problemas interpersonales entre los cónyuges son una fuente frecuente de trastorno en su vida sexual. Uno de los problemas más obvios es una discrepancia en sus preferencias: cuándo, dónde, cómo, cuánto tiempo y con cuánta frecuencia. Los deseos conflictivos acerca de la oportunidad, la frecuencia o la variedad de la relación sexual generan resentimiento, ansiedad o culpa. Esas emociones desagradables pueden extenderse y contaminar los contactos sexuales.

Los sentimientos negativos no interfieren necesariamente en el deseo sexual. Muchas personas encuentran que el sexo es un alivio esperado de los sentimientos de ansiedad, enojo o tristeza. Pero cuando esos sentimientos están dirigidos hacia la pareja pueden ser acentuados, antes que aliviados, por la relación sexual. Algunas veces, inhiben el estímulo sexual. Hay excepciones, por supuesto, cuando los sentimientos de enojo son disipados por una pelea, por ejemplo, y la pasión de la pareja se estimula después.

Una mezcla de actitudes hacia su pareja puede invadir sus sentimientos sexuales. Por ejemplo, las personas que consideran el sexo como un "asunto serio", o que están deprimidas, pueden experimentar inhibición del deseo sexual. O bien, si usted cree que su cónyuge lo (la) usa, no se preocupa por sus sentimientos, o es indigno, es posible que experimente un brusco corte de su deseo sexual.

La pérdida misma de deseo puede llevar a malentendidos que complican más adelante la relación tanto sexual como general. Ken, por ejemplo, interpretó la pérdida de interés de Marjorie como una forma pasiva de castigarlo, de hacerlo sentir culpable por haberle gritado. Martin creyó que cuando Melanie se enfriaba, trataba de controlar la índole del acto amoroso, para forzarlo a ser más romántico. Wendy interpretó el menguante interés sexual de Hal como una señal de que él no se interesaba más por ella. Por cierto, en algunos casos, esas interpretaciones pueden ser válidas, pero por lo general son equivocadas. Aunque las personas no se enfrían a voluntad, pueden volver a excitarse espontáneamente si usan métodos adecuados.

En el cuestionario que se da más adelante he confeccionado una lista de los pensamientos automáticos negativos comunicados por pacientes que hemos entrevistado en nuestra clínica. Esa clase de pensamientos ocurren a muchos maridos y mujeres durante el acto sexual e interfieren en el deseo y la satisfacción sexual. Esas ideas, que reflejan por lo común actitudes acerca de sí mismo, el cónyuge o el sexo en general, pueden corregirse usando las mismas técnicas aplicadas a los pensamientos automáticos, descritas en el capítulo 13. Corrigiendo esas actitudes negativas y malas interpretaciones, las parejas logran que su deseo sexual pueda volver a ser activo.

Revise los enunciados en el cuestionario y seleccione aquellos pensamientos y actitudes que representan su propio pensamiento durante el acto sexual. Pueden usarse las técnicas de la terapia cognitiva para reducir el impacto de esas actitudes en su vida sexual (véase capítulo 13). Un ejemplo de cómo los métodos cognitivos se pueden emplear con ese propósito se da en la pág. 402.

*Pensamientos automáticos negativos
durante el acto sexual*

Lea cada enunciado e indique con qué frecuencia tiene esos pensamientos durante el acto sexual:

(0) nunca          (1) rara vez         (2) en ocasiones
(3) frecuentemente (4) casi siempre     (5) siempre

*Dudas sobre sí mismo*

    \_\_\_\_ Partes de mi cuerpo que no son atractivas.
    \_\_\_\_ Mi cuerpo no tiene suficiente atractivo sexual.
    \_\_\_\_ No sirvo para eso.
    \_\_\_\_ No voy a alcanzar el clímax.
    \_\_\_\_ No voy a satisfacer a mi pareja.

*Dudas sobre el cónyuge*

    \_\_\_\_ Estás yendo demasiado a prisa.
    \_\_\_\_ Sólo estás interesado en tu propio placer.
    \_\_\_\_ Eres demasiado mecánico.
    \_\_\_\_ Me pregunto que estarás pensando.
    \_\_\_\_ Temo que te decepciones.

\_\_\_\_ Me preocupa que te trastornes si nos detenemos.
\_\_\_\_ Me molesta que no estés excitado.
\_\_\_\_ ¿Cuánto tiempo va a durar eso?
\_\_\_\_ Esto no me deja satisfecho, pero temo decírtelo.
\_\_\_\_ Haces demasiado esfuerzo, me gustaría que te relajaras.
\_\_\_\_ Me preocupa que no llegues al clímax.
\_\_\_\_ Quisiera que lo disfrutaras más.
\_\_\_\_ Hablas demasiado.
\_\_\_\_ Si eso sólo no fuera tan importante.
\_\_\_\_ Yo realmente no lo disfruto.
\_\_\_\_ Esto es todo lo que te interesa.

*Debería*

\_\_\_\_ Siento que tengo que hacer todo lo que quieres.
\_\_\_\_ Debería disfrutar más.
\_\_\_\_ Se supone que debería excitarme.
\_\_\_\_ A ambos debería irnos bien.
\_\_\_\_ Me siento obligado a proporcionarte un orgasmo.
\_\_\_\_ Se supone que yo he de tener un orgasmo.

*Negatividad*

\_\_\_\_ Simplemente no estoy con ánimo.
\_\_\_\_ ¿Por qué tendría que interesarme?
\_\_\_\_ Esto no funcionará para mí.
\_\_\_\_ Tanto da que me dé por vencido (a).
\_\_\_\_ Hago esto sólo para complacerte.
\_\_\_\_ Actúo en la debida forma, pero esto no significa nada para mí.
\_\_\_\_ Estoy demasiado cansado (a).
\_\_\_\_ Es demasiado esfuerzo.
\_\_\_\_ Maldito (a) sea, si me rindo a tus deseos.

Sea que usted tenga con frecuencia muchos de esos pensamientos y actitudes, sea que algunos le ocurran a menudo, pueden colorear sus sentimientos sobre el sexo, atenuando su deseo sexual normal y llevándolo a evitar el sexo por completo. Emplee las técnicas descritas en el capítulo 13 para contrarrestar el impacto negativo de esas actitudes.

La previsión de una situación ingrata o de la indiferencia puede aumentar con los años. Es estimulada por convicciones tales como "Soy demasiado viejo (a) para excitarme" o "El sexo es una carga" o "El sexo es sólo para mi cónyuge, ¿por qué habré de enredarme en eso?" En la sección siguiente, describiré los métodos que algunas parejas han empleado para contrarrestar esos pensamientos y actitudes que interferían con su satisfacción sexual.

AUTOTERAPIA PARA PROBLEMAS SEXUALES

Hay ciertas cosas obvias que las parejas pueden hacer para aumentar el deseo sexual y el placer, y es emplear los métodos propuestos en los capítulos 14, 15 y 16 para mejorar la comunicación. Aunque puede ser difícil al principio, usted puede emplear esas técnicas para discutir los mutuos deseos referentes a la oportunidad y a la frecuencia de las relaciones sexuales. Puede también sacar a colación temas delicados como diferencias de estilos y las preferencias de uno y otro referentes a asuntos específicos como el juego preliminar, las posiciones y los estímulos preferidos. Como un modo de romper el hielo, podría preguntarle a su pareja qué le gusta o le disgusta antes de precipitarse y exponerle sus propias preferencias.

Algunas de las técnicas para intensificar el sexo —relajación, estimulación paulatina del cuerpo, concentración en las sensaciones— o para superar problemas específicos, están fuera del alcance del presente volumen.[2] Las técnicas cogni-

---

2. L. G. BARBACH, *For Yourself: The Fulfillment of Female Sexuality* (Garden City, NY: Anchor Books, 1976).

H. S. KAPLAN, *The New Sex Therapy: Active Treatment of Sexual Dysfunction* (Nueva York: Brunner/Mazel, 1974).

M. SCARF, *Intimate Partners: Patterns in Love and Marriage* (Nueva York: Random House, 1987).

tivas que pueden resolver problemas relacionados con el sexo incluyen la corrección de actitudes erróneas y malas interpretaciones, y el empleo de imágenes para aumentar el estímulo.

Gary y Beverly tenían una relación matrimonial satisfactoria en muchos aspectos, pero surgieron dificultades cuando él la agarraba en forma espontánea, la sostenía en sus brazos y la acariciaba. Beverly solía hacer muecas y retroceder. Gary se sentía herido y desconcertado, pues Beverly era por lo general tierna y afectuosa con él.

Esa sencilla descripción, empero, no nos dice cuál es la causa del problema ni qué pensaban ellos. Durante una sesión yo extraje la siguiente información: Beverly estaba inquieta porque algunas veces, cuando Gary la abrazaba, él quería "proseguir". En lugar de alegrarse por la proximidad, ella se preguntaba: *¿y luego qué?* Puesto que ella no quería que continuara "haciendo el amor" en su momento, se apartaba pensando: *"El no lo hace por afecto. Todo lo que quiere es sexo".*

La interpretación de ella era equivocada. Para Gary, un abrazo juguetón significaba afecto, no una invitación para hacer el amor. Cuando Beverly retrocedía, pensaba: *"Ella no se interesa por mí"* y se retiraba de mal humor y dejaba de hablarle. Como consecuencia, ambos perdieron mucho de su deseo de intimidad. Sugerí que anotaran sus pensamientos automáticos la próxima vez que ocurriera un incidente y luego trataran de elaborar una reacción racional. En el siguiente encuentro, cada uno trajo una hoja de papel con sus reacciones anotadas:

*Registro del pensamiento de Beverly*

| *Situación* | *Pensamiento automático* | *Sentimiento* | *Reacción racional* |
|---|---|---|---|
| Gary me ha hecho insinuaciones | Quiere relación sexual. Es muy desconsiderado. | Enojo | El sólo trata de ser afectuoso. No sé si quiere |

---

B. Zilbergeld, *Male Sexuality* (Nueva York: Bantan Books, 1978).

¿No ve que estoy ocupada? proseguir. Si yo no quiero, puedo decírselo.

### Registro del pensamiento de Gary

| Situación | Pensamiento automático | Sentimiento | Reacción racional |
|---|---|---|---|
| Beverly se apartó de mí cuando la abracé. | Simplemente le daba un abrazo. No es afectuosa. ¿Qué le ocurre? Quizá realmente no me quiera. | Ofensa | Es afectuosa en otros momentos. Simplemente no quiere perder el tiempo ahora. Eso no significa nada. |

Después que Beverly y Gary anotaran sus pensamientos automáticos y reacciones racionales, discutieron entre sí las reacciones. Se dieron cuenta de que habían interpretado mal la conducta de cada uno.

Convinieron en que Gary debía seguir expresando libremente su afecto. Si estuviera interesado en algo más, podía esperar una señal de Beverly en el sentido de que le indicara que ella también estaba interesada.

Gary y Beverly ilustran uno de los modos en que los cónyuges discrepan a menudo. Un miembro de la pareja puede reaccionar a un afectuoso intercambio con el deseo de una acción más erótica, mientras que el otro puede sentir que esa muestra de afecto es gratificante por sí misma. Si el marido reclama en ocasiones intimidad sexual después de la propuesta inicial, la mujer puede experimentar *todo* gesto afectuoso como una seducción y pensar: *"Lo único que le interesa es el sexo"*.

A continuación se exponen algunos pensamientos automáticos característicos, que las personas tienen durante el acto sexual, y las reacciones racionales correspondientes a esos pensamientos.

| *Pensamiento automático* | *Reacción racional* |
|---|---|
| Mi busto es demasiado pequeño. | Eso a él no le molesta. ¿Por qué habría de molestarme a mí. |
| Yo no disfruto mucho de esto. | A menudo disfruto muchísimo. No puedo esperar que ocurra siempre. |
| Desearía que ella tuviese un orgasmo. | Me dijo muchas veces que le da placer estar cerca. La presionaría si pretendiera que ella llegue al orgasmo. |
| El está tan tenso en eso. Me gustaría que se relajara. | Puedo hablarle más tarde para que se relaje más y no esté tan serio. |
| Ella necesita una eternidad para llegar a excitarse. | Diferentes personas tienen ritmos distintos. Yo puedo adecuar mi velocidad hasta que ella esté lista. |

Algunas personas con deseo sexual reducido no tienen fantasías sexuales durante la fase inicial del acto amoroso, aunque las tengan al masturbarse. Otros creen que las fantasías sexuales son una fuente importante de estimulación sexual. Si usted tiene dificultad en excitarse, podría ser conveniente evocar una fantasía durante los preliminares. Algunas personas se sienten culpables o desleales si tienen fantasías románticas con alguien distinto al cónyuge; sin embargo, esas fantasías son generalmente normales y no tienen por qué despertar sentimientos de culpa.

Algunas parejas leen material erótico como fuente de estimulación. Otros consideran que las películas pornográficas los excitan. Si esas sugerencias no son eficaces, será aconsejable buscar una ayuda profesional.

INFIDELIDAD

En el libro *American Couples* de 1983, los sociólogos Philip Blumstein y Pepper Schwartz estiman que por lo menos el 21% de mujeres y el 37% de hombres han tenido una aventura extamatrimonial en diez años de matrimonio.[3] Los autores señalan, sin embargo, que aun las parejas que han tenido aventuras, siguen considerando la monogamia como un ideal.

A pesar del hecho de que los asuntos extramatrimoniales parecen bastante comunes, pueden tener un efecto arrollador sobre el otro integrante —y sobre el matrimonio mismo— si se los descubre. Por cierto, esas aventuras no sólo socavan un matrimonio ya vacilante, sino que pueden ser el síntoma de ello. Los consejeros matrimoniales y los abogados de divorcios informan que la abrumadora mayoría de sus clientes reconocen haber tenido aventuras antes de, o junto con, la ruptura de su relación.

¿Por qué una aventura tiene un efecto tan traumático en el cónyuge ofendido, en particular cuando el incidente es descrito a menudo como trivial? La respuesta reside en el significado simbólico de la aventura. En ninguna otra parte el pensamiento de todo-o-nada se dramatiza con más claridad que en los asuntos relacionados con la fidelidad: un cónyuge es fiel o es infiel. No hay nada intermedio. Una única aventura basta para catalogarlo (la) como infiel, igual que una persona que robó una vez es marcada como ladrón, o alguien sorprendido en una mentira se considerará para siempre mentiroso.

---

3. P. BLUMSTEIN y P. SCHWARTZ, *American Couples,* (Nueva York, William Morrow, 1983) pág. 583.

Así como el vínculo del matrimonio representa amor, obtenemos el sentido del significado simbólico de una aventura extramatrimonial de las palabras descriptivas empleadas por la parte ofendida: *traición, perfidia, engaño*. Aun esas palabras no abarcan en forma completa la devastación que experimentan algunos cónyuges agraviados; es como si toda la estructura de su vida hubiera sido destrozada en forma irreparable. Más allá del sentido de devastación, surgen dudas acerca de los propios atractivos, méritos y suficiencia: "Es evidente que de algún modo fracasé... Creo que nadie me necesita", dijo una esposa herida, con lágrimas en los ojos. Además, esas esposas experimentan a menudo que se les infligió una profunda herida a su orgullo o sienten que fueron despojadas de un bien preciado.

Sin perdonar ni aceptar la infidelidad, el cónyuge ofendido puede intentar ver su trauma en perspectiva. El pensamiento polarizado, todo-o-nada hace que el cónyuge "traicionado" perciba, con toda probabilidad, la situación como una amenaza al matrimonio, mucho mayor de lo que a menudo es. Esto es cierto en particular en los casos en que el esposo, por ejemplo, ha tenido una sucesión de salidas nocturnas.

Por supuesto, importa reconocer que la amenaza no es imaginaria: una sola relación amorosa *puede* desarrollarse y transformarse en algo mucho más duradero y ofrecer una seria amenaza al matrimonio. Sin embargo, el integrante traicionado de la pareja puede reaccionar a *cualquiera* de esas ofensas como si fuera una amenaza mayor.

Muchas parejas vienen en busca de asesoramiento después de descubrir la infidelidad. Cuando esa conducta es un síntoma de un conflicto en el matrimonio, un consejero puede con frecuencia, ayudar a la pareja a desentrañar sus problemas y reducir así la probabilidad de la recurrencia de un acto semejante.

Por ejemplo, Dan era un vendedor muy ocupado que pasaba casi todas sus horas de vigilia en el trabajo. Acostumbraba salir de la casa a las seis de la mañana y no volvía hasta después de las ocho o nueve de la noche. Su mujer, Barbara, trabajaba menos horas y se sentía cada vez más desdichada con el horario de él, que los privaba del tiempo necesario para estar juntos. Sus relaciones sexuales se desvanecieron en forma drástica, y ella se sintió vacía y hastiada, anhelando satisfacción.

Barbara ingresó en varias organizaciones. Con el correr del tiempo, se hizo amiga de otro miembro de la organización, que se había separado recientemente de su mujer. A medida que la relación progresaba, su nuevo amigo le hizo propuestas sexuales. En ese momento, los deseos de intimidad de Barbara, no satisfechos por Dan, se dejaron sentir. Además, Barbara era una persona condescendiente, que tenía una necesidad desmedida de complacer a los demás. Esos factores apartaron su prudencia: ella y su amigo tuvieron una sola relación sexual sintiéndose ella muy culpable después de aquello.

Dan empezó a sospechar que Barbara había tenido algo más que una relación platónica con el otro hombre. Después que él la interrogara, ella se sintió tan culpable que se deshizo en lágrimas y le contó exactamente lo que había ocurrido. Dan se sintió "destruido" y le dijo que no podía continuar en un matrimonio en el que se sentía incapaz de confiar en su mujer. Después que su ofensa y su cólera se apaciguaron, decidieron consultar a un consejero matrimonial.

Cuando me consultaron, resultó claro que se requería un cambio sustancial en sus prioridades y proyectos para reparar el daño que había sufrido su relación. Dan accedió a acortar el tiempo en su trabajo de la oficina. A Barbara, mientras tanto, se la alentó a que encontrara otras fuentes de satisfacción. Comenzó a seguir cursos en la universidad local, cosa que deseaba hacía mucho tiempo.

La reacción de Dan era característica de la de muchos cónyuges ofendidos, cuya perspectiva se desplaza de tal modo, que el compañero extraviado parece del todo malo (véase capítulo 8). Cada acción del ofensor se pondera de nuevo a través de ese marco. De pronto, las cualidades que antes habían sido admiradas se ven ahora como negativas, superficiales o decepcionantes.

Uno de los principales pasos correctivos consiste en

intentar reestructurar la perspectiva que el cónyuge agraviado tiene del compañero ofensor: ¿Es la ofensa realmente un pecado imperdonable? Al principio así le pareció a Dan. Pero cuando trató de mirarlo de un modo diferente, tuvo que reconocer que la ofensa no era tan terrible como parecía a primera vista. El comprendió que varios de sus amigos casados "se habían acostado por ahí" y que él lo había considerado aceptable, mientras no se los descubriera. De hecho, en varias ocasiones él estuvo tentado de tener una aventura, aunque las circunstancias no lo permitieron. También admitió haber hablado con Barbara, medio en broma, sobre la posibilidad de tener una aventura, como un modo de obtener el "consentimiento previo" de ella en el caso de que surgiera una oportunidad futura. Pero nunca creyó que esa conversación pudiera abrir la puerta para que *ella* tuviese una aventura.[4]

De hecho, esa clase de conversaciones entre maridos y mujeres no son raras. Blumstein y Schwartz observan en sus informes que esposos y esposas interpretan a menudo esas conversaciones de un modo completamente diferente; los esposos deducen que han recibido el consentimiento de sus esposas, mientras que éstas creen que les han hecho saber su oposición a que tengan una aventura.

Dan reconoció que si *él* hubiese tenido una aventura, no se sentiría realmente ni desleal ni traicionero. De ahí que no podía, por lógica, aplicar esos rótulos a Barbara. Ese reconocimiento le ayudó a "destremendizar" el suceso: las acciones de Barbara no eran "terribles". Aun cuando se aferrara a la convicción de que Barbara lo había agraviado seriamente, al traicionar su confianza, reconocía que sus acciones eran comprensibles, dado el defecto real de su matrimonio. Cuando reconoció la causa del acto de Barbara, Dan se sintió algo aliviado, pues no significaba que él fuera poco digno de amor.

También es importante "descatastrofizar" el suceso. Dan

---

4. BLUMSTEIN y SCHWARTZ, *American Couples*.

ho: "Nunca podré tenerle confianza otra vez". El ~~~ que una vez que ella cruzara la línea de la infidelidad, podría hacerlo otra vez y otra vez. Pero era capaz de razonar consigo mismo: si ella tenía la sincera intención de dedicarse a mejorar su relación, no habría razón para que buscara satisfacciones fuera del matrimonio.

Al empezar a reestructurar su imagen negativa de Barbara, Dan dejó de verla como informal, irresponsable e inmoderada y pasó a considerarla como alguien que había cometido un error y que estaba sinceramente arrepentida. Decidió que aún podía vivir con ella, aun cuando nunca perdonara su transgresión. Antes de alcanzar ese punto, empero, tuvo que investigar los significados profundos de la infidelidad de ella y superar su necesidad de venganza. Al reflexionar en el significado simbólico, se dio cuenta de que su aventura le hizo sentirse impotente, como si ella hubiera quedado completamente fuera de su control, por lo que si ella decidiese hacer algo él no tendría influencia alguna en sus acciones.

La reacción de impotencia de Dan no es tan inverosímil como puede parecer. Las personas casadas necesitan tener la sensación no solamente de que su pareja no pasará por encima de ciertos límites, sino que ellas también tienen cierto control, que pueden influir a su pareja para que no haga algo que las pueda herir. La confianza básica, descrita en el capítulo 11, da al compañero la seguridad de que la relación es lo primero y no será sacrificada por un capricho de autocomplacencia.

Dan reconoció también que la aventura de Barbara lo obligó a cuestionarse a sí mismo. ¿Era él tan atractivo como creía? Si ella podía haberle hecho eso, quizás él no fuera tan simpático; quizá fuera personalmente poco atractivo, y nunca podría tener una relación íntima, terminando abandonado y solo. Se dio cuenta de que su sufrimiento y deseo de venganza provenían en gran parte de esos sentimientos de indignidad. Cuando fue capaz de reprimir sus dudas internas mirándose en una forma más realista, su deseo de castigar a Barbara por infligirle ese dolor disminuyó.

Animé a Dan a comprender la perspectiva de Barbara, a

considerar cómo la soledad en el matrimonio la había vuelto vulnerable. A medida que fue capaz de identificarse con ella, se sintió más dispuesto a perdonar. Ese perdón es esencial para la reconciliación.

Dan siguió teniendo cierta desconfianza de Barbara, pero acordaron que ella haría esfuerzos para aquietar sus sospechas. Barbara accedió a hacerle saber con precisión —en caso de tener una reunión o un compromiso— dónde iría y con quién, y que le llamaría en caso de retrasarse. Al mismo tiempo, Dan tenía que aprender a tolerar la incertidumbre de no saber dónde estaba Barbara en cada momento.

Barbara y Dan revisaron también los modos de gustarse mutuamente y demostrar que tenían interés uno por el otro (capítulo 12). Por ejemplo, empezaron a comprarse regalos, desayunar juntos afuera, y planear mejoras en la casa. También hicieron planes para pasar afuera fines de semana largos. Pero lo más importante es que convinieron en tener sesiones de conciliación regulares que les permitirían ventilar y resolver sus conflictos.

ESTRES

Hay muchos puntos de estrés en un matrimonio y toda combinación de los mismos puede trastornar una relación. En los primeros años, los miembros de una pareja, que no han convivido, necesitan tomar muchas decisiones, desde detalles mínimos (como la asignación de estantes en el cuarto de baño) hasta otros más grandes (como el lugar donde van a vivir). Surgen también cuestiones como la de ajustar sus horarios de trabajo, comidas y presupuestos. Puesto que hay invariablemente algunas diferencias en las preferencias, hábitos y estilos, la continua toma de decisiones, las concesiones y las transacciones pueden producir fricción. Las parejas que viven cerca de los padres de uno de los cónyuges, se enfrentan con los problemas corrientes de hijos y padres y de parientes políticos, que se agregan a las dificultades de ese período de ajuste.

El nuevo objeto de estrés aparece por lo común con el nacimiento del primer hijo, suceso que puede perturbar la relación matrimonial de varias maneras. El nacimiento y el cuidado del primer hijo produce una natural carga en la madre. Son menos evidentes los efectos sobre el padre, quien puede experimentar sentimientos depresivos con el desajuste de sus relaciones matrimoniales.

La nueva madre experimenta a menudo una alteración en su "equilibrio de dar-recibir". Para muchas mujeres, el embarazo, el nacimiento y los primeros cuidados del niño, requieren renunciar a algunas fuentes importantes de satisfacción y seguridad, sin recibir una sustitución equivalente. Es posible que la futura madre tenga que acortar su compromiso con el trabajo, las reuniones sociales, deportes y otras actividades recreativas. Al desviar su atención y energía al recién nacido, la cantidad de tiempo que pasa con su esposo, en particular los períodos de muestras de afecto, pueden disminuir.

Si bien tener un hijo trae compensaciones manifiestas, la nueva madre experimenta a menudo una clara pérdida de satisfacciones inmediatas y control sobre su vida, un incremento simultáneo de presiones y responsabilidad. A pesar de los cambios graduales en los roles tradicionales de madre y padre, la parte peor de los deberes domésticos y del cuidado del niño le corresponde a la madre.[5]

Para muchas mujeres, la discrepancia entre lo que deben sostener —la carga física y psíquica— y lo que reciben a cambio —aprecio y apoyo— puede expresarse en un trastorno emocional como lo es una depresión. Los maridos no son inmunes a esos giros en la relación. Pueden sentir una pérdida de afecto, interés y comprensión y, por lo general, una reducción del deseo sexual. Las investigaciones demostraron que una gran cantidad de maridos y esposas experimentan una suave depresión durante esa transición. Por otra parte, muchos maridos se sienten más próximos a sus esposas.

---

5. BLUMSTEIN y SCHWARTZ, *American Couples*.

Participan en clases impartidas a futuros padres, están presentes en el parto y comparten las actividades del cuidado del niño, tales como cambio de pañales, alimentación y baño. Los maridos a menudo se vuelven más demostrativos con sus mujeres después del nacimiento del primer hijo (aunque no necesariamente con los nacimientos subsiguientes).

Otros períodos difíciles ocurren en la crianza de los hijos, los años de la adolescencia y la emancipación de los hijos adultos. Compromisos cada vez mayores o cambios en las profesiones de uno o ambos esposos, la enfermedad o muerte de los padres de los cónyuges y, finalmente, la jubilación crean con probabilidad puntos de estrés matrimonial.

La *oportunidad* en que se produce determinado estrés puede ejercer un profundo efecto sobre un matrimonio. Tomemos, por ejemplo, esposas que prosiguen estudios superiores. Los investigadores comprobaron que, cuando estaba presente cierto factor, los matrimonios con mujeres que seguían cursos universitarios tendían a romperse después que ellas empezaban a estudiar. Las mujeres que tenían hijos antes o durante sus estudios se divorciaban con más probabilidad que las que tenían hijos después de graduarse. No obstante, tener un marido que proveyera el sustento, tendía a neutralizar el estrés de las mujeres que estudiaban, pero no lo reducía para aquellas esposas que ya tenían hijos. Los investigadores llegaron a la conclusión de que la ruptura matrimonial era causada en parte por la tensión que se acumulaba cuando las esposas trataban de equilibrar la profesión y el rol de madre.[6] Otros factores, sin duda, incluían las dificultades de los maridos en hacer frente a los cambios producidos en los roles de sus esposas.

En resumen, cada fase del matrimonio tiene sus presiones, pérdidas y estrés específicos. Y la tensión misma debilita a menudo la capacidad de la pareja para tratar esos problemas.

---

6. S. K. HOUSEKNECHT, S. VAUGHN y A. S. MACKE, "Marital Disruption among Professional Women: The Timing of Career and Family Events", *Social Problems* 31 (3), págs. 273-284.

## *Estrés y pensamientos defectuosos*

Todos sabemos que cuando estamos bajo tensión, somos más irritables y más propensos a perder el control sobre nosotros mismos. Lo que quizá no comprendemos es que también estamos más sujetos a pensamientos defectuosos y que eso es en parte responsable de nuestra irritación y excesivo enojo. La misma clase de pensamientos erróneos en juego cuando un integrante de la pareja encuadra en forma negativa al otro —visión restringida, sobregeneralización, "catastrofismo"— se destaca cuando estamos bajo estrés.

Este proceso lo ilustra Laura —jefe del departamento de relaciones públicas de una división de la administración municipal, a la que con frecuencia atacaban los medios de comunicación— quien me dijo: "Cuando mi trabajo anda bien, nada de Fred me molesta. No puede hacer nada malo. Cuando mi trabajo no anda bien y yo estoy bajo un gran estrés, él no hace nada bien. Sólo puedo ver sus errores y las cosas malas que hace. Todo lo que hace está mal".

En momentos como ése, el integrante que está bajo tensión parece irrazonable al máximo. Laura relató un intercambio que tuvo con Fred, cuando ella estaba bajo una considerable presión en el trabajo. Fred había prometido arreglar una silla, pero repetidas veces olvidó comprar la herramienta adecuada.

Fred: ¡Oh, no! Otra vez la olvidé.

Laura: ¿Qué quieres decir con que te olvidaste? Ya lo olvidaste una vez, y ahora hasta me molesté en avisarte.

Fred: Lo lamento. Estuve ocupado y lo olvidé. Soy distraído para esas cosas.

Laura ¡No deberías haberlo olvidado!

Fred: Tenía un paciente de urgencia justo después de tu llamada y se me fue de la cabeza.

Laura ¡Te preocupas más por tus pacientes que por mí!

Fred: (enojándose) ¡Eso no es verdad! Estás exagerando.

Cuando una persona está tan trastornada, tiende a desechar las explicaciones benévolas ("distraído", "paciente de urgencia") y se aferra a interpretaciones negativas tales como *"No te preocupas por mí"*. (Es interesante observar que los individuos que no son ellos mismos distraídos tienen dudas particulares sobre la explicación de "distraído" ofrecida por sus parejas.)

Otro efecto del estrés es la pérdida de control sobre el pensamiento y la conducta. Las personas que están tensas, tienen más dificultad para moderar sus interpretaciones extremas, corregir sus distorsiones y regular la manera de expresar sus sentimientos. En momentos como ésos se dejan llevar, con probabilidad, por un lenguaje injurioso, agreden, incluso físicamente, a sus parejas o se retiran del todo. Cuando el estrés lleva a la bebida, la combinación de ambas cosas puede ser explosiva y generar un violento despliegue de ira.

Las personas bajo estrés exhiben también modelos infantiles de pensamiento y de acción, conocidos como regresión. Laura observó: "Cuando mi trabajo anda bien, disfruto de la relación con Fred. Pero cuando estoy bajo estrés, me aferro a Fred, dependo completamente de él, lo necesito en forma constante".

*Antídoto para el estrés*

¿Qué debería hacer usted cuando está "sometido a estrés"? El primer consejo es que trate de evitar caer bajo estrés en primer lugar. Si aplica algunos de los principios de la terapia cognitiva, descritos en este libro, será capaz de prevenir el estrés más a menudo. Por ejemplo, muchas personas se dejan caer en ese estado porque "tremendizan" y "catastrofizan" las decepciones y frustraciones particulares. "Es terrible que mi personal no haya hecho el trabajo a tiempo", y "El informe mediocre de Jon prueba que no podrá hacerlo nunca en la vida" son dos ejemplos de ello. Esas interpretaciones exageradas se registran en forma de una tensión acrecentada en su cuerpo y por último agotan sus recursos de tal modo que a usted no le queda más energía psíquica para moderar sus emociones o corregir su pensamiento extremo. También se puede hacer frente al estrés contrarrestando los pensamientos automáticos con reacciones racionales.

Los *debería* son otro mecanismo mental que drena sus recursos: los continuos "haz esto", "no hagas aquello" cobra lo suyo. Si hace frente a los *debería* y los atenúa hasta niveles realistas se le quitará de encima una gran parte de presión superflua.

Cuando está ya bajo estrés, puede emprender medidas para minimizar el impacto que produce sobre usted. Debería ante todo reconocer las señales correspondientes: tensión, distracción, irritabilidad, dificultades para dormir. Al comprender que usted es propenso a exagerar o malinterpretar lo que la gente dice o hace, usted puede precaverse contra los disgustos dando a los demás el beneficio de la duda, y evitando enfrentamientos innecesarios y temas controvertidos con su pareja, hasta que está más descansado y sosegado.

Hay varias maneras en que usted puede calmarse y ayudarse a recuperar sus recursos mentales. Una es tomarse un tiempo libre y alejarse completamente de sus problemas. Algunos creen que una larga caminata ayuda a apaciguarlos. A muchas personas les ayudan ciertas formas de relajación o meditación, como las recomendadas por el doctor Herbert Benson en *The Relaxation Response*.[7]

¿Que puede hacer cuando su pareja está bajo estrés? Primero, debe reconocer algunas señales reveladoras antes mencionadas: estado de corto circuito, desasosiego y una tendencia a malinterpretar lo que usted dice. Durante ese período, evite entrar en conflictos o enfrentamientos innecesarios. Además, trate de brindar algún tipo de diversión, alguna forma favorita de recreación o entretenimiento.

Cuando ambos están bajo estrés, es mejor, quizá, posponer

---

7. H. BENSON, *The Relaxation Response* (Nueva York, William Morrow, 1975).

la consideración de asuntos importantes o la toma de decisiones mayores. Este también es un buen momento para brindar a su pareja el beneficio de la duda. Si se enfrenta con una conducta particularmente desagradable, por ejemplo, llegue a explicaciones benévolas *("El realmente está agotado")* en lugar de dar explicaciones negativas *("Ella siempre me rebaja")*.

FAMILIAS CON DOS TRABAJOS

Una cantidad cada vez mayor —más de la mitad— de todas las mujeres casadas integran ahora la fuerza laboral.[8] Como consecuencia, se presta una atención creciente a los problemas de familias con dos trabajos. En cierto sentido, el término *dos trabajos* es incorrecto, porque hay por lo menos tres trabajos en esas familias, dos son remunerados, y el tercero, el doméstico, no. (En algunas familias, desde luego, la atención de la casa —tanto las tareas domésticas como el cuidado de los niños— está a cargo, hasta cierto punto, de una asistenta de pago: criada, ama de llaves, niñera.)

Los psicólogos sociales Rena Repetti y Carol Piotrkowski realizaron investigaciones sobre familias con dos profesiones y tres trabajos. Comprobaron que cuando las esposas están satisfechas con sus trabajos, están más contentas en el matrimonio y se sienten mejor con respecto a los niños, que las que se quedan en su casa con los hijos. No obstante, las esposas que trabajan informan —como lo hacen los maridos que trabajan— que tienden a llevar a la casa las tensiones, decepciones y frustraciones del trabajo.[9] Una esposa dijo: "Cuando abro la puerta por la noche, soy diferente de la persona que salió por la mañana".

---

8. BLUMSTEIN y SCHWARTZ, *American Couples*, pág. 118.
9. C. S. PIOTRKOWSKI y R. L. REPETTI, "Dual-Earner Families". *Marriage and Family Review* 7 (2/3) (1984): 99-124.

En un estudio sobre esposas que trabajan, Blumstein y Schwartz comprobaron que en la mayor parte de los casos, las mujeres seguían siendo responsables de gran parte de las tareas domésticas, además de su trabajo de tiempo completo. Aun cuando los esposos estuvieran desempleados, realizaban sustancialmente menos trabajo doméstico que la esposa media trabajadora. Además, cuando los maridos accedían a compartir las responsabilidades por igual, aún iban a la zaga de sus mujeres en cuanto al tiempo invertido en tareas típicas como la cocina, el lavado de ropa y las compras del supermercado. Blumstein y Schwartz llegaron a la conclusión: "La idea de responsabilidades compartidas se ha convertido en un mito".[10]

*Problemas psicológicos*

Aunque la doble remuneración contribuye a las comodidades materiales de una pareja y ofrece una mayor flexibilidad en los gastos, los dos trabajos pueden agravar los problemas psicológicos e interpersonales de los cónyuges. Laura, por ejemplo, estaba satisfecha con el modo de atender su casa cuando consiguió un trabajo, pero se sintió molesta con la poca atención que Fred le prestaba a las tareas domésticas de las que se había hecho cargo. Y Fred abrigó un resentimiento secreto con Laura por decirle qué debía hacer y mirar por encima de su hombro cuando lo hacía.

Laura me dijo: "El único campo sobre el que tengo control es la cocina. Hay una forma correcta y otra errada de hacer las cosas. El nunca guarda bien los platos en el estante. Mezcla los vasos grandes con los pequeños y las copas. No pone los platos como es debido en el lavaplatos. Y no los enjuaga bien antes de colocarlos".

Hasta aquí, quizá parezca un simple conflicto de normas que podría ser resuelto por Fred si éste prestara más atención

---

10. BLUMSTEIN y SCHWARTZ, *American Couples,* p. 118.

a sus tareas o si Laura no fuera tan estricta en sus normas. Pero debajo de ese problema práctico hay uno psicológico. Considere el significado para Laura.

Creo que él considera que atenta su dignidad hacer esa tarea. La hace, pero no se preocupa realmente por *cómo* la hace. Está muy bien que la haga yo, pero no está bien para él. En el fondo, no piensa mucho en mí.

Vemos aquí que eso afecta a las cuestiones de *status* y respeto. Ahora escuchemos las quejas de Fred.

Ella es una fanática de la atención de la casa. Siempre mira por encima de mi hombro para ver si lo hago correctamente. Admito que no me muero por hacerlo, ya tengo un jefe en el trabajo. Pero estoy dispuesto a empezar. Lo principal es, sin embargo, la insistencia de Laura en esa cuestión de la igualdad. Todo tiene que ser igual. Cuando vuelvo a casa del trabajo y ella está en medio de una tarea, como cambiar los pañales, se para en la mitad y me dice que me toca a mí; aun antes de que tenga tiempo de guardar la chaqueta.

Sintonicemos su diálogo:

LAURA: Fred, tú no me consideras como una igual. Siempre tratas de liberarte de las cosas para que yo tenga que hacer la mayor parte del trabajo. No soy tu subordinada.

FRED: Estoy dispuesto a hacer eso para ti.

LAURA: No lo haces para mí, lo haces para nosotros.

FRED: Yo quiero partirlo a la mitad. Pero al ver que no te sientes feliz con la manera en que hago las cosas, tomaré mi mitad y contrataré una criada para que lo haga.

LAURA: Ya tienes una criada: ¡yo! Siempre me usas. Está bien que yo tenga mi parte del trabajo, pero tú puedes desentenderte y contratar otra sirvienta para que haga tu parte. Eso no es igualdad.

FRED: La igualdad no significa que me digas todo el tiempo lo que debo hacer.

Lo que vemos aquí no es una simple lucha por la división del trabajo, sino un choque de personalidades. Como parte de su propio desarrollo personal y su deseo de independizarse de Fred, Laura consiguió un trabajo de tiempo completo. No obstante, el conflicto de personalidad no se resolvió con su independencia en el trabajo; pasó a la arena de los deberes domésticos, donde asomaron sus susceptibilidades.

Laura era sensible en dos campos: ella quería tener la seguridad de que Fred valorara sus contribuciones y deseaba ser respetada —y tratada— como "un ser humano igual". Fred, por otra parte, era sensible a cualquier cosa que se asemejara a una dominación o control por su parte. El se rebeló contra el control de Laura sobre el desempeño de sus funciones. Por consiguiente, hacía su parte con poco entusiasmo, socavando el plan acordado.

Mi estrategia en el asesoramiento era doble. Le mostré a Laura que, si bien ella suscribió la igualdad en un principio, no trataba a Fred como a un igual cuando vigilaba su manera de hacer las cosas o le decía: "Ahora te toca a ti". Laura llegó a comprender que, a pesar de la división del trabajo, ella de todas manera tomaba el mando para vigilar que las cosas se hicieran como es debido. Vio entonces cómo su enfoque del trabajo doméstico era dominado por los *debería* y cómo aplicaba esos *debería* a Fred.

Le señalé que Fred estaba dispuesto y era capaz de hacer su tarea, pero que la vigilancia que ella ejercía sobre su trabajo socavaba su moral y, por ende, su motivación. Por otra parte, Fred tenía que superar su susceptibilidad a la realimentación de Laura. Por fin, él pudo ver que ella no trataba de dominarlo, sino de asegurar que la tarea estuviera hecha razonablemente bien.

Con el tiempo, Fred comprobó que podía llegar a acuerdos

con Laura sin sacrificar su autonomía. De un modo similar, cuando Laura supo ver la situación desde la perspectiva de Fred —que él la percibía como demasiado mandona— ella pudo bajar su vigilancia. Se dio cuenta de que era la susceptibilidad de Fred a ser controlado y no la percepción de ella como inferior, lo que lo hacía provocativo.

En resumen, cuando ambos cónyuges mantienen la familia, pueden resolver los conflictos empleando las mismas herramientas analíticas que he descrito en los capítulos anteriores. Primero, defina los puntos específicos del conflicto. Segundo, descubra los significados de los conflictos para usted y para su cónyuge. Tercero, trate de revisar sus propias perspectivas. Cuarto, piense en soluciones.

## "Crecer separados"

Puede surgir un problema —en particular en familias con dos trabajos— cuando uno o ambos cónyuges cambian y maduran a través de los años. Resulta así que una pareja que tuvo una relación estrecha, puede distanciarse, cuando uno o ambos se vuelven más independientes o desarrollan nuevos intereses, gustos o valores no compartidos por el otro. Esas diferencias hacen a veces que los integrantes de la pareja pierdan interés el uno por el otro.

Marie, una mujer de treinta y cinco años de un hogar con dos trabajos, me consultó sobre la posibilidad de divorciarse de su marido. Me contó la siguiente historia. "Yo adoré a mi marido al principio. Michael era todo lo que yo había soñado. Era alto, fuerte y seguro de sí mismo. Cuando lo veía cruzar la habitación, solía hacerme papilla. Estábamos casados hace diez años cuando conseguí un trabajo en una compañía de publicidad. Conocía gente nueva e interesante todos los días, y me alegraba de tener que ir al trabajo. Pero cuando volvía a casa, no teníamos nada de qué hablar. Empecé a ver realmente a Michael por primera vez. Era pesado y aburrido. Sólo podía verlo sentado delante del televisor con una cerveza en la mano o tumbado en el sofá. Aún lo amo, en cierta manera, pero no lo respeto más".

Marie había cambiado su criterio al juzgar a Michael y, con ese cambio, su admiración por él disminuyó. Marie provenía de una familia portorriqueña tradicional y patriarcal. Cuando Michael y Marie se casaron, recrearon el patriarcado, con Michael en el rol autoritario y Marie en el subordinado. Pero después que ella empezara a trabajar, sus roles se igualaron. Marie dejó de mirar a Michael como un símbolo de autoridad, y se volvió perfectamente consciente de sus defectos.

Mi asesoramiento a Marie constaba de dos partes: primero juzgar las buenas y malas cualidades de Michael y, segundo, determinar qué esperaba Marie de la vida y cómo podía alcanzarlo mejor. Marie confeccionó una lista de las cualidades atractivas e indeseables de Michael:

| *Cualidades indeseables* | *Cualidades atractivas* |
|---|---|
| Es desaliñado. | Me ama. |
| No tiene intereses, salvo el deporte. | Me ayudó a conseguir un trabajo. |
| Nunca ayuda con el trabajo doméstico. | Es amable. |
| A veces es grosero. | Es un buen padre. |
| | Trabaja mucho en su empleo. |
| | Es hábil para arreglar las cosas. |
| | Es digno de confianza. |
| | Nunca se enoja. |

En el proceso de reevaluación de Michael, Marie se dio cuenta de que los aspectos positivos superaban a los "malos". Cuando ella lo comparó en una forma sistemática con los hombres en su trabajo —a quienes ella admiraba— los vio carentes de las cualidades "verdaderas" de Michael. En una de sus comparaciones, me dijo: "Joe es interesante y muy inteligente, pero es muy neurótico, emocional y no tiene respeto por su mujer. Estoy segura de que mariposea. Vivir con él sería una aventura, pero nunca podría durar".

Cuando Marie volvió a examinar sus nuevos valores morales y juzgó de nuevo a Michael empezó a conceder mayor peso a sus virtudes, y el respeto por él creció otra vez. También llegó a comprender que no era necesario que ella satisficiera todas sus necesidades a través de una sola persona. Podía mantener una relación matrimonial afectuosa y al mismo tiempo disfrutar del estímulo intelectual de otras personas.

Hablé con Marie sólo dos veces, pero si el problema no se hubiese tratado con cierta prontitud, hubiese tenido que ver a Michael y asesorarlos juntos. Es posible que Michael se haya apartado de Marie porque no se sentía deseado ni apreciado, y que parte de la falta de satisfacción de Marie se debiera a ese distanciamiento. En la segunda entrevista, Marie dijo que había decidido dedicarse más a su relación con Michael. Comprendió que era "un diamante en bruto" y resolvió mejorar su propia actitud hacia él.

En otro caso, las reacciones de Harold a los cambios producidos en su mujer, Carol, plantearon una clase diferente de problemas. El se quejaba: "Todo lo que hace es hablar de la gente maravillosa que conoció en el trabajo. Los conocí, son un montón de aduladores. No sabe hablar de otra cosa que no sea de su trabajo. E invita todo el tiempo a esa gente. Actúan como si pertenecieran a algún culto o algo parecido".

En este caso, Carol no estaba interesada en terminar con el matrimonio; en efecto, no veía nada malo en él. Pero Harold se sentía excluido y consideraba a los colaboradores de ella como "extraños". El asesoramiento incorporó tres pasos para que los ayudaran a reestructurar su vida persona y social: 1) Carol debía poner un límite al tiempo que destinaba a discutir sobre su trabajo; 2) Harold dispondría de un tiempo igual para discutir sobre el suyo; y 3) iban a decidir por turno los amigos de quién invitarían a la casa.

*Aliviar el estrés de las familias con dos trabajos*

Es inevitable que la tensión experimentada por un cónyuge se vierta en la relación. En el caso de padres que trabajan, un modo efectivo de reducir el estrés será para el marido/padre disminuir la sobrecarga de trabajo sobre la esposa/madre, y ayudar a resolver el conflicto de ella entre trabajo y maternidad. El puede, por ejemplo, hacerle saber que no espera de ella que haga un "trabajo perfecto" como esposa y como madre, al mismo tiempo que mantiene un empleo de tiempo completo o parcial, y que no puede esperar eso de sí misma. Más aún, al participar más activamente en la casa, él puede aliviar la desesperación de ella por "descuidar" a los hijos y los deberes domésticos. Al mismo tiempo, el marido/padre debe resolver su conflicto entre su trabajo y las responsabilidades de la vida de hogar.

Una serie de programas de estrés han logrado reducir la tensión de los matrimonios con dos profesiones.[11] Una parte de un programa se propone restablecer el equilibrio de dar-recibir. A continuación se dan los pascs claves.

1) *Destaque lo positivo.* Concentrarse en los beneficios que se obtienen de tener un trabajo: una mayor sensación de gratificación personal, un mejor estándar de vida, la posibilidad de proveer más oportunidades educacionales y culturales para los hijos y una mayor igualdad entre marido y mujer. Los estudios han demostrado que las madres que trabajan

---

11. D. A. SKINNER, "The Stressers and Coping Patterns of Dual-Career Families", en H. I. McCubbin, A. E. Caubel y J. M. Patterson, eds. *Family Stress, Coping, and Social Support* (Springfield, IL: Charles Thomas, 1982) págs. 136-150.

expresan una mayor satisfacción en sus vidas que las que no trabajan.

2) *Establezca prioridades.* Puesto que son inevitables los conflictos entre las exigencias de la familia y el trabajo, se necesita algún principio que guíe en la solución del conflicto. Por ejemplo, algunos siguen la máxima: "Las necesidades de la familia están primero".

3) *Esté dispuesto a transigir con usted mismo.* Es imposible lograr un ideal tanto en la familia como en el trabajo. Son necesarias unas cuantas transacciones, por ejemplo, pasar menos tiempo con los niños o en el trabajo de lo que sea deseable, o sacrificar posibles oportunidades para progresar en el trabajo. Tenga presente que usted no puede conseguir de un modo realista lo mejor de cada cosa, pero debería proponerse lograr el mejor equilibrio entre sus distintas actividades.

4) *Separe sus roles de familia y trabajo.* Trate de lograrlo en la mejor forma posible. Por ejemplo, Marjorie solía sentirse culpable mientras estaba en el trabajo, pensando que podía pasar más tiempo con los niños. Pero cuando estaba con los hijos, se sentía culpable por no trabajar en las tareas que había traído a la casa de la oficina. Tenía que disciplinarse para bloquear su tiemo de oficina y separarlo del tiempo que pasaba en la casa, no pensar en los niños cuando estaba en su trabajo, y no preocuparse por el trabajo cuando estaba con los hijos.

5) *Sea realista en cuanto a sus normas.* Algunas personas creen que sus hogares deben ser tan inmaculados después de tener hijos como antes, o cuando trabajan ambos cónyuges en lugar de uno. Puede ser preciso reducir sus normas y aceptar cierto grado de desorden.

6) *Organice las tareas domésticas.* El dilema de la sobrecarga doméstica puede a veces resolverse asignando a

cada uno lo que le corresponde, y haciendo que el marido y los hijos se hagan cargo de cosas que tradicionalmente eran responsabilidad de la mujer. Sea lo más concreto posible al dividir las responsabilidades domésticas. Muchas familias aprovechan para anotar las tareas asignadas a cada uno en una tarjeta. Trate de aclarar campos ambiguos como el que se refiere a cuál de los padres tiene la responsabilidad de acostar a los niños.

7) *Cultive una actitud de participación con su cónyuge.* Aquí cabe poner en práctica el tipo de ayuda que cité en capítulos anteriores. Siéntese con su cónyuge periódicamente y discutan qué pueden hacer para ayudarse mutuamente en sus respectivos trabajos, en la casa y en el empleo. Los problemas domésticos merecen tanto respeto y atención como los del trabajo. Muchos maridos y esposas informan haber sentido un gran alivio cuando sus compañeros prestan oído a sus quejas, brindan una caja de resonancia y dan consejo y aliento.

8) *Trate de mantener un equilibrio entre responsabilidades y recreación.* Recuerden que si ambos trabajan para mejorar el nivel de vida, deberían emplear algunos de sus ingresos extra para aumentar su disfrute de la vida. Si gastan todos sus recursos psíquicos en el trabajo y las responsabilidades domésticas, les quedará poca energía para hacer su vida más equilibrada y agradable.

### PROBLEMAS EN SEGUNDAS NUPCIAS

En vista del hecho de que la mitad de todos los matrimonios terminan en divorcio y que el 85% de los hombres divorciados y el 75% de las mujeres divorciadas se vuelven a casar, los problemas de las segundas nupcias de las parejas merecen atención especial.[12]

Las familias de un nuevo matrimonio tienen una única clase de dificultades, por más compatibles que sean los esposos. Un problema común para muchos consiste en cómo se ubican las lealtades de los miembros de una familia. Quién está "adentro" de la familia y quién está "afuera" puede no estar claro, y puede variar en la mente de los diferentes miembros. Por ejemplo, los niños pueden considerarse desleales con respecto a su padre natural ausente si les gusta estar con su padrastro. Por otra parte, un padrastro puede sentirse culpable por pasar más tiempo y establecer una relación más estrecha con sus hijastros que con sus hijos. Ese arreglo puede también crear resentimiento por parte de sus propios hijos.

El tema de la lealtad se complica con la tendencia de los niños de padres diferentes, que viven bajo el mismo techo, de considerarse no como una familia sino dos. Es posible que digan cosas como "Tú no eres mi hermano" o "No le hables a mi madre de ese modo".[13] Tienden a mantener límites basados en la lealtad a sus familias anteriores.[14]

Estrechamente vinculado al tema de la lealtad está el problema de la competencia, que puede adquirir muchas formas. Por ejemplo, surgen luchas entre los hijos y los hijastros por la atención de un padre. Además, el padre y la madre naturales pueden competir entre sí por merecer el favor de su hijo. Se oyen a menudo acusaciones de favoritismo, por ejemplo de que la madrastra favorece a sus hijos biológicos.

---

12. A. J. CHERLIN, *Marriage, Divorce, Remarriage* (Cambridge, MA: Harvard University Press, 1981) pág. 29.

13. L. A. LESLIE y N. EPSTEIN, "Cognitive-Behavioral Treatment of Remarried Families" en N. Epstein, S. E. Schlesinger y W. Dryden, eds., *Cognitive-Behavioral Therapy with Families* (Nueva York: Brunner/Mazel, 1988).

14. E. B. VISHER y J. S. VISHER, *A Guide to Working with Stepchildren* (Nueva York, Brunner/Mazzel, 1979).

Los padres casados en segundas nupcias pueden discrepar en el régimen sobre la crianza de los niños. Deben tratar con hijastros sin haber tenido la oportunidad de desarrollar y acordar series de reglas y rutinas cuando esos chicos eran más jóvenes. Se espera de pronto que colaboren como padres, sin que hayan tenido tiempo de prepararse para ello.

Aun cuando en el nuevo matrimonio, los padres quieren trabajar en equipo, están a menudo impedidos de hacerlo por la tendencia del padre natural de asumir el rol de disciplinar a los hijos propios. El o ella puede decir: "Es *mi* hijo, yo lo manejaré". Cuando el padrastro (o madrastra) intenta imponer una regla, los hijastros pueden poner en duda el derecho de aquél para imponerla cuando difiere de las reglas establecidas por la madre (o padre) natural, y se desencadena una lucha.

Las parejas casadas en segundas nupcias deben ponerse de acuerdo en cuestiones tales como la autonomía que se les puede permitir a los niños, las restricciones de las horas de descanso y de dormir y en qué medida se puede dejar al niño expresar su enojo contra los padres.

Los conflictos que se originan por discrepancias en la crianza de los hijos entre padres de un nuevo matrimonio pueden llevar a que se produzcan coaliciones desplazadas: la esposa que toma partido con el marido contra su propio hijo en un caso, los hijos e hijastros que conspiran contra un progenitor en otra ocasión, o el marido que se pone del lado de sus hijos contra la esposa.

Se produjo un conflicto en una pareja de casados en segundas nupcias cuando los hijos adolescentes del marido, que vivían con la madre, se aparecían inesperadamente después de la escuela. La madrastra creía que debían llamar primero, mientras que el padre opinaba que eran libres de venir cuando quisieran. Marido y mujer se sintieron ofendidos por la posición del otro y se acusaron mutuamente de falta de interés.

Se pueden tratar con éxito muchos problemas que se originan en la vida de parejas nuevas, pero requieren un alto nivel de toma de decisiones y una afinada armonización. Son de extrema utilidad las frecuentes reuniones para la toma de decisión, como las descritas en los capítulos anteriores. Además, los nuevos esposos deberán esforzarse para que los conflictos no interfieran en su trabajo de padres-socios.

Algunos expertos dicen que el porcentaje de divorcios en los matrimonios nuevos es casi tan alto como en los matrimonios en primeras nupcias.[15] Sin embargo, creo que los cónyuges que están preparados para los problemas psicológicos que se presentan, pueden solucionarlos. Algunos de esos problemas giran alrededor de las convicciones básicas que tienen las nuevas familias sobre la vida de familia y las explicaciones de las causas de los problemas entre sus miembros.[16] Entre esas expectativas y convicciones citamos las siguientes:

- Nuestra nueva unidad familiar debería ser más feliz que la anterior.
- Mis hijastros deberían considerarme como su "nueva mamá" (o "papá").
- Mis hijos son desleales si se encariñan con el padrastro (o madrastra).
- Si mis hijos se interesan por su propio padre (ausente), no pueden interesarse por mí.
- Nuestro nuevo matrimonio debería estar libre de conflictos.
- Deberíamos tratar de ser padres y padrastro y madrastra perfectos.

La tendencia a echar la culpa cuando surgen dificultades es más complicada en familias de segundas nupcias. A menudo la acusación se dirige contra el ex cónyuge: "Tu hijo estaría muy bien si tu mujer lo dejara solo" o "Tu ex marido

---

15. R. STUART y B. JACOBSON, *Second Marriage: Make It Happy! Make It Last!* (Nueva York, W. W. Norton, 1985).

16. C. J. SAGER (y otros), *Treating the Remarried Family* (Nueva York: Brunner/Mazel, 1983).

se entrega demasiado a tu hija". Las nuevas parejas deben dejar de lado las acusaciones y, en lugar de eso, tratar cada dificultad como un problema que requiere solución. Cuando los compañeros discrepan, tienen que negociar. Aun más que en el caso de las familias originarias, las nuevas parejas deben aclarar la división de responsabilidades, confeccionar horarios sistemáticos y establecer prioridades.

La vida de los casados en segundas nupcias exige muchos acuerdos, pero eso se puede lograr si los cónyuges se empeñan en ello. Deben ser sensibles a las presiones y necesidades del otro y cultivar la paciencia y la tolerancia en un grado extraordinario. Dada esa buena voluntad, las parejas vueltas a casar, pueden alcanzar un mejor grado de estabilidad y de felicidad que en sus primeros matrimonios.

# Bibliografía

Bach, G. y Wyden, P.: *The Intimate Enemy,* Nueva York, Avon Books, 1969.
Barbach, L. G.: *For Yourself: The Fulfillment of Female Sexuality,* Garden City, NY, Anchor Books, 1976.
Benson, H.: *The Relaxation Response,* Nueva York, William Morrow, 1975.
Berley, R. y Jacobson, N.: "Causal Attributions in Intimate Relationships", en *Advances in Cognitive-Behavioral Research and Therapy,* vol. 3, P. Kendall (comp.), Nueva York, Academic Press, 1984.
Betcher, W.: *Intimate Play: Creating Romance in Everyday Life,* Nueva York, Viking, 1987.
Blumstein, P. y Schwartz, P.: *American Couples,* Nueva York, William Morrow, 1983.
Burns, D.: *Feeling Good,* Nueva York, New American Library, 1980. [Versión cast.: *Sentirse bien,* Barcelona, Paidós, 1990.]
Cherlin, A. J.: *Marriage, Divorce, Remarriage,* Cambridge, Harvard University Press, 1981.
Duffy, D. y Dowd, T.: "The Effect of Cognitive-Behavioral Assertion Training on Aggressive Individuals and Their Partners", *Southern Psychologist* 3: 45-50.
Ellis, A.: *How to Live with and without Anger,* Nueva York, Reader's Digest Press, 1977.
Epstein, N.: "Depression and Marital Dysfunction: Cognitive and Behavioral Vantages", *International Journal of Mental Health* 13: 86-104.
—— Pretzer, J. L. y Fleming B.: "The Role of Cognitive Appraisal in Self-Report of Marital Communication", *Behavior Therapy* 18: 51-69.
Erickson, E.: *Childhood and Society,* Nueva York, W. W. Norton, 1964.

Fawcett, J. y York, R.: "Spouses' Strength of Identification Reports of Symptoms during Pregnancy and the Postpartum Period", *Florida Nursing Review* 2: 1-10.

Fincham, F., Beach, S. y Nelson, G.: "Attribution Processes in Distressed and Non-distressed Marriages", *Journal of Abnormal Psychology* 94: 183-190.

Frank, E., Anderson, C. y Rubenstein, D.: "Frequency of Sexual Dysfunction in 'normal' couples", *New England Journal of Medicine* 299(3): 111-115.

Gilligan, C.: *In a Different Voice: Psychological Theory and Women's Development*, Cambridge, MA, Harvard University Press, 1982.

Gottman, J. M.: *Marital Interaction: Experimental Investigations*, Nueva York, Academic Press, 1979.

Hollyworth-Monroe, A. y Jacobson, H.: "Causal Attributions of Married Couples", *Journal of Personality and Social Psychology*, 48: 1398-1412.

Horney, K.: *Neurosis and Human Growth*, Nueva York, W. W. Norton, 1950.

Houseknecht, S. K., Vaughn, S. y Macke, A. S.: "Marital Disruption among Professional Women: The Timing of Career and Family Events", *Social Problems* 31(3): 273-284.

Ickes, W.: "Sex-Role Differences and Compatibility in Relationships", en W. Ickes (comp.), *Compatible and Incompatible Relationships*, Nueva York, Springer-Verlag, 1985.

Jacobson, H. y otros: "Attributional Processes in Distressed and Nondistressed Married Couples", *Cognitive Therapy and Research* 9: 35-50.

Kaplan, H. S.: *The New Sex Therapy: Active Treatment of Sexual Dysfunction*, Nueva York, Brunner/Mazel, 1974.

Leslie, L. A. y Epstein, N.: "Cognitive-Behavioral Treatment of Remarried Families", en N. Epstein, S. E. Schlesinger y W. Dryden (comps.), *Cognitive-Behavioral Therapy with Families*, Nueva York, Brunner/Mazel, 1988.

Maltz, D. y Borker R.: "A Cultural Approach to Male-Female Miscommunications", en J. J. Gumperz (comp.), *Language and Social Identity*, Cambridge University Press, 1982.

Markman, H. J. y otros: "Prevention of Marital Distress: A Longitudinal Investigation", *Journal of Consulting and Clinical Psychology* 56: 210-217.

Noller, P.: "Misunderstandings in Marital Communication: Study of

Nonverbal Communication", *Journal of Personality and Social Psychology* 39: 1135-1148.

——: "Gender and Marital Adjustment Level Differences in Decoding Messages from Spouses and Strangers", *Journal of Personality and Social Psychology* 41: 272-278.

——: *Nonverbal Communication and Marital Interaction*, Nueva York, Pergamon Press, 1984.

Peele, S.: *Love and Addiction*, Nueva York, New American Library, 1976.

Piaget, J.: *The Moral Judgment of the Child*, Glencoe, IL, Free Press, 1965, Trad. de M. Gabain.

Piotrkowski, C. S. y Repetti, R. L.: "Dual-Earner Families", *Marriage and Family Review* 7(2/3): 99-124.

Rosenstorf, O. y otros: "Interaction Analysis of Marital Conflict", en *Marital Interaction: Analysis and Modification*, K. Halweg y N. S. Jacobson (comps.), Nueva York, Guilford Press, 1984.

Rubenstein, C. y Jaworski, M.: "When Husbands Rate Second", *Family Circle*, mayo 1987.

Rubin, L.: *Intimate Strangers: Men and Women Together*, Nueva York, Harper & Row, 1984.

Sager, C. J. y otros: *Treating the Remarried Family*, Nueva York, Brunner/Mazel, 1983.

Scarf, M.: *Intimate Partners: Patterns in Love and Marriage*, Nueva York, Random House, 1987.

Schaap, C.: "A Comparison of the Interaction of Distressed and Nondistressed Married Couples in a Laboratory Situation", en *Marital Interaction: Analysis and Modification*, K. Halweg y N. S. Jacobson, Nueva York, Guilford Press, 1984.

Skinner, D. A.: "The Stressors and Coping Patterns of Dual-Career Families", en H. I. McCubbin, A. E. Cauble y J. M. Patterson, *Family, Stress, Coping, and Social Support*, Springfield, Charles Thomas, 1982.

Stuart, R.: *Helping Couples Change*, Nueva York, Guilford Press, 1980.

—— y Jacobson, B.: *Second Marriage: Make It Happy! Make it Last!*, Nueva York, W. W. Norton, 1985.

Tannen, D.: *That's Not Waht I Meant*, Nueva York, Ballantine Books, 1986.

Tavris, C.: *Anger: The Misunderstood Emotion*, Nueva York, Simon & Schuster, 1982.

Tyler, T. R. y Devinitz, V.: "Self-Serving Bias in the Attribution of

Responsibility: Cognitive vs. Motivational Explanations", *Journal of Experimental Social Psychology* 17, 408-416.

Visher, E. B. y Visher, J. S.: *A Guide to Working with Stepchildren,* Nueva York, Brunner/Mazel, 1979.

Zilbergeld, B.: *Male Sexuality,* Nueva York, Bantam Books, 1978.

# Indice analítico

Abandono, miedo de 144
Abnegación 244
Abrahams, Janis 18
Abstracción selectiva 182-4, 191-2
Aceptación 15, 267, 280
Actitud sin culpa 22
   en conciliación 359
Actitudes:
   cambios de 241-2
   cuestionario 101-3
   de otros, conocimiento de 30
   diferencias de 330-2
   necesarias para la buena relación 132-3, 221, 245-61
   negativas, 41-6
   y emociones 371
Actitudes contraproducentes 236
Actitudes sexistas, comunicación de 124-6
Activadores del enamoramiento 55-6
Acusaciones 169-70, 231, 364
Acusaciones del cónyuge 223-4, 232-3
   en familias de nuevas nupcias 430-1
   reacciones a 387-8
Adaptación 344-6
Adicción, enamoramiento como 52
Adolescencia, símbolos de 56
Afecto, 244, 245, 267
   expresión de 280
Agravios, acumulación de 363

Agravios globales 350-1
Agresión pasiva 338-9
Agresividad, estilo coloquial 122-3
Alegría 320
Alianza, sentido de 258-60
Aliento de las cualidades personales positivas 66
Altruismo del noviazgo 130-1
Amabilidad 62
Ambigüedad 105
Amenazas 231
   al pacto matrimonial 130-40
*American Couples,* Blumstein y Schwartz 405-6, 408, 417-8
Amor 15-6, 244, 245
   aspectos psicológicos 51-4
   componentes de 265-75
   enamoramiento 51-6
   expresión de 280
   fin de 47-50
      desilusión 57-67
   y felicidad 91-2
Ansiedad 12-3
   esquemas de pensamiento 31-43
Anticipación de deseos 91-2
Apariencia física 53-4
   y deseo sexual 398-9
Apoyo:
   emocional, en la conversación 321-3
   para el cónyuge 272-4, 281-2
Apreciación, expresión de, de cualidades positivas 66

Argumentos de reciprocidad 223-4, 231-2
Argumentos de justicia 62
   y división de trabajo 143-6
   y mejora de la relación 232
Asesoramiento 22
   para el encuadre negativo 76-7
   para expectativas que discrepan 85-6
   para los problemas de comunicación 109
   y mejora de la relación 226-8
   *Véase también,* Terapia cognitiva
Aspectos físicos del enojo 213-14, 391
Aspectos positivos de las relaciones 264-5, 357-8
Aspectos psicológicos del amor 51-4
Ataque:
   reacciones a 217
   síntomas físicos 391
Ataques anticipados 196-8
Atención, desviación de, en situaciones conflictivas 389-90
Atracción sexual 53-4
Atribuciones 366-7
   cambio de 298-303
   negativas 71-2, 83, 96, 187-8, 189-90, 191-2, 217
Autoafirmación 186, 387
   y argumentos de justicia 232
   y enojo 208-11
Autoafirmaciones 163-4
Autoevaluación errónea 304
Autoprotección y problemas de comunicación 108, 113
Autoterapia para problemas sexuales 402-4
Aventuras extramatrimoniales 55, 260-1, 405-6
Ayuda del cónyuge 267
Bach, George 212-4
Baja tolerancia a la frustración 186-7

Beneficio de la duda 257-9
   y estrés 417-8
Beneficios por la expresión del enojo 381-5
Benson, Herbert, *The relaxation response* 416
Betcher, William, *Intimate play* 320
Bienestar del cónyuge, interés por el 267
Blumstein, Philip, *American Couples* 405-6, 408, 417-8
Borker, Ruth, 112, 117, 120-2
Buena voluntad, hipótesis de 255-7
Burns, David 18, 189-90
Calidad del tiempo en común 270-1, 273-4
Cambio:
   de los rasgos de personalidad 80-81
   de perspectivas 48-50
   en expectativas 85-6
   en las relaciones 221-2
      resistencia al 222-33
   en percepciones 64-5
   enfoques para el 234-43
   proceso de 238-43
Cambio de marco 298-303, 344, 375-81
   e infidelidad 408-10
Cannon, J. B. 217
Carreras (profesiones)
   de las esposas, actitudes sexistas 126
   los estrés de 413
*Casablanca* 35-6
Castigo 218-20
   control mediante 371
   por reglas violadas 91-3, 97-9
Catastrofismo 96, 180, 186-7, 189-92, 416
Cegueras 264-6
   fuentes de conflictos 374
   problemas de comunicación 113-5

Center for Cognitive Therapy, Universidad de Pennsylvania 16-7
Cimientos de la relación
refuerzo de 244-62
Clarificación de las posiciones en conflicto 349-53, 355-7, 385-6
Compañerismo 270-1, 281-2
Competencia masculina 122-3
Comportamiento (conducta):
cambios de 234, 241-2, 301
causante de problemas, en comunicación 127
positivo, reconocimiento de 275-82
Comprensión 268-71, 281-2, 109-11
de perspectivas que discrepan 352-7, 377-8
en comunicación 109-11
Comprensión mutua, principios cognitivos 27
Compromiso 15-6, 221, 244, 245, 246-55
Comunicación:
arte de, 64-6, 318
problemas de 13-4, 22, 37-9, 104-29, 233, 308-20
provocativa 207
señales 34-7
terapia cognitiva y 27-9
y conflicto 140-3, 329-31
y deseo sexual 402-3
Comunicaciones provocativas 207, 384-5
Conciencia alterada, en el enamoramiento 51-2
Conciliación para solución de conflictos 349-69
Conclusiones erróneas 31-3
de la lectura del pensamiento 28-30
malas interpretaciones 37-40
problemas de comunicación 109
y hostilidad 44-5

Conducta de escuchar, diferencias de sexos 112, 118-9, 323
Conducta positiva, reconocimiento de 275-82
Confiabilidad 15-6
Confianza 221, 244, 245, 254-6, 409-410
beneficio de la duda 257-9
e infidelidad 261-2
Conflicto 16-7, 93, 194-220
campos de 140-55
de personalidades 76-81
diferencias en sexos 124-5
efectos perjudiciales 371
en segundas nupcias 428-9
fuentes de 371-85
perspectivas diferentes 69-70, 73-4
reducción de hostilidad 384-96
resolución de 328-48
Consideración 15-6, 62
acciones simbólicas 66
Contacto estrecho 273-5, 281-2
comunicación 307
Contenido latente del mensaje 167
Contenido manifiesto del mensaje 167
Contexto de señales de comunicación 35-7
Contraataque 196-8, 285, 385-6
Contragolpe, en conflicto 198-206
Contrarios, pensar en 64-7, 185-7
*Véase también* pensamientos polarizados.
Contrato de matrimonio 60-2, 100
Control:
de una situación conflictiva 387
del cónyuge 371
mediante reglas 94-5
sentido de, o infidelidad 409-10
Conversación 307-27
diferencias de sexos 35-6
y comunicación 109

Conversación indirecta 106-9, 311-12
Convicciones básicas 205-7
Convicciones (creencias) 205-7
  cambio de 66
  fuentes de conflicto 372-3
  sobre cambio 222-25
Convicciones derrotistas 222-4, 225-31
Convicciones que se autojustifican 223-4, 231
Cónyuge, cambio en 225
  reducción de hostilidad 384-96
Cooperación 15-6, 221, 245, 246-7
  acciones simbólicas 66
Cordialidad 270-72, 281-2
Cortesía 313-6
Costos de la expresión del enojo 381-5
Crianza de los niños:
  conflictos de 145-8
  flexibilidad en 340
  y matrimonio en segundas nupcias 428-9
Críticas 363
  contraataques 196-8
  en público 257-9
Cualidades necesarias para buenas relaciones 221, 244-62
  Véase también cualidades personales
Cualidades personales 221, 244-62
  atribuciones negativas 83
  en el matrimonio 15-6, 62, 132-3
  expectativas no realistas 63-5
  perspectivas 48-50
    cerradas 73-4
  y arte de la comunicación 64-6
  Véase también rasgos de personalidad
Cuestionarios 19-20
  estilo de la comunicación 127
  expresión de amor 280-2

inflexibilidad 341
pensamientos automáticos negativos durante el acto sexual 400-2
problemas de la vida conyugal 154-8
problemas psicológicos de la comunicación 128-9
reglas y actitudes 101-3
rotulación de los pensamientos deformados 304-6
Véase también listas de confrontación

Culpa, sentimientos de 169-70
Dattilio, Frank 18
Deberes domésticos, en familias con dos trabajos 427
*Debería* 85-6, 93-8, 131
  secretos, pensamientos automáticos 172-6
  y deseo sexual 401-2
  y estrés 416
Decepción 49-50, 57-9, 93
  procesos mentales 26
Decodificación de la comunicación 37-9, 110-11
Defensiva, a la 285
  problemas de comunicación 108-9, 113, 114-5
Deformaciones cognitivas 181-93
  Véase también esquemas de pensamiento
Deformaciones mentales contraproducentes 96
Dependencia 272
Depresión 12-3, 31-3, 43
  después del nacimiento de un hijo 100, 413
  y deseo sexual 398-9
  y sobregeneralización 184
Derecho, sentido del 59-61, 100, 174, 175-6
  en las relaciones sexuales 150

Derechos en el matrimonio, conceptos 60-1, 172-6
Desacuerdo:
 niveles de 329-30
 y autoafirmación 210-11
Descanso y estrés 291
Desempeño, ansiedad de, en sexo 398-9
Deseo sexual reducido 397-406
Deseos del cónyuge, anticipación 91-2
Deseos, diferencias de 330-1
Desilusión 49-50, 52, 57-67, 244
 enamoramiento y 56
Desviación de la atención, en situaciones de conflicto 389-90
Diagnóstico matrimonial 19-20
Diferencias de sexos:
 en comunicación 35-6, 117, 120-121
  conducta al escuchar 112, 323
 en relaciones interpersonales 71
  estilo coloquial 122-3, 324
Diferencias en la relación 344
Diplomacia 325-7
Disciplina de los niños, actitudes 145-9
Disipasión de la hostilidad 384-96
Disolución del matrimonio 14-6, 130-58
Disputas 93, 132-3
 *Véase también* conflicto
Diversión, en el matrimonio 320
División del trabajo:
 reglas inflexibles 338-40
 roles y 143-6
Divorcio 14-6
"Dobles debería" 168-73
Dolor 213-4
 sensibilidad al 215-18
Dolor físico 213-14, 215-16
Dolor psíquico 215-16
Dominación:
 de la conversación 110-11
 del cónyuge 94-5
Dominación masculina 122-3
Dowd Tom 380-1
Dudas de sí mismo 168-73
 e infidelidad del compañero 409-10
 en los padres 148-9
 y conflicto 196-7
 y deseo sexual 398-400
 y normas rígidas 338-44
Dudas ocultas 168-73
 en padres 148-9
 y confianza 257-9
 y deseo sexual 400-2
Duffy, Donald 380-1
Efectos dañinos del conflicto 371
Egocentrismo 66, 72, 75-6
 en matrimonio 131
 y amor 244
 y cooperación 246-7
 y perspectivas que discrepan 69-70, 332-3
Egoísmo:
 en el enamoramiento 56
 en el matrimonio 132-4
 en el noviazgo 130-1
 en solución de conflictos 364
 y diferentes perspectivas 332-3
*El Enquiridión*, Epícteto 49-50
Elementos necesarios en el matrimonio 15-7
Ellis, Albert 96, 163-4, 186-7, 187-8, 213-4
Emociones:
 comunicación de 34-6
 expresión de 309-10
  diferencias de sexo 315-9
 y actitudes 371
Empatía 246-7, 267-9, 280
 necesidad de 37-9
Enamoramiento 51-6, 244-5
 inversión de 62-5
 y amor maduro 265-6

y promesas no realistas 60-1
Encuadre:
  negativo 75-7, 79-81, 236
    cambio de 298-303
    y estrés 414-5
  positivo, en el enamoramiento 53-5
Enfoque sociológico de los problemas de la comunicación 120-2
Enojo 44-5, 212-20
  control de 207-11
  disipación de 384-96
  efectos físicos 391
  en sucesos positivos 159
  excesivo 198-206
  expresión de 26, 370-1
  fuentes de 87-9
  por reglas violadas 90-2, 96, 97-98
  preguntas de 374-6
  resultados 381-5
  y hostilidad 219-20
  y miedos ocultos 186-7
  y pensamientos automáticos 160-76
  y sinceridad 308-10
  zonas de 392-5
Entendimiento mutuo 268-71
Enunciaciones constructivas 384-5
Epícteto, *El Enquiridión* 49-50
Epstein, Norman 16-8, 72, 101
Erikson, Erik 254-5
Errores 59
  significados simbólicos 135-6
Espontaneidad en comunicación 312-6
Esposas que trabajan 417-27
Esquemas de pensamiento 13-4, 240
  cambio de 234-5, 284-306, 375-81
  deformados 13-4, 177-93
    rotulación de 302-6
  en trastornos psíquicos 43

fuentes de conflicto 375-6
  negativos 25-46
  rígidos 40-6
  y estrés 414-16
Estado de ánimo para el cambio 242-3
Estilo autoritario, y conflicto 201-3
Estilo coloquial 117, 311-12
  cambio de 238-9, 312-4
  desajuste de 112-13, 114-5
  diferencias de 120-6
    diferencias de sexos 117-21
  interrupciones 324
Estilo oral:
  cambio de 238-9, 312-14
  problemas de comunicación 110-13
  y conflicto 195-7
  *Véase también* estilo coloquial
Estímulo sexual y enojo 212
Estrés 411-18
  y rigidez cognitiva 44-5
Etiqueta coloquial 320-7
Euforia del enamoramiento 51-6, 244-5
Evaluaciones moralistas 135-7
Excusas, expresión de 361-2
Exigencias 85-9
Experiencias de la infancia:
  y compromiso 247-8
  y confianza 254-5
  y esquemas de pensamiento 240
  y expectativas sobre roles 138-40
  y reacción a las reglas 337-40
  y roles de padres 100
Expectativas románticas 99-100
Expectativas 99
  de pacto matrimonial 135-6
  de sinceridad 257
  decepción de 57-9, 60-2
  disímiles 84-6
    sobre roles de familia 138-40

en relaciones sexuales 150
negativas 189-90
suposición de universalidad 89-90
y conflicto 145, 174
y rasgos de personalidad 79
Explicación de las posiciones en conflicto 328-30
Explicaciones:
prejuiciosas 187-8
negativas 73-4
Explicaciones posibles 301-3
Expresión de amor 280-2
Extremos, pensar en extremos 176-9
Factores culturales en el enamoramiento 56
Familia, antecedentes de:
y compromiso 247-8
y confianza 254-5
y conflicto 199-203, 207
y crianza de los niños 145-9
y dudas de sí mismo 171
y esquemas de pensamiento 240
y estilo coloquial 311-12
y expectativas 89-90, 138-40
y modales 313-14
y perspectivas 48-56
y problemas de comunicación 117
y roles matrimoniales 100
y suposiciones 43
Familia, roles de:
expectativas disímiles 138-40
y conflicto 143-6
Familias con dos trabajos, estrés, 417-27
*Family Circle,* revista 123
Fantasías sexuales 405-6
Felicidad 45-6
acciones negativas y 234-5
y amor 91-2
Fidelidad 245, 258-61
compromiso con 251-5

Filosofía, diferencias de 330-2
Fleming, Barbara 18, 101
Flexibilidad 100-1
solución de conflicto 337-44
Forma directa en la comunicación 309-12
Fórmulas para significados simbólicos 87-9
Fracaso de las relaciones 130-58
Frustración 26, 96
baja tolerancia 186-7
y comunicación imperfecta 104-5
Fuentes internas de hostilidad 372-3
soluciones 374-81
Generalizaciones 236
de reglas 90
excesivas 75-6, 180, 184, 189-90, 191-2, 226, 302-3, 378-80
negativas 31-3
Generosidad 15-6, 62
Gilligan, Carol 71
Goldstein, Mark Kane 277
Grabación de conversaciones 313-4
Graduación, estrés de 413
Grupos de edad, símbolos de 56
Gustar del cónyuge 272, 275-82
Gustos, diferencias en 330
Habilidades interpersonales 62
matrimoniales 132-4, 229-30
sociales 238-40
Hablante, en sesiones de conciliación 344-60
Hastío 318-20
Hausner, Stowe 18
Hijos:
nacimiento de 100, 411-13
perspectivas de 73-6
Hipocondría, esquemas de pensamiento 44-5
Hipótesis 40-3
cambio de 251-2
de buena voluntad 255-7

sobre roles matrimoniales 100
Hombres:
  comportamiento al escuchar 112
  emociones de 318-9
  estilos coloquiales 117-23
  independencia de 71
Horney, Karen 94-6
Hostilidad 44-5, 73-4, 93, 208-9, 213-4
  causar dolor 215-6
  e hipótesis de buena voluntad 257
  expresión de 195, 207-9, 219-20, 285, 370-1
    resultados 381-5
    en sesiones de conciliación 392
  fuentes de 372-3
  y cooperación 246-7
  y ofensas ocultas 161-2
Humor 320
  para disipar el enojo 389-90
Idealización, en enamoramiento 53-5
Identificación de pensamientos automáticos 290-3
Igualdad, en estilo coloquial 122-3
Imagen del cónyuge:
  cambio de 62, 180
  deformada 26
    terapia cognitiva para 27
  idealizada durante el enamoramiento 53-5
  negativa 75-7, 174-6
    en conflicto 217
Imagen mental del cónyuge:
  cambio de 180
  negativa 75-7, 174-6
Imagen propia, negativa 33
Incapacidad de cambio 225
Independencia de los hombres 71
Inferencia 30
  arbitraria 184, 191-2
  en sesión de conciliación 360

Inferioridad, sentido de:
  pensamientos automáticos 168
  y problemas de comunicación 113
Infidelidad 260-1, 405-12
Inflexibilidad y solución de conflicto 337-44
Inhibición 240
  y enojo 208-11
Interacciones personales 30-2
Interés 62
Interés por el bienestar del cónyuge 267
Interpretaciones 26
  automáticas 160
  *Véase también* malas interpretaciones
Interrupciones en conversación 110-12, 118-9, 323-24
*Intimate Play*, Betcher 320
Intimidad 130, 270-1, 281-2
  en conversación 122, 123, 124-5, 321-2
  expectativas en 59
  neutralidad en 258-9
  percepciones 64-5
  significados simbólicos 40-2
Irracionalidad del cónyuge 233
Joseph, Susan 18
Jóvenes las, estilo coloquial 122
Juicio del cónyuge 134-6
  equilibrado 64-7
  negativo 184
Juicios equilibrados 64-7
Juzgar al azar 31-3
  problemas de comunicación 109
Lealtad 15-6, 221, 244, 245, 258-61
  en segundas nupcias 427-9
Lealtad sexual 245
  compromiso con 251-5
Lectura del pensamiento (adivinación del pensamiento) 25-6, 28-9, 38-9, 43, 188-90, 191-2, 378-9, 380

control de 38-9
fuente de conflicto 374
terapia cognitiva para 27
y malentendidos 270-1
Listas de confrontación (control)
convicciones sobre el cambio 222-4
expresión de amor 280-2
problemas de comunicación 127-8
problemas de relación 154-8
sesiones de conciliación 357-9
valor de la expresión de hostilidad 382-5
*Véase también* cuestionarios
Luchas por el poder 342-4
Magnificación 186-7, 189-90
Malas interpretaciones (tergiversaciones) 16-7, 34-6, 270-1
correcciones de 284-306
de la conducta 28-30
de motivos 25-6
fuente de conflicto 374
hábitos de 238-40
pensamiento simbólico 177-9
problemas de comunicación 109-11
comunicaciones ambiguas 105-7
y estrés 414-5
y pensamientos automáticos 160
Malentendidos 13-4, 22
corrección de 38-9
y problemas sexuales 402-3
Maltrato físico 198-203
Maltz, Daniel 112, 117, 120-2
Manía, enamoramiento y 52
Maridos, y nacimiento del hijo 411-3
Marcos de referencia 72-6
Maternidad, estrés de 413
Matrimonio 14-7
comunicaciones en 37-40
contrato básico 100

disolución de 14-6, 130-58
reglas y 91-3
expectativas en 59
metas 21-2
primeros años 99-100, 411-12
problemas comunes del 19-20
y comportamiento egocéntrico 66
*Véase también* parejas desavenidas
Matrimonios afortunados 62
Mecanismos protectores:
en comunicación 108, 113
en conflicto 196-8
esquemas de pensamiento 240
reglas como 89-92
Mejora de la relación 263-81
esfuerzo conjunto 328-48
Mensajes incisivos 194-7
Mente, funcionamiento de, en situaciones negativas 26
*Véase también* esquemas de pensamiento
Metas del matrimonio 21-2, 134
Miedo oculto 186-7, 203
y pensamientos automáticos 161-4
y solución de conflicto 356-7
y normas rígidas 338-9, 340-1
Modelos paternos y dudas internas 171-3
Monólogo interno 163-4
*Véase también* pensamientos automáticos
Monólogos 110-11
Motivos 44-5
atribuciones negativas 71-2
conocimiento de 30-2
mala interpretación 22, 25-6
valoración de 30
Movilización 213-14
para la represalia 218
Motivación para el cambio 242-3
Muchachos, estilo coloquial 122-3

443

Mujeres:
    amistad 270-1
    conducta de escuchar 112
    estilos coloquiales 117-23
Múltiples significados 40
Nacimiento del hijo 100, 411-13
Narcisismo en el enamoramiento 56
Necesidades del cónyuge 263-5
Negatividad y deseo sexual 401-2
Negociaciones 345-6
Neutralidad 258-9
Noller, Patricia 109-11
Normas 134-6
    en familias de dos trabajos 425-6
    paternas, y dudas de sí mismo 171-3
    y conflicto 338-40
    y transacción 342-3
Noviazgo 130
    modales en 313-4
    pensamiento prejuicioso 44-5
    y deseo sexual 397
Nuevas nupcias, problemas de 427-31
Objetivos emocionales del matrimonio 134
Obligaciones 131
    reglas como 89
Opciones en las relaciones 21-2
Orgullo 40
    y problemas de comunicación 113
    y relaciones sexuales 150
Oyente en una sesión de conciliación 360-2
Pacto matrimonial 60-2
    amenazas al 130-40
Padesky, Chris 18
Padres y nacimiento del hijo 411-3
Palabras absolutas, en sesiones de conciliación 360
Parejas desavenidas 236

atribución de motivos negativos 72
cegueras 264-6
conflictos 194-220
    resolución de 80-1
conversación 307-8
desilusionadas 48-50
egocentrismo de 131
esquemas de pensamiento 44-6, 181-93
expresión de hostilidad 371
generalizaciones negativas 75-6
malentendidos 268-70
mejora de la relación 221-43
perspectivas que difieren 82-6
problemas de comunicación 104-11
problemas especiales 397-431
terapia cognitiva 16-8
y reglas 87-8, 90-3
Parientes políticos, problemas con 151-5
Participación en familias de dos trabajos 427
Pasión 244
Paternidad, maternidad 100
    conflictos de 145-9
    estrés de 411-12
    perspectivas de 73-6
    y nuevas nupcias 428-9
Pausas, en las sesiones de desahogo 395
Pedidos 278-9
    contaminados 364-9
    por quejas 361-64
Pedidos escritos 278-9, 363-4
Peele, Stanton 52
Pensamiento absoluto 184
    y confianza 255-6
Pensamientos alarmistas 169-70
Pensamientos amenazas 161-4
Pensamientos autocríticos 169-70
Pensamientos automáticos 159-75

argumentos de reciprocidad 231-32
deformaciones de 22-6
dudas de sí mismo 148-9
en situaciones perturbadoras 284-5
evaluación de 292-4
identificación de 290-3
imaginación de 288-9
lectura del pensamiento 38-9
preguntas de 374-6
reacciones racionales 204, 294-6, 375-81
resistencia al cambio 222-25
y comprensión de las perspectivas 354
y conflicto 195, 196-7, 199-200
y enojo 208-9
y estrés 291
y malentendidos 270-1
y problemas sexuales 400-6
y reacciones emocionales 286-8
Pensamiento de todo-o-nada, *Véase,* pensamiento polarizado
Pensamiento deformado (distorsionado) 40-2
cambios de 284-306
rotulación de 302-6
Pensamiento negativo 25-46
Pensamientos no expresados (silenciosos) 159-76
Pensamientos obsesivo-compulsivos 99
Pensamiento "o - o" 185-7
*Véase también* pensamiento polarizado
Pensamientos peyorativos 233
Pensamiento polarizado 176-79, 185-7, 203, 302-3, 378-9
en conflicto 330-1
sobre fidelidad 406-7
Pensamiento positivo, prejuicioso 44-5
Pensamiento preconsciente 163-4

Pensamiento prejuicioso 41-6
explicaciones 187-8
*Véase también,* esquemas de pensamiento distorsionados (deformados)
Pensamiento rígido 40-6
Percepciones 26
terapia cognitiva y 27-9
fuente de conflicto 372-3
divergentes en la crianza de los niños 145-8
y egocentrismo 131-4
y hostilidad 370
y rasgos de personalidad 76-9
Pérdidas por expresión de enojo 381-4
Perdón 15-6, 409-10
Perfeccionismo 136-7, 185, 189-90
Perfiles cognitivos 19-20
Persona dependiente, percepciones 78
Personalidades neuróticas 94-6
pensamiento deformado 182-3
Personalización 187-90, 191-2, 304, 378-9
Personas autónomas, percepciones 78
Perspectivas 72
abiertas 72-4
cambio de 48-50, 250-1, 301, 378-80
transacción 342-44
cerradas 72-6
comunes 154-5
de enamoramiento 53-5
diferentes 81, 82-6, 132-4, 152-3, 332-3
en conflicto 68-81
comprensión de 352-7, 377-8
e hipótesis de buena voluntad 255-6
hostiles 191-2
Pertenencia, sentido de 130

Piotrkowski, Carol 417-8
Placer:
　del conflicto 375-6
　expresiones de 371
Predicciones:
　inexactas, lectura del pensamiento 28-9
　verificación 296-9
Preguntas:
　en solución de conflictos 333-6
　estilo coloquial 116-7, 118-9, 123, 324-5
Preguntas a sí mismo 341
Preguntas abiertas 336
Preguntas de opción múltiple 336
Preguntas *"por qué"*, 116-7, 325
Prejuicio 41-6
Preocupación 273-4
Pretzer, James 18, 101
Primer hijo, nacimiento de 100
Principios abstractos 87-8
Prioridades:
　en la solución de conflictos 345-8
　en familias de dos trabajos 425-6
Problemas:
　discusión de 123-5
　redefinición de 237-8
Problemas comunes en el matrimonio 19-20
Problemas presupuestarios 150-1
　lista de control 154-5
　reglas inflexibles 199-200
Problemas psíquicos:
　en comunicación 128-9
　en familias de dos trabajos 419-22
Proceso de cambio 238-9
Procesos mentales. *Véase* esquemas de pensamiento
Profecías que contribuyen a cumplirse 30
Promesas quebrantadas 59-62

Protección del cónyuge 267
Psicoterapia 233, 240
Puntos de vista. *Véase* perspectivas
Quehaceres domésticos en familias de dos trabajos 417-8, 427
Quejas:
　malas interpretaciones 37
　como pedidos 361-3
Rasgos de personalidad:
　cambio de 80-1
　conflictivos 76-81, 236-8, 300-1, 332, 421-2
　y perspectivas 69-71
Razonamiento emocional 189-90
Razonamiento subjetivo 189-90
Reacción de lucha o fuga 213-4, 217
Reacciones:
　contraproducentes 285
　excesivas 40-3, 135-6, 268-9
　　y pensamientos automáticos 160
　y dudas de sí mismo 148-68
　y significados simbólicos 138-9, 178-9
Reacciones emocionales:
　imaginación de 288-9
　reacciones racionales 295-7
　y pensamientos automáticos 286-7, 290-3
Reacciones, en conversación 118-9
Reacciones no verbales 167
　comportamiento de escuchar 323
　en conflicto 194-5
Reacciones racionales 227-8, 294-7
　a pensamientos automáticos 240, 375-81
　y estrés 416
　y problemas sexuales 402-6
Rebeldía 240
Recién casados 14
Recompensas por conducta deseada 66
Reconciliación 354, 409-10

Recreo en familias con dos trabajos 427
Recuerdo selectivo 191-2
Recuerdos prejuiciosos 181-3, 191-2
Rechazo:
    miedo de 108-9, 113, 251-2
    represalia por 218
Redefinición de problemas 237-8
Reducción de hostilidad 384-96
Régimen, diferencias de 330-1
Registro de la buena conducta 277
Reglas:
    aplicación de 89-90
    aspectos negativos 91-100
    cuestionario 101-3
    expectativas y 59, 85-9
    paternas y dudas de sí mismo 171
    significados simbólicos 93
    violación de 96-8
    y conflicto 337-43, 372-3
Reglas absolutas 93-5, 337-40
Reglas "Y si..." 97-8
Regresión y estrés 416
Relaciones 15-6
    afortunadas 240-1
    entendimiento en 16
    mejora en 221, 242-3, 263-282
    primeros años, estrés 411-2
    *Véase también* parejas desavenidas, matrimonio
Relaciones comprometidas, símbolos de 59
Relaciones de pareja 15-7
    problemas de comunicación 13-4
    terapia cognitiva para 16-8
*Véase también*, parejas desavenidas, matrimonio
Relaciones interpersonales 30-2
    cambio de hábitos 238-9
    habilidades de 62
        necesarias para el matrimonio 132-3
Relaciones no comprometidas 59

Relaciones padres-hijos 246-7
Relaciones personales:
    de mujeres 71
    y estilo coloquial 118-9
Relaciones sexuales, conflictos de 148-50, 156
Repetti, Rena 417-8
"Replay" de los pensamientos automáticos 292-3
Represalia 218-20, 285, 388
Resistencia 15-6
Respeto 40-62
Responsabilidad 15-16, 62
    de relaciones matrimoniales 22
    en familias con dos trabajos 417-27
    estrés de 368-9
    excesiva 189-90
    y compromiso 246-55
Restitución del *statu quo* 219-20
Resumen de quejas 350-1
Retirada 285
    para disipar el enojo 253-5
Reuniones, sesiones de conciliación 356-69
Riesgos en el compromiso 250-2
Rigidez cognitiva 44-6, 217
Ritmo del habla 110-12, 114-5
Roles 100
    y conflicto 143-6, 201-2
    expectativas discrepantes 138-40
    tradicionales 143, 171-3
    en familias con dos trabajos 425-6
    y dudas de sí mismo 171-3
Rotulación:
    automática 160
    negativa 63, 71-2, 187-8, 191-2, 304
        y perspectivas cerradas 73-4
Rótulos negativos globales 304
Sacrificios, de compromiso 251-3

Satanismo 96, 187-8
Satisfacciones:
   de conflicto 375-6
   en matrimonio, conocimiento 277
Schwartz, Pepper, *American Couples* 405-6, 408, 417-8
Seguridad 244
   y compromiso 250-2
Seguridad financiera:
   conflictos de 150-1
   reglas 94-5, 340
Seguridad, reglas de 94-5
Sensatez 62
Sensibilidad 15-6, 62, 215-18, 268-9, 280
   diferencias de 330-1
   y verdad 255-6
Sentimientos 91-2
   cambio de, y perspectiva 48-50
   comunicación de 34-7
   de los demás, conocimiento de 30
   expresión de, diferencias de sexos 315-9
Sentimientos de efusión 265-80
Señales 34-40
   y necesidades coloquiales 323
Sesiones de desahogo 349, 389-96
Significados:
   en estilo coloquial 123-6
   ocultos:
      en pensamientos automáticos 161-4
      de reacciones emocionales 296-7
Significados simbólicos 16-7, 35-42, 87-9, 134-9, 288
   de infidelidad 261-2, 405-7, 409-10
   de la conducta de escuchar 276
   de las reglas 93
   de los problemas de parientes políticos 152-3
   en estilo coloquial 120-1, 123, 126
   en problemas presupuestarios 151
   en relaciones sexuales 148-50
   mejora de las relaciones 264-5
   y conflicto 140, 203, 368-9, 372-4
   y enamoramiento 55-6
   y enojo 159
   y problemas del pensamiento 177-80
Símbolos en las relaciones 59
Sinceridad 255-6, 308-10
   expectativas de 257
Síntomas físicos de inhibición 210-11
Sistema de códigos interpersonal 34-9
Sistemas de codificación (códigos) 34-6, 40-2, 238-40
   cambios de 241-2
   fórmulas 87-8
   malas interpretaciones 37-9
   prejuiciosos 43
Situaciones, reacciones emocionales 286-8
Situaciones sociales, reglas 93-6
Sobregeneralizaciones. *Véase* generalizaciones excesivas
Socialización y estilo coloquial 122-3
Soledad, alivio de la 130
Solicitud 265-7 (interés)
   comportamiento de 66-7
   expresión de 280
   símbolos de 40
Solución de problemas 13-4
   y enojo 91-2
Soluciones 356-7
   potenciales 357-8
Sorderas en la comunicación 113
Status y enamoramiento 56

Sucesos, significados simbólicos 63, 41-3
Superresponsabilidad 189-90
Supervigilancia 189-90, 191-2, 240
Tacto 255-6, 325-7
Tannen, Deborah 110-5
Tavris, Carol 213-4
Técnicas matrimoniales, enseñanza de 229-30
Tendencia cognitiva negativa 41-2
"Tengo que tenerte" 51
Tensión, aflojada por el enojo 371
Terapia cognitiva 12-14, 16-21
   aspectos positivos de las relaciones 264-5
   para la hostilidad 219-20
   para los problemas sexuales 402-3
   técnicas 284-306
   y comunicación 27-9
   y malas interpretaciones 38-46
   y normas rígidas 338-9
   y pensamientos negativos 27-9
   *Véase también* asesoramiento
Terapia para conflictos 204-6
Ternura 244
*The Relaxation Response,* Benson 416
Tiempo en común, calidad de 140-3
   lista de confrontación 273-4
Tiranía de los *debería* 94-6
Tolerancia 15-6, 280
Toma de decisiones 15-6
   comunicación y 104-5
   lista de confrontación 154-5
   roles 245

y estrés 417-8
Trabajos, reglas 94-5
Transacción 15-6
   en familias de dos trabajos 425-6
   resolución de conflicto 342-4
Trastornos emocionales, procesos del pensamiento 31-2
Trastornos psíquicos 43
Tremendismo 96, 180, 186-7, 191-2, 226-8
Ultimatums 231
Universalidad, suposiciones de 89-90
Valores del matrimonio 21
Velocidad en comunicación 114-15
Verdad 255-6, 309-10
Vida conyugal 152-5
   fracaso de 130-158
   problemas de 154-8
Violencia doméstica 218
Virtudes en el matrimonio 15-6, 62, 87-8
   falta de 63
Visión restringida (en túnel) 181-3, 191-2, 302-3
   de enamoramiento 52
   en problemas de parientes políticos 152-3
Voz, tono de 315-6, 194
Vulnerabilidades 191-2, 205-6, 236
   y pespectivas 69-71
   y reglas 97-8
Wiese, Craig 18
Zona caliente del enojo 393-5
Zonas de hostilidad 392-5

También publicado por Paidós

# AMOR ES AMAR CADA DIA
### *Cómo mejorar tu relación de pareja tomando decisiones positivas*
### BILL O'HANLON • PAT HUDSON

¿Estás pasando por algún bache en tu relación de pareja? ¿Se han producido infidelidades o actos de violencia que hayan acabado afectando el funcionamiento de vuestra vida en común? ¿Está languideciendo tu actividad sexual? ¿Empiezas a preguntarte adónde ha ido a parar vuestro amor? Si es así, ya es hora de que leas este libro y pases a la acción, porque se trata de un método nuevo y diferente según el cual no sólo podrás analizar detenidamente el camino que están tomando vuestras relaciones, sino también variarlas, aunque el otro miembro de la pareja se niegue a ello. Igualmente te enseñará a:
- Liberarte en pocos días de tus viejas pautas de conducta.
- Resolver fácil y rápidamente todos los problemas de tu relación.
- Perfeccionar tu vida sexual.
- Intensificar los sentimientos de amor y proximidad.
- Superar las heridas del pasado.

Un libro, en fin, que muestra a los lectores cómo convertir los sueños de hoy en la realidad de mañana. Y todo ello de una manera dinámica y alegre.

**Bill O'Hanlon** es igualmente autor de *Raíces profundas. En busca de soluciones* (con Michelle Weiner-Davis) y *Guía breve de terapia breve* (con Brian Cade), todos ellos publicados por Paidós, mientras que **Pat Hudson** ha escrito también *Making Friends with Your Unconscious Mind*. Marido y mujer, han colaborado conjuntamente en la redacción de *Rewriting Love Stories*.

Esta obra se terminó de imprimir y
encuadernar en julio de 2001
en los talleres de
Programas Educativos, S.A. de C.V.,
calzada Chabacano no. 65, local A,
col. Asturias, C.P. 06850, México, D.F.
(empresa certificada por el
Instituto Mexicano de Normalización y
Certificación A.C. bajo las normas
ISO-9002: 1994/NMX-CC-004: 1995
con el no. de registro RSC-048
e ISO 14000: 1996 NMX-SSA-001:
1998 IMNC/ con el no. de
registro RSAA-003).